초원
실크로드를 가다

초원
실크로드를 가다

— 정수일 지음 —

창비

책머리에

    필자는 지난 2005년 오아시스 육로 답사를 마친 뒤 2007년 6월부터 2009년 7월까지 약 2년 동안 초원 실크로드의 전노정을 대흥안령(大興安嶺) 초원로, 몽골 초원로, 동·서시베리아 초원로의 네 구간으로 나눠 답파했다. 그 답사 내용을 지난 1년 동안(2009. 2~2010. 2) 모두 52회에 걸쳐 『경향신문』에 매주 1회씩 「초원 실크로드를 가다」라는 제하에 실어왔다. 그 글들을 고치고 다듬어 엮은 것이 이 책이다. 굳이 성격을 따진다면 '문명기행실록'이라고 할 법하다. 실록이니만치 실상을 밝혀 적는 데 최선을 다하고자 했다.

    답사 내내 필자가 움켜쥔 화두는 '초양노옥(草洋撈玉)', 즉 풀바다에서 문명의 옥석을 가려 주옥을 건져내는 것이었다. 초원길은 거칠고 험하지만, 일찍이 찬란한 초원문명을 잉태하고 전파시킨 소통의 길이며, 문명교류의 최초 흔적을 간직하고 있는 선구의 길이다. 더욱이 겨레의 뿌리를 내리게 하고 가지를 뻗게 한 결연(結緣)의 길이기도 하다. 따라서 이 길을 따라 끝없이 펼쳐진 초양에서 건져올리려고 한 주옥은 문명의 전개과정이나 그에 연동된 길과 겨레의 삶에서 찾으려고 했다. 작금 진부한 '서구중심주의'와 '중화주의'에 의해 북방 초원문명은 애당초 세계 문명권에서 제외되고, 그 문명을 한반도와 소통시킨 길인 초원 실크로드는 중간 차단되었으며, 그 길을 빛낸 겨레의 삶은 제대로 밝혀지지 못하고 있다.

이러한 응어리를 품고 떠난 길이라서 묻혔던 것을 찾아내 빛을 보게 하고, 틀린 것을 뒤집어 바로잡으며, 모자란 것을 가려내 보태는 데 시종 뜻을 두고 '초양노옥'의 화두를 풀어보려고 했다. 그 과정에서 상식 밖의 오도(誤導)나 천견(淺見)에 놀라기도 하고, 흐뭇한 만남에 감개무량하기도 했으며, 성찰과 비전에 의욕을 불태우기도 했다.

초원로가 엮어낸 문명사에는 인류가 영원히 간직하고 반추해야 할 소중한 경험과 교훈이 응축되어 있다. 200여년 동안 발호(跋扈)했던 요나라의 역사는 창의적인 조화와 융합이야말로 다문화사회의 성공비결이라는 이치를 일깨워주고, 돌궐의 톤유쿡(暾欲谷) 비문은 열린 사회만이 살아남을 수 있다는 명제를 전하고 있다. 그런가 하면 활불(活佛)의 이동사원이 그 터전이 된 울란바토르의 도시사는 정치적 및 상업적 중심지인 도읍이나 시장이 도시형성의 출발점이라는 종래의 통념에 일침을 놓는다. 같은 맥락에서 흉노가 목축과 수렵을 근간으로 하면서도 창고에 식량 여분이 비축될 정도로 농경을 더불어 경영했다는 사실은 유목민이라고 해서 무턱대고 농경을 무시했다든가, 농산물 결핍 때문에 농경민에 대한 약탈전이 불가피했다는 식의 교조적 사고에 냉소를 던진다.

몽골이 둘로 갈라지게 된 사연은 동병상련의 우리에게 퍽 교훈적이다. 원래 중국지도는 온전한 엽상(葉狀, 잎사귀 모양)이었는데, 외몽골이 떨어져나가면서 등살이 없어진 수탉 모양을 하게 되었다고 상심하는 중국사람들이 더러 있다고 한다. 따지고 보면 이 '수탉론'의 진원은 400년 전 짜르러시아의 동방진출로 야기된 만청(滿淸)과의 각축전이다. 두 강대국의 틈바구니에 끼어 몽골사람들의 의사와는 무관하게 하나의 몽골이 둘로 쪼개지게 되었던 것이다. 몽골의 분단사가 남긴 통절한 교훈은 자기 운명은 자기가 개척해야 한다는 것이다.

한때 후진 유목민인 몽골인들이 선진 농경민들을 일당백의 기세로 제압하고, '팍스 몽골리카'(Pax Mongolica)라는 새로운 국제질서를 주도한 것은 어떻게 보면 역사의 아이러니다. 그러나 그 요인은 인류가 두고두고 되새겨야 할 역사의 거울이다. 몽골은 시민참여의 민주주의라고 하는 그리스의 아고라나 로마의 포럼을 능가한 쿠릴타이(Khuriltai, 족장회의)로 다민족사회의 통합을 이루고 거국적 사업에 힘을 모았으며, 사회계약인 칭기즈칸의 예케 자사크(Yeke Jasak, 대법령)에 의해 몽골사회는 규율과 도덕, 친화력, 그리고 비전으로 똘똘 뭉쳤다. 여기에 강력한 군사력과 칭기즈칸을 비롯한 대칸들의 탁월한 지휘능력과 됨됨이가 보태졌으니 승승장구 불패일 수밖에 없었다. 칭기즈칸은 평생 토사구팽(兔死狗烹)한 적이 없는 의리의 사나이다. 그래서 그를 배반하는 졸부가 없었거니와 그의 주위에는 끝까지 생사고락을 같이한 '맹견'과 '준마'로 애칭되는 각각 4명의 장군이 있었다. 그중 준마 모칼리는 고려 출신이라는 일설이 있다. 토사구팽을 식은 죽 먹듯 하는 난세에 대한 일장 경고다.

비록 국장(國章)에 새겨진 쌍두독수리가 아시아와 유럽의 두 얼굴을 상징하지만, '이성으로 이해할 수 없는 나라' 러시아의 정체성을 파악하기란 무척 힘들다. 러시아인들 자신마저도 이념에 따라 서구주의와 슬라브주의, 유라시아주의로 그 정체성을 재단하면서 미래의 발전모델도 '추적형 발전모델'과 '독자적 발전모델' '복합적 발전모델'을 각기 추구한다.

러시아가 미래의 '비밀병기'인 시베리아 개발에 박차를 가함으로써 두 얼굴의 무게추에 기울임 현상이 일어나고 있는 현실을 감안할 때, 어제가 그러했듯이 오늘과 내일의 러시아를 제대로 파악하고 비린(比隣)관계를 구축하기란 쉽지 않아 보인다. 대안에 골몰할 때다.

초원에 퍼진 종교는 종교연구에 유의미한 장을 펼쳐놓고 있다. 몽골에서는 16세기에 불교의 공식전파, 즉 공전(公傳)이 이루어졌다. 그러나 이에 앞서 300~400년 동안 '옴마니반메훔'의 주송(呪誦) 소리가 곳곳에 울려퍼지는 등 여러가지 초전(初傳)현상이 이미 나타난 사실은 종교전파의 시점은 공전이 아닌 초전부터여야 한다는 종교전파 이론에 유력한 전거를 제시해주고 있다. 우리나라에 불교가 전래된 시점을 재고해야 할 소이연(所以然)도 바로 여기에 있다. 몽골불교가 인간을 위한 도살은 무죄이며 허용된다는 이른바 '섭대승론(攝大乘論)'으로 육식과 불살생 간의 딜레마를 푸는 법은 꽤 흥미롭다. 그리고 교회당의 건축양식으로부터 성호(聖號)와 십자가의 모양새에 이르기까지 그토록 특이한 러시아정교회가 숱한 기복을 거듭하면서도 1천여년 동안 '러시아의 혼'으로서 꿋꿋이 생명력을 유지할 수 있었던 까닭은 어디에 있었을까. 다들 궁금해하는 이 물음에 대한 일치된 대답은 그 나름의 민족성과 독자성에 있었다는 것이다. 이것은 문명사에서 시사하는 바가 자못 크다.

초원의 길은 우리 겨레와 여러가지로 인연을 맺어온 결연의 길이다. 아득한 옛날 강보(襁褓)에 싸인 일군의 시조가 이 길을 타고 북방에서 남하해 오늘의 한반도에 정착하고, 그 후예들이 이 길을 주름잡으면서 삶을 개척해나갔다. 그리고 또 이 길을 통해 북방과의 교류가 이루어졌다. 이것은 한편의 역사드라마다. 필자는 이 드라마의 연출을 가능케 했던 초원 실크로드의 한반도 연장을 현장에서 확인하고 나름대로 그 길의 복원에

천착했다. 이것은 '세계 속의 한국'이라는 좌표를 설정하는 데서 또 하나의 이정표가 될 것이다.

대흥안령 초원길을 밟으면서 이곳저곳에서 난공불락의 고구려 성곽을 둘러보고, 저 멀리 네이멍구(內蒙古) 초원의 서북단 띠떠우위(地豆于)가 고구려의 서경(西境)이었음을 확인했을 때, 고구려의 그 호방한 기상이 파노라마처럼 눈앞에 펼쳐졌다. 그러나 바로 그 시각 우리는 '동북공정'이나 '요하문명론' 같은 거대공룡이 기염을 토하고 있는 것을 현지에서 목격했다. 막이 오른 한·중간의 역사전쟁은 우리의 슬기로운 응전을 요구하고 있다.

몽골땅에 발을 들여놓는 순간부터 우리는 여러가지 면에서 의아할 정도로 두 나라간의 유사성과 함께 이른바 '고려풍'을 피부로 느끼곤 한다. 그러나 여기에는 경계해야 할 함정이 하나 있다. 역사성은 무시한 채 유사성만을 앞세운 나머지 우리 문화의 원형을 몽골에서 찾는다든가, 두 나라간의 '국가연합' 같은 엉뚱한 호기를 부리는 것이 바로 그것이다. 고려 세종과 원세조 간에 서로의 풍속을 바꾸게 하지 않는다는 '불개토풍(不改土風)'의 약속이 있었지만, 어차피 문명이 지닌 근본속성의 하나인 모방성에 의해 각각에 '고려풍'과 '몽골풍'이 일어나 오늘날까지도 그 여파가 남아 있다. 이것이 소중한 유대임에는 틀림없다.

발길을 시베리아 초원으로 옮기면 우리의 사색은 한층 깊어지고 시야는 한결 넓어진다. 그 첫 초점은 시쳇말로 '뿌리 찾기'다. 자칫 너 나를 넘나드는 국제화시대에 무슨 고루한 소리냐고 핀잔을 던지겠지만, 실은 그렇지 않다. 나라는 존재는 본래부터가 남과 남의 만남에서 이루어진 것이고, 나와 남은 어울림 속에서 공생공영하는 법이다. 때문에 나를 찾는 길은 곧 남을 찾는 길과도 잇닿아 있으며, 세계 속의 나는 늘 남과 함께 있다. 그래서 그 뿌리를 찾아가는 길은 참 나를 찾는 길이고, 내 속으로 순례하는 길이다.

우리의 주요한 한가닥 뿌리가 내린 곳은 바이깔(Baikal)이다. 태고부터 많은 신비를 간직해온 바이깔은 단순한 자연의 '큰 물구덩이'가 아니라 천혜의 인종을 잉태한 태반이고, 다양한 문화를 융합시킨 허브이며, 숱한 민족의 수구지심(首邱之心)을 불러일으키는 본향이기도 하다. 태반과 허브, 본향, 이 3통(通)이 있기에 바이깔과 한민족은 여러면에서 끈끈한 유대로 상관되어 있다. 빙하기에 열수(熱水)광산이던 바이깔이 해빙기를 맞아 큰 홍수가 일어나자 그 호반에 살던 구석기인들이 남하하여 한반도 일원에 정착했다는 것이 지질학계의 주장이다. 그리고 최근의 생태학적 연구에 따르면, 바이깔 동쪽에서 순록을 기르던 코리족을 비롯한 순록유민의 일파가 순록의 먹이인 이끼의 길을 따라 대·소흥안령을 넘어 만주지역을 거쳐 한반도에까지 이르렀다고 한다. 이른바 '순록민족이동설'이다.

뿐만 아니라, 체질인류학적 연구도 상관성 증거를 잇달아 내놓고 있다. 미국 에모리대학 연구소의 세계 종족별 DNA 분석자료에 의하면, 바이깔 주변의 야꾸뜨인과 부랴뜨인, 아메리카인디언, 그리고 한국인의 DNA가 거의 같다고 한다. 여기에 더해 문화적 상관성은 더더욱 두드러지게 나타나고 있다. 인간과 주변의 자연환경에 대한 관계를 중시하는 친환경주의 사상의 결정체인 샤머니즘은 그들의 공동무속이고, 앞섶이 트인 전개형(前開型, 까프딴) 복식은 그들만의 공통유형이며, 순록이나 늑대, 곰 같은 짐승을 시조로 삼는 수조(獸祖)전설도 그들간엔 신통히 일맥상통한다. 부랴뜨의 '나무꾼과 선녀' 이야기는 우리의 그것과 진배없다. 그밖에 솟대와 서낭당 같은 공유성 유물도 곳곳에서 만나게 된다.

시베리아의 동단 연해주는 해동성국 발해의 고토다. 7월의 궂은 날씨만큼이나 역사의 안개가 자욱하다. 발해의 정체성을 놓고 중국과 러시아, 우리가 대립각을 세우고 있으니 말이다. 중국은 발해가 당나라 변방의 소수민족인 말갈(靺鞨)이 세운 지방정권이라고 강변하며, 러시아는 당나라나 한국과는 무관하게 말갈족이 세운 극동의 첫 독립국가라고 하면서 은근히 영유권을 내비치고 있다. 강역을 놓고도 3국의 시각은 엇갈린다. 오늘날까지 이어지는 발해 수난사의 한 단면이다. 그 수난은 원초적으로 일통삼한(一統三韓)으로 인한 남북국가 분립과 무관심의 자업자득이다. 발해의 국토는 통일신라의 4~5배이지만, 발해에 대한 우리의 지식은 통일신라의 그것에 비해 40~50분의 1도 채 안되니 누구를 탓하겠는가.

시베리아, 특히 연해주는 우리 겨레의 애환이 서린 고장이고, 그곳을 동서로 관통한 초원 실크로드는 그 애환을 실어나른 길이다. 1863년 13호의 농가 이주로 막이 올라 100년도 채 안되는 동안 약 50만명으로 늘어난 동포 고려인들이 펼친 삶의 개척사는 실로 눈물겹다. 가장 참기 어려웠던 것은 이른바 '황화(黃禍)'라는 사시(邪視) 속에 가해지는 인종차별과 박해다. 그러나 그들은 어떤 역경 속에서도 기죽지 않고 삶을 꿋꿋이 개척해나갔다. 러시아인들보다 청결하고 중국인들에 비해 생산성을 2배 이상으로 올리는 그들의 근면성과 성실성, 강인성은 끝끝내 공인되기에 이른다. 그 현장을 목격한 영국의 유명한 여행가 비숍(I. B. Bishop)은 한민족은 '밖에 나가면 더 잘사는 민족'이란 체험적 결론을 내린다.

망국 유민으로서 겨레와 나라에 대한 동포들의 사랑은 각별하다. 안중근 의사를 비롯한 열사들이 손가락을 잘라 '대한독립'을 맹약한 '단지동맹(斷指同盟)'의 결성지 연추하리(煙秋下里)마을, 시베리아 한인민족운동의 대부로서 일본군과의 격전에서 체포되어 총살당한 최재형(崔在亨) 선생의 우수리스끄 고택, '해방투쟁으로는 대한 여자의 사표자(師表者)'로 위용을 떨친 김알렉산드라가 친일 백군과의 전투에서 체포되어 13개 도(道)를 상징하는 13개 발자국을 남기고 이슬로 사라진 아무르강변의 형장, '생명을 충성으로 버리고 재산을 의(義)로 쓰다'가 자결한 '대한의 충신' 이범진 열사가 고이 잠들어 있는 우스뻰스끼 묘역…… 숙연해지는 이 모든 현장은 열사들이 간직한 애국애족의 숭고한 얼과 넋을 엄숙히 증언하고 있다. 그러나 아직까지도 걷히지 않은 이념의 장벽과 편단으로 인해 이들은 응분의 평가를 받지 못하고 있다.

100여년 전, 철마가 등장하자 마차로나 돌파하던 초원 실크로드는 졸지에 '철의 실크로드'로 변신한다. 장장 25년에 걸친 시베리아횡단철도의 건설에는 수많은 동포들의 피와 땀이 스며 있을 뿐만 아니라, 이 철도의 최초 이용자 반열에는 러시아 황제 대관식 특사로 파견된 민영환(閔泳煥)이 서 있다. 그는 모스끄바에서 블라지보스또끄까지의 53일간 노정을 여행기 『해천추범(海天秋帆)』에 상세히 기록하고 있다. 그 속에는 한창 부설중이던 이 철도에 관한 생생한 기록이 남아 있다. 그는 풍찬노숙의 고행 속에서도 충신답게 대행황후(大行皇后, 명성황후)의 기신일(忌辰日, 망자의 생전 생일) 새벽 공복(公服)을 입고 향을 피우며 동녘을 향해 네번 절하면서 황은(皇恩)에 목멘다. 극동지역에서 만난 동포들에게는 고국을 잊지 말라고 신신당부하며, 현지 러시아 관찰사를 찾아가서는 그들을 잘 돌봐달라고 청을 드린다. 투철한 국가관이 체화된 충신의 귀감이다. 오늘이 되새겨지는 대목이다.

초원 실크로드를 다니다보면 도처에서 동포들을 만나 혈육의 정을 나누게 된다. 그러나 그들은 몇대를 살아오면서 점차 현지화되어 '본색'이 희미해지고 있다. 이제 낙엽이 제 뿌리에 떨어지듯 인간 또한 구경(究竟)에는 제 고향으로 돌아가고야 만다는 낙엽귀근(落葉歸根)이나, 고니를 귀하게 여기고 닭을 천하게 여기듯 멀리 떨어져 있는 해외동포들을 가엾게 여겨 더 보살펴야 한다는 귀곡천계(貴鵠賤鷄) 같은 애국·애족·애향의 정신은 이미 효험을 다한 폐물이 되고 만 것인가. 아니면 낙엽귀근이 아니라 불가피한 선택일 수밖에 없는 낙엽생지(落葉生地), 즉 낙엽은 살고 있는 곳에 떨어져야 하는가. 이 시대의 난제라 아니할 수 없다. 교포는 출가한 외인이지만 친정은 어디까지나 친정일진대, 시댁과 친정은 희비고락을 함께할 수밖에 없다는 한 교포 지성인의 말이 지금까지도 귓전을 맴돈다. 우리 모두에게는 '귀근'과 '생지'를 상극 아닌 상생으로 승화시키는 슬기가 요망된다 하겠다.

초원이 보듬어 키운 문명이 그 소통의 길을 따라 오가는 과정에서 일어난 몇가지 교훈적인 사실들을 들어 이 문명실록이 갈무리한 지향성을 드러내 보이려고 했다. 그것은 독자들에게 졸저를 이해하는 데 하나의 길잡이가 되었으면 하는 바람에서다. 답사는 어제와 오늘을 가리지 않는 현장과의 만남이다. 어제가 있었기에 오늘이 있고, 오늘이 있기에 내일이 기약된다. 지향성이란 다분히 오늘과 내일을 향한 요청이다.

필자의 초원 실크로드 답사는 경향신문사의 성원에 힘입어 이루어졌으며, 답사기는 만 1년간 『경향신문』 지면을 통해 독자들과 만날 수 있었다. 이에 신문사에 심심한 사의를 표하는 바이다. 아울러 변변찮은 글들을 꼼꼼히 다듬고 편집해 책으로 엮어낸 창비에도 고마운 마음을 전한다. 마지막으로 실크로드 답사의 완결판이 될 해상 실크로드 관련 기행실록으로 독자들과 다시 만날 것을 약속드린다.

2010년 7월

인왕산 기슭 '옥인학당'에서

정수일

/

차 례

/

서론

우리에게 초원 실크로드는 무엇인가

    문명을 소통시키는 길, 실크로드에는 동서를 잇는 오아시스로와 초원로, 그리고 해로, 이렇게 세 갈래의 큰 길이 있다. 몇해 전 『실크로드 문명기행: 오아시스로 편』(한겨레출판 2006)을 엮어내면서 독자들과 초원로와 해로에 관한 기행문을 이어 펴내기로 약속한 바 있다. 그후 언제쯤 펴내는가라는 재촉어린 질문을 간간이 받곤 했다. 때늦은 감이 없지는 않지만, 독자들과 다시 만나 미루어오던 실크로드 이야기를 나누게 되어 무척 반갑다.

    그동안 험준한 대흥안령(大興安嶺, 다싱안링)과 드넓은 몽골 초원, 설한 풍이 휘몰아치는 시베리아 설원을 몇차례 누비면서 초원의 신비와 그 속을 올올이 지나간 길, 초원 실크로드를 현장에서 꼼꼼히 챙겨 봤다. 여태껏 북방의 초원 유목세계는 사람들의 눈 밖에 나 있었다. 그 누구도 이들 세계를 세계적 문명권 안에 포함시키지 않았다. 근 5천년 전에 신석기시대를 갓 벗어난 에게해 지역의 애송이 문화를 '에게문명'으로 정의하면서도 이보다 3천년 후에 완숙한 금속문화를 가꾼 북방 유목기마민족들의 문화는 문명과 무관한 '미개'와 '야만'으로, 그리고 '중심문명'에서 저만치 멀리 떨어진 이른바 '주변문화'로 비하하고 홀대해왔다. 작금 미미한 자성의 목소리가 들리기는 하지만, 아직은 어이없다.

한편, 우리 겨레의 역사적 뿌리를 이 북방 초원세계에서 찾아야 한다는 것이 저간의 중론으로서 적잖은 설파가 시도되었다. 개중에는 그럴싸한 설도 있지만, 거개는 애매모호해 신빙성이 별로 없다. 여기서 분명한 것은 우리 속에는 여러 방면에 걸쳐 그곳에 뿌리를 두었다고 할 만한 상관성 유물과 증빙이 남아 있다는 사실이다. 문제는 그 뿌리가 어떻게 이 땅으로 뻗었는가 하는 것이다. 여기서 핵심은 그 뿌리를 뻗게 한 길, 즉 초원 실크로드다. 그러나 우리는 아직 그 길을 제대로 밝혀내지 못하고 있다.

이러저러한 숙제를 내심 품고 떠난 탐방의 발길은 결코 가볍지 않았다. 사실 이 숙제는 어제오늘에 맞닥뜨린 것이 아니다. 필자가 처음으로 이 길을 밟은 것은 꼭 반세기 전이다. 1958년 8월 카이로대학 유학을 마치고 돌아오는 길에 처음으로 이 길을 타게 된다. 책짐이 과중해 비행기를 탈 수가 없어 프라하(Praha, 당시 체코슬로바키아 수도)에서 기차를 타고 모스끄바를 경유, 시베리아횡단철도를 따라 중국 동북 만저우리(滿洲里)를 거쳐 13일 만에 뻬이징(北京)에 도착했다. 그후에도 뻬이징에서 울란바토르(Ulan Bator)를 거쳐 이르꾸쯔끄(Irkutsk)로 이어지는 또다른 초원길을 몇번 오간 적이 있다. 여행이란 추억의 진행형이다. 그 시절의 추억으로 오늘의 여행은 더더욱 보람차다.

우리가 뜻을 두고 찾아 떠난 길은 실크로드의 초원로다. 약칭 '초원로'라고도 하지만, 좀더 정감나게는 '초원 실크로드'라고 한다. 초원에서 문명을 실어나른 길(실크로드)이란 뜻에서다. 초원이란 풀이 난 벌판, 즉 풀밭이다. 듣기에 따라 목가적인 환상과 동경을 자아내는 이름이기는 하지만, 곳곳이 꼭 그런 것만은 아니다. 그 양상도 천차만별이다. 초원은 온대지방의 반건조기후로 말미암아 질척질척한 산림지대와 메마른 사막지대 사이에 생겨난 지대로서 북위 50도에서 40도 사이에 자리하고 있다.

지구의 채색지도를 펼쳐놓고 보면, 동은 중국 뚱뻬이(東北) 지방의 대흥안령산맥에서 시작해 몽골 초원과 까자흐 초원을 지나서 동유럽에 이르기까지의 폭 수백킬로미터에 푸른 띠 두른 초원지대가 표시되어 있다. 이러한 지질대의 기본징표는 기온과 강수량이다. 초원지대는 위도상으로 보면 온대지대에 속하나, 북쪽의 침엽수림대와 남쪽의 사막지대 기후의 영향을 받아 한파와 열풍이 오락가락한다. 강수량은 연평균 250~500mm 선상에 있으므로 어지간히 건조한 편이다. 물론 이러한 초원지대는 북방 유라시아 말고도 라틴아메리카나 아프리카, 지구의 남반부, 심지어 고산지대인 티베트에도 있기는 하지만 지역적으로 흩어져 있어 연결성이 결여돼 있을 뿐만 아니라, 북방 유라시아 초원처럼 인류문명사에 남겨놓은 족적이 확연치 않다. 그래서 아직은 관심 밖에 있다.

초원은 어디까지나 태생적인 자연이다. 그것도 원래는 인간의 의지와는 상관없이 생겨나고 내버려진 자연이다. 그러다가 아득한 그 옛날, 이러한 자연이 인간과 인연을 맺어 그 속에 인간사회를 잉태하면서부터 그 면모와 가치는 일변한다. 이러한 '일변'을 가져오게 한 주역은 초원의 유목민이다. 초원은 기온이나 강수량으로 보아 나무나 곡식이 자라기에는 적합하지 않으며 건조기에는 불모지나 다름없다가도 약간의 비라도 오면 풀이 자란다. 그래서 농경은 불가능하고, 생계의 유일한 수단은 가축을 기르는 축산업이다. 그런데 축산은 목초가 필요하고, 사람이나 가축이 생명을 이어가려면 수원(水源)이 필수다. 게다가 혹독한 계절의 변화는 인간과 가축의 이동을 불가피하게 한다. 그 결과 사람들은 수원이나 목초를 따라, 그리고 계절의 변화(특히 겨울과 여름)에 순응하기 위해 끊임없이 이동하고 순회한다. 이렇게 가축을 기르면서 풀과 물을 찾아 가재와 함께 주거지나 활동지를 옮기는 일을 유목이라 하며, 그런 사람을 유목민이라고 한다.

겉보기에 초원의 유목생활은 그것이 그것 같지만, 자세히 들여다보면 여러가지 형태가 있다. 연구자들에 의하면 그 형태의 구분법에는 크게 세가지가 있다. 하나는 어떤 종류의 가축을 기르는가에 따라 구분하는 형태이고, 다른 하나는 목축과 농경 및 수렵의 겸행 여부에 따르는 형태 구분이다. 즉 목축과 농경 및 수렵을 함께 행하는 유목은 낙후한 '변두리유목'에 속하고, 목축만을 전업으로 하는 유목은 발달한 '초원유목'으로 간주한다. 세번째는 지리적 환경에 따라 겨울에는 저지대의 동영지(冬營地)로, 여름에는 고지대의 하영지(夏營地)로 엇바꿔 계절이동을 하는 규칙유목과 넓은 초원지역을 지리적 제약 없이 멋대로 이동하는 불규칙유목의 두가지 형태가 이에 속한다.

그런데 초원에서의 이러한 원초적 유목생활이 어느날 기마(騎馬)라는 뜻밖의 이동수단과 결합하면서 초원에는 천지개벽에 버금가는 큰 변화가 일어난다. 기원전 1000년경 서남아시아 유목민들이 청동제 고삐와 재갈을, 이어 스키타이(Scythai)가 등자(鐙子)를 발명했다. 이 발명으로 사나운 말을 길들여 안전하게 말을 탈 수 있게 되었다. 급기야 말을 타고 자유자재로 이동하거나 유희까지 즐기는 기마풍이 일고, 사상 초유의 기마전술이 고안되었다. 기마에 의한 신속한 이동은 사회경제생활에도 엄청난 변화를 몰고왔다. 기농력이 약한 돼지나 닭 같은 가축은 수행(隨行)할 수

알타이 설경. 초원은 인간과의 만남으로 그 면모와 가치가 일변하게 되었다

없으므로 사육(飼育)에서 제외되고, 반면에 상대적으로 기동력이 좋은 양이나 소·말의 사육은 장려됨으로써 목축구조를 근본적으로 뒤바꿔놓았다. 이뿐만 아니라 기마에 필요한 갑옷이나 마구 및 장식품, 그리고 기마에 적합한 짧은 검 등 기마 무기류도 새롭게 만들어졌다. 이러한 제반 요인은 지금껏 평온한 유목생활을 영위해오던 유목민을 일시에 전투적이고 기동력이 강한 기마민족으로 확 바꿔놓았다. 그 결과 역사무대에는 유목 기마민족과 그 문화가 등장하고, 그것을 소통시키는 길 즉 초원의 실크로드가 뚫리기 시작했다. 이렇게 어느날 우연하게 발명된 하찮은 고삐나 재갈이 역사의 대변혁을 일으키는 것 같은 일을 두고 '역사적 사변(事變)'이라고 한다. 역사는 이러한 '사변'의 연속이다.

초원과 유목 및 기마, 그리고 그것을 다루는 인간, 이 넷은 초원문명과 초원 실크로드의 신비를 파헤치며 그 가치를 가늠케 하는 기본요소다. 이러한 요소의 파악에 충실했을 때, 비로소 초원 실크로드가 '우리에게 과연 무엇인가'를 제대로 판단할 수가 있다. 우리는 이 길의 답사에서 시종 이러한 명제를 안고 그 해답에 부심했다.

우선, 초원 실크로드는 인류문명을 교류시킨 거룩한 길이다. 초원 실크로드란 범지구적 문명교류 통로인 실크로드 3대 간선의 하나로서 유라시아대륙의 북방 초원지대를 동서로 가로지르는 교류와 소통의 길이다. 기원전 5세기 '역사의 아버지' 헤로도토스(Herodotos)가 명저 『역사』(제4권 13장과 16~36장)에서 처음으로 밝힌 스키타이의 동방무역로는 바로 초원 실크로드의 서단(西段)에 해당된다. 그밖의 기록과 유물에 근거해 그 전노정을 추적해보면, 흑해 동북편 남러시아에서 시발해 카스피해 북안과 아랄해 남안, 그리고 넓은 까자흐 초원을 지나 알타이산맥 남록 중가리아분지(準噶爾盆地)를 거쳐 몽골 오르혼(Orkhon)강 연안(고비사막 북단)에 이른다. 여기서 다시 동남행으로 중국 화뻬이(華北)지방과 대흥안령을 넘어 한반도까지 이어진다.

이 길은 실크로드 3대 간선 중에서 가장 일찍이 개통되어 뚜렷한 교류유산을 남겨놓은 유구하고 역동적인 길로서 유목기마민족의 활무대(活舞臺)다. 닫힘과 막힘이 없이 탁 트인 드넓은 대지에서 기계동력에 앞서 가장 활달한 교통수단이었던 말이 종횡무진 활보했으니 그럴 수밖에 없었을 것이다. 돌궐 건국의 명장 톤유쿡(暾欲谷)의 비문에는 그가 남긴 이런 명구가 새겨져 있다.

성을 쌓고 사는 자 기필코 망할 것이며, 끊임없이 이동하는 자만이 살아남을지어다.

풀이하면, 닫힌 사회는 망하고 열린 사회만이 살아남는다는 것이다. 열림만을 체험한 초원인들의 소박한 예단 같지만, 그 어떤 역사의 명언도 미치지 못한 만고의 진언이요 진리다. 살아남는다는 것은 그만큼의 무언가를 이루어놓는다는 뜻이다. 인류를 위해 초원이 이루어놓은 것 중에서 가장 보람있는 일, 그것도 초원만이 할 수 있었던 일은 아마도 자고로 막혔던 동서남북 문명의 맥을 처음으로 서로 이어주고 소통시킨 일일 것이다.

우리는 쌍뜨뻬쩨르부르끄의 에르미따주(Hermitage)박물관과 이르꾸쯔끄박물관, 그리고 가까이는 동북 랴오닝성(遼寧省) 츠펑(赤峰)박물관에서 이른바 '비너스상'이라고 하는 이색적인 여인 나체상 유물 앞에서 발걸음을 멈추게 된다. 1882년 이래 서쪽은 프랑스로부터, 동쪽은 바이깔(Baikal)호 부근과 츠펑에 이르는 20여군데에서 이런 유물이 수백점 발견되었다. 그 제작연대는 자그마치 2만여년 전의 후기 구석기시대로 거슬러 올라간다. 이 인류 최초의 교류물은 북방 유라시아를 동서로 관통한 여명기의 초원로를 타고 이렇게 동서의 광활한 지역에 전파되어 태고의 여성상과 사회상을 묵묵히 증언하고 있다.

오늘도 학계에서 시원(始原)이나 편년(編年)을 놓고 갑론을박하는 우리의 청동기문화도 따지고 보면 초원 실크로드를 통해 이곳까지 전해진 것이다. 서아시아 청동기문화의 영향을 받아 기원전 2000년경 남시베리아에서 안드로노보(Andronovo) 문화가 발생한다. 이 문화를 이어받아 기원전 1200년경에 카자노브 초원에서 발달한 카라수크(Karasuk) 청동기문화가 동시베리아와 몽골 초원을 거쳐 북중국이나 한반도에 그 씨앗을 뿌려놓았던 것이다.

그런가 하면 몽골 수도 울란바토르 북방 약 100km의 산간오지에는 총 212기의 분묘를 품고 있는 유명한 노인울라(Noin-Ula) 고분군 유지가 있다. 이곳 유지에서 발굴된 유물 가운데는 전형적인 유목 흉노문화와 농경 중국문화 유물이 뒤섞여 있다. 대표적인 '호한문화(胡漢文化)'의 혼성장이다. 이렇게 이질적인 두 문화가 몽골 초원의 동단(東段) 옌산(燕山) 자락에서 만날 수 있었던 것은 그곳까지 뻗어간 초원로 덕분이다. 유사한 경우는 동부 알타이에 자리한 6기의 파지리크(Pazyryk) 고분군 유지에서도 찾아볼 수 있다. 스키타이와 중국, 페르시아, 멀리로는 그리스 문화까지 한데 어울린 흔적이 역력하다.

이쯤에서 우리네 시간여행의 시침을 어제에서 오늘로 한번 돌려보자. 우리는 지금 극동의 블라지보스또끄에서 유럽 중앙부의 모스끄바까지 달리는 시베리아 초원 횡단철도에 몸을 싣고 있다. 시간대가 일곱번이나 바뀔 정도로 멀고도 긴 이 철도의 길이는 장장 9,288km(서울에서 부산까지의 22배)에 달해 세계에서 가장 길다. 1891년부터 1916년까지 25년에 걸쳐 부설한 철도이니만치, 개념으로 말하면 초원의 신실크로드다. 오늘도 이 신실크로드를 통해 어마어마한 양의 물자(物資)가 동서로 운반되고 있으며, 숱한 인종이 오가고 있다. 이 길이 없었던들 시베리아는 동토의 숙면에서 깨어나지 못했을 것이며, 러시아는 우랄(Ural)의 서편에서 왜소한 몰골로 남아 있었을 것이다. 북방 유라시아의 크고 작은 모든 나라들이 시종 이 한 길에 교역과 소통의 운명을 걸고 있다고 해도 과언이 아니다.

다음으로, 초원 실크로드가 우리에게 주는 의미는 그 연변(沿邊)과 더불어 찬란한 인류문명을 보듬어 키운 요람이라는 것이다. 문명의 탄생은 교통의 발달과 불가분의 관계에 있다. 교통의 발달 없이 문명의 향상이나 전파란 상상할 수 없다. 이러한 문명론의 원리가 바로 이 초원 실크로드에서 그대로 실증되고 있다. 이것이 이 길이 인류 모두에게 전하는 메씨지이고, '우리에게 무엇인가'라는 물음에 대한 또 하나의 냉철한 화답이다. 이러한 메씨지와 화답에 대한 바른 이해는 오로지 이 길과 그 연변에서 싹트고 꽃핀 인류 보편문명에 대한 '문명우월주의'나 '문명중심주의'의 색안시(色眼視)를 걷어냈을 때만이 가능하다. 우리는 이 길을 오가면서 이 점을 사무치게 통감한다. 내로라하는 문명사가 토인비(Arnold J. Toynbee)나 안보전략가 헌팅턴(Samuel Huntington)마저도 그러한 색안시를 벗어나지 못한 채 유목기마민족 문화를 아예 문명권 밖으로 밀어내버렸으니 말이다. 역사란 누가 아니라고 해서 아니되는 법이 없다. 그래서 역사의 복원이 이 길 답사의 한 과제가 아닐 수 없다. 난제이기는 하나 누군가가 꼭 해내야 할 과제다.

에르미따주박물관의 전시품이나 파지리크 고분군 출토 유물에서 스키타이 문화유산을 접할 때면 깜짝깜짝 전율한다. 때로는 나의 눈을 의심한다. 문자가 없었다는 단 한가지 이유만으로 무시되고 비하되어온 그네들이 어떻게 저런 눈부신 문화를 창출할 수 있었을까 하는 놀라움과 개탄에서다. 기원전 8세기부터 3세기 사이에 남러시아 일원에서 발흥한 스키타이는 동쪽으로 알타이산맥 일대까지 진출해 사상 처음으로 초원로를 따라 동서방간 무역로를 개척하고, 유목기마문화를 옹골차게 꽃피웠다. 동물의장(動物意匠)과 귀금속을 핵심으로 하는 화려한 스키타이 미술은 미술공예사의 선구로, 귀중한 인류 공동의 문화유산이다. 스키타이에 이어 흉노나 돌궐 같은 유목기마민족들도 일세를 풍미한 제국을 세워 값진 문화유산을 남겨놓았다.

곳곳에서 이들 유목기마민족들이 창조한 황금문화 앞에 서면 오늘날의 '창조'에 으쓱대는 우리의 어깨가 갑자기 움츠러진다. 기원전 5세기부터 약 1천년 동안 황금의 원산지 알타이산맥을 중심으로 동서의 광활한 지역에는 황금문화대가 이루어진다. 자고로 황금문화는 고차원의 문화다. 알마티(Almaty) 역사박물관에서 만난 '황금인간'(Golden Man)이나 신라의 금관은 이 황금문화의 백미다. 알타이산맥 서쪽 기슭의 이시크(Issyk) 고분(기원전 5～4세기)에서 출토된 '황금인간'은 무려 4천여장의 황금조각으로 지은 옷을 입고 있다. 그래서 지어진 이름이 '황금인간'이다. 주인공은 역시 스키타이 일족인 사카(Saka)족 귀인이다. 신라는 황금문화의 동단에서 그 전성기를 구가하면서 세계 현존 금관 10기 중 7개나 만들어낸 '금관의 나라'로 자리매김했었다. 이 황금문화의 전파자는 스키타이와 흉노를 비롯한 유목기마민족들이며, 그 통로는 다름 아닌 알타이산맥에서 동서로 뻗어나간 초원 실크로드다. 모두가 이 길과 그 연변에서 개화한 인류의 정수(精髓)문명들이다.

최근 대흥안령 초원의 남쪽 자락에서 그간 소곤거리고만 있던 '홍산(紅山)문화'가 세인을 놀라게 하는 기염을 토하고 있다. 이 문화의 유물들을 전시하고 있는 츠펑박물관에 들어서면, 해설원이 집터와 옥룡(玉龍, 중심도시 츠펑의 상징물)을 비롯한 몇몇 유물은 세계에서 가장 오래된 것이라고 자랑하면서 이 문화의 편년을 6천년 전으로 잡는다. 이를테면 황하(黃河)문명을 비롯한 세계 4대 문명에 앞선 문명이라는 것이다. 이어 그 주역은 중국계의 동이족(東夷族)이라고 역설하면서 은연중 우리의 조상인 동이족과는 구별된다는 의중을 내비친다. 하나의 억설(臆說)이 아니되기를 기대한다. 이같은 도전은 어차피 여러 주체간에 벌어질 '역사전쟁'의 예고편이라는 감이 짙게 든다. 아무튼 초원의 자양분을 머금고 자란 이 문화의 유구성만은 부인할 수 없는 성싶다. 더구나 청동기나 묘제(墓制), 바위그림 등 여러 분야에서 우리 문화와의 상관성이 예시되는 이상,

우리의 관심을 끌지 않을 수 없다. 어쩌면 초원 실크로드가 한반도로 이어지는 길목에서 피어난 아름다운 '문명일화(文明一花)'일 수도 있다는 믿음마저 든다.

끝으로, 초원 실크로드를 더듬어가면서 우리 겨레의 역사적 뿌리를 찾아낼 수 있다는 것은 이 길이 우리에게 갖는 특별한 의미일 것이다. 초원 실크로드를 다니다보면 우리와 너무나 흡사한 현상들을 수두룩하게 발견하게 된다. 이 점에 착안해 사람들은 이 길 위에서 한민족 '뿌리 찾기'를 시도해왔다. 필자도 이번 답사에 앞서 이런 시도를 몇번 한 적이 있다. 원래 모든 논제는 왈가왈부의 주고받음으로 시비가 가려지는 법이다. 그런데 이 '뿌리 찾기' 난제에서는 아직 연구가 미흡한 탓으로 '왈가'는 그런대로 있으나 '왈부'는 잠잠하다. 누가 어정쩡한 말을 해도 시비를 걸지 못하고 있는 형편이다.

사실 이 길을 오가면서 필자가 가장 많이 마음을 써왔던 대목이 바로 이것이다. 어찌 보면 이 문제의 해답을 얻기 위해 이 길을 다녀왔다고도 말할 수 있다. 이를테면, 초원 실크로드가 '우리에게 무엇인가'에 대한 가장 중요한 응답이 바로 '뿌리 찾기'라는 얘기다. 어떻게 찾을 것인가? 현장에서 보고 듣고 읽고 해서 얻은 결론은 다원적인 접근방법으로 차근차근 찾아야 한다는 것이다. 아직은 여러 분야의 연구가 제대로의 구색을 갖추고 있지 못하지만, 이제부터라도 하나하나 보완하면서 천착해야 할 것이다.

최근 연간 학문적 연구가 심화됨에 따라 우리의 '뿌리 찾기'에 몇가닥 희망의 불빛이 비춰지고 있다. 지질학계는 기후변동으로 인해 우리네 조상이 바이깔호에서부터 남하했다는 주장을 내놓고 있으며, 순록유목민이 북방 초원지대에서 한반도에까지 진입했다는 생태학적인 '순록민족기원설'도 일갈을 고하고 있다. 그런가 하면 체질인류학적으로 한민족은 바이깔호 주변의 여러 민족들과 한 계열에 속한다는 연구결과가 몇곳에서 나오고 있다. 여기에 더해, 문화비교학적으로 우리와 초원인들 사이에는 여러가지 유사요소를 공유하고 있다는 사실은 일찍부터 밝혀진 바가 있다.

그밖에 뿌리의 문제는 아니지만, 역사시대에 우리 겨레가 이 초원 실크로드와 맺은 이러저러한 인연도 여러 곳에서 확인된다. 그 역시 우리 역사의 외연(外延)이고 증언이기 때문에 잊어서는 안될 것이다. 발해의 고성 노보고르데예프까(Novogordeyevka)에서 발견된 8세기의 소그드(Sogd) 은화는 초원 실크로드의 한 지선이던 '초피로(貂皮路, 담비가죽의 길)'를 통한 발해와 중앙아시아 간의 교역상을 시사해준다. 구한말부터 시작된 50만 한인들의 거친 시베리아 개척사는 눈물겨운 수난사이지만, 그들에 의해 한국문화가 시베리아에 전도되고, 오늘날 그들의 후손들이 두 지역간 교류의 가교역할을 하는 것은 우리 역사의 한 아이러니라 하지 않을 수 없다.

흔히들 '테마관광'은 한차원 높은 관광이라고 한다. 거기에는 달성코자 하는 모종의 주제가 설정되어 있기 때문이다. 이상의 이러저러한 이야기가 초원 실크로드의 답사 주제를 설정하고 초원문화를 이해하는 데 일조가 되었으면 한다.

초원의 자연은 장려하지만 숙연하기도 하다. 초원의 삶은 역동적이면서도 여유작작하다. 초원의 길은 자유분방하나 올곧고 막힘이 없다. 초원의 이러한 자연과 삶, 길은 인류역사를 아름답게 수놓은 한폭의 파노라마다. 그 속에서 시간여행을 하다보면 추억에 흠뻑 젖기도 하고, 새로운 앎에 가슴이 설레기도 한다. 그 추억과 앎을 독자들과 공유하고자 51장의 낱개 장면을 하나씩 펼쳐보이게 될 것이다.

1부

미지의 땅을 향한 웅혼한 꿈

대흥안령 초원로

외몽골

쥔마창   우란하오터

뚱우주무친기   휘린꿔레이시   투취안현

네이멍구   시우주무친기

시린하오터시   빠린쭤기   퉁랴오

카이루

정란기   츠펑

차오양   선양

뻬이징

대흥안령 초원로 답사노정도

01
교통의 요로, 선양

　우리의 초원로 답사는 지난 2007년 여름부터 2009년 여름까지 2년간 모두 네구간으로 나눠 진행되었다. 구간별 답사기간은 몽골이 2007년 6월 29일부터 7월 9일까지 11일간, 서시베리아가 2008년 2월 11일부터 2월 23일까지 13일간, 대흥안령 구간이 2008년 10월 16일부터 10월 24일까지 9일간, 동시베리아가 2009년 7월 1일부터 7월 10일까지 10일간이었다. 이상 답사 총기간은 43일간이다. 글쓰는 순서는 답사 시일의 전후와는 관계없이 우리와의 원근에 따라 대흥안령 구간부터 시작해 몽골 구간에 이어 동시베리아 구간을, 그리고 마지막으로 중·서시베리아 구간으로 마무리 지었다.

　이 긴 여정의 답사 길은 중국 랴오닝성(遼寧省) 선양(瀋陽)으로부터 시작했다. 그것은 이곳이 한반도로 이어진 초원로의 들머리일 뿐만 아니라, 우리 겨레의 역사에서 그리고 필자의 삶에서 '교통의 요로'로 사리매김되어왔기 때문이다. 여기서의 '교통'이란 사람이나 화물의 오고감을 말한다. 예로부터 선양은 교통이 사통팔달(四通八達)한 고장이다. 현재는 고속도로로 수백킬로미터 떨어진 뻬이징(北京)이나 하얼삔(哈爾濱)과 일일생활권을 이루고 있으며, 6개의 간선철도망과 국내외 58개 항공노선을 보유하고 있다.

우리 답사단 일행은 2008년 10월 16일 9일간의 일정으로 인천공항을 떠나 대흥안령 초원로 답사의 장도에 올랐다. 그러나 필자는 뜻밖의 사정으로 인해 동행하지 못하고 다음날 중국 남방항공편으로 뒤따랐다. 1시간 20분 만에 비행기는 선양공항에 사뿐히 내려앉는다. 공중에서 부감(俯瞰)한 선양은 15년 전, 아니 그 훨씬 전과 별반 다를 바 없이 여전히 자욱한 연무(煙霧) 속에 잠겨 있다. 공업도시로서 700만 시민을 먹여살리는 촘촘한 공장굴뚝이 내뿜는 매연과 주변 7개의 위성도시에서 밀려드는 흙먼지가 뒤섞여 하늘은 희부옇게 물들어 있다. '혼탁한 강'이라는 뜻의 훈강(渾江)이 시내를 가로지르니 혼탁은 선양의 운명인가보다. 그 속에서도 몇몇 낯익은 고탑과 능들만은 가려낼 수 있었고, 없었던 초고층건물들이 연무 속에서 빠끔히 그 위용을 드러내고 있다.

하루 먼저 도착한 일행과 공항에서 만나 그들로부터 관광 소감을 듣기도 하고 수집한 자료들을 넘겨받기도 했다. 아쉽지만 시내는 들르지 못하고 외곽고속도로를 따라 다음 목적지인 차오양(朝陽)을 향해 길을 재촉했다. 차는 탁 트인 초가을 길을 쏜살같이 달린다. 순간, 아련히 멀어져가는 이 고도의 모습과 그 속에 갈무리된 실타래 같은 이야기들이 주마등처럼 뇌리를 스쳐간다.

어떤 이는 선양을 독일과 프랑스가 번갈아가며 차지해온 주소불명의 '유럽 알자스(Alsace)'에 비유한다. 그만큼 변화무상(變化無常)하다는 이

길이 1,146m의 라오허대교(遼河大橋)

야기다. 2,700여년의 역사를 지닌 이 고도는 전국시대(戰國時代)부터 개발
되어 한대(漢代)에는 요동군(遼東郡)이 설치되고, 이어 고구려의 영역에
속해 있다가 당(唐)의 지배하에 들어가 심주(瀋州)가 된다. 그후 발해에 속
했다가 요(遼)와 금(金) 시대에는 동경로(東京路), 원대(元代)에는 심양로
(瀋陽路), 명대(明代)에는 변경 요지로 심양위(瀋陽衛)를 둔다. 청조(淸朝)
는 요양(遼陽)에 있던 수도를 이곳으로 옮겨놓고는 태종 때(1634) 크게 성
할 것이라는 뜻에서 성경(盛京, 성징)으로 개칭한다. 10년 후 뻬이징으로
천도한 뒤에는 제2의 수도 격인 배도(陪都)로 삼고 봉천부(奉天府)를 설치
한다. '하늘을 섬긴다'는 이 '봉천(奉天, 펑톈)'이 이때부터 선양의 이름으
로 등장하는데, 만주어로는 '무크덴'(mukden)이다. 19세기 말부터는 남

하하는 러시아와 북진하는 일본 간의 각축장이 되어 번갈아 점령당한다. 청조가 망하자 선양으로 이름을 복원한 지방군벌 장쭤린(張作霖)의 본거지로 있다가 1932년부터는 일본의 괴뢰 만주국 수도로서 펑톈시(奉天市)로 개명한다. 2차대전을 계기로 만주국이 망하고 중화인민공화국이 건국되자 다시 선양으로 원상 복원된다. 이토록 선양은 한·고구려·당·발해·원·만청(滿淸)·러시아·일본 등 숱한 내외 이민족 권력들이 자웅을 겨루던 치열한 역사의 고장이다. 오늘날에도 36개나 되는 소수민족을 품고 있다.

보다시피 선양은 우리의 역사와도 떼어놓고 생각할 수 없는 유서깊은 현장이다. 자고로 이곳은 한반도로 이어진 초원로의 어귀다. 그래서 오늘도 이 초원로를 찾아 떠날 때면 으레 선양에서 신발끈을 묶는다. 대체로 한 길은 선양에서 북향으로 눙안(農安)을 거쳐 우란하오터(烏蘭浩特)에서 대홍안령 초원로로 이어지는 길이고, 다른 하나는 역시 선양에서 출발해 서북향으로 차오양과 츠펑(赤峰)을 포함한 홍산(紅山)문화 일원을 지나 네이멍구(內蒙古) 초원으로 이어지거나, 아니면 여기서 북상해 역시 우란하오터를 거쳐 대홍안령 초원에 진입하는 길이다. 우리는 후자의 길 가운데서도 좀더 많은 것을 접하고자 어렵고 길지만 네이멍구 길로 접어들지 않고 대홍안령 길을 택했다.

선양은 우리 겨레의 고대사 전개와 밀접한 관계가 있으며, 우리 선조들의 진취적 행동반경에서 매양 철도의 선로를 이동하는 전철기(轉轍機) 역할을 해왔다. 그 속에는 애환도 묻어 있다. 그 첫 인연은 고구려 건국으로 거슬러 올라간다. 건국자 주몽(朱蒙)이 부여(夫餘)를 탈출해 졸본(卒本)으로 가는 길에 자라와 물고기가 만들어준 다리를 타고 강을 건넜다는 전설 속의 그 강이 바로 선양의 훈강(渾江, 비류수)이다. 그리고 지금까지는 대

선양고궁의 청녕궁(淸寧宮, 칭닝꿍)

체로『삼국유사』와 광개토왕릉비의 기록에 따라 고구려의 첫 도읍을 환인현(桓仁縣, 환런현) 오녀산성(五女山城)으로 알고 있다. 그런데 최근에 미처 궁궐을 짓지 못해 비류수가에 집을 짓고 나라를 세웠다는『삼국사기』의 기록에 근거해 선양이 첫 도읍지라는 주장이 나왔다. 재고해봄직한 일설이다. 그밖에 한사군(漢四郡)의 하나인 현도군(玄菟郡)도 옥저(沃沮) 지역이던 오늘의 함경남도에서 요동성(遼東城, 랴오둥성) 홍경현(興京縣, 싱징현)을 거쳐 2세기 초 선양 부근으로 서천(西遷)했으며, 4세기 한때는 고구려의 속령이 된 적이 있다.

『삼국사기』나 『자치통감』에 의하면, 이 무렵부터 강성해진 고구려가 중국이나 북방 유목국가들과 의젓이 통교하는데, 그 길은 크게 수도 환도

라오닝대극장 외관

(丸都)에서 남·북 두 갈래가 있었다. 북도는 심주(瀋州, 오늘의 선양)에서
서쪽으로 방향을 꺾어 국제무역도시 영주(營州, 오늘의 차오양)로 이어진
다. 광개토왕(395)이나 장수왕(479)이 대군을 이끌고 대흥안령 원정에 나
섰을 때도 필히 심주에서 출진했을 것이다. 645년 당나라 이세적(李世勣)
이 고구려를 정벌할 때도 영주에서 출발해 부교로 요하(遼河, 랴오허)를
건너 고구려땅인 현도(玄菟)에 이르렀다고 한다.

　지금도 선양 하면 우리 모두에게 떠오르는 것은 소현세자(昭顯世子)와
비 강빈(姜嬪)의 비운이다. 1636년 병자호란 때 인조는 청태종에게 이마
에 피가 낭자할 정도로 삼배구고두(三拜九叩頭)하면서 나라의 패망을 고

한다. 망국의 수모다. 이듬해 스물여섯살의 소현세자가 비와 함께 인질로 청나라 수도 선양으로 끌려간다. 동생 봉림대군(鳳林大君, 훗날의 효종)과 3정승 6판서의 자제들, 김상헌(金尙憲)을 비롯한 일부 척화론 대신들이 동행한다. 볼모 8년간 세자는 청나라 궁궐 남문 밖 왕자관에 갇혀 있으면서 승정원에 「심양장계(瀋陽狀啓)」를 보내 청나라 정보와 자신의 활동을 알린다. 그는 청 황실과 친분을 맺고 주청 조선대사 역할을 하면서 껄끄러운 양국관계를 능란하게 조율한다. 그리고 뻬이징에 가서는 서양의 선진 과학기술에 관심을 갖고 아담 샬(Adam Schall) 등 천주교 신부들과 친교하면서 서양 천문학과 역법, 천문의기, 천주상 등을 갖고 돌아온다. 그는 서학(西學) 수용의 선구자다. 그러다가 인조로부터 청과 짜고 보위를 노린다는 의심을 받게 되었고, 급기야 소환되어 의혹의 독살을 당한다. 한편, 조선왕실 여인 중 유일하게 조선땅을 벗어나 세상물정에 눈을 뜨기 시작해 교역과 포로들의 속환(贖還)활동 등을 활발히 벌여오던 강빈도 당찮은 모함에 걸려 폐출되고 당일로 사약을 받아 사라진다.

이 처절한 역사현장이 우리에게 남긴 교훈은 과연 무엇인가? 한마디로 명분과 실리를 잘 조화시키라는 것이다. '향명배금(向明背金)' 즉 '명을 따르고 금(청)을 등지라'는 주자학적 명분론에 사로잡힌 인조와 실천을 중시하는 양명학적 실리론을 중시한 세자 간의 다툼에서 세자는 패하고 만다. 명분과 실리의 괴리는 부조리다. 진실은 양자가 상극이나 일변도가 아니라 조화와 균형이어야 한다. 그리고 고정불변한 것이 아니라 부단한 변화 속에서 그 정당성이 확보되어야 한다. 이것은 오늘에도 그대로 적용되어야 할 공리(公理)다.

조선시대 연경(燕京)이랍시고 뻬이징을 드나들던 숱한 연행사들은 수도에 비금가는 배도라서 선양에 들르곤 했다. 『열하일기(熱河日記)』「성

경잡식(盛京雜識)」에 보면, 연암(燕巖) 박지원(朴趾源)은 정조 4년(1780) 7월 연행중 이곳에 이틀간 묵는다. 무언가 탐탁찮은 점이 있었던지 필담(筆談)으로 남긴 기록이라곤 고작 손바닥으로 네다섯번 따귀를 때리는 재판소의 형벌 광경과 몹시 무덥다는 몇마디의 극히 소략한 내용뿐이다. 구한말부터 이곳엔 10여만의 동포들이 삶의 터전을 마련하고, 1920~30년대에는 독립군들의 활동무대이기도 했다.

오늘에 와서 동북아시아 최대의 물류집산지의 하나이자 철도교통망의 중심에 있는 선양이 시베리아횡단철도(TSR)와 한반도종단철도(TKR), 중국횡단철도(TCR), 만주횡단철도(TMR)의 4대 철도를 하나로 묶는 이른바 '철의 실크로드'라는 초대형 철도 프로젝트에서 차지하는 비중은 막중하다. 이 철도망이 구축되면 수송거리는 해상에 비해 1만km나 단축되며 비용은 약 20% 절감된다고 한다. 이 프로젝트는 2002년 남북한이 경의선과 동해선 연결공사에 착수하면서 급부상하다가 지금은 남북관계가 얼어붙음에 따라 논의도 수면 이하로 가라앉았다. 이에 분단장벽이 허물어져야 한다는 소망이 더더욱 간절하다.

선양은 필자의 삶에서도 가끔씩 마냥 '교통의 요로'에서 작동하는 전철기로 다가온다. 1952년 초가을, 뻬이징대학 입학 소식을 듣고 난생처음 옌볜(延邊)의 구석진 시골마을에서 장거리 기차를 타고 환승차 대처(大處, 큰 도시)인 이곳에 도착했다. 조선족들이 모여사는 서탑가(西塔街, 일명 백탑白塔거리) 부근의 허름한 여관에서 하룻밤을 보냈다. 세상을 향한 첫 개안지(開眼地)인 여기에서 다시 뜻을 가다듬고 뻬이징으로 향했다.

이태 후 여름방학에 고향으로 가는 길에 이곳에서 우연히 옛 학우를 만나 방향을 바꿔 하얼삔역에 남아 있다는 안중근 열사의 이또오 히로부미(伊藤博文) 저격장을 찾아갔다. 아무런 표시도 없고 누구도 정확한 자리를

선양은 우리의 역사와 떼어놓고 생각할 수 없는 유서깊은 현장이다. 번화한 선양 거리 모습

대주지 않아 어림잡아 점을 찍고 돌아섰다. 돌아오는 길에 발해의 신비를 간직하고 있는, 거울같이 아름답다는 경박호(鏡泊湖, 징퍼호)에 들렀다. 이 것이 평생 첫 여행이다. 그해 겨울방학에는 상하이(上海)임시정부 청사를 비롯해 선열들의 투혼이 깃든 중국 내 몇몇 곳을 찾아다녔다. 돌이켜보 면, 그것은 젊은 영혼에 영생의 불씨를 지펴준 소중한 계기였다. 10년 뒤, 고국으로의 환국 열차도 여기 선양에서 방향을 틀어 남행했다. 이런 일들 말고도 선양의 추억은 몇가지 더 있다. 시간을 훌쩍 뛰어넘어 오늘은 또 초원로 답사의 장정을 여기서 시작한다. 이렇듯 우리 겨레의 역사나 필자 의 삶에서 늘 '교통의 요로' 역할을 해온 선양은 찾을 때마다 사뭇 감개무 량하다.

02
고대 동북아 최대 국제무역도시 차오양

옅은 연무 속에 질펀한 갈대밭이 눈이 모자라게 펼쳐진다. 설레는 추억 속에 선양을 떠난 지 한시간 남짓하면서부터다. 요하(遼河, 랴오허) 강가에 이르렀다. 요하는 우리 역사에 자주 등장하는 잊지 못할 강이다. 때로는 이 강이 우리 강토의 경계선이기도 했고, 때로는 이 강을 사이에 두고 중국과 빼앗고 빼앗기는 전쟁도 하면서 그 너머의 땅까지 차지한 적도 있었다. 뚱뻬이(東北) 남부평야를 가로지르는 장장 1,400km에 달하는 이 강은 대흥안령에서 발원한 서요하(西遼河, 시랴오허)와 장백산맥에 수원을 둔 동요하(東遼河, 뚱랴오허)가 만나서 발해만으로 흘러들어간다. 수천년간 이곳 사람들은 정말로 우공이산(愚公移山)의 안간힘을 써가며 강을 다스려보려고 했지만, 자연의 위력 앞에서는 아직 무력한가 보다.

이 진창물에 묻혀 있는 갈대밭이 바로 그 유명한 요택(遼澤), 즉 요하 강가의 소택지다. 네이멍구 사막에서 흘러내리는 유사(流砂)로 인해 이런 소택지가 형성된 것이다. 『삼국사기』에 보면, 보장왕 4년(645) 당태종이 대군을 이끌고 고구려에 내침할 때 이 요택에 이르니 진흙이 200리나 되어 인마가 통행할 수 없어 되돌아갔다고 한다. 그만큼 짓궂은 땅이다. 오늘 변한 것이라곤 그 속을 헤집고 지나가는 길 몇오리뿐이다. 키가 족히 2~3m 되는 굵은 갈대만이 인간의 무능을 비웃듯 가을바람에 설레설레 몸을 젓는다.

이역의 정취를 감상하느라 중간중간 달리기를 멈추다보니, 선양에서 차오양(朝陽)까지의 260km 거리를 5시간이 걸려서야 주파했다. 길가에 '개고기 갈비'란 간판을 내건 허름한 식당이라든가, 안내표시로 긴 장대에 색초롱을 매단 것은 무언가 우리의 것을 연상시킨다. 그 옛날 한때 이곳은 고구려와 발해의 땅이었으니까. 어둠이 깔리기 시작한 차오양의 야경은 꽤나 화려하다. 중국의 여느 도시처럼 가로등이나 간판들이 세련미는 없어 보이지만 짙은 색조에 찬연하기는 하다. 시 중심인구는 35만명이지만, 2개 직할시와 3개 현, 2개 구를 거느리고 있어 시 인구는 총 334만명이나 된다.

'뻬이다창(北大倉)신농촌주점'이란 깔끔한 식당에서 40대 초반의 현지 여안내원과 인사를 나누고 나서 일정을 토론했다. 사실 이곳을 찾은 첫째 이유는 이곳에 우리의 고대사 전개와 관련된 몇가지 유적·유물이 있어 그것을 현장에서 확인하고자 하는 데 있다. 맨 처음으로 가고픈 곳은 시 동북방 근처에 있는 뻬이퍄오(北票)다. 1965년 그곳에 있는 북연(北燕)의 한 권세가인 풍소불(馮素弗, 383~415)의 묘에서 신라 고분에서 나온 유리그릇과 비슷한 유리제품 5점이 나왔다. 동북아에서는 유일한 유사품이다. 우리나라로 뻗은 '유리의 길'을 추적하는 데는 더없이 귀중한 증거물이다. 그런데 안내원의 말로는 상부의 지시로 한국과 일본 사람들은 그곳에

높이 42.6m인 '동북 제1보탑' 차오양의 북탑

접근하는 것이 불허된다고 한다. 언저리라도 가보자고 달렸으나 막무가
내다. 용렬한 '학문 보호주의' 장벽을 실감하는 순간이다. 첫걸음부터 심
상찮다는 예감을 애써 지워가면서 다음날(10월 18일) 일정에 임했다.

　이른 아침 북탑박물관을 찾았다. 입구엔 '동북제1단조와불(東北第一鍛
造臥佛)'이라고 하는 길이 8.6m, 무게 1톤짜리 와불이 현란한 조명 속에
위용을 드러낸다. 사실상 이 박물관은 중국 명탑 박물관이다. 전국 63기
의 고탑 중 명탑 20기를 그림과 유물로 상세히 소개하고 있다. 차오양에
만도 명탑들인 북탑(北塔)과 남탑(南塔)을 비롯해 17기의 고탑이 있으니,
이 도시는 가위 '고탑성'이라고 해도 과언이 아니다. 사라진 '사연불도

(思燕佛圖)'라는 사판(砂板) 모형이 눈길을 끈다. 여기서 '사연(思燕)'은 '연(燕)나라를 사모'한다는 뜻이고, '불도(佛圖)'는 '불탑'이라는 뜻이다. 이를테면 연나라를 사모해 세운 불탑이란 말이다. 1,600년 전 5호16국(五胡十六國) 시대에 전연(前燕)과 후연(後燕), 북연의 연속 3연 수도였던 용성(龍城)의 황궁자리에 이 탑을 세운 주인공은 북연 마지막 황제인 풍홍(馮弘)의 손녀이자 북위(北魏) 효문제의 조모인 황후 풍씨다. 지금은 사라졌지만, 7층 방형탑으로 높이만도 80여m에 달하는 북위의 대표적 탑의 하나다. 이 탑이 바로 오늘날 남아 있는 북탑의 원조다. 탑의 거개가 불탑이니, 그만큼 불교와 인연이 깊은 고장이다.

북연의 마지막 황제 풍홍은 북위의 공격 앞에 100년간 3국의 수도로 영광을 누렸던 도시의 운명이 경각에 달리자 요동(遼東, 랴오뚱)지방의 고구려로 피신한다. 피신 직전, 불을 질러 이 고도를 초토화시켰다. 박물관에는 요대(遼代)의 7보탑을 비롯해 각종 금은 법륜(法輪)과 금은 경탑(經塔), 유리와 옥 제품, 특히 이곳에밖에 없는 백색 골사리(骨舍利)와 홍갈색 혈사리(血舍利) 등 북탑의 지궁(地宮)과 중궁(中宮), 천궁(天宮)에서 발견된 귀중한 유물들이 일목요연하게 전시되어 있다. 필자는 유리장 속에 갇혀 있는 한점의 유물 앞에서 갑자기 발걸음을 멈췄다. 새 부리를 한 담녹색의 유리병, 10~11세기 전반의 페르시아 병이라고 적혀 있다. 경주 황남동 98호 남분(南墳)에서

북탑 천궁에서 발견된 페르시아 유리봉수병. 신라 유리봉수병과 매우 유사하다

나온 봉수형(鳳首形) 유리병과 기형(器形)이 신통히도 같다. 여기서도 이러한 유사품이 발견되다니. 사실 필자는 그간 중앙아시아나 이란, 터키 등 여러 곳에 점재(點在)한 이러한 유사품을 발견했다. 이제는 저 멀리 지중해 연안에서 한반도까지 이어진 '유리의 길'을 설정해봄직한 자신감이 생겼다. 뻬이퍄오에 못 간 실망감을 상쇄하고도 남음이 있는 쾌거다. 고단함을 무릅쓰고 이역만리 미지의 세계를 기웃거리는 것은 어찌 보면 이러한 요행을 맞기 위한 것이 아니겠는가.

이어 북탑 현장으로 자리를 옮겼다. 이 탑은 방형(方形)의 13층 밀첨식(密檐式) 전탑(塼塔)으로서 42.6m의 고탑이다. 흔히들 이 탑을 가리켜 3연과 북위, 수(隋), 당, 요나라의 5대를 거쳤다고 해서 '오세동당(五世同堂)'의 탑, 또는 '동북 제1보탑'이라고 한다. 탑의 동·서·북면의 중앙에는 가문(假門)이 나 있고, 남면 한가운데는 중궁으로 통하는 정식 문이 있다. 탑신(塔身) 4면에는 사방불(四方佛)과 8협시보살(脇侍菩薩), 24비천(飛天), 8영탑(靈塔), 탑명(塔銘) 등 주로 밀교와 관련된 부조물들이 빼곡히 새겨져 있다. 아마 후대에 증수할 때 이러한 밀교적 요소들이 가미된 것 같다. 놀라운 것은 몇몇 젊은이들이 이 고탑을 향해 한걸음 한걸음 오체투지(五體投地)를 하고, 갈색 법복을 입은 20여명이 '아미타불'을 음송하면서 탑돌이를 하는 모습이다. 한편에서 이들을 지켜보는 관광객들은 아무렇지도 않다는 식으로 무덤덤하다. 몇년 전 이곳과 맞먹는 서안(西安, 시안) 법문사(法門寺, 파먼쓰)에 들렀을 때는 몇몇 스님이 사찰을 지키고 있을 뿐, 이런 광경은 좀처럼 없었다. '종교 금지'와 '종교 자유'라는 이율배반적 현실 앞에서 짐짓 놀라지 않을 수 없었다.

여기서 얼마 멀지 않은 곳에 북탑과 쌍벽을 이루는 남탑이 있다. 북탑보다는 후대인 요대에 지은 이 탑 역시 13층 밀첨식 전탑으로서 높이는

법복을 입은 불자들이
북탑에서 탑돌이 하는 장면

약간 더 높은 45m다. 구조나 벽면 조각상 등은 북탑과 대동소이하나, 소장유물 대부분이 도굴당하고 관리도 허술해 먼발치에서나 바라보는 괴괴한 유물로만 남아 있다. 쌍벽이라서 그런지 두 탑 사이는 그렇게 화목하지 못한 성싶다. 현지 안내원은 남탑을 가리키면서 이런 전설을 전한다. 이 두 탑이 세워진 후 남탑에는 신성한 뱀이 살고, 북탑에는 괴이한 거미가 살고 있었다. 상서로운 동물로 전해오는 뱀은 선해서 백성들에게 폐를 끼치지 않으나, 고약한 거미는 해만 주는 애물단지다. 그러던 어느날 하늘이 대노해 한밤중에 청천벽력 같은 소나기를 내렸다. 이튿날 아침 청소부 할아버지는 거미 잔해를 한바구니 가득 수습했다. 그후부터 북탑은 죽은 탑으로서 더이상 빛을 발하지 않고, 남탑만이 영탑으로 남았다. 이런 전설을 뒷받침하듯, 그후부터 제비는 남탑에만 날아들고 남탑 꼭대기에는 푸르싱싱한 포도나무 한그루가 자라나 가을이 되면 풍성한 열매를 사람들에게 선사하곤 했다. 지금도 제비는 남탑에만 날아든다고 한다. 그래서 '보배로운 탑에 황금제비(寶塔金燕)'라는 말이 생겨났다. 인간더러 권선징악의 영험을 터득하라는 것쯤으로 받아들이면 될 것이다.

이 남탑 맞은편에는 우순사(佑順寺)라고 하는 라마사원이 자리하고 있다. 청나라 강희(康熙) 37년(1698)에 황제의 하명에 따라 황궁이 직접 출자해 8년 만에 완공했다. 고색창연한 이 사원의 정문에는 강희가 하사한 '우순사'라는 현판이 걸려 있다. '하늘(황제)은 성실하게 백성을 보우(保佑)'하고, '큰 덕을 행해 천하를 순조(順調)롭게 하라'는 두가지 뜻을 합쳐서 '우순사'란 이름을 지었다고 한다. 백성을 잘 보살피며 큰 덕을 베풀어야 천하가 태평하다는 거야 동서고금 만고의 섭리가 아닌가.

차오양은 황하(黃河)문명을 비롯한 세계 4대 문명보다 앞선 문명이라고 하는 홍산(紅山)문화구의 동편에 자리하고 있으며 적잖은 원시유적을 보

'백성을 보살피며 큰 덕을 베풀어야 세상이 태평하다'는 뜻을 지닌 라마교 사원 우순사

유하고 있다. 특히 이 고도를 가로지르는 따링하(大凌河) 양안에서는 구석기시대 인류의 거주지와 고생물 화석 및 원시종교 유적이 발굴되어 세인을 깜짝 놀라게 했다. 주변에는 동북의 불교 명산 봉황산(鳳凰山, 평황산)과 '요서(遼西, 랴오시)의 푸른 섬'이라고 하는 대흑산(大黑山, 따헤이산)을 비롯해 산명수려한 경관들이 즐비하다. 자고로 요서지방의 동서남북을 이어주는 교통의 요지이기도 했다.

이 유구한 고도는 우리 겨레의 고대사 전개에서 늘 완충지 역할을 해왔다. 고조선 시대부터 고구려를 거쳐 발해에 이르기까지 우리 강토의 가장 서변(西邊)에 있는 중국과의 접경지이면서 격전장이기도 했다. 또한 문물이 오가는 통구(通口)이기도 했다. 북탑박물관에는 우리나라 여러 곳에서도 발견되는 연나라 화폐 명도전(明刀錢) 유물이 다수 전시되어 있다. 교역수단인 화폐의 공유는 두 나라간에 통교가 있었음을 입증한다. 이 통구

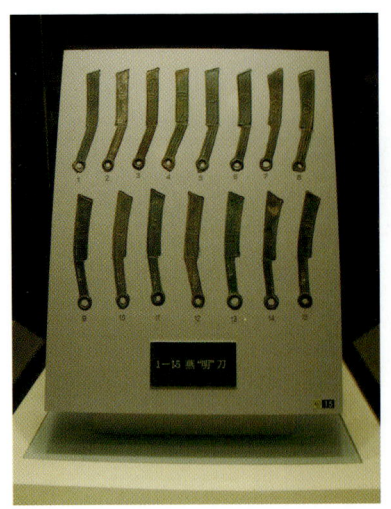

우리나라에서도 출토된 연나라 명도전(북탑박물관 소장)

를 통해 불교도 오갔다. 일찍부터 차오양은 동북 불교의 요람으로서 불교의 한반도 동전(東傳)에 가교 역할을 했다. 370년에 전연을 멸한 전진(前秦)의 왕 부견(苻堅)이 2년 후인 소수림왕 2년(372)에 승려 순도(順道)를 고구려에 보내 불상과 경문을 전함으로써 불교가 비로소 고구려에 전해지기 시작했던 것이다. 중원에서 흥기한 전진이 전연을 멸하자마자 승려를 보냈다면, 십중팔구는 그 승려가 이미 고구려

조정과 모종의 관계를 유지해온 이곳 출신의 승려였을 것이다.

『삼국사기』에 따르면, 고구려가 3연과 통하는 길은 남·북도 두 갈래였다. 북도는 수도 환도(丸都)에서 출발해 심주(瀋州, 현 선양)를 거쳐 통정(通定)에서 요하를 건너 영주(營州, 현 차오양)에 이르는 길이고, 남도는 환도에서 출발해 요동(遼東, 현 랴오양)을 거쳐 양어무(梁魚務, 양위무)에서 요하를 건넌 다음 영주에 다다르는 길이다. 이렇게 영주는 고구려의 최서단 변방이었다. 두 당서에 의하면, 6세기를 전후해 영주는 동북아 최대의 국제무역도시였는데, 고구려가 장악하고 있었다. 바로 이 때문에 저 멀리 페르시아(이란)에서 상인들이 이곳까지 와서 고구려인들과 교역도 하고 어울렸던 것이다. 고구려 무용총 고분벽화(4세기 말~5세기 초) 속의 손잡고 겨루는 수박도(手搏圖)나 각저총 벽화 속의 씨름도(4세기 말)에서 보이는 심목고비(深目高鼻)한 상대방은 다름 아닌 영주땅을 거쳐 고구려에

들어온 페르시아인이라고 추단해도 별 무리가 아닐 것이다. 그런가 하면 해동성국 발해 때의 5대 국제통로의 하나가 바로 상경(上京)에서 영주를 거쳐 중원까지 이어지는 '영주로(營州路)'였다.

이렇게 보면 차오양은 결코 우리에게 낯선 고장이 아니다. 우리와의 역사적 인연은 끈끈하다. 그 어딘가에 선조들이 남긴 발자국과 뿌려놓은 겨레의 체취가 스며 있으련만, 찾지 못하고 떠나는 발걸음이 자못 무겁다.

03
세계를 향해 기염을 토하는 홍산문화

차오양을 빠져나오자 길은 조금씩 고도를 높인다. 160km 떨어진 홍산문화의 심장 츠펑(赤峰)을 향해 차는 시속 60km의 속도로 달린다. 얼마쯤 달리자 차창이 빗방울을 머금기 시작한다. 좀처럼 내리지 않는 가을비라고 한다. 그러다가 랴오닝성(遼寧省)과 네이멍구자치구(內蒙古自治區)의 경계에 이르자 촉촉이 내리던 비는 간데없이 사라지고 금세 해가 난다. 이것이 초원이나 사막에서 가끔씩 내리는 여우비다. 초원이 길손을 반기는 징조라고 현지 안내원이 귀띔한다. 일행은 웅성거린다. 이제부터 그리던 초원 실크로드 답사가 시작된다. 근 4시간을 달려 정오를 넘겨서야 츠펑에 도착했다.

네이멍구자치구에는 치소(治所)인 우란하오터(烏蘭浩特)를 비롯해 9개 시(市)와 3개 맹(盟)이 있는데, 츠펑은 그중 한 시다. 츠펑시는 외곽의 7개 기(旗)와 2개 현(縣)을 거느리고 있고, 총면적은 남한 면적에 육박하는 9만

라오닝성과 네이멍구자치구 경계에 있는 청난(城南) 톨게이트

km²에 달하지만 인구는 450만명밖에 안된다. 청대(淸代)의 현에서 1947
년 시로 승격한 츠펑시 중심에는 홍산구 등 3개 구(區)가 있으며, 인구는
약 36만명이다. '츠펑'은 '붉은 산봉우리'란 뜻인데, 이 말은 시 동북쪽에
있는 '붉은 산' 즉 '홍산(紅山, 몽골어로는 우란하따)'에서 유래된 것이다.
사람들은 '츠펑' 하면 곧 '홍산문화'를 연상한다. 그것은 이 홍산을 비롯
해 인근 여러 지역에서 세상을 깜짝 놀라게 한 오래된 유적·유물이 숱하
게 발견되었고, 그것을 총괄해 '홍산문화'라고 부르기 때문이다.

　이 문화를 세상에 처음 알린 사람은 일본의 고고학자 토리이 류우조오
(鳥居龍藏)다. 그는 1906년 츠펑 일대(당시는 러허성熱河省) 지표조사를
한답시고 돌아다니다가 많은 신석기 유적과 적석묘를 발견한다. 그의 조

츠펑박물관 외경

사는 결과야 어떻든간에 만주와 네이멍구에 대한 일본의 식민지 침략을
위한 정지작업의 일환이었다. 마치 '조선학'이 조선 침략을 위한 일본의
계산된 관학이었던 것처럼 말이다. 20세기 초부터 일본에서는 쿄오또(京
都)대학을 중심으로 이른바 '만주학'이라는 또 하나의 관학이 발족되어
동북 3성에 관한 정보탐지에 악용되었다. 학문이야 순수하지만, 악용되면
독약이 되는 법이다. 아무튼 이것이 발단이 되어 츠펑을 중심으로 한 광
범위한 지역에서 굉장한 유물들이 속속 꼬리를 물고 발굴되었다. 드디어
1955년에는 이러한 유물들이 시사하는 문화 일체를 '홍산문화'라고 명명
했다.

홍산문화란 한마디로 츠펑(홍산)을 중심으로 한 랴오시(遼西) 지역에서

생성된 신석기시대 위주의 문화집합체를 말한다. 지금까지의 발굴결과를 놓고 보면, 포괄범위는 동으로 차오양, 남으로 발해만, 서로 네이멍구 초원, 북으로 대흥안령 남록까지의 광범위한 지역이다. 이 문화는 신석기시대 문화가 주종이지만, 청동기시대나 동석(銅石) 병용시대 문화 등 여러 문화를 갈무리하고 있다. 문화적 성격 면에서도 초기 농경문화와 유목문화, 정주농경문화 등 다종다양하다. 15만년 전 인류의 거주를 비롯해 구석기문화도 관련되어 있다.

이 문화집합체를 구성하고 있는 주요 문화들로는 '중화 제1촌' '중화 시조취락'이라고 하는 싱룽와(興隆窪)문화(8,000년 전), 홍산문화(6,000년 전), 뉴허량(牛河梁)문화(5,000년 전), 샤오허옌(小河沿)문화(4,900년 전), 샤자뎬(夏家店) 상·하층문화(4,200~3,300년 전), 링허(凌河)문화(2,800년 전) 등이 있다. 홍산문화 유적의 밀도는 정말로 가관이다. 이것은 이 문화의 유구성과 다양성을 말해준다. 예컨대 츠펑 인근의 아오한기(敖漢旗) 한 곳에만도 옥과 토기로 유명한 싱룽와문화와 샤오허옌문화, 샤자뎬문화가 얼기설기 얽혀 있다. 우리나라 충청북도보다도 작은 8,300km²의 이 아오한기에는 한반도 전지역에서 발견된 유적보다도 더 많은 유적(신석기 유적 1,000여곳, 청동기 유적 2,000여곳)이 지척에 깔려 있다.

인구 60만명이 사는 이 아오한기에는 아직 '파보지 못한 땅'이 수두룩하다. 츠펑과 아오한기를 포함한 이 유적지는 해발 600m의 고원 평지로서 대부분이 가경지(可耕地)와 초지(草地)다. 지금은 강수량이 300mm밖에 안되는 건조한 고장이지만, 기원전 5~3세기경까지만 해도 강수량이 꽤 많았다. 게다가 광물도 다양하고 토양도 토기제작에 적격인 찰흙이다. 이 모든 자연조건은 일찍이 홍산문화와 같은 뛰어난 문명의 생성에 유리했다. 그런데 이러한 자연조건은 어디까지나 문명 생성의 객관적 필요조

홍산문화유지 푯말

건일 뿐 결코 충분조건은 아니다. 충분조건이란 유리한 자연환경에다 이런 환경을 효과적으로 이용하는 인간의 슬기와 노력이 합쳐진 것이다. 그러나 자연환경은 언제 어디서나 항시 유리한 것만은 아니다. 오히려 불리한 환경의 도전에 성과적으로 응전했을 때, 더 튼실하고 생명력있는 문명이 창출되고 성장할 수 있다. 이것이 문명 생성에 관한 토인비식 '도전과 응전 논리'다. 모름지기 홍산문화도 역사의 어느 계기에서 자연환경의 변화에 따르는 엄혹한 시련(도전)을 겪었을 법도 하다. 그러나 이 문화의 창조주역들의 뛰어난 슬기와 노력으로 그러한 시련을 잘 이겨냈기 때문에 비로소 그토록 유구하고 찬란한 문화가 생성될 수 있었을 것이다. 따라서 유리한 자연환경에서만 이 융성 요인을 찾을 것이 아니라 불리했던, 그래서 더욱 훌륭할 수 있었던 요인도 함께 탐구해야 할 것이다.

평소 이러한 문명론에 동조하고 그 실증을 위해 동분서주해온 필자로

츠펑시 부근 싱룽와에서 출토된 '중화 제1촌'의 유지복원도

서는 이 '세계적 문명' 현장에 발을 들여놓는 순간부터 흥분을 가라앉힐 수가 없었다. 늦점심을 먹고 나서 쉴 짬도 없이 곧바로 츠펑박물관을 찾았다. 아담하게 꾸려놓은 3층짜리 현대적 건물이다. 관심 가는 홍산문화 전시품들은 2층에 가지런히 전시되어 있다. 40대 중반의 여성해설원은 이 문화의 '세계성'과 '초창성(草創性)'에 초점을 맞춰 거듭거듭 강조한다. 수긍과 재고(再考)가 엇갈리나, 일단 해설을 경청했다.

오늘 홍산문화는 몇가지 내용에서 '가장 오래됨'을 자랑하는 기염을 토하고 있다. 한마디로 지금까지 알려진 이른바 '세계 4대 문명'을 저만치 앞질렀다는 것이다. 따링하(大凌河) 서쪽 강안에 위치한 탕산(唐山) 절벽에 있는 비둘기동굴(鴿子洞)에서는 15만년 전 원시인간이 불을 사용한 흔적과 함께 300여점의 석기류와 호랑이·야생말·산양 등 30가지가 넘는 포유동물의 화석이 발견되었다. 이곳에서 60km쯤 떨어진 젠핑현(建平縣)

에서는 후기 구석기시대에 속하는 5만년 전 '젠펑인'의 생활모습이 드러
나기도 했다. 이러한 구석기시대를 이어 나타난 것이 홍산문화 가운데서
가장 오래된 아오한기의 싱룽와문화다.

'중화 제1촌' '중화시조취락', 즉 중국에서 가장 오래된 시조마을이라
고 하는 이 마을은 175채의 집이 10채 단위로 줄지어 계획도시처럼 질서
정연하게 배치되어 있으며, 주위는 마치 해자(垓字)처럼 도랑으로 에워싸
여 있다. 여기서 빗살무늬토기와 옥기가 발견되었다. 사실 인류 최초의
농경문화로 알려진 메소포타미아(이라크)의 어느 취락에서도 이렇게 정
연하게 짜여진 촌락이 발견된 적은 없다. 1983~94년 사이에 모두 7차에
걸쳐 발굴한 이 마을의 면적은 무려 4만㎡에 달하는데, 집터 규모는 보통
60㎡(약 18평)이며 한복판에 있는 가장 큰 두 집은 140㎡나 된다. 이 두
집에는 우두머리가 살았거나, 아니면 집회장이나 종교의식장으로 쓰였을

것이다. 집집마다 생산도구나
취사용구를 갖추고 있으며, 식
품저장용 움막까지 갖추고 있
다. 같은 열에 속하는 가족끼리
는 밀접한 관계 속에 있었던 것
으로 보인다. 이렇게 주민들은
경제적 자립을 유지하고 일정
한 사회적 조직과 활동 속에서
살아가고 있어 일종의 씨족사
회를 연상케 한다.

여기서 200km 떨어진 차하
이(査海)에서도 55채의 주거지

1984년 뉴허량(牛河梁)에서 출토된 신석기시대의 옥룡,
츠펑시의 상징물이다(츠펑박물관 소장)

가 발견되었는데, 구조나 유물들은 싱룽와와 대동소이하다. 그래서 학계에서는 이 두곳을 한데 묶어 싱룽와-차하이 문화라고도 한다. 흥미로운 것은 돼지가 사람과 함께 순장된 사실이다. 이것은 돼지가 일찍부터 종교 제의에 사용되었다는 것을 시사한다. 이곳에서 출토된 옥귀고리와 옥룡은 세상에서 가장 오래된 옥기라고 해서 츠펑시의 상징물이 되고 있다. 지금은 다 풀밭과 옥수수밭 속에 묻혀 인간의 접근을 불허한 채 세상을 향해 무엇인가 무언의 증언을 하고 있다.

박물관에 전시된 갖가지 채도(彩陶) 유물에는 슬픈 사연이 묻어 있다. 중국 현대사에서 계몽운동의 선구자로 꼽히는 량치차오(梁啓超)의 아들이자 중국 고고학의 제1세대인 량쓰융(梁思永)은 1930년 열악한 학술환경 속에서도 츠펑 일대에서 중원의 앙소(仰韶, 양샤오)식 채도 여러점을 발견한다. 그는 중원과 만리장성 밖의 문화적 연관성을 주장하면서 이듬해에는 야망찬 동북 고고학 탐사계획을 세운다. 그러나 바로 이즈음 일본이 만주 침략의 마각을 드러내면서 관학자들을 투입하는 바람에 이 계획은 물거품으로 돌아간다. 2년 뒤인 1933년에 집총한 일본군의 호위를 받으며 야하따 이찌로오(八幡一郎)가 이끄는 제1차 만몽학술조사단이, 이어 1935년에는 하마다 코오사꾸(濱田耕作)가 주축이 된 일본고고학회가 들이닥친다. 그들의 의도는 중원과 무관하다는 이른바 '독립성'을 내세워 만주를 중국 판도에서 떼어내자는 것이다. 다행히 그 못된 시도는 얼마 못 가서 부서지고 만다.

이상의 몇가지 예에서 보다시피, 홍산문화는 화하족(華夏族)이 창조한 중원의 황하문명보다 더 오래된 문화라는 것이 그 주창자들의 주장이다. 여러 문화 중 홍산문화(6,000년 전)를 기준으로 잡더라도 1천여년을 앞선다는 것이다. 그렇다면 이것은 분명 이집트나 메소포타미아, 인더스 문명

赤峰红山后

홍산과 채도 출토 유물(츠펑박물관 소장)

보다 그 편년이 더 올라가는 셈이다. 그래서 홍산문화를 세계에서 가장 오래된 문화라고 자랑하는 것이다. 그런데 여기서 눈여겨봐야 할 문제가 있는데, 그것은 이 문화가 화하족이 창조한 중원문화와 다르다는 점이다. 물론 채도와 같은 상관문화도 있지만, 크게 다른 점도 있다. 예컨대 여기서 출토된 빗살무늬토기나 적석총(積石塚) 같은 유물이 중원에서는 발견되지 않고 있다. 이런 것들이 두 지역 문화를 구분짓게 하는 증거물이다.

박물관 참관을 마치고 해가 서산에 걸려 있을 무렵 이 문화의 연고지 홍산을 찾았다. 시에서 차로 10분 거리에 있는 이 산은 온통 암홍색 화강암이다. 바위면을 살짝 긁어보니 희누르스름한 속살이 드러난다. 그래서 어떤 이는 붉은 물감을 칠한 가짜 붉은 산이라고 농담을 던진다. 사실 이 산의 돌은 여러가지 광물질을 함유하고 있기 때문에 햇빛에 노출되면 이렇게 붉은 색깔을 띠게 된다고 한다. 그러니 가짜가 아니고 진짜다. 세상만사의 가짜와 진짜에는 필히 그럴 법한 이치가 있게 마련이다. 일행이 표고(標高) 500m 중턱에 있는 정자에 둘러앉은 참에 필자는 이 홍산문화와 우리 문화의 관련성이라든가, 예단되는 '역사전쟁' 등 이러저러한 이야기를 나눴다. 다들 흥미진진하게 경청하고 질문도 제기한다.

04
홍산의 비너스상

어느덧 해가 서산 너머로 기울기 시작한다. 츠펑 시가가 한눈에 내려다보이는 홍산 중턱에 있는 정자에 둘러앉은 일행과 우선 홍산문화의 외연성에 관해 이야기를 나눴다. 이야기는 이색적인 여인 나체상인 비너스(Venus)상, 그리고 우리 고대문화와의 상관성에 모아졌다. 어디를 가나 우리와 관련된 이야기가 나오기만 하면 다들 본능적으로 진지해진다. 그럴 때면 이야기하는 사람도 자연히 흥이 난다.

1979년 늦봄 어느날 홍산문화의 중심에 자리한 카줘현(喀左縣) 뚱산쭈이(東山嘴)에서 대형 석조제단 유적이 발견되었다. 출토된 유물 중에는 중국에서 처음 보는 흙으로 빚은 여인 나체 소상 2점이 끼어 있어 학계의 큰 주목을 끌었다. 두점 모두가 머리 부분이 떨어져나가 완전한 형태는 알 수 없다. 잔해의 높이는 각각 5cm와 5.8cm이고, 배와 엉덩이가 불쑥 튀어나온 임신부형 환조(丸彫) 조형물로서 제작연대는 5천여년 전으로 거슬

러 올라간다.

이 발굴에 이어 1983년 뚱샨쭈이 서쪽 50km 떨어진 뉴허량(牛河梁)에서도 같은 시기의 여신묘(女神廟) 한기와 적석총군 유지가 발견되었다. 이 유지에서 크기가 서로 다른 여러가지 여인 나체 소상 조각들과 함께 여신묘 주실 서쪽에서 사람 키 크기의 채소여신상(彩塑女神像)이 발굴되었다. 머리 부분이 거의 완전하게 보존되어 있는 이 여신상은 정교한 원조(圓雕) 기법으로 제작되었다. 특히 눈망울은 맑고 짙은 푸른빛 구슬을 박아넣어 생기마저 돌아 매우 신기한 감을 준다. 일부 중국 학계에서는 몽골리언 인종으로 추정되는 이 여인을 '홍산인들의 여시조'로, '중화민족의 공동 조상〔共祖〕'으로 간주하면서 '삼황오제(三皇五帝)' 전설이 허구가 아닌 실재라는 증거로까지 확대해석하고 있다.

그런데 이 3점의 여인상과 비슷한 상, 즉 비너스상이라고 하는 여인 나체상이 유라시아 여러 곳에서 출토되었다. 원래 '비너스'는 사랑과 미, 풍요를 상징하는 로마신화에 나오는 여신의 이름이다. 그런데 로마시대부터 르네쌍스시대를 거치면서 특정 민족신화의 틀을 벗어나 여성의 원형으로서 서양 문학과 미술에 자주 등장한다. 독일 르네쌍스의 대표적 화가 크라나흐(Lucas Cranach)가 1532년에 그린 청아하고 신비로운 감각이 돋보이는 불후의 명화 「비너스」는 그 전형적인 일례라고 할 수 있다. 19세기 말엽부터 프랑스에서 시베리아 바이깔호에 이르는 19곳에서 약 2만 5천년 내지 2만년 전 후기 구석기시대에 속하는 여러가지 형태의 크고 작은(3.5~22cm) 여인 나체상 유물이 발굴됨에 따라 학자들은 이 여인상을 여성의 원형으로 간주해 그 이름을 신화로 전승되어온 '비너스'로 명명했다. 제작기법은 환조기법으로 젖가슴과 배, 엉덩이 등 여성적 특징을 나타내는 부분이 특별히 강조되고 있다.

비너스상의 용도와 의미에 관해서는 사실적 작품, 호신용 부적(符籍), 가족이나 종족의 수호신, 무녀상(巫女像) 등 여러가지 견해가 엇갈린다. 대별하면, 사실적 의미와 상징적 의미의 두가지로 볼 수 있는데, 학계에서는 후자에 더 큰 비중을 둔다. 여기서 분명한 것은 사회의 진화과정에서 여권이 부권에 앞섰으며, 일찍부터 여성(모성)은 숭상의 대상이 되어왔다는 사실이다. 이와 더불어 독립적 인간 조형으로서는 가장 오래된 이 비너스상은 최초의 문명교류 유물이라는 데서 특별한 각광을 받고 있다.

홍산문화에서 발견된 나체 여인상이 형태면에서나 상징성에서 유라시아 비너스상과 일맥상통하다는 데는 별다른 이의가 없다. 문명론에서는 이렇게 서로 다른 환경에서 유사문명이 생기는 것을 문명의 보편성 현상이라고 한다. 문제는 이런 보편성이 자생적 보편성, 즉 상관성 없이 우연하게 발생한 보편성인가, 아니면 서로의 교류에 의해 생겨난 교류적 보편성인가 하는 것이다.

아직은 연구의 미흡으로 인해 유라시아, 적어도 가까운 바이깔호 부근의 비너스상과 홍산 여인상 사이에 어떤 중간환절(中間環節, 연결고리)을 찾아내지 못함으로써 교류적 보편성 양상이라고 단정지을 수는 없다. 그러나 인류학자 모건(Lewis H. Morgan)의 '공통심리설'에 의해 자생적 보편문명 현상으로는 설명이 된다. 동일한 발전단계에 이르러 형성되는 유사한 사회환경 속에서는 같은 심리작용이 일어나며, 그 결과 유사한 문명이 창조된다는 그의 설에 의하면, 자생적 보편문명 현상으로서의 여인 나체상은 서로 멀리 떨어진 곳에서도 출현 가능하다.

그렇다면 저 멀리 유럽인들과 이러한 자생적 보편성을 공유한 사람들, 즉 홍산의 비너스상을 만들어낸 주역은 과연 누구인가. 가장 궁금한 대목이다. 그 주역은 중원문화를 창조한 화하족(華夏族)이 아니라 동이족(東夷族)이다. 동이족이라면 우리가 아닌가. 그런데 홍산박물관 해설원의 말대로라면 이 동이족은 중국 샨뚱(山東) 일원에서 발원해 북상한 사람들이며, 우리의 한 조상인 동이나 예맥(濊貊)은 그 후예라는 것이다. 요컨대, 원조 주역에서 우리의 동이를 제외시키고 있다. 그렇다면 여러면에서 나타나고 있는 홍산문화와 우리 고대문화 간의 상관성은 과연 어떻게 설명할 것인가. 우리는 홍산문화의 공동주역인가, 아니면 그 조역이나 피전파자에 불과한가. 우리의 고대사가 이 지역과 얼기설기 얽혀 있었던 점과 이른바 '요하문명론(遼河文明論)'에 우리 겨레의 역사를 함몰시키는 작금의 행태를 감안하면 심각하게 고민해야 할 문제임에 틀림없다. 우리가 또 한차례의 본의 아닌 '역사전쟁' '문화전쟁'을 불사해야 할 이유가 바로 여기에

❶ 뚱샨쮀이에서 1979년에 출토된 임신부형 여인 나체상(비너스상 정면)
❷ 뚱샨쮀이에서 1979년에 출토된 임신부형 여인 나체상(비너스상 측면)
❸ 오스트리아에서 출토된 구석기시대의 비너스상(빌렌도르프상)
❹ 뉴허랑에서 1983년에 출토된 채소여신상

있다.

사실 이러한 상관성은 선사시대부터 전개되어온 역사과정에서 확증되고 있다. 몇가지 사실만을 들어보자. 우선, 암각화의 상관성이다. 한반도의 경우 1971년 경남 울산 천전리(川前里)에서 암각화가 처음 발견된 이래 20여곳에서 암각화가 확인되었다. 그러나 주로 경남을 비롯한 남부지역에서 발견되고 중부와 북부지역에서는 별로 알려진 것이 없어서 한반도 암각화의 기원이나 계통이 오리무중이었다. 그 기원을 연해주 아무르강 유역이나 몽골 초원에서 찾으려고 했으나, '한국형 암각화'라고 하는 방패 모양 등 기하학무늬의 암각화가 그곳에서는 나오지 않아 그 시도는 낙착을 보지 못했다. 그러던 중 최근(2007) 홍산문화에 속하는 츠펑시의 츠자잉쯔(遲家營子)와 샹지팡잉쯔(上機房營子) 등지에서 유사 암각화가 발견됨으로써 한국 암각화의 계통문제가 해명될 조짐을 보이고 있다.

역시 츠펑시에 속해 있는 아오한기(敖漢旗)의 쓰자쯔진(四家子鎭)에 있는 차오마오산(草帽山, 초모로 만든 산, 즉 삿갓산) 뒤편에서 2006년 6월 5,500년 전의 제사터나 묘터로 보이는 적석총이 발견되었다. 그 안에서 얇고 넓죽한 돌로 위를 덮은 석관이 여러구 나왔는데, 집안(集安)의 고구려 장군총이나 경주의 신라고분 같은 적석총과는 동형의 유물이다.

시기적으로 적석총에 앞선 빗살무늬토기도 발견되었다. 아다시피 빗살무늬토기는 한반도 신석기시대의 대표적 토기로서 그 유물이 약 60군데에서 나왔으며, 제작연대는 기원전 6000~3000년으로 추정되고 있다. 이 한국 빗살무늬토기는 지리적으로나 문화적으로 보아 북방 유라시아 빗살무늬토기대(帶)에 속하며, 시베리아를 거쳐 전래된 것으로 판단된다. 싱룽와 유적을 비롯한 요하 일대 신석기 유적에서도 지자(之字) 무늬의 빗살무늬토기가 출토되었다. 이것은 이러한 토기가 전혀 나오지 않는 중원문

'훙산'(붉은 산)이란 이름이 유래된 훙산국가산림공원

화와 훙산문화를 구별해주는 또 하나의 뚜렷한 증거일 뿐만 아니라, 한반
도의 빗살무늬토기와 함께 빗살무늬토기대의 동단(東段)을 이루고 있음
을 시사한다.

　훙산문화의 큰 자랑거리의 하나가 옥을 세상에서 가장 먼저(8,000년
전) 썼다는 것인데, 대표적 유물은 싱룽와 유적에서 출토된 옥결(玉玦, 옥
귀고리)로서 지금은 츠펑시의 상징물이 되고 있다. 싱룽와문화보다 조금
뒤진 차하이문화 유적에서도 귀고리, 관옥(管玉), 구슬을 비롯한 20여점의
옥이 나왔다. 그런데 최근 한반도 중부인 강원도 고성군 문암리(文岩里)와
전남 여수 안도패총(安島貝塚)에서도 형태뿐만 아니라 연대도 7,000∼
6,000년 전으로 비슷한 옥귀고리가 발견되었다. 게다가 훙산 옥기에는 곰

형상이 투영된 유물이 여러점 있고, 제단터에서는 희생된 곰 아래턱뼈도 발견되었다. 이것은 단군조선의 상징인 곰 토템과의 연관성을 추측케 한다. 고조선의 영역을 따링하 유역 내지는 그 너머까지로 본다면, 두 지역간 두 문화간의 소통이나 교류에 의해 이루어진 이러한 연관성이나 공유성은 자연스러운 일이었을 것이다. 그뿐만 아니라, 홍산 옥의 원산지가 자고로 한반도에로의 교통요지에 자리한 선양 남방의 슈엔(岫岩)이라는 사실은 문암리나 안도패총 옥의 원류나 산지를 추적할 수 있는 하나의 단서가 될 수 있을 것이다.

우리의 고대문화와 중국 동북지방, 특히 랴오닝지역 문화와의 관계를 언급할 때 빼놓을 수 없는 것이 고인돌(돌멘, 지석)문화다. 동북지방과 한반도, 그리고 일본 서북 큐우슈우(九州) 지방을 포함한 동북아시아 지역에서는 고인돌을 비롯한 거석기념물(巨石紀念物)이 적잖게 발견되었다. 그래서 이 지역을 '동북아시아 돌멘권'이라는 하나의 거석문화 분포권으로 묶는다. 이 분포권에서 한반도는 지리적으로 그 중심부에 위치하고 있을 뿐만 아니라, 유물도 절대적으로 많아 명실상부한 이 돌멘권의 주역이다.

두 지역 문화의 상관성은 단순한 문화의 전이(轉移)가 아니라, 창의적인 접변(接變, acculturation) 현상이기도 하다. 그 대표적인 일례를 치(雉, 담)를 갖춘 고구려의 석성(石城)에서 찾아볼 수 있다. 일반 석성은 초기 청동기시대에 속하는 샤자뎬 하층문화(기원전 2000~1500)에서부터 축조되었지만, 고구려 시대에 이르면 치를 갖춘 석성으로 변모하게 된다. 일행은 홍산문화 영내를 답사하면서 이러한 고구려식 석성을 여러 곳에서 발견했다. 보편 속에서 나름의 개성을 살려나간 고구려인들의 슬기가 돋보이는 대목이다.

'제일'이니 '시원'이니 하는 규정어가 붙은 홍산문화의 몇몇 현장을 돌아보고 난 필자의 뇌리에는 여러가지 착잡한 사색이 꼬리를 물고 주마등처럼 스쳐지나간다. 때로는 멈추기도 하고, 때로는 뒤틀리기도 한다. 이 시점에서 요구되는 것은 냉철한 학문적 사색이다. 학문은 구두선(口頭禪)이 아니며, 역사는 상표가 아니다. 역사의 진실을 백분의 일도 채 알지 못하는 인간이 최상급 표현을 써가면서 하나만을 내세우는 '문명중심주의'나 '문명단원(單元)주의'를 고집하는 것은 역사에 대한 무모한 도전이며 단세포적인 편단(偏斷)이다. 수백만년의 인류 진화사에서 보면 홍산인은 애당초 애송이에 불과하다. 인류의 조상을 낳아 키운 아프리카에서 홍산문화보다 더 이른 문화가 안 나온다고 누가 장담할 수 있겠는가. 이제 이론·실천적으로 명증된 문명보편주의나 문명다원주의로 들떠 있는 갖가지 유설들을 잠재워야 할 것이다. 이럴 때 비로소 '열린 민족주의'를 운운하면서 이른바 '요하문명'이니 '동북아 문화공동체'니 하는 침소봉대식 억지사변도 극복될 것이다.

05
중국 최초의 정복왕조 요나라

오늘은 츠펑을 떠나 1천여년 전 거란족이 세운 요나라의 옛터를 두루 돌아볼 작정이다. 대흥안령 기슭에 자리한 우란하오터시(烏蘭浩特市)까지 10여시간을 달려야 하는 긴 노정이다. 중간에 들러야 할 곳이 몇군데 있으니, 길을 다그칠 수밖에 없다. 일행을 기다리고 있는 것은 일세를 풍미했던 거란족이 남겨놓은 갖가지 유적·유물과 고구려인들의 발자국이 묻혀 있는 성터나 마을들이다. 이제부터 우리 역사의 현장답사가 시작되는 셈이다. 요나라의 첫 수도나 태조의 능 같은 유적이 이곳 츠펑시 영내에 있기 때문에 츠펑박물관 3층에는 요나라의 주요한 유물들이 거의 다 전시되어 있다. 전날 그 전시품들을 돌아본 일행에게는 어느정도 이 나라에 관한 감이 잡혀 있다.

차는 아직 윤기가 채 가시지 않은 새 포장길을 미끄러지듯 달린다. 얼마쯤 가니 들판에 큰 돌덩어리들이 오뚝오뚝 서 있는 것이 보인다. 몇개

들판에 오뚝 서 있는 오보

는 푸른 리본이 가을바람에 나팔거린다. 오보(敖包)다. 이 세상 몽골인들이 사는 곳 어디를 가나 이러한 오보가 지천에 깔려 있다. 거개가 우리네 성황당처럼 작은 돌멩이들을 한데 모아놓은 것인데, 이곳의 오보는 이렇게 큼직한 돌덩어리다. 용도도 좀 다른 것 같다. 원래는 제사당으로서 제단은 남쪽을 향하고, 가뭄 때는 기우제를 지내는 곳이기도 하다. 그런데 요즘은 젊은이들의 만남의 장소로 변해 여기서 만나면 평생 잉꼬부부가 된다고 한다. 성소(聖所)를 평계한 인간의 아름다운 '이기(利己)'다.

츠펑을 떠나 근 두시간을 달리니 빠린차오(巴林橋)라는 팻말이 눈에 띈다. 일명 황하(潢河)라고도 하는 시라무렌강(西拉木倫河) 위에 놓인 다리다. 떠돌이하던 거란족이 보금자리를 마련한 곳이 바로 이 강 유역이다.

오늘도 야릇한 거란족의 역사를 싣고 유유히 흘러가고 있다. 강을 지나 얼마쯤 가니 따빤(大板)이란 곳이 나타난다. 츠펑을 경과하는 철도가 여기까지 이어지고 있는데, 이 철도는 일제가 네이멍구를 노리고 부설한 것이어서 지금도 '일본식 기차'가 운행된다고 한다. 여기서 또 두시간쯤 달려서 요나라의 첫 도읍지였던 빠린줘기(巴林左旗)의 린뚱(林東)진에 도착했다. 도착하기 전, 일행은 궁성 터인 '요상경유지(遼上京遺址)'를 찾았다. 지금은 나지막한 둔덕길로 에워싸인 허허벌판만 남아 있다. 이 둔덕길은 옛 성벽 자리로서 둘레가 족히 8~9km는 되어 보인다. 6~7m의 높이에 40개나 되는 문이 사방에 달려 있었다고 하니 규모가 꽤 큰 궁성이다. 돌기단과 치(雉)가 있었던 흔적으로 보아 원래는 고구려 성벽 터였는데, 후에 요나라식 토성을 겹쌓은 것으로 짐작된다. 사실 여기까지 오는 구간에는 고구려성이나 고구려인 마을 터, 심지어 고구려 이름이 붙여진 강도 여러 곳에 있는데, 일정관계로 들를 수 없는 것이 못내 아쉬웠다.

1984년에 개관한 린뚱진 요상경박물관에는 주로 빠린줘기 영내에서 발견된 선비·거란·여진·몽골 등 여러 민족들이 남긴 1,500여점의 유물이 전시되어 있다. 박물관 앞 광장에는 '거란광장'이라고 음각한 널찍한 판석들이 깔려 있고, 그 한가운데 요나라 태조 야율아보기(耶律阿保機)의 기마동상이 웅비하고 있다. 츠펑박물관이나 요상경박물관의 전시품, 그리고 몇몇 유적지들의 현장을 종합해보면 거란과 요나라의 과거가 파노라마처럼 눈앞에 그려진다.

원래 거란은 요하(遼河) 상류의 시라무렌강 유역에서 유목생활을 하던 몽골족 계통의 한 부족으로서 역사무대에는 4세기 중엽부터 등장한다. 5세기 후반에 이르러서는 이곳을 관장하던 고구려의 압박을 피해 요서(遼西) 지방으로 남하한다. 5호16국 시대에 북조 여러 나라들과 마찰이 일자

요상경유지(遼上京遺址). 지금은 나지막한 둔덕길로 에워싸인 허허벌판만 남아 있다

조공이나 바치면서 가까스로 선린관계를 유지한다. 당대에 이르러 이곳에 송막(松漠)도독부가 설치되면서부터는 당의 치하에 들어간다. 그러나 얼마 안 가서 송막도독에 임명된 이진충(李盡忠)이 스스로를 '무상가한(無上可汗)', 즉 '지고의 카간'이라고 칭하면서 당에 반기를 들었지만(696) 곧 진압당하고 만다. 후환이 걱정된 거란인들은 따링하 양안의 비옥한 목지를 버리고 시라무렌강 방면으로 이천해 그곳에 정착한다.

거란에 관한 최초의 중국문헌은 『위서(魏書)』이지만, 이에 앞서 따링하 강가의 만불당(萬佛堂) 동쪽 동굴에서 502년에 씌어진 거란어 비문이 발견됨으로써 미지의 거란 역사에 등불이 켜진다. 전설에 의하면, 옛날 백마를 탄 신인(神人)이 라오하무렌강(老哈木倫河)에 내려와 한 젊은이가 이끄는 수레를 타고 시라무렌강에 내려온 천녀(天女)와 두 강의 합류지점인 무예산(木葉山)에서 만나 부부가 된다. 부부는 사내애 여덟을 낳았는데,

통랴오의 거란광장 바닥에 깔아놓은 '거란광장' 판석

그들이 거란 8대 부족의 시조가 되었다고 한다. 바가토르(몽골어로 '용감한 자'란 뜻)라고 부르는 부족 추장들은 서로가 자웅을 겨루면서 심하게 다투기도 한다. 그러다가 7세기 초부터 부족들은 알력을 불식하고 합심해 8대 부족의 수장 격인 카간을 3년에 한번씩 교대로 선임함으로써 마침내 부족들간의 화합을 이루어낸다.

이로부터 200년이 지난 후 야율아보기라는 불세출의 거물이 나타나 중국에 대한 설욕을 씻기나 하듯 첫 정복왕조인 거란국을 세운다. 원래 거란족은 말과 소를 토템으로 하는 두 씨족으로 구성되었는데, 전자는 야율씨로, 후자는 소(蕭)씨로 불렸다. 그래서 야율은 말씨족 출신의 성이고, 아보기는 이름이다. 일찍이 고려를 침입한 거란군 가운데는 소씨 성을 가진 몇몇 장수들이 있었다. 아보기의 어머니는 태양이 뱃속으로 들어오는 태몽을 꾸고 그를 낳는데, 9척 장신에다 300근짜리 활을 거뜬히 당기는

괴력의 사나이로 자랐다. 29세(901)의 젊은 나이에 질자부(迭剌部)의 족장으로 추대되고, 907년에 카간으로 선출된 그는 9년 후인 916년에 세습제에 의한 거란국을 선포한다. 그는 '대거란' 황제로 자칭하면서 신책(神册)을 연호로 정하고, 도읍은 상경(上京) 임황부(臨潢府, 현 린뚱진)로 잡았다.

일찍부터 서구에서는 거란의 음사인 '키타이'(Kitai)로 중국을 지칭해왔다. 8세기에 만들어진 오르혼강가의 돌궐 비문에는 '키타니'(Qitany)로 쓰여 있고, 『원조비사(元朝秘史)』에는 '키타이'(Qitay)로 나온다. 일부학자들은 이것을 '자르다'라는 몽골어 '키트 쿠'(kit-khu)에서 유래된 것으로 보고 있다. 이것이 또 필자가 역주한 율(Henry Yule)의 『중국으로 가는 길』(1866) 책 제목에서 보다시피 서구에 '캐세이'(Cathay)로 와전된다. 아무튼 이것은 한때 거란이 중국을 대신할 만큼의 대국으로서 세상에 널리 알려졌다는 방증이기도 하다. 국호는 태조 야율아보기가 거란으로 시작했는데, 아들 태종 때에 요로 개명되고, 전성기를 맞은 6대 성종 때는 '대거란'으로 바뀌나 8대 도종 때는 다시 요로 복원된다.

동북아시아에서 당·송으로 이어진 중국의 중화체제가 무너지고, 대신 여러 민족에 의한 다원체제가 출현하기 시작한 10~12세기의 역사적 격동기에 요나라가 9대 209년간(916~1125)이나 존속하면서 황하 이북의 중국땅은 물론, 계승국인 서요(西遼, 1132~1211)를 포함해 멀리 중앙아시아까지 그 위세를 떨치고 귀중한 인류 공동의 유산을 남겨놓을 수 있었던 것은 그 나름의 독특한 제도와 정책, 문화가 있었기 때문이다. 그 요체는 이질적인 유목사회와 농경사회의 이중구조에 대한 효율적인 조화와 융합이다. 유목민이라서 당연히 유목경제에서 출발했지만, 농경과 수공업을 받아들여 사회의 경제적 지반을 다졌다. 한인(漢人) 위주의 농경민과 수공업자들을 유치해 한성(漢城)이란 성곽도시를 만들어 농업과 수공

금속귀고리(1966년 츠펑시 요나라 묘 출토)

업을 동시에 발전시켜 생산된 소금과 철을 인근 나라들에 수출했다.

　통치구조에서도 "번(藩, 거란인)은 한(漢, 중국인)을 다스리지 않고, 한은 번을 다스리지 않으며, 번과 한은 통치를 달리한다"는 통치이념에 기초해 최고행정기관으로 북·남 추밀원(樞密院)을 설치했는데, 북추밀원은 유목민들의 군사와 민정을 다스리고, 남추밀원은 중국인과 발해인 등 농경민들의 민정을 관리한다. 단, 군사만은 북추밀원이 관장하되 '15～50세 백성은 병적에 의해 관리'한다는 병민일치(兵民一致)의 군사제도를 시행해 전시에는 전민이 동원될 수 있는 일사불란한 체제를 갖췄다. 그래서 400만 인구에 160만 대군을 거느린 군사대국으로 위세를 떨칠 수 있었다. 중국식 관제를 도입해 전국을 5경(京)으로 나눴는데, 그중 2경은 유목지대, 1경은 유목과 농경 혼합지대, 나머지 2경은 농경지대다.

　당의 기미정책(羈縻政策, 다른 민족에 대한 간접통치책)하에서 유교적 통치이념의 영향을 적잖게 받은 요는 중국 문물제도를 수용해 나름대로 활용했다. 건국 창업에 기여한 좌명공신(左名功臣) 21명 중에는 한인 지식층이 다수 포함되어 있으며, 과거제도도 받아들인다. 그리고 5대시대 같은 난세에 '이한제한(以漢制漢)', 즉 '중국인으로 중국인을 제재한다'는 기민한 전략으로 후당(後唐)을 멸하고 후진(後晋)과는 군사적 동맹

거란 대자로 씌어진 「거란문애책(契丹文哀册)」의 묘지명

관계를 맺고 만리장성 이남의 연운(燕雲) 16주를 할양받는 성과도 올린다.

대외무역에서도 변방의 각장(権場)교역을 적극 권장하면서 송나라와의 해상무역도 예하의 동단국(東丹國) 내 발해인들을 통해 활발히 전개한다. 문화면에서 특기할 것은 전혀 문자 전통이 없는 유목민으로서 2종의 문자, 즉 한자의 자형과 자의를 참고해 만든 표의문자인 '대자(大字)'와 음절단위의 표음문자인 '소자(小字)'를 창제했다는 놀라운 사실이다. 이 대목에서 특별히 우리의 주목을 끄는 것은 거란 소자가 조자법(造字法)에서 한글과 비슷한 점이 있어 한글 창제에 영향을 주었을 것이라는 한 일본학자의 주장이다.

차창을 스쳐지나가는 일목일초(一木一草)가 거란의 옛 영광을 속삭여주는 성싶다. 서구인들이 거란(키타이)을 중국으로 알게 된 이유를 이제는 조금 알 것만 같다. 린뚱빈관(林東賓館)에서 늦점심을 먹고 쉴 참도 없이 바로 카이루(開魯)로 향했다. 햇볕에 말리는 새빨간 고추더미가 길 양

옆을 빼곡히 메우고 있다. 한참 가니 포도바구니가 또 길 양옆에 쭉 늘어서 있다. 형형색색의 양산을 받쳐든 아낙네들이 저마다 손을 저으며 호객한다. 농민들이 이런 부업으로 재미를 톡톡히 본다고 한다. 그런가 하면 허름한 민가의 지붕 위에도 소형 태양열발전기가 설치돼 있다. 이 산간오지에도 변화의 바람이 불고 있음을 실감했다.

멀리서 전등불빛이 하나둘씩 반짝거리기 시작할 무렵, 요나라의 고지 퉁랴오(通遼)시에 도착했다. 어구를 감싸고 흘러가는 요하 강가에 '요하혼(遼河魂)'이라고 큼직하게 돋을새김을 한 우람찬 여동상(女銅像)이 강을 굽어보고 있다. 순간, '요하혼'이란 과연 무엇일까 하는 물음이 떠오른다. 이것저것 세계 '제일'이라고 자랑하면서 거란을 비롯한 모두를 황제의 '후예'라고 싸잡아넣는 이른바 '요하문명'이 추구하는 그 오만과 배타, 무모는 아닐 터, 오히려 그 반대편일 것이다. 바탕은 유목사회이지만 농경과 수공업을 창의적으로 수용해 유례없는 유-농-공의 복합사회를 요하 강가에 일궈놓은 거란인들이 간직한 그 조화와 융합, 창의 혼이 아니겠는가. 이러한 혼이 있었기에 여타 유목민들과는 달리 발흥한 그 고장을 시종 본거지(수도)로 삼고 광활한 중국땅을 지배할 수 있었던 것이다. 그래서 우리는 요나라를 중국의 첫 정복왕조라고 일컫는 것이다. 조화와 융합, 창의는 세상사와 인간사에서 힘과 지혜의 원천이고 만고불변의 진리다.

06
우란하오터의 조선족 중학교

퉁랴오에서 밤길로 다섯시간 만인 자정께 우란하오터(烏蘭浩特)에 도착했다. 무려 16시간이나 강행군을 한 벅찬 하루였다. 일행 중에는 이순(耳順)을 훨씬 넘긴 몇분이 계시지만, 아무런 내색도 하지 않고 기꺼이 일정을 소화했다. 현란한 간판이 달린 창펑(長豊)국제대주점이란 호텔에 여장을 풀었다. 희한하게도 방번호마다 앞에 '8'자가 덧붙어 있다. 4층 38호면 으레 '438'호여야 하는데 '8438'호다. 알고 보니, 근간에 꽝뚱(廣東)사람들이 돈을 잘 번다는 소문과 관련이 있다. 꽝뚱어 '발재(發財, 파차이, 돈을 벌다)'에서 '발'자 발음이 '8'자와 같다고 해서 '8'자를 선호하는 유행이 생겼다고 한다. 이런 것을 해음(諧音)현상이라고 한다. 황금만능으로 치닫는 중국의 씁쓸한 현실의 한 단면이다.

'우란'이란 몽골어로 '붉은색', '하오터'는 '시(市)'라는 뜻으로서 '우란하오터'는 '붉은 시'라는 말이다. 이 시는 싱안맹(興安盟)의 치소(治所)

우란하오터 조선족 중학교 정문 외경. 양옆으로 '우란하오터 조선족 중학교'라고 씌인 현판이 걸려 있다

로서 인구는 약 29만명(2008)을 헤아린다. 대흥안령을 사이에 두고 동서로 뻗은 이 맹의 대부분은 산지와 구릉이며, 면적은 남한 면적의 3분의 2에 가깝지만 인구는 200만명에 불과하다. 싱안맹은 명색이 네이멍구자치구 3대 맹의 하나지만 몽골족은 전체 인구의 35%밖에 안된다. 우란하오터의 경우도 사정은 비슷하다. 이렇게 비중에서 큰 편차가 생긴 것은 다른 민족자치 지역의 경우와 마찬가지로 한족의 대거 이주 때문이다. 이른바 '중화민족'이 형성되어가는 과정의 한 축도라 하겠다.

여기서 우리의 관심을 끄는 것은 우리네 교포인 조선족 문제다. 이 문제의 실상을 알아보기 위해서는 조선족이 많이 사는 우란하오터가 적격지다. 이 시에 사는 조선족은 약 1만명으로, 전체 네이멍구자치구에 거주하는 조선족의 절반에 해당된다. 이곳에는 네이멍구에서 유일하게 고등반과 초등반을 부설한 조선족 중학교가 있다. 그리고 시내에는 조선족 식당이 여남은 개 있으며, 근교에는 오래전에 자리잡은 조선족 마을도 몇개있다.

몇곳 가볼 곳도 있지만 우선 이 고장에서 민족교육의 요람으로 자부하는 조선족 중학교를 찾기로 했다. 9시가 갓 지나 학교 정문에 이르니 일과가 막 시작되고 있다. 정문 좌우에는 한글과 한자로 쓴 '우란하오터 조선족 중학교'란 현판이 나란히 걸려 있다. 4층 건물의 계단과 복도에서 학생들이 삼삼오오 모여 조잘거리는 모습이 보인다. 순진하고 발랄하며 예쁜 얼굴들이다. 일행에게 반갑다는 손짓과 미소를 건넨다. 일행 중 몇분은 그 애들을 얼싸 껴안고 볼을 비빈다. 겨레의 훈훈한 정이 흐르는 순간이다.

이윽고 어디선가 확성기 소리가 왕왕 울린다. 교장선생님은 출타중이라서 만나지 못하고, 여선생 한분이 일행을 운동장으로 안내한다. 300m 달리기 코스를 갖춘 운동장에는 푸른색이나 감색 바탕에 줄무늬가 있는 운동복 차림을 한 남녀 학생들이 가지런히 정렬해 있다. 매일 이맘때 행하는 아침조회다. 중화인민공화국 국가가 울려퍼지는 가운데 국기〔오성홍기〕가 서서히 올라간다. 모두들 근엄한 표정으로 오른손을 이마 앞까지 치켜들고 국기를 향한다. 50여년을 이어온 학교의 하루는 이렇게 시작한다.

1956년 4개 학급 160명 학생으로 문을 연 이 학교는 한때 500여명의 학생으로 북적거렸으나, 지금은 200명 안팎으로 줄었다. 4만4천m²의 부지에 각종 실험실과 도서실, 컴퓨터실을 갖춘 이 학교에는 2006년 현재 42명의 교사(고등반 9명, 중등반 21명, 초등반 12명)가 봉직하고 있다. 자치구나 전국적 범위에서 여러차례 우수한 민족교육 학교로 평가받았으며, 배출된 3천여명 졸업생 중에서 1천여명은 뻬이징대학을 비롯한 여러 대학에 진학했다. 그들 중에는 수석합격자도 여러명 나왔다. 그러나 그 과정은 결코 순탄치 않았다. 1960년대 '문화대혁명'의 광풍 속에서 5년간 폐교되는 아픔도 겪었다. 지금도 한인들이나 몽골인들의 학교에 비하면 시설이 뒤떨어져 있다고 한다. 절해고도나 다름없는 대흥안령 기슭 커얼친(科爾沁) 초원에서 '선조들이 쪽지게로 실어온 우리의 말과 글, 문화'를 지키기 위한 동포들의 노력은 참으로 눈물겹다. 그들의 고군분투는 오늘도 이어지고 있다.

그러나 바로 그 현장에서 눈길이 운동장 뒤편의 나지막한 흰색 담벼락과 마주쳤을 때, 솟구치는 감격과 흥분은 그만 냉정과 당혹으로 바뀐다. 그 담벼락에는 한글로 씌어진 이런 구호가 길게 가로로 붙어 있다. "시대적 특색이 있는 배움터를 꾸려 민족후대 양성사업에 최선을 다하자." 장중한 구호다. 그러나 한편 난해한 구호이기도 하다. 여행중 내내 이 글발이 눈앞에 서성이면서 착잡한 사색을 몰아오곤 했다. '시대적 특색'이란 어떤 특색이며, 그러한 특색을 갖춘 '배움터'란 어떠한 배움터일까. 특히 '민족후대 양성사업'이란 어떻게 하는 사업인지, 어떻게 해야 할 사업인지, 과연 가능한 사업인지…… 물음은 꼬리를 물고 일어난다. 자문(自問)에 또렷한 자답(自答)을 줄 수 없는 것이 못내 안타까웠다. 오늘도 마찬가지다. 기우쯤으로 넘기려고 해도 넘어가지 못하는 응어리다.

중국 뚱뻬이땅에 태를 묻고, 지금도 그 땅에 혈육들을 남겨놓고 있는 필자로서는 여전히 동병상련의 연민과 걱정에서 벗어나지 못하고 허우적거리고 있다. 이 시대 우리 겨레의 민족문제에 관심을 갖다보면, 이러한 연민과 걱정은 자연스레 700만 해외동포 모두에게로 확대된다. 이제 '낙엽이 제 뿌리에 떨어지듯 인간 또한 구경(究竟)에는 제 고향으로 돌아가고야 만다는, 혹은 돌아가야 한다'는 '낙엽귀근(落葉歸根)'이나, '고니를 귀하게 여기고 닭을 천하게 여기듯 멀리 떨어져 있는 해외동포들을 가엽게 여겨 더 보살펴야 한다'는 '귀곡천계(貴鵠賤鷄)' 같은 애국·애족·애향의 정신은 이미 효험을 다한 폐물이 되고 만 것일까. 아니면, 저 구호처럼 '시대적 특색'에 맞춰 이해를 달리해야 하는가. 이제는 '낙엽귀근'이 아니라 불가피한 선택일 수밖에 없는 '낙엽생지(落葉生地)', 즉 낙엽은 살고 있는 곳에 떨어져야 하는가. 진지한 고민이 필요한 시대다.

중국의 경우, 바야흐로 우리 조선족 동포들에게 이른바 '3관(觀)'이 강요되는 새로운 시대가 도래하고 있다. '3관'이란 조선족의 조국은 중국이라는 조국관, 조선족은 중국 55개 소수민족으로 구성된 '중화민족'의 구성원이라는 민족관, 조선족 역사는 중국역사의 일부라는 역사관, 이 세 가지 관점을 말한다. 설령 이것이 '시대적 특색'이라고 한다면 저 해맑은 어린 조선족 학생들은 분명 이 '3관'으로 세뇌되게 될 텐데, 그렇다면 그들을 향한 '민족후대 양성사업'이란 한낱 공염불이 아니겠는가.

혹자는 일국의 소수민족 문제는 국내문제로서 바깥에서 왈가왈부할 성격의 문제가 아니라고 경원시(敬遠視)하지만, 꼭 그렇지만은 않다. 적잖은 경우 소수민족은 타국과 역사나 문화, 혈통의 공유로 인해 동족이란 고리로 연동되어 있다. 중국 내 조선족의 경우가 바로 그러하다. 우수한 민족 문화를 꽃피워서 중국이란 화원을 백화(百花)로 아름답게 꾸며야지, 인위적이며 일시적인 난제를 구실로 다 문질러버리고 칙칙한 꽃 한송이만 남겨두려고 하는 것은 어느 모로 보나 독선이고 단견이며 역사의 역리(逆理)다. 그래서 우리는 중국 조선족을 포함해 해외에 있는 모든 동포들에게 관심을 돌리면서, '낙엽생지'하되 '낙엽귀근'의 근본(고국이나 고향)을

생각하는 구수지심(丘首之心)만은 잊지 말라고 당부하는 것이다. '생지'
와 '귀근'을 상극 아닌 상생으로 승화시키는 것이야말로 미래를 살아갈
국내외인 모두의 슬기가 아니겠는가.

이날 동행한 하태무 여사께서 들려주신 말씀은 퍽 인상적이다. 여사께
서는 10여년 전 옌볜(延邊)대학을 방문한 적이 있는데, 그때 정판용 총장
이 다음과 같은 말을 했다고 한다. 조선족은 중국으로 시집온 딸이다. 우
리더러 어느 편이냐고 묻는 것은 마치 어머니가 좋으냐 아버지가 좋으냐
를 묻는 어리석은 질문과 같다. 출가외인이란 말이 있듯이 조선족은 중국
사람이다. 시집에서 대우를 잘 받자면 친정이 잘 살아야 하는데 지금은
친정에서 싸움질만 하니 조선족은 힘이 없다. 잘 살아달라…… 한 조선족
지성인의 솔직한 심정이고 간절한 소망이다. 출가한 외인이지만 친정은
어디까지나 친정일진대, 희비고락을 함께할 수밖에 없는 운명의 공동체
라는 대의(大意)다.

고인이 된 정총장의 말이 더욱 절절하게 필자의 가슴을 허비는 것은 그
와의 오래된 인연 때문일 것이다. 그는 옌볜대학 조선어문학과 1기 졸업
생으로서 우리의 문화에 대한 애정이 남달리 깊었다. 멀리 문밖까지 나와
서 우리 문화의 지킴이가 되어줄 것을 당부하는 필자의 환국을 손 저으면
서 슬피 바래주던 그의 모습이 지금도 눈앞에 선하다. 누군가를 마음속에
묻어두고 추억한다는 것은 인생에서 행복한 일이다. 그 시절 젊은 영혼들
이 간직했던 그 바람이나 미래가 오늘 비록 빛을 바래고 있는 성싶지만,
아직은 영영 꺾이지 않고 마냥 살아숨쉬고 있음을 우란하오터와 이 중학
교 현지에서도 감지할 수가 있었다.

아침조회가 끝날 무렵 떨어지지 않는 발걸음을 가까스로 옮겨놓으며
교실들을 한바퀴 돌아봤다. 깔끔히 정돈된 교실마다의 벽에는 형형색색

의 한글과 중국어로 쓰인 게시물이나 과제물이 붙어 있다. 가끔 몽골어도 눈에 뜬다. 교실동 입구에는 '노력으로 실력을 기르자'라는 독려의 현판이 가로로 걸려 있다. 그 밑에는 '한샨중제(罕山中街) 40호'라는 학교 주소가, 그 오른편에는 '문명단위(文明單位, 문명한 기관)'란 표창장이 붙어 있다. 그리고 입구 계단 위에는 '식품안전은 사람마다의 책임이다(食品安全人人有責)'라고 쓴 판자가 놓여 있다. 모두 이 학교의 알뜰한 살림살이를 말해준다.

학교 정문 좌측에는 조선족이 운영하는 '을펑(日豊)상점'이란 조그마한 학용품 가게가 있다. 기념품이나 사려고 들어갔더니 20대 중반의 젊은 주인이 꽤나 수줍어하면서 말문을 머뭇거린다. 그는 한국말을 대충 알아듣기는 하는데 말할 줄은 모른다고 손시늉을 한다. 이 중학교는 옌볜교육출판사에서 찍어내는 조선어 교재를 사용하는데, 말을 제대로 하지 못하

학교 정문 곁에 있는 '을평상점'

는 학생들이 있어서 애를 먹는다고 한다. 부모들이 장래를 생각해 자식들을 한족학교로 빼돌리기 때문에 학생수도 자꾸 줄어든다. 그런가 하면 최근에는 한국행이 늘면서 빈집이 생길 정도로 조선족 숫자도 줄어든다. 당국의 지원도 점점 못해 가고 있다. 안타깝지만 엄연한 현실이다. 그 어느 때보다도 '귀곡천계'의 정 나눔이 필요한 시점이다.

앞으로 더 엄혹한 현실이 다가오게 될 것이다. 기세등등하게 불을 뿜어대는 거대한 '중화민족'이란 공룡 앞에서 200만 우리 동포가 과연 불사조로 살아남을 수 있겠는가. 동북의 모든 민족을 황제의 '후예'로 싸잡아넣는 '요하문명'의 격랑을 과연 막아낼 수 있겠는가. 측은지심(惻隱之心)을 달래며, 다음 답사지를 향해 차에 올랐다. 어린 고사리손들이 차창 너머로 너울거린다. 두고 떠나는 우리들의 눈가에도 물기가 서린다. 부디 불사조로 모진 세파를 헤치고 '민족후대'로 무럭무럭 자라달라, 그 염원 한 가지뿐이다.

07
고구려의 옛 성터를 찾아서

　외딴곳에 자식을 남겨두고 떠나는 것 같은 애달픈 심정을 삭이면서 우란하오터 조선족 중학교를 떠난 일행은 옛 고구려 성터로 향했다. 고맙게도 현지 출신의 두분 어른이 오늘의 안내를 맡아주신다며 일행과 함께 떠났다. 한분은 이 조선족 중학교에서 25년간 교사로 봉직하다가 정년하신 현철호(玄哲豪) 선생이다. 선행 여행자들로부터 소개를 받고 선생이 살고 있는 중학교 가족아파트를 찾아갔다. 지은 지 오래된 건물이라서 조금은 허름해 보이지만, 2층에 자리한 선생의 집은 깔끔하고 포근하다. 서글서글한 눈매에 풍채 좋은 몸매를 지닌 선생은 반갑게 맞아주신다. 같은 학교 교사 출신의 수더분한 사모님과 얌전한 따님과도 인사를 나눴다. 찾아온 사연을 말씀드리자 현선생은 일언지하에 동행을 수락한다. 선생의 고향은 함경북도 경성이며, 필자와는 옌볜 룽징(龍井)중학교의 후배뻘 동문이다. 실로 정겨운 만남이었다.

현지 안내를 맡은 현철호 선생(가운데)과 박안서 선생(좌), 필자(우)

다른 한분은 박안서(朴安緖) 선생이다. 중학교 정문 앞에서 우연히 만났다. 일행이 한국여행객인 줄을 아신 선생은 대뜸 다가와서 인사를 건넨다. 진남색 모직 정장에 보라색 넥타이를 매고 중절모와 색안경까지 받쳐 쓴 멋진 노신사다. 경북 안동이 고향인데 할아버지 때 이곳에 왔으니 조선족치고는 제법 토박이인 셈이다. 얼마 전까지만 해도 일행이 찾아가는 꾸청툰(古城屯)에 살았는데 지금은 자식을 따라 시내에서 살고 있다. 필자와 동년배인 박선생은 최근에 받은 큰 수술 후유증으로 거동이 불편해 걸을 때면 기우뚱거린다. 그럼에도 불구하고 일행을 안내하겠다고 나선다. 오래 살던 고장이라서 꾸청툰에 관해서는 손금 보듯 훤히 꿰뚫고 있다. 가는 길에 많은 것을 들려주었다. 어디 가나 피는 물보다 진한 법이다.

목적지까지는 5km 남짓한 거리다. 마을 어귀에 들어서니 '꾸청툰(古城屯, 옛 성터가 있던 곳이라는 뜻)'이란 표지석이 눈에 띈다. 뜻밖에도 표지

석은 한글과 한문으로 쓰여 있다. 원래는 70여호의 조선족들이 살면서 소학교까지 있었으나, 지금은 거의 떠나가버리고 몽골족 몇가족만이 남아 있다. 그중 적잖은 사람들은 한국에 손품 팔러 갔다고 한다. 지붕이 날아가고 벽이 허물어진 폐가의 뜰에는 이름 모를 잡초만이 무성하고, 녹슨 농기구와 가재들이 이리저리 나뒹군다. 소학교도 자리만이 휑뎅그렇하게 남아 있을 뿐이다. 형체도 알아볼 수 없는 옛 집터 앞에서 박선생은 두 손을 허리춤에 괸 채 한참 동안 망연자실한 듯 물끄러미 바라보기만 한다. 혹여 손때 묻은 쟁기 하나라도 찾아보려는 듯 두리번거리기도 한다. 다들 폐허의 그 쓸쓸함이나 허전함을 체감하는 순간이다. 설상가상으로 본래 벼농사를 하던 마을인데, 위쪽에 댐을 짓는 바람에 물이 말라서 지금은 밭농사만 한다.

마을과 길 하나를 사이에 두고 성터가 자리하고 있다. 지금은 성안을

꾸청툰 고구려 성터 입구의 '시중점문물보호단위'
란 안내판(위)과 그 뒷면 '접근 불허의 경고문'(아래)

드나들기 위해 빼놓은 토막길 입구
에 '시중점문물보호단위(市重點文
物保護單位)'란 시멘트 안내판이 세
워져 있다. 판 뒷면에는 유적에서
20m 바깥까지만 접근이 허용되며,
위반하면 형사처벌을 한다는 경고
문이 적혀 있다. 그저 경고일 뿐,
성터 이곳저곳에는 사람들과 짐승
들의 발길로 다져진 오솔길이 갈래
갈래 뻗어 있다. 아직까지도 지상
에서 3m 높이로 남아 있는 치성(雉
城)에 올라서서 바라보니, 성의 한
변 길이가 300m는 족히 되어 보이
니 면적은 어림잡아 9,900m²(3,000
평)는 될 성싶다. 지금은 몽땅 옥수
수밭이다. 옹성(甕城)은 분명치 않
으나 치성만은 뚜렷하게 약 40m
간격으로 하나씩 배치되어 있다.
움푹 파인 웅덩이 단면에는 희끄무
레한 석회와 자갈이 섞인 지층이
나타난다. 이 성터에서는 관인(官
印)이나 기와·촛대·돌절구 같은
고구려 유물들이 적잖게 나왔다.
일찍이 1933년 소련 고고학자 렐

리제프는 이곳을 탐방하면서 현지 주민들로부터 고구려성이라는 말을 들었으며, 여기서 말재갈과 같은 여러가지 고구려 유물이 발견되었다고 전한 바 있다. 이러한 점들로 미루어 이 성은 고구려 옛 성터임에는 틀림이 없다.

이어 일행은 여기서 서남쪽으로 약 4km 떨어진 꿍주링성(公主嶺城)을 찾았다. 질러가는 좁은 길로 들어섰다가 차가 그만 가로 파인 홈에 걸려 나갈 수 없게 되자 사람들은 내려서 걷기로 하고 차는 빙 에도는 길로 따라오기로 했다. 자갈과 모래로 다져진 포장길 양옆에는 우수수 낙엽을 흩날리는 포플러 가로수가 쭉 늘어섰다. 5리쯤 되는 곧은길이다. 다들 며칠간 차로만 이동하다가 탁 트인 천고마비의 창창한 가을하늘을 이고 도란도란 얘기를 나누면서 걷는 기분이 마냥 상쾌하다.

길 한편에는 깊숙이 파인 수로에 저수조가 띄엄띄엄 있다. 논밭에 대는 물길이다. 언제부터인지는 알 수 없으나, 이곳에서도 벼농사를 짓는다. 아마도 그 옛날 이곳에 정착한 우리네 동포들에 의해 시작됐을 것이다. 지금은 떠나간 동포들을 대신해 몽골인들이나 한인들이 이어가고 있다. 북위 47도나 되는 이 고장에서 벼농사를 짓다니, 범상한 일이 아니다. 원래 벼는 생태적으로 고온다습한 남방 작물이었으나 벼의 특이한 자연순화력을 포착한 우리네 조상들은 여기와 같은 한랭지대에서도 재배를 성공시켰다. 발해 때에는 이보다 더 북쪽인 53도의 상경(上京)에서까지 질좋은 쌀을 생산했다고 하니 놀라운 일이 아닐 수 없다. 이것은 결코 우연이 아니다. 충북 청원군 옥산면 소로리(所魯里)에서 1만4천년 전에 탄화된 볍씨 59톨이 발견됨으로써 우리나라는 벼의 원조국이 된 셈이다. 필자는 몇년 전에 펴낸 한 책에서 이 볍씨를 아시아 벼의 쌍벽을 이루는 '인디카'(Indica)나 '자포니카'(Japonica)에 앞선 '소로리카'(Sororica)라고 명

꿍주링 고구려 성터에서 출토된 돌절구

명한 바 있다. 그 이름에 걸맞게 또 하나의 우리의 명물 벼가 세계문화유산 속에서 차지해야 할 응분의 위상을 실증해주는 이 현장에 와보니 감회가 더욱 새롭다.

그새 지물(地物)이 많이 바뀌어 현선생이나 박선생도 헛갈리는 모양이다. 때마침 옌칭(燕靑)이라는 젊은이가 나타나 모터카를 타고 앞장서 길을 안내한다. 그는 한 가게 앞에 모터카를 세워놓고 우리더러 내리라고 손짓한다. 그를 따라가보니 가게 앞에 큼직한 돌절구 하나가 비스듬히 놓여 있다. 수도 집안(集安)을 비롯한 여러 곳의 고구려 성터에서 나온 돌절구와 신통히도 같다. 고구려인들이 살았다는 증거다. 여기서 500m쯤 더 가니 말로만 듣던 꿍주링성터가 눈앞에 펼쳐진다. 성터의 입구에는 높이 2m쯤 되는 유적보호 안내판이 서 있다. 글자는 알아볼 수 없을 정도로 마모되어버렸다.

입구에서 약 700m 지점에 있는 큰 나무 한그루가 아슴푸레 보인다. 바로 그곳이 공주묘 자리로 알려져 이 성을 꿍주링성이라고 부른다. 그러나 일부에서는 이름 모를 한 위인의 묘라고도 한다. 유물은 다 도굴되어 텅빈 상태라고 해서 가보는 것을 포기했다. 성은 얕은 언덕바지에 2~3중으로 구축되어 있다. 아마 외성과 내성인 듯하다. 규모는 꾸청툰 성터보다 훨씬 크다. 약간 두드러지게 지은 치성도 몇군데서 보인다. 성벽 안팎 어디서나 연대를 가늠할 수 없는 기와 조각이 눈에 띈다. 개중에는 채색무늬 조각도 있다. 너나없이 하나씩 주워들고는 '고구려를 발견했다'고 흥분한다. 입구 정면에서 서북쪽으로 10리쯤 되는 대흥안령 기슭에는 사각형 취락유적이 있다고 한다. 그래서 이 꿍주링성을 일명 '쓰팡(四方)유적'이라고도 하는데, 두곳 다 고려인들이 살았던 유적지라고 일흔여덟의 한 현지 노인이 증언한다. 내내 곁을 떠나지 않던 옌칭은 헤어지면서 우리와의 만남을 기리고자 자기 이름 두 글자를 싸인으로 남겼다. 소박한 사람들과의 만남은 늘 훈훈하다.

이렇게 우리는 고구려의 옛 성터에서 고구려인들의 숨결과 체취가 묻어 있는 현장을 둘러봤다. 비록 세월의 풍상 속에 그 숨결과 체취가 희미해지고 바래가고는 있지만, 아직은 의젓하게 우리 겨레의 빛나는 역사와 문화를 묵묵히 증언하고 있으며, 우리의 마음 한구석 빈칸을 찹찹하게 메워주고 있다. 그래서 사람들은 고행을 마다하지 않고 옛 성터를 찾아나서는가보다. 지금까지 랴오닝성(遼寧省)이나 지린성(吉林省), 그리고 압록강 연변과 한반도 중부에까지 이르는 광활한 고구려의 고토에서 찾아낸 주요 성터만도 무려 170여곳을 헤아린다. 고구려인들은 요소마다에 철옹성 같은 성벽을 쌓아 나라를 지켜냈다. 그래서 고구려를 가리켜 '성곽의 나라'라고 하는 것이다. 여기 네이멍구땅에도 홍산문화 지역과 대흥안령 일

꿍주링 고구려 성터 전경

원에서 지금까지 알아낸 고구려 석관이 10여곳에 달한다. 아직 연구의 미흡으로 인해 그 실체가 제대로 드러나지 않고 있지만, 이것은 고구려의 축성사뿐만 아니라 강역의 경계라든가 북방과의 관계 등 고구려의 숨겨진 역사를 밝혀내는 데 자못 중요한 의미를 지닌다.

　사실 우란하오터시 부근은 고구려 유적의 밀집지역이라고 해도 과언이 아니다. 꾸청툰이나 꿍주링 성곽 말고도 동쪽으로 핑안진(平安鎭)이나 빠이청(白城, 지린성 경내) 지역에서도 여러개의 고구려 마을과 성터 유적이 발견되고 있다. 그럴 수밖에 없는 것이 여기서 얼마 되지 않는 곳에 고구려 창건의 씨앗이 돋아난 부여가 있기 때문이다. 전설에 의하면, 고구려 건국자 주몽은 북부여 왕 금와(金蛙)의 궁궐에서 물의 신 하백(河伯)의 딸

유화(柳花)가 낳은 알을 깨고 고고지성(呱呱之聲)을 울렸다. 영특하고 백발백중의 명사수로 자란 주몽은 그에 대한 부여 왕자들의 모해가 우려된다는 어머니의 권유를 받고 그곳을 떠나 천신만고 끝에 졸본(卒本, 현 랴오닝성 환런桓仁)땅에 이른다. 그곳에서 부여의 또다른 계파인 '졸본부여'를 신력으로 제압한다. 그리곤 그곳에 도읍을 정하고 나라 이름을 고구려로 지었으며 성을 고씨로 삼았다. 기원전 37년, 약관을 갓 벗어난 나이에 등극한 주몽(동명성왕)은 주변국들을 병합해 동아시아의 대국 고구려의 터전을 닦아놓았다. 그의 건국 성업은 수많은 불패의 성곽에 의해 계승되고 지켜졌다.

대륙을 향해 웅비했던 고구려의 위대한 저력 밑바탕에는 튼실한 성곽들이 떠받치고 있었다. 현장답사에서도 목격했지만 고구려의 축성기술은 대단히 우수하다. 크고 단단한 돌로 기초를 닦고 그 위에 돌들을 정연하게 쌓아올리는 석루(石壘)식으로서 산 정상을 따라 기슭까지 고리모양을 이룬다. 석루와 더불어 성 위에 나지막하게 쌓는 치성(雉城, 일명 성가퀴, 城堞)은 고구려 성만이 갖는 특징이다. 꿍주링성에서 보다시피 산세를 잘 이용해 대체로 삼면이 산 또는 절벽으로 둘러싸이게 하고 남면은 경사가 완만한 낮은 곳을 택해서 지세상 공수(攻守) 양면에 유리하도록 했다. 웅장하면서도 정밀한 축성에는 건축공학상의

글자가 마모된 꿍주링 고구려 성터 표지석

꿍주링 고구려 성터에서 발견된 기와 조각

많은 지식이 동원되었다. 그리하여 고구려는 발달한 축성술과 뛰어난 성곽전을 자랑해왔다. 수십만의 수·당 침략군도 고구려의 성곽 밑에서는 속수무책으로 백기를 들 수밖에 없었다.

'성곽의 나라' 고구려의 장장 28대 705년의 격동적인 역사는 이웃들과 자웅을 겨루는 대결의 역사다. 대결에서 때로는 자신을 방어하고 때로는 남을 공격하기 위해서는 강력한 보루로서의 성곽이 필요하다. 이렇게 보면 성곽은 전쟁의 최전선 초소일 뿐만 아니라 국토의 강역을 지정하는 표지이기도 하다. 그런 만큼 고구려의 서북 경계를 랴오닝성이나 지린성에 한정할 것이 아니라 더 서북쪽으로 대흥안령 일원, 오늘의 동북 네이멍구 지역까지 멀리 잡아야 되지 않을까 한다. 이렇게 고구려의 국경을 확실하게 하는 것은 작금 중국의 역사조작 '동북공정'을 허물어버리는 데 중요한 일조가 될 것이다.

08
칭기즈칸은 어디에 누워 있는가

반세기 전 네이멍구자치구 소재지가 설립될 때만 해도 우란하오터는 주도(州都, 지금은 후허하오터呼和浩特)로서 네이멍구에 사는 몽골족들의 '마음의 고향'으로, 성지로 우러르던 곳이다. 아득한 옛날, 그들의 조상이 살았던 고토(故土)치고 아직까지 살아남아서 번듯한 도시를 이루고 있는 곳은 이곳뿐이며, 더욱이 여기에는 어디에 묻혀 있는지도 모르는 그들의 영웅 칭기즈칸의 성소를 대신할 수 있는 묘당이 있으니 그럴 수밖에 없다. 여기에 더해, 요즘 중국측에서 칭기즈칸을 전례없이 치켜세우는 시류 속에서 그의 묘당은 당연히 인기를 끌게 된다.

도대체 어떤 곳이기에? 궁금증을 품고 늦은 오후 시간에 묘당을 찾았다. 평일(월요일)이라 그런지 한산하다. 지형이 평지에서 300여m 높은 곳이어서 시내가 한눈에 내려다보인다. 묘당 주변은 공원처럼 깔끔하게 꾸려놓았다. '성지'라서 그런지 그간 둘러본 다른 유적지들과는 달리 입

'칭기즈칸묘' 표지판

구부터가 갖가지 홍보물로 장식되어 있다. 이 묘당의 연혁에 관한 소개문
의 요지는 다음과 같다. 1940년에 시공해 1944년에 완공했는데, 설계자는
네이멍구 건축예술가 나이러얼(耐勒爾)이다. 건국 후 당과 국가는 이 묘당
을 십분 중시하는바, 후진타오(胡錦濤) · 예젠잉(葉劍英) · 리펑(李鵬) 등 국
가지도자들이 다녀갔다. 묘당은 국가중점문물보호단위이며 국가의 AAA
급 풍경구로서 국내외에 널리 알려진 여행성지다.

　사실 먼저 알고 싶은 것은 이 묘당이 왜 이곳에 세워지게 되었는가 하
는 문제인데, 그에 대한 답은 이 소개문이나 묘당 전시실 어디에서도 찾아
볼 수 없다. 소개문 내용과는 좀 다르게 현지 안내원의 말에 의하면, 1930
년대 말 일본이 몽골인들의 환심을 사기 위해 지은 것이라고 한다. 일리
가 있음직하다. 그 시기 이곳은 일제의 꼭두각시 만주국 영내에 속해 있
었으며, 일제는 호시탐탐 대소(對蘇) 침략을 노리면서 갖가지 감언이설로

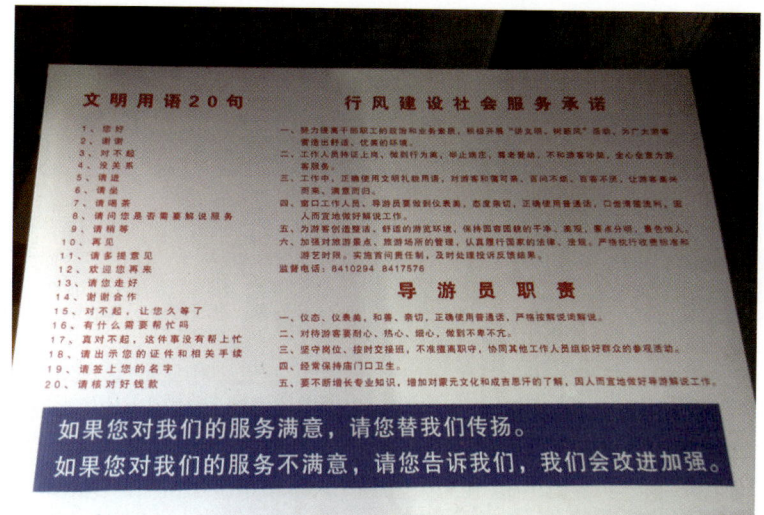

'문명용어 20구' 등 각종 준수사항이 적힌 게시판

몽골인들을 회유하고 있었다. 오늘도 그러하거니와 일본은 유별나게 시종여일 칭기즈칸 연구에 열을 올리고 있다. 특히 그의 죽음과 장지에 대한 추적은 그 저의가 의심스러울 정도로 집요하다.

묘당의 정문 입구에는 이 소개문 말고도 여러장의 홍보물이 눈에 띈다. 사회봉사 기강을 세우기 위한 6개 항목의 규정이라든가, 안내원이 지켜야 할 5가지 책임사항, 그리고 8가지 여행자 수칙 등이 시시콜콜 적혀 있다. 조금은 의아스럽게 느껴지는 것은 안내원들이 사용해야 할 '문명용어 20구'를 명문화한 것이다. '안녕하십니까(您好)' '고맙습니다(謝謝)' '미안합니다(對不起)'로부터 시작해 '돈이 맞는지 확인하십시오(請核對好錢款)'까지 모두 스무가지의 친절안내용 단문이다. 실천 여부를 떠나서 작금 여러가지로 흐트러진 사회봉사 기강을 바로잡으려는 노력이 엿보인다. 특히 뻬이징올림픽을 전후해 중국을 여행하다보면 어디를 가나 이런

칭기즈칸 잠언장랑(箴言長廊). 칭기즈칸이 생전에 남긴 잠언들이 빼곡히 적혀 있다

'문명화' 구호가 지천에 깔려 있음을 발견하게 된다. 심지어 국도 요금소에도 '문명수관처(文明收款處)'란 게시판이 붙어 있다. '문명적으로(점잖게) 돈을 받는 곳'이란 뜻이다. '문명'을 '교화'나 '교양'으로 이해하는 중국식 문명 개념의 일단을 보여주는 사례다.

정문에 들어서니 묘당 본채까지는 서서히 높아지는 돌계단으로 이어져 있다. 우측에는 '칭기즈칸 잠언장랑(成吉思汗箴言長廊)'이란 긴 주랑 건물이 있는데, 유리벽 속에 칭기즈칸이 생전에 남긴 잠언(가르쳐 경계가 되는 말)들이 빼곡히 적혀 있다. 묘당 본채는 언덕바지의 꼭대기 중앙에 자리하고 있다. 몽골 모자형 지붕을 얹은 정방형 백색 건물이다. 입구에 들어서면 '원태조(元太祖)'라고 금물로 쓴 커다란 액자 아래에 위엄있게 정좌하고 있는 칭기즈칸의 초상과 맞닥뜨린다. 1층 전체가 전시실인데 칭기즈칸의 유품은 몇점 안되고, 거개가 그의 가계도라든가 전쟁장면을 그린 그림들이나 몽골인들 일반의 생활유품들을 전시하고 있다. 관심거리인 칭기즈칸의 매장지에 관한 단서는 여기서도 찾아볼 수 없다.

내려오는 계단길 오른쪽 비탈진 곳에는 장검을 뽑아들고 진중으로 돌진하는 칭기즈칸의 용태를 부각시킨 기마동상이 서 있다. 낙조에 비긴 동상만을 스쳐보고 지나가려는데, 앞면에 한자와 몽골어로 새겨진 '일대천교(一代天驕)'란 제목의 명문이 발목을 잡는다. '천교'라니, 어안이 벙벙하다. 이 말은 역사용어로서 옛날 한민족이 흉노족의 왕을 일컬었던 말이었으나, 흉노가 없어진 후로는 소수민족의 군주에 대한 전칭(專稱)으로 뜻이 바뀌었다. 그렇다면 '일대천교'란 한 세대를 통치한(혹은 일세를 풍미한) 한 소수민족의 군주라는 뜻이 된다. 그러나 명문 내용에는 칭기즈칸을 일컬어 '일생을 전장에서 살다 간(戎馬一生)' '중국역사상 걸출한 군사통수'라고 쓰여 있다. 이를테면, 그를 중국역사 속에 끌어들여 한때 중국 군사 일체를 거머쥔 '군사통수'로 묘사하고 있다. 제목과 내용의 문맥을 뒤집어보면, 제아무리 '군사통수'였지만 결국은 저 변방의 한 소수민족 군주에 불과했다는 저의다. 따져보지 않고는 파악할 수 없는 기문(奇文)이다.

중국사람치고 그 누구도 이루어보지 못한 세계제국의 건설자, '정치통수'를 고작 '일대천교'나 순 칼잡이 '군사통수'로 평가하다니. 너무나 얄팍한 꼼수다. 이것은 자가당착적인 유설(謬說)일 뿐만 아니라 은연중 중화주의적 교만을 내비친 작태다. 그밖의 중국측 글에도 칭기즈칸을 가리켜 '일대천교'라는 표현이 자주 등장한다. 용의(用意)는 무엇이라고 하든 진의는 이렇게밖에 달리 해석할 수가 없다. 여기서 주목되는 것은 이 동상이 역사적으로 오늘의 중국 판도 내에 있던 모든 국가나 민족은 중국에 귀속된다는 이른바 '통일적 다민족국가론'이 본격적으로 가동되기 시작

칭기즈칸묘 외관

한 2001년에 세워졌다는 사실이다. 칭기즈칸을 기리는 성소는 네이멍구 어얼둬쓰(鄂爾多斯, 오르도스) 이진훠뤄(伊金霍洛) 초원에 하나 더 있다. 사실 그곳은 시신이 아닌 의관을 묻은 의관총(衣冠塚)이지만 왕릉인 양 '칭기즈칸릉'이라고 부른다. 부지면적이 1,500㎡나 되어 여기보다 훨씬 크고 화려하지만 내막은 그것이 그것이다.

이러저러한 착잡한 생각을 하면서 돌계단에 걸터앉아 다리쉼을 하는데, 일행 중 한분이 갑자기 여기가 칭기즈칸의 묘당이라면 그의 묘지는 어디 있는가고 묻는다. 다들 호기심이 동했는지 둘러앉는다. 이 오리무중의 수수께끼를 어디서부터 어떻게 풀어나가야 할지 한참 망설이다가 내키는 대로 말문을 열었다. 당시 몽골인들, 특히 상층들의 장례관습부터 이야기했다. 매장은 크게 비밀리에 묻는 비장(秘葬, 일명 潛葬)과 간소하게 묻는 박장(薄葬)의 두가지 형태가 있다. 비장은 분묘의 흙이 채 마르기도 전에 당하는 도굴과 유골의 노출을 예방하기 위해서 하는 매장이다. 그래서 역사상 드물게 원나라 황제들은 묘를 남기지 않았을 뿐만 아니라, 지금까지도 어디에 묻혀 있는지조차 알려지지 않고 있다. 비밀을 지키기 위해서 묘자리에서 파낸 흙은 차례대로 늘어놓았다가 다시 차례대로 덮는다. 칭기즈칸의 비장을 위해 시신이 지나가는 길 위의 모든 생물은 죽임을 당했다니, 비장에는 이런 무시무시한 악폐도 도사리고 있다. 박장은 영혼은 중시하나 육신은 경시하는 몽골인들의 신앙풍조와 관련이 있다. 그들은 유골 매장을 그다지 중요시하지 않으며 장례도 간소하게 치른다. 제왕의 매장법을 소개한 한 문헌의 기록에 의하면, 관은 두쪽으로 자른 사람 크기의 통나무관이며 부장품은 고작 금주전자 2개와 잔 1개, 접시와 수저 각 1개씩뿐이다.

그렇다면 칭기즈칸은 어디에 어떻게 묻혀 있을까. 지금껏 숱한 시도를 해봤지만 정답은 없이 각인각설이다. 최근 일본과 미국 고고학자들이 최신 탐사기라고 하는 GPS(범지구위치결정씨스템)를 이용해 탐사해봤지만 허사였다. 아무래도 기록이나 전언에 의존할 수밖에 없다. 명나라 주원장(朱元璋)의 명을 받은 대문신 송렴(宋濂)이 책임지고 편찬한 『원사(元史)』는 이에 관해 '장기련곡(葬起輦谷)'이란 4글자를 남겨놓았다. 즉 기련곡에 묻었다는 것이다. 그래서 연구자들은 이 기련곡 찾기에 매달린다. 그 해석은 두가지다. 하나는 '연(輦)'은 제왕이 타는 가마라는 말이므로 그가 그런 가마를 타기 시작했다(起輦)는 것은 제국의 왕이 되었다는 뜻인즉, 제국을 일으킨 외몽골의 어느 골짜기라는 것이다. 다른 하나는 '기련곡'은 고유지명이라는 것이다. 많은 연구자들은 후자에 무게를 두는데, 네이

칭기즈칸묘 전시실 입구에 있는 태조 칭기즈칸의 동상

멍구나 외몽골의 어느 지역일 것이라고 추측한다. 네이멍구의 경우 닝샤(寧夏)나 깐쑤(甘肅), 신장(新疆), 심지어 뻬이징 일대에 있는 어느 골짜기라는 것이다.

그런가 하면 마르꼬 뽈로(Marco Polo)는 알타이산 높은 곳에 묻혀 있다고 하며, 러시아 학자들은 중국 고대 풍수를 들먹이면서 매장 길지(吉地)는 수성(水城)이기 때문에 바이깔호에 수장됐을 것이라고도 한다. 스웨덴의 동양학자 다상(多桑)이 쓴 책에 보면, 칭기즈칸을 묻고 나서 장지에 나무를 많이 심었는데 자라서 밀림이 되자 어느 나무 밑에 묻혔는지를 알 수 없게 되었다고 한다. 그밖에 일부에서는 그가 병사한 깐쑤성 류판산(六盤山)이 장지라고 믿고 있는데, 그 근거는 이른바 눈을 가리는 장안법(障眼法)에 두고 있다. 몽골인들의 습속에 따르면, 일단 시체가 썩기 시작하면 영혼이 천당으로 갈 수 없다고 믿기 때문에 3일 이내에 시신을 묻어야 한다. 따라서 여름에 죽은 칭기즈칸의 시신을 먼 곳으로 옮기지 않고 그 산에 곧바로 묻었다는 것이다. 그럴싸한 논리지만 사실로 입증되어야 한다.

이렇듯 그의 매장지에 관한 논란이 분분하고 아직까지도 찾아내지 못한 것은 아마도 후예들이 비장을 위해 시쳇말로 위장정보를 퍼뜨렸기 때문일 것이다. 다들 찾아낸다고 의욕을 보이지만, 800년의 수수께끼를 풀어내는 것이 어디 그리 쉬운 일인가. '부지하세월(不知何歲月)', 이럴 때

칭기즈칸묘 경내에 있는
칭기즈칸 기마동상

우란하오터의 '한청주뗸(漢城酒店, 서울여관)' 정면 외관

쓰는 표현인가 보다.

　몽골의 비장과 관련해 한가지 이상야릇한 사실이 있다. 즉 사람을 매장할 때 어미낙타가 보는 앞에서 새끼낙타를 도살한다는 것이다. 그러고는 슬피 우는 어미낙타를 강제로 끌고 돌아간다. 이듬해 제사를 지내기 위해 묘지를 다시 찾았을 때는 육안으로 풀 덮인 묘지를 알아낼 수가 없다. 그러나 그 어미낙타는 모성 본능으로 새끼를 잃은 바로 그 장소(장지)에서 서성거린다고 한다. 이렇게 해서 묘지는 확인된다. 인간의 이기를 위한 잔인한 동물 학대다. 그 낙타가 죽기만 하면 묘지 확인은 그로써 끝장나고, 묘지는 영영 인간의 기억 속에서 사라진다.

　어느덧 땅거미가 내려앉기 시작한다. 다들 출출한 김에 '따칭화조쯔(大淸花餃子)'라는 널찍한 간판이 붙은 중국식당을 찾아갔다. 전국적으로 체인점을 두고 있을 정도로 유명한 식당이라서 손님들로 붐빈다. 우리말로 하면 만두전문 식당이다. 그런데 원인은 알 수 없으나 언제부턴가 우리는 중국식 교자(餃子, 소 넣은 것)를 만두(饅頭, 소 넣지 않은 것)라고 부른다. 이름이야 붙이기 나름이겠지만, 기왕 조선조 시대에 중국에서 들어온 음식이니만큼 제대로 교자는 '교자'로, 만두는 '만두'로 부르는 것이 마땅하다고 본다. 이 식당의 특색은 갖가지 고기와 두부, 채소 등을 소로 한 9가지 색깔의 교자가 식탁을 장식한다는 것이다. 맛도 맛이려니와 빛깔에 그만 먹기 전부터 황홀해진다. 그리고 오늘 점심은 조선족 부부가 운영하는 '한청주몐(漢城酒店, 서울여관)' 식당에서 며칠 만에 한식을 맛보았다. 중국돈 100위안을 주고 인수받은 이 식당이 지금은 잘 된다고 주인은 흐뭇해한다. 대체로 한식 식당은 잘 운영되는 모양이다. 어제는 퉁랴오에서 아예 개고기 식당으로 불야성을 이룬 '꺼우러우청(狗肉城, 개고기성)' 내에 자리한 '조족촌(朝族村, 조선족촌)' 식당에서 저녁식사를 했다. 두부와 채소, 국수를 한데 넣고 끓인 개고기국이 옌볜식이라고는 하는데, 어릴 적의 맛과는 그렇게 다를 수가 없다. 격세지감을 느끼는 순간이다.

09
험준한 대흥안령을 넘다

　오늘은 해지기 전에 대흥안령이란 큰 산맥을 넘는 빠듯한 일정을 소화해야 한다. 일행은 물론 네이멍구자치구 소재지 후허하오터(呼和浩特)의 여행사에서 파견된 현지 안내원이나 기사도 이 길은 초행길이다. 말로만 듣던 대흥안령, 고도쯤은 책을 통해 알고 있지만 도대체 얼마나 험준한지, 돌파하는 데 시간이 얼마나 걸리는지, 길 상태는 또 어떠한지 전혀 막막하다. 그저 지도책에 눈도장을 찍으면서 물어물어 갈 수밖에 없다.

　시내 중심을 약간 벗어나자마자 어마어마한 고층아파트 단지가 새로 일어서면서 길도 6차선으로 훤칠하게 뚫려 있다. 이 호젓한 변방 산간지대에 이렇게 큰 아파트 단지가 들어앉다니, 놀라운 일이다. 이제 잠자던 대흥안령이 용틀임을 하나보다. 시내를 벗어나자 커얼친(科爾沁) 초원이 눈 모자라게 펼쳐진다. 그러나 이 초원은 이미 평평한 초원이 아니라 서쪽으로 점차 경사도를 높여가는 산간 초원이다. 평균 400~500m 갈 때마

다 고도는 1m씩 추가되니 완만한 산길이다.

10월 하순에 접어든 초원은 추색(秋色)이 완연하다. 여름내 푸르싱싱하게 자라던 녹초는 이제 누르스름한 옷으로 갈아입고 가랑잎은 우수수 길가를 덮는다. 가을걷이를 막 끝낸 들판은 한산하다. 이삭 줍는 아낙네들만이 가끔 눈에 띈다. 살랑거리는 가을바람에 메마른 옥수수 잎사귀가 가볍게 사박거린다. 여기는 옥수수가 주작(主作)이라서 마을마다 무연한 옥수수밭에 에워싸여 있으며 옥수숫대를 산더미처럼 싣고 다니는 마차나 트럭이 길을 메운다. 기적을 울려도 산더미는 막무가내다. 참고 기다릴 수밖에 없다. 덕분에 늦가을의 마을 정취를 흠뻑 맛봤다. 집집마다 마당이며 지붕 위에 빈틈없이 거둬들인 황금빛 옥수수 이삭을 널어 말린다.

온통 옥수수 세상이다. 올해는 풍작이라서 농부들의 얼굴이 환하다. 옥수수밭 사이사이에는 해바라기가 마치 기하학무늬를 새겨넣은 듯 가로세로 줄지어 서 있다. 꽃은 이미 시들어 떨어지고 탐스러운 씨가 알알이 영글어가고 있다.

근 3시간을 달리자 초원 냄새는 차차 사라지고 산기(山氣)가 감돌기 시작한다. 저만치 달려오던 기차도 이제 칙칙폭폭 가쁜 숨을 몰아쉰다. 산이 가까워옴을 예고한다. 여기는 고도 700m의 대흥안령 입산 어귀인 수무꺼우읍(樹木溝邑)이다. 읍치고는 제법 크다. 길 양 옆에는 식당들이 즐비하고 병원 간판도 보이며, 기중기로 건축자재를 나르는 모습도 눈에 띈다. 차량들은 산행 채비에 분주하다. 우리 일행도 만일에 대비해 먹을 것과 마실 것을 보충했다. 다들 에베레스트 등정에 나선 사람들처럼 들떠 있다. 눈길을 산 쪽으로 돌리니 중턱에 방목을 금지한다는 '금목(禁牧)'이란 흰 글자가 또렷이 보인다. 아마도 지금 걱정거리가 되고 있는 이 푸른 초원의 사막화를 막기 위한 조처가 아닌가 싶다.

이제부터는 느껴질 정도로 길은 고도를 높인다. 한참 달려서 정오경 타오허무(桃合木)에 도착해 점심식사를 했다. 지도에는 이 지명이 길 왼쪽 한참 떨어진 곳에 표기돼 있으나, 지금은 여기 길가로 옮겨왔다. 유목민들의 집단이동이다. 현대에 와서 유목민들이 농경지나 산업지를 찾아 삶터를 유동에서 정착으로 옮기는 일은 어디서나 자주 일어난다. 보금자리를 초원의 빠오(包)에서 벽돌집으로 옮긴다. 타오허무가 바로 그런 경우다. 그러나 벽돌집 사이사이에는 아직까지 미련을 버리지 못한 빠오가 옹기종기 끼어 있다. 전통과 현대의 공존이다. 좋든 싫든 이런 공존은 얼마간 지속될 것이다. 이주 유목민이라서 그런지 이곳 주민은 거개가 넓적한 얼굴에 광대뼈가 두드러진 전형적인 몽골인들이다. 새 삶터에는 소학교도 생기고 상점들도 군데군데 보인다. 그러나 아직은 '유목 티'를 크게 벗어나지 못하고 있다.

이곳을 갓 벗어나 5리도 채 못 가 포장길은 끊기고 흙길이 나타난다. 띄엄띄엄 포장 흔적이 보이지만 땜질에 불과해 차는 시속 20km도 못 내고 자주 기우뚱거리고 허우적거린다. 차 안에서 엉덩방아만 찧다보니 고도에는 전혀 무감각이다. 이제나저제나 우람한 산봉우리 같은 것을 만날까 두리번거리는 사이에 시저리무쑤무(西哲李木蘇木)에 당도했다. 해발 1,200m로 이 산길에서는 정상이다. 산은 산이되 가파름이 없는 무덤덤한 산이다. 오히려 탁 트인 펑퍼짐한 초원이다. 대흥안령, 높고 험준한 태산인 줄로만 알았더니 이게 웬일인가. 이럴 때를 두고 '태산명동 서일필(泰山鳴動 鼠一匹, 태산이 떠나갈 듯 요동하더니 뛰어나온 것은 고작 쥐 한마리뿐이다)'이라고 했던가. 다들 뜻밖이라는 기색이 역력하다. 알고 보니, 이 '태산'에 관해 제대로 깨친 바가 없기 때문이다.

원래는 중국 뚱뻬이 서북방에 자리한 구릉성 산계 전체를 흥안령이라고 불러왔으나, 청나라 때 러시아와 국경을 긋는 '네르친스끄조약'(1689)을 맺은 후부터 러시아 경내에 있는 흥안령은 '외흥안령'(러시아어로 스따노보이산맥), 중국 경내의 흥안령은 '내흥안령'이라고 부르기 시작했다. 그리고 또 내흥안령은 대·소흥안령으로 나뉘었다. 한편, 이 산계는 알타이산맥(몽골어로 西金山)의 동쪽에 위치한다고 해서 '동금산(東金山)'이라고도 하며, 시바이(錫伯, 소수민족의 하나)어로는 진아린(金阿林, 흰 산)이라고도 부른다. 대흥안령은 헤이룽강(黑龍江, 아무르강)이 크게 구부러진 부분의 남쪽에서 발원해 몽골고원과 동북 대초원의 경계를 이루며 남하해 네이멍구자치구 중부에서 서쪽으로 방향을 틀어 음산(陰山)으로 이어진다. 일반적으로 흥안령이라고 하면 이 대흥안령을 지칭한다. 이에

대흥안령 정상의 굽이진 흙길

비해 소흥안령은 대흥안령의 북단에서 갈라져 헤이룽강과 쑹화강(松花江)의 분수계를 이루며 동북 방향으로 뻗어간다.

'녹색보고(綠色寶庫)'라고 하는 이 대흥안령의 남북 길이는 1,200km이고 동서 너비는 200~300km로서, 면적은 약 8만5천km²에 달한다. 면적의 74%는 울창한 수림으로 덮여 있으며, 그 속에 진귀한 400여종의 동물과 1,000여종의 식물이 자라고 있다. 큰 산치고는 의외로 높지 않다. 평균고도가 1,250m쯤이며, 가장 높은 산이래야 2,000m를 넘지 않는다. 그래서 고구려 기마대군은 별로 어렵지 않게 이 산을 넘나들었을 것이다. 지금은 목재를 실어나르는 몇갈래의 철로가 산중턱까지 닿아 있다. 한온대 대륙성기후로서 평균온도는 영하 2.8도이며 중국에서는 가장 추운 곳으로서 영하 52.3도까지 내려간 적이 있다. 북단 오르도스(Ordos)족이 사는 자그마한 '북극촌'은 '불야성'으로 유명한데, 하지(夏至)를 전후해서는 하루에 무려 스무시간이나 해를 볼 수 있는 백야(白夜)가 계속되어 관광객이 폭주한다. 20여개의 크고 작은 강을 품고 있으며, 연평균 강수량은 700mm에 이르러 나무나 풀이 자라는 데 적격이다. 주로 몽골계와 퉁구스계의 24개 민족이 목축업과 임업으로 생계를 유지하고 있는 이 산속의 인구는 54만명(2005)을 헤아리며, 오늘은 3개 현과 4개 구로 나눠 행정관리하고 있다.

지금은 비록 행정적으로 네이멍구에 속해 있지만 역사적으로나 문화적으로, 그리고 지리적으로나 종족적으로 보면 이 산맥은 영락없이 뚱뻬이(東北)와 네이멍구를 포함한 몽골 전체를 가르는 분수령이다. 이제 그 영마루에 서 있노라니, 넓디넓은 뚱뻬이땅이 파노라마처럼 눈앞에 펼쳐지면서 숱한 상념이 꼬리를 물고 솟구친다. 그 옛날 우리 선조들의 삶터였고 활동무대였으며, 오늘은 또 국경을 맞대고 그 속에 200만 우리 동포가 살고 있는 땅, 뚱뻬이는 결코 우리에게 낯설지 않은, 또 낯설 수도 없는 땅이다. 도대체 이 땅은 우리에게 무엇이기에 그럴 수밖에 없을까.

우선, 우리는 뚱뻬이의 역사와 문화를 일궈낸 공동 주역이다. 지금 중국 학계는 홍산문화로 대표되는 랴오허문명을 세계에서 가장 오래된 문명으로 부각시키면서 그 창조자는 동이족으로 못박고 있다. 비록 그들이 주장하는 동이족은 황하(黃河) 이동(以東) 지역에서 북상한 황제의 후손들이라는 엉뚱한 주장을 펴고 있지만, 사실 동이족(東夷族, 동쪽의 오랑캐)의 본향은 샨뚱성(山東省) 이북을 포함한 뚱뻬이 지방이며, 고구려의 조상인 예맥(濊貊)이나 숙신(肅愼)은 거기에 삶의 뿌리를 박고 우리의 민족사를 터준 종족이다. 이미 발견된 바위그림이나 적석총, 청동기 등 여러가지 상관성 유물에서 보다시피, 랴오허문명은 우리의 동이 조상들이 공동참여해 만들어낸 문명이다. 우리와 혈통적으로나 문화적으로 여러가지 인연을 맺고 있는 은나라의 동이(상)나 탁발선비(拓跋鮮卑, 북위), 거란(요), 여진(금), 몽골(원), 만족(청) 등 뚱뻬이의 여러 민족들은 일찍이 여섯차례나 황하문명의 주역인 화하족(華夏族)들이 할거한 중원지역을 정복해 중국역사의 3분의 1에 해당하는 무려 1,400여년에 걸쳐 이민족 통치를 실시했다.

우리의 조상들은 발해 때 헤이룽장성(黑龍江省) 일대에서까지 벼재배를 성공시켜 옥수수나 수수, 콩 같은 잡곡밖에 모르던 뚱뻬이인들에게 쌀밥을 선사했다. 그때부터 오늘까지 뚱뻬이산 쌀은 황제의 수라상에 오르는 '황량특미(皇糧特米)'로 각광을 받고 있다. 오늘 전국 면적의 50분의 1밖에 안되는 지린성(吉林省)이 식량생산에서 전국의 10분의 1을 차지하는 주된 이유가 바로 그곳에 우리 동포들이 집중돼 옹골차게 농사를 짓고 있기 때문이다. 뿐만 아니라, 작고한 저우언라이(周恩來) 총리도 말했다시

커얼친 초원 마을마다 펼쳐진 무연한 옥수수밭

피, 조선족 선열들은 지난 세기 30년대 항일투쟁에서 목숨 바쳐 뚱뻬이를 지켜냈으며, 40년대 해방전쟁에서도 불후의 위훈을 세웠다.

다음으로, 뚱뻬이는 우리의 고대 역사와 문화가 피어난 터전이다. 고조선과 동북아 최강국 고구려, 그리고 해동성국 발해가 이 땅에서 발호(跋扈)했던 것이다. 차제에 꼭 짚고 넘어가야 할 것은 일통삼한(一統三韓)의 내재적 한계성 때문에 우리의 민족국가인 발해까지를 아우르는 완전통일을 이루어내지 못했다는 뼈저린 역사적 교훈이다. 그 아픔은 오늘날까지도 이어지고 있다. 이와 더불어 지금까지의 교과서적 통념을 벗어나 우리로 하여금 의아스럽게 하는 것은 신라가 지린성을 거쳐 남하했다는 일설이다. 1783년 청나라 황제 건륭제(乾隆帝)의 명을 받은 한림원이 편찬한

역사서 『만주원류고(滿洲源流考)』에 의하면, 신라의 선조인 박씨 일족은
몽골 초원에서 대흥안령을 거쳐 계림(桂林, 현 吉林市)에 정도했다가 한반
도로 남하함으로써 신라의 서북 강역은 오늘의 지린성 우라(烏拉)라는 것
이다. 우리 학계 일부에서도 신라가 다른 곳에서 경주 일원으로 옮겨왔을
것이라는 주장이 있는 점을 감안하면, 적어도 동북과 신라 사이의 어떤 관
련성을 시사하는 것은 아닌지 일고를 요하는 설이라 하겠다.

　이 문제와 관련해서 우리는 두가지 편향을 함께 지양해야 할 것이다.
하나는 중국이 주장하는 이른바 '통일적 다민족국가론'에 입각해 고조선
에서부터 발해까지의 우리 민족사를 저들의 역사에 편입시키려는 시도이
고, 다른 하나는 우리들 속에서 튀어나오는 비현실적이며 복고주의적인

대흥안령 정상의 산중턱을 줄지어 가로지르는 양떼

'고토회복' 운운이다. 역사는 후세에 의해 임의로 재단되는 것이 아니며, 변화하는 현실의 연속이다.

끝으로, 뚱뻬이는 우리와 북방이나 서역을 이어준 징검다리다. 초원과 오아시스 실크로드가 이곳을 거쳐 한반도로 이어졌으며, 그 길을 통해 우리의 역사와 문화는 세계와 소통하고 교류했다. 그래서 뚱뻬이와 한반도에서는 북방이나 서역과의 교류를 입증하는 유사 유물이 적잖게 발견된다. 우리는 지금 바로 그 징검다리의 서경(西境)에서 대흥안령을 관통하는 초원의 길을 더듬고 있다.

10
고구려의 서경(西境) 띠떠우위

일행이 대흥안령을 관통하는 초원 실크로드의 정상 시저리무쑤무에 다다른 것은 2008년 10월 21일(화요일) 오후 3시 50분이다. 여행을 하다보면 가끔 오래도록 기억에 담아두고 싶은 것이 있는데, 비단 곳(장소)만 아니라 때(시간)도 있다. 왜냐하면 인간의 삶이란 시·공의 협연으로서 시간은 삶의 깊이를 말해주기 때문이다.

이 높은 곳에 펼쳐진 초원도 신기하거니와, 그 속에서 삶을 영위하는 사람들의 모습 또한 퍽 궁금했다. 마침 장허핑(江和平)이란 한 유목민을 만났다. 이름 두 글자처럼 정말 화평해 보이는 순박하고 어진 사람이다. 마흔다섯의 나이에 2남1녀를 두고 있다. 중국에서는 산아제한으로 자식을 한명밖에 낳을 수 없는 것으로 알려져 있는데 애 셋이라니, 의아해서 그 영문을 물었다. 유목민에 한해서는 자식 두세명이 허용, 아니 묵인된다는 것이다. 경하할 일이라 그에게 박수를 보냈더니, 고개를 절레절레

대흥안령 정상 시저리무쑤무 마을의 유목민 장허핑. 이름처럼 순박하고 어질다

흔들며 수줍어하면서도 못내 흐뭇한 표정이다. 방목에는 많은 일손이 필요하니깐.

그는 양 700마리와 소 50마리를 키우는데, 살림은 괜찮다고 한다. 20년 전 대흥안령 기슭에서 농사를 짓다가 이 궁벽한 산속으로 이사해와 유목민이 되었다. 사회의 수평적 이동이다. 이 마을 20여호는 대체로 그러한 경우라고 한다. 그 말고 몇집만 한족이고 대부분은 몽골족이라고 한다. 한족들은 흙집이나 벽돌집에서 살지만, 몽골족들은 여전히 몽골식 빠오에서 흩어져 산다. 전통과 현대라기보다 서로 다른 두 문화의 공존 현상이다. 해가 서산에 기울어지기 시작해서 풀어놓은 양떼와 소떼를 서둘러 몰아와야 할 시간인데도 그는 일행에게 친절을 베풀면서 기념사진까지 함께 찍었다. 나지막한 언덕을 사이에 두고 보이지 않을 때까지 채찍을 든 손을 휘저으며 우리를 바래주었다.

여기서부터는 내리막길이기는 하지만 험한 흙길이며, 게다가 밤길을 가야 한다. 70km쯤 가야 포장길이 나온다니 서둘러야 한다. 5km쯤 가니 꽤 큰 마을이 나타난다. 집집마다 양떼우리가 삥 둘러 있고, 이곳저곳에서 대형 콤바인이 윙윙 돌아가고 개별용 풍력발전기 날개가 산바람을 타

고 신나게 돌아간다. 다섯시도 채 안되었는데 어느새 땅거미가 젖어들기 시작한다. 어둡기 전에 이 영을 넘었어야 했는데 이렇게 지체되고보니 다들 걱정이 앞선다. 누구보다도 기사의 얼굴에는 불안한 기색마저 서리기 시작한다. 산속이라 어둠은 상상외로 빨리 찾아든다. 불빛을 따라 어림잡아 한참 간 곳은 빠창치롄(靶場七連)이란 마을이다. '사격장'이란 말의 '빠창'이 의미하듯, 옛날 이곳은 기병들의 사격장이었다. 7시가 조금 넘었는데도 앞을 가릴 수 없을 정도로 깜깜하다. 더이상 우리의 힘으로는 길을 찾아 떠날 수가 없다. 아직도 50km를 더 가야 한다니 방도는 오직 하나, 선도차를 구하는 것이다.

농기구공장 비슷한 곳에 찾아가 선도차를 부탁했더니, 미리 대기라도

우리야쓰타이 거리 풍경

한 듯 제꺽 연락이 닿는다. 상업망이 가동된 셈이다. 건장한 두 젊은이가
지프를 몰고 나타났다. 중국돈 300위안에 낙착을 보고 지프를 따라 나섰
다. 한시름 덜었는가 했는데, 웬걸 마을 어귀를 갓 벗어나자 갑자기 선도
차가 길가에 멎는다. 무슨 고장이라도 났는가 싶어 가슴이 덜컥한다. 그
런데 알고 보니 선불 때문이다. 현지 안내원의 말에 의하면, 선불을 주면
돈만 챙겨 도망치기가 일쑤라고 한다. 그런데 무턱대고 선불해야 간다는
것이다. 후환이 걱정되기도 하고, 또 그들에게 남은 반조각의 양심에라도
기대를 걸 수밖에 없는 상황이다. 어처구니없는 실랑이 끝에 반액만 먼저
주기로 했다. 우리가 만만찮은 대상이라고 짐작됐던지, 그제야 투덜거리
며 시동을 건다. 돈에 눈먼 이 야박한 세상, 이제 인간다움의 양심이나 신

뢰가 시궁창에 빠졌으니 한심스럽기도 하고 가련하기도 하다.

길은 길대로 또 얼마나 험악한가. 울퉁불퉁, 고불고불, 질벅질벅, 표지판 전무(全無). 길의 악조건이란 악조건은 죄다 갖춘 길이다. 빛이라곤 하늘에서 반짝이는 별빛뿐 문자 그대로 칠칠흑야다. 70km의 내리막길을 무려 4시간 40분이나 걸려 더듬었으니 시간당 15km의 거북걸음을 한 셈이다. 일단 하산하고 나서는 북행으로 휘린꿔레이(霍林郭勒)를 향했다. 이 근방에서 캐내는 석탄을 가득 실은 대형트럭들이 길을 메우고 있다. 불빛이 환한 꽤 큰 도시인데, 들러서 허기라도 가시려 했지만 아직 갈 길이 멀어서 참을 수밖에 없었다. 50km 더 가니 자그마한 읍 빠인후쉬(巴音胡碩)가 나타났다. 더이상 견디는 것은 무리다 싶어 식당을 찾았지만 10시가 훨씬 넘은 늦은 시간이라 식당들이 거의 문을 닫았다. 겨우 문 닫는 소리가 나는 한 허름한 식당에 가서 사정을 하니 주인이 흔쾌히 받아들인다. 놀라운 것이, 뒷설거지를 이미 마쳤을 텐데 금세 닭과 돼지, 소, 양 등 네가지 도가니탕을 내놓으며 택하라고 한다. 친절봉사에 맛도 일품이다.

새벽 2시 반에 드디어 목적지에 도착했다. 이렇게 18시간 이상의 강행군을 마다않고 찾아온 곳은 대흥안령 바로 서편의 네이멍구자치구 시린꿔러맹(錫林郭勒盟) 뚱우주무친기(東烏珠穆沁旗)의 중심도시 우리야쓰타이시(烏里雅斯太市)다. 찾아온 목적은 고구려의 서경(西境)을 현장에서 확인하기 위해서다. 지금까지의 교과서적인 이야기로는 5~6세기 가장 강성할 때의 고구려 강역(疆域)을 서쪽으로는 요동(遼東)지방, 동쪽으로는 무딴강(牡丹江) 유역에서 연해주(沿海州) 일원까지, 북쪽으로는 쑹화강(松花江) 유역의 북만주 일대, 남쪽으로는 한강 이남의 충청도와 경상북도 일원까지로 잡고 있다. 이것만으로도 고구려는 동북아시아에서 가장 강성한 나라였을 뿐만 아니라, 우리 겨레의 역사에서도 그 영토가 가장 넓었던

우리야쓰타이의 오란(烏蘭) 찻집에서 아침식사한 몽골 전통 우유두부탕(우유두부·젖·조·깨를 섞어 끓인다)

나라였음을 말해준다. 그렇지만 그 강역이 과연 이것으로 그쳤을까? 더 너머로 뻗어간 적은 없었을까? 사실 이 강역 문제는 주로 중국 사서에 의존해 논한데다가 우리 자체의 연구가 부실하다보니 제대로 밝혀낼 수가 없었다. 이 서경의 경우가 바로 그러하다.

물론, 한 나라의 국경이라는 것은 유동적이다. 항구적일 수도 있고 일시적일 수도 있다. 설혹 일시적일지라도 국경은 국경이며, 따라서 그것은 그 나라 역사와 위상의 반영이기 때문에 제대로 밝혀져야 한다. 바로 이 때문에 자고로 역사상의 국경 문제가 날카롭게 제기되는 것이다. 대체로 축소냐 확대냐, 아니면 사실이냐를 놓고 갑론을박한다. 이제 고구려의 서경 문제를 한번 따져보자. 지금껏 이 문제를 해명하는 데서 전거가 될 수 있는 단서는 몇 가지 역사적 사실에서 제공받고 있다. 그중 가장 확실한 것은 장수왕의 띠떠우위(地豆于) 분할통치 기록이다. 우리는 그 단서의 현장확인을 위해 불원천리 이곳까지 찾아온 것이다.

중국 사서인 『위서(魏書)』 「거란전(契丹傳)」에 보면, 북위(北魏) 효문제 태화(太和) 3년, 즉 장수왕 67년인 479년에 고구려가 몰래 유연(柔然, 일명 蠕蠕)과 띠떠우위를 분할통치하려고 모의했는데, 그 침탈을 두려워한 거란족의 한 부족인 막하불(莫賀弗) 족장이 차량 3천과 부중 1만, 그리고 가축들을 이끌고 오늘의 따링하(大凌河) 동쪽으로 남하해 북위의 보호를 구했다고 한다.

당시 네이멍구의 시라무렌강 유역에서 중흥기를 맞고 있던 유연은 북위에 대해 통혼을 강요하리만치 고압자세를 취하고 여러차례 북위를 침공하면서 호시탐탐 띠떠우위 등 빼앗긴 땅을 되찾으려고 시도한다. 북위와의 대결관계에서 동병상련의 처지에 놓여 있던 유연과 고구려는 마치 순치(脣齒)처럼 밀착관계에 있었다.

한편, 고구려의 전성기를 일궈낸 장수왕은 중국의 남·북조 모두와 우호관계를 유지하면서 두 세력을 조종하는 능란한 이원외교를 펼치고 있었다. 그러나 그의 재위기간 북위와의 관계는 결코 순탄치 않고 기복의 연속이었다. 북위는 남조에 대한 고구려의 우호관계를 달가워하지 않았다. 특히 백제가 고구려 토벌(472~473)을 위해 북위에 파병을 요청하고, 고구려가 백제에 파견되는 북위 사신의 영내 통과를 불허하는 등 백제 문제가 불거지면서 양국 관계는 악화일로를 치닫고 있었다. 게다가 고구려의 북방에서 흥기한 물길(勿吉)이 띠떠우위를 에도는 길을 통해 북위에 사신을 파견하는 등 북위를 등에 업고 고구려를 괴롭히고 있었다. 그리하여 고구려로서는 띠떠우위를 장악해 그 길목을 차단하는 것이 절실했다.

이렇게 유연의 고토회복과 고구려의 북방진출 및 물길의 통로차단이라는 전략적 이해관계가 맞물림으로써 띠떠우위를 함께 공략해 분할통치하는 모의에 이르게 되었던 것이다. 그렇다면 실천 없이 그저 모의에만 그쳤을까. 앞의 『위서』 기록만 보고는 판단하기가 애매하지만, 그후에 나온 『수서(隋書)』 등 몇가지 사서에 의하면 당시 거란족이 고구려의 침입을 받고 북위에 '내부(內附, 보호)'를 구했다는 내용이 누누이 기록되어 있는 점으로 미루어 고구려가 띠떠우위 일원을 점령통치한 것만은 사실이라고

드넓은 우주무친 초원

판단된다. 얼마 동안 어떻게 통치했는가는 아직 미상으로서 앞으로의 연구과제다. 단, 분명한 것은 장수왕이 대군을 이끌고 대흥안령을 넘어 띠떠우위까지 원정했다는 사실이다. 따라서 5세기 말 고구려의 서경은 대흥안령 너머 몽골 초원의 띠떠우위 일원이었다고 추단할 수가 있다.

중국 사서에 의하면, 5세기 당시 띠떠우위는 이른바 16개 북적(北狄, 북쪽 오랑캐)의 일국으로서 대흥안령 일원에 자리한 실위국(室偉國)에서 서쪽으로 1천여리나 되는 곳, 즉 오늘의 시린꿔러맹 뚱·시우주무친에서 활동한 유목국가다. 기름진 초원이라서 소와 양이 많고 명마의 고장으로도 유명했다. 고구려는 여기 비옥한 초원에서 전마(戰馬)를 기르고 보충받아 기마전투력을 더욱 강화했을 것이다.

'띠떠우위'의 어원에 관해서는 '띠떠우(地豆)'는 몽골어 '달단(韃靼, 몽골)'의, '위(于)'는 '간(干)'의 와전으로서 '달단의 왕'이란 뜻이라고 해석하는 일설이 있으나 불확실하다. 이에 비해 오늘날의 '우주무친'은 몽골어로 '포도를 따는 자'란 뜻으로서 13세기 알타이산맥의 포도산(葡萄山) 일대에서 이곳으로 이주한 부족을 지칭하는 데서 유래되었다고 한다. 오늘날 뚱·시우주무친의 면적은 7만260km²이고 인구는 약 13만명인데, 그중 몽골족이 70%다. 90%가 푸르싱싱한 초지인 우주무친 초원은 몽골 초원 가운데서도 비옥하기로 이름나 있다. 석탄과 철광석을 비롯한 부존자원도 넉넉해 발전전망을 밝게 하고 있다.

특히 주목되는 것은 예로부터 대흥안령을 넘어 외몽골(몽골인민공화국) 동부고원으로 이어지는 초원로가 바로 이곳을 지나갔다는 사실이다. 지금 우리가 와 있는 뚱우주무친의 중심도시 우리야쓰타이에서 서쪽으로 68km만 가면 내·외몽골을 가르는 관문인 주언까다뿌(珠恩嘎達布)가 나타난다. 우리야쓰타이 길가에는 내·외몽골을 오가는 화물차가 가끔 눈에 띈다. 그 옛날 고구려 사절이 외몽골에 세워졌던 돌궐에 파견되고, 광개토왕이나 장수왕 휘하의 날쌘 기마군단이 우주무친 초원을 누비며 서쪽의 유연과 섭외할 때 십중팔구 이 길을 통했을 것이다. 그래서 이 길은 한반도로 이어진 초원 실크로드의 한 요로였다고 할 수 있다. 말갈기를 휘날리며 장검을 뽑아들고 쏜살같이 돌진하는 고구려 기마군단의 그 용감무쌍한 기상이 파노라마처럼 줄곧 눈앞에 펼쳐진다.

11
드넓은 네이멍구 초원을 누비며

어제 대흥안령을 넘는 고행의 여독을 말끔히 날려보낸 듯 다들 일찍이 일어나 늦가을 초원의 맑고 시원한 아침을 만끽한다. 문뜩 '천고마비(天高馬肥)'란 고사성어가 뇌리에 떠오른다. 그 옛날 당나라 시인 두보(杜甫)의 할아버지가 흉노와의 싸움에 출정하는 친구에게 써준 시 한편 속에 나오는 "가을하늘 높으니 변방 말 살찌네(秋高塞馬肥)"란 구절이 이렇게 '천고마비'로 와전된 것이다. 초원에 사는 흉노인들이 말을 살찌워서는 이맘때가 되면 겨울채비를 위해 노략질을 일삼는 것을 빗대어 읊은 것인데, 말도 많이 기르지 않는 우리나라에서 가을이라는 계절의 상징어로 입버릇이 된 것은 이상야릇한 일이다. 뜻도 제대로 알지 못하고 어설프게 받아들여 마구 써대는 이런 유의 말들은 이제 그만두어야 할 것이다.

몇년 전 후진타오(胡錦濤) 국가주석이 들렀다고 자랑하는 우리야쓰타이(烏里雅斯太) 빈관(호텔)을 나서니 하늘과 땅 빛깔이나 거리 표정부터가 같은 네이멍구에 속한다는 대흥안령 저쪽과는 판판 다르다. 하늘은 더 높고 푸르며 사방은 막힘없이 탁 트여 있다. 바람도 거침없다. 몽골 전통복 차림의 젊은이들이 거리를 활보하고, 몽골식 돔형 지붕도 즐비하다. 한화(漢化)와 현대화의 이중충격 속에서 그나마도 전통을 잃지 않고 있는 것은 다행스러운 일이다. 이제부터 참 몽골과 대면하게 되었으니, 그만큼 알고 싶은 것도 많아졌다.

우리가 흔히 쓰는 '몽고(蒙古)'라는 한자말은 '몽골'이란 원음의 한자 음사다. '몽골'의 어원에 관해서는 몽골어의 '은(銀)'이나 '순박' '영존(永存)' '용감' '영생하는 부락' 등이라는 각이한 주장들이 갑론을박하고 있다. 당나라 때부터 나타나는 한자 음사어 '몽고'도 그 음사법이 『구당서(舊唐書)』의 '몽올(蒙兀)'로부터 시작해 '맹골자(萌骨子)' '몽고사(蒙古斯)' '망활륵(忙豁勒)' '몽고리(蒙古里)' '맹고(萌古)' '몽고(蒙古)' 등 20여가지나 된다. 몽골족의 족원에 관해서도 언어학적 비교에 의한 흉노설, 승냥이 전설에 따른 돌궐설, 불교적 전설에 바탕한 토번(吐蕃, 티베트)설, 고고학적 발굴에 의한 동호설(東胡說) 등 여러 설이 있다. 지금은 동호설에 무게가 쏠리고 있다. 즉 동호계에 속하는 실위(室偉)의 20여 부족 중 하나인 몽올이 그 시조라는 것이며, 본향은 헤이룽강(黑龍江) 중류 일원인데, 후일 대흥안령을 넘어 오늘의 내·외몽골로 서천했다는 것이다.

우리가 대흥안령을 넘어 불원천리 이곳까지 찾아온 목적은 고구려의 서경(西境)을 현장에서 확인함으로써 지워졌던 고구려의 옛 위상을 되살리려는 것이다. 우리는 전편에서 장수왕이 이곳 띠떠우위(地豆于, 오늘의 우주무친기)를 분할통치함으로써 고구려의 서경이 여기까지였음을 밝힌 바 있다. 이러한 사실(史實) 말고도 또 하나 우리의 주목을 끄는 것이 있으니, 그것이 바로 논란도 많은 그 유명한 '국강상광개토경평안호태왕비문

(國岡上廣開土境平安好太王碑文, 약칭 '광개토왕비문')에 나오는 염수(鹽水)다. 그 염수가 이곳에 있는 어지나오얼(額吉淖爾) 염호(鹽湖)라는 일설이 있어 일찍부터 학계의 관심을 끌었으나 이렇다 할 연구결과가 없어 설왕설래한다. 그래서 그곳 답사를 기획한 것이다.

우리야쓰타이에서 시원한 초원의 아침공기를 가르며 서남 방향으로 무연한 초원길을 35km쯤 달리니 '염장(鹽場, 소금밭)'이란 표지판이 나타난다. 여기서 길을 우측으로 꺾어 12km 더 가니 드디어 어지나오얼이란 염호가 나타난다. 멀리서부터 벌써 염기가 햇빛에 반사되어 반짝거린다. 염호 인근에는 몇개의 작은 마을들이 널려 있으며, 염호가에는 소금 가공공장의 굴뚝들이 우뚝우뚝 솟아 있다. 소금이 산더미처럼 쌓여 있는 하적장에서는 대형트럭들이 분주히 오간다. 면적이 25km²에 달하는 염호는 몽땅 염전으로 이용되어 연간 8만여톤의 소금을 생산한다고 한다. 대부분 식용으로 쓰이고, 일부만 공업용으로 사용된다. 주로 인근 마을에서 채용하는 500여명의 노동자들이 일한다고 하니 염전치고는 꽤 큰 규모다. 갯물을 댄 논밭처럼 물결이 찰랑거리는 소금밭은 눈이 모자라도록 아득한 수평을 이루고 있다. 군데군데 논도랑 같은 물길이 가로세로로 깊숙이 파여 있다. 맛을 보니 혓바닥이 짜릿할 정도로 염도가 높다. 신기하게도 그 짠 물속에서 이름 모를 불그스레한 식물이 자라고 있다. 짜면 짠 대로 자연에 순응해서 살아가는 식물의 강한 순화력(馴化力)을 말해주는 일례다. 이곳 말고도 네이멍구 일원에는 여러개의 염호가 널려 있다. 이것은 그 옛날 이곳이 바다였음을 말해준다.

'광개토왕비문'에 나오는 '염수'가 이 염호일 개연성은 있지만, 그 연구는 아직껏 오리무중이다. 이 비문은 크게 추모왕(鄒牟王, 동명성왕)에서 광개토왕까지의 세보(世譜)와 대왕의 대외정복사업, 그리고 왕릉을 지키

'광개토왕비문'에 나오는 '염수'로 추정되는 어지나오얼 염호

는 수묘인(守墓人)들의 역할 등 세 가지 내용으로 구성되어 있다. 고구려의 독창적인 천하관을 담고 있는 이 비문과 관련해서는 끊어 읽기와 문자 서법, 빈 글자의 복원, 본문의 판독과 주석, 비문의 진위 여부, 탁본의 유전 등 많은 문제에서 논란이 분분하며 불확실하거나 해명되지 못한 점도 적잖다. 이 글과 관련된 내용은 둘째부분, 즉 대왕의 혁혁한 정복사업에 관한 무훈기사인데, 주목되는 것은 그중에서도 중국에 대한 서정(西征)을 맨 먼저 언급했다는 사실이다. 이 서정을 무훈의 첫 자리에 놓을 정도로 중시했다는 뜻이 되겠다. 그 내용은 영락(永樂) 5년(을미년, 395)에 비려(碑麗)가 ○○○ 하지 않음으로 군사를 거느리고 정토에 나섰는바, 부산(富山)과 부산(負山)을 지나 염수(鹽水)에 이르러 3부락, 600~700영(營)을 쳐부

어지나오얼 염호의 소금산

수고 헤아릴 수 없이 많은 소와 말, 양떼를 얻었다는 것이다.

　이 내용에서 '비려'는 다른 중국 사서에 나오는 '비리(裨離)'나 '비리(陴離)' '필려이(匹黎爾)' '패려(稗麗)'와 같이 거란 부족이나 고려에 복속되지 않은 다른 예맥집단을 지칭하는 것인데, 이 비문에서 굳이 '비려(碑麗)'라고 쓴 것은 그들을 비하하기 위함이라고 한다. 즉 여기서 '비'는 비석이고, '려'는 잡아맨다는 뜻으로서 상대방 비석에 짐승을 잡아매놓는다는 것은 그에 대한 비하이고 모욕이 된다. 일리가 있음직한 풀이다. '부산(富山)'은 요동 환인(桓因)의 서변에 있는 우모대산(牛毛大山)이고, '부산(負山)'에 관해서는 보통 산 이름이라는 설과 '산을 따라서'라는 단문이라는 설이 있다. 전자의 경우는 "부산과 부산 두 산을 지나서"로 해석되고,

후자의 경우는 끊어 읽기로 "부산을 지나서 그 산을 따라……"로 해석된다. '부산(負山)'이 어딘지가 미상인 상황에서 후자의 해석에 신빙성이 간다. '염수'는 오늘의 요동(遼東) 뻔시(本溪)를 관류하는 타이쯔하(太子河)인데, 이 강의 옛 이름이 '옌수이(衍水)'로서 '염'자와 '연'자는 동음이의어다. 이상은 대체로 중국학자들의 해석이다. 종합하면, 대왕의 서정은 요동반도의 범위를 크게 벗어나지 못한 것으로서, 그 서경은 랴오허(遼河) 서쪽 랴오닝성(遼寧省) 뻬이전현(北鎭縣) 경내의 이우루산(醫巫閭山)까지라는 것이다.

이러한 중국학자들의 견해를 분석해보면, 시라무렌강을 중심으로 대흥안령과 그 이서의 몽골 초원에서 활약한 거란 부족에 대한 광개토왕의 정벌은 인정하면서도, 고구려의 서경은 요동반도에 한정시키는 모순점을 발견하게 된다. 그 근거로 부산이나 염수 모두를 요동 일원에 소재한 것으로 판단하고 있는데, 과연 그럴까. 사실 '염수'를 '연수'로 대치시키는 것은 언필칭 견강부회라 아니할 수 없다. 그렇다면 거란인들의 활동지역 내에서 '염수'로 남아 있는 곳은 과연 어디일까. 더러 주장하지만, 그곳이 바로 이 어지나오얼 염호다. 염호가에 서니 그 옛날 이 드넓은 몽골 초원을 누비던 고구려 기마군단의 말발굽 소리가 마냥 귓전을 울리는 것 같다. 이 염호가 어딘가에 그들이 짓부수어버린 그 숱한 영(營) 자리가 있으련만, 지금은 그 흔적을 찾아볼 수 없다. "'염호'여, '염수'여, 부디 그 옛날의 증언에 인색하지 말아다오"라는 부탁 한마디를 남기고 떠났다.

일찍이 동아시아의 강성대국을 일궈놓았던 두 성군, 광개토왕과 장수왕의 위훈이 깃들어 있는 이 유서깊은 땅을 누벼보는 후예들의 가슴은 벅찰 수밖에 없다. 그럴수록 이 땅에 관해 더 알고 싶어진다. 두시간 가량 염호를 둘러보고 나서 오던 길을 되돌아 확 트인 초원길에 들어섰다. 일망

바타르 집 마당. 건초더미, 풍력발전기 날개 등이 눈에 띈다

무제한 시린꿔러(錫林郭勒) 대초원이 눈앞에 다시 펼쳐진다. 초원 하면 그저 풀밭쯤으로 생각하는데, 실은 가지각색이다. 초원은 주로 풀이 자라는 상황에 따라 풀이 약간 자라는 황막초원과 메마른 관목이 성기게 자라는 사지소림(沙地疏林)초원, 키 낮은 풀이 자라는 건조한 전형(典型)초원, 키 큰 풀이 자라는 습윤한 초전(草甸)초원, 수생식물이 자라는 습지초원 등 여러가지 종류로 나뉜다.

　면적 122만km²에 동서 너비 2,400km, 남북 길이 1,700km, 그리고 평균고도가 해발 1,500m나 되는 네이멍구자치구 영내에는 동에서 서를 향해 동북부의 습지초원인 후룬뻬이얼(呼倫貝爾)과 커얼친(科爾沁), 동부의 초전초원인 시린꿔러, 중부와 남부의 전형초원인 우란차뿌(烏蘭察布)와 오르도스(鄂爾多斯), 서부의 황막초원인 아라샨(阿拉善) 등 6개의 대초원이 맞붙어 있다. 푸르름이나 지형에서는 다소 차이가 있지만 네이멍구는 분명 초원의 세계다. 그곳은 몽골족 삶의 터전이며 동아시아 유목문명의 요람이다. 그 가운데서 일행이 지금 막 밟고 있는 시린꿔러(몽골어로 '구릉지대의 강'이란 뜻)는 두터운 푸른 주단을 깔아놓은 듯 풀이 무성한 네이밍구 제1의 대초원이다. 중국의 첫 '초지류(草地類) 자연보호구'로 지정된 이 초원의 특산물로는 '우주무친 말과 양'이 있으며, 이곳은 '몽골 씨름의 고향'으로도 널리 알려져 있다.

초원은 인간의 마음도 푸르싱싱하게 만든다. 초원에 접하는 순간 꽉꽉한 가슴속의 응어리나 근심걱정이 일시에 사그라든다. 어느새 여독도 풀린다. 곧게 뻗은 초원길을 1시간쯤 쏜살같이 달리다가 길 오른편 멀리에 아담한 몽골 빠오와 함께 붉은 벽돌집 한채가 눈에 띈다. 초원사람들의 삶이 궁금하기도 하고, 또 육미로 소문난 우주무친 양고기에 식욕도 동한 터라 무작정 그쪽으로 방향을 틀었다. 여행에서 맛은 곧 멋이며, 멋은 곧 흥이다. 약 1,500m쯤 풀밭길을 헤집고 들어가니 마침 젊은 부부가 살고 있다. 남편은 32세의 바타르('영웅'이라는 뜻)이고, 처는 27세의 치치거('꽃'이라는 뜻)다. 7년 전에 결혼해 다섯살과 갓 40일이 된 두 딸을 두고 있다. 흥미롭게 빠오와 벽돌집이 나란히 있다. 어릴 적에 살던 빠오는 이제 창고로 쓰고, 지금은 몇년 전 그 옆에 지은 벽돌집에서 살고 있지만 빠오가 더 안온하다고 한다. 아직은 문명의 수직이동이라기보다는 공존하는 수평이동으로 봐야 할 것 같다. 부엌과 침실, 거실이 딸린 집 안은 꽤 너르고 아담하다. 포동포동한 젖살 얼굴에 홍조가 피어난 아기가 포근한 강보에 싸여 새근거린다. 양 300마리와 낙타 한마리를 키우고 있으며, 마당에는 경운기와 모터카, 자가용(自家用) 풍력발전기가 보인다.

주인에게 1,000위안짜리 양 한마리를 부탁했다. 바타르는 손전화로 처남을 불러다가 일손을 돕게 하고, 52세의 아버지와 49세의 어머니도 모셔

❶ ❷
❸

❶ 바타르의 일가족 6명(아버지, 어머니, 부부, 두 딸)
❷ 갓난 딸을 안고 있는 바타르
❸ 일행을 바래주는 바타르 일가족

온다. 명성에 걸맞게 고기맛은 일품이다. 바타르 일가족 6명과 어울려 식사를 하고 나서는 함께 노래 부르고 사진도 찍으며 흥겨운 한때를 보내고 아쉬운 작별을 했다.

12
기마문화의 남북통로 마역로(馬易路)

바타르 일가의 정겨운 배웅을 받으며 다시 초원길로 들어섰다. 늦가을 초원에 어둠이 깔리기 시작하자 날씨는 갑자기 을씨년스러워진다. 찬바람이 휘몰아치며 빗방울이 차창을 적시고, 기온도 뚝 떨어진다. 띄엄띄엄 흩어져 있는 빠오에서 새어나오는 전깃불이 반딧불처럼 깜박일 뿐, 드넓은 시린꿔러 대초원의 밤은 호젓한 정적만이 감돈다. 풀도 길도 지평선도 모두 어둠속에 묻혀버렸다. 그토록 훗훗하던 초원의 온정이 가뭇없이 사라져버린 듯해 조금은 허전하다. 3시간 넘게 달려 시린꿔러맹(錫林郭勒盟)의 소재지 시린하오터(錫林浩特)에 도착했다.

인구 15만의 시린하오터는 몽골 6대 초원 가운데서도 가장 기름진 초전초원인 시린꿔러 대초원의 한복판에 자리하고 있는 '초원의 명주(明珠)'다. 중국 한대(漢代)부터 이곳에는 흉노와 유연(柔然), 탁발선비(拓跋鮮卑), 돌궐 등 북방계 유목민들이 살아왔으며, 원대에는 칭기즈칸 일족의

본향이기도 하여 줄곧 그 후손들의 영지나 방목지로 남아 있었다. 그래서 시내에는 뻬이쯔묘(貝子廟)와 네이멍구에서 가장 큰 광장인 시린(錫林)광장과 칭기즈칸 문화광장 등 유적과 문화시설이 즐비하며, 근교에는 시린주취(錫林九曲)를 비롯한 멋진 8경(景)이 펼쳐져 있다.

시에서 동남쪽 13km 지점에 있는 시린주취는 칭기즈칸 부부의 전설로 유명하다. 어느날 부부가 이곳 시린강변에 이르러 말을 타고 질주하는데, 그만 부인의 머릿수건이 땅에 떨어졌다. 그것도 모른 채 달리다가 뒤를 돌아보니, 그 머릿수건이 곧게 흐르던 강줄기를 아흔아홉 구비나 되는 곡류(曲流)로 만들어버렸다. 마치 파란 주단 위에 금실 한올을 고불고불하게 수놓은 것처럼 보이는 그 놀라운 광경 앞에서 칭기즈칸은 "이것이야

시린하오터시 거리

말로 신의 조화이니 이곳은 기필코 번성하리라"라는 감탄사 한마디를 남
겼다고 한다. 절경에 도취된 환각일 따름인데, 그만 환각이 기적으로 둔
갑한 것이다. 기적은 전설의 중요한 전승소(傳承素)이기에 오늘까지 면면
히 전해오고 있는 것이다.

　오늘의 일정은 시린하오터에서 남행으로 207번 국도를 타고 약 600km
떨어진 뻬이징까지 가는 만만찮은 여정이다. 자고로 이 길은 북방 기마문
화의 남북통로 역할을 해옴으로써 실크로드의 당당한 일익을 담당해온
'마역로(馬易路)'다. 이 길을 처음 밟아보는 터라 아침부터 가슴이 설렌
다. 밤새 기온이 뚝 떨어져 고인 빗물은 살얼음으로 변하고 칼바람이 몰
아치면서 낙엽이 사방으로 우수수 흩날린다. 이윽고 싸락눈이 내린다.

베이징으로 이어지는 207번 국도. 고대의 마역로로 추정된다

시린하오터 빈관을 나서서 향한 곳은 시 북쪽 야트막한 산기슭에 자리한 뻬이쯔묘다. 가는 길에 신화서점(新華書店)에 들러 네이멍구대학 출판사가 펴낸 『몽고민족통사(蒙古民族通史)』 전6권을 343위안에 구입했다. 책 목차만 훑어봐도 이른바 '다민족 통일국가론'에 입각해 중국이 끈질기게 추진하고 있는 '역사공정'의 일환으로 몽골민족사도 중국역사에 편입시키고 있음을 쉬이 발견하게 된다. 그러나 그런대로 연구에 참고가 될 성싶어 얼른 손에 넣었다. 뻬이쯔묘당은 넓은 뻬이쯔묘 광장의 변두리를 장식하고 있다. 짓궂은 날씨인데도 광장은 사람들로 붐빈다. 묘당은 면적만 1.2km²나 되니 꽤 큰 규모. 청나라 건륭제(乾隆帝) 8년(1743)에 티베트 라마교 불당 형식으로 지은 이 묘당은 40년 후의 확충을 거쳐 7개의 대

전과 10여개의 소전, 2천여 승방을 갖춘 대형 묘당으로 변모했다. 이때 '숭선사(崇善寺)'로 개명했으나 통상 '뻬이쯔묘'로 불리고 있다. 전성기에는 라마승이 1,500여명이나 주석(住錫)했으며, 제1대의 '반지달(班智達)'을 비롯해 모두 4명의 활불(活佛)을 배출했다고 하니, 이 묘당의 높은 위상을 가히 짐작할 수가 있다. 그러나 그 무지막지한 '문화대혁명'이 할퀴고 간 상흔이 곳곳에 남아 있다.

207번 국도는 말이 국도이지 고속도로나 다름없이 폭이 넓고 곧지만, 그것도 모자라서 한창 나란히 새 길을 빼고 있다. 한참 달리니 일망무제했던 초원이 차츰 사지(沙地)나 언덕, 협곡으로 바뀌면서 지세와 날씨가 요동친다. 내리던 눈이 갑자기 진눈깨비로 바뀌는가 하면, 이윽고 폭설로 변해 세상을 온통 희뿌옇게 만들어 한치 앞도 분간할 수 없게 한다. 실로 변화무상이란 말을 실감케 한다. 그러다보니 빙판길에 미끄러져 나뒹군 차량의 처참한 모습이 눈에 띄는가 하면, 정오를 좀 지나 차오자잉쯔(喬家營子)에 이르니 길이 꽉 막혀 마을 흙탕길로 우회하기도 했다. 흥미로운 것은 풍력발전소의 동력 날개가 어떤 곳은 밀집해 있지만, 어떤 곳에는 전혀 없다는 사실이다. 알고보니 지형의 막힘과 열림, 높낮음에 따라 풍향과 풍력이 다르기 때문에 그것을 따르다보니 그럴 수밖에 없다는 것이다.

이렇게 변덕스러운 지역을 가까스로 빠져나와 얼마쯤 달리니 다시 평온한 초원지대가 펼쳐진다. 여기가 바로 원제국의 최초 수도였던 상도(上都)가 자리한 곳이다. 궁성은 지금의 정란기(正藍旗)에서 동쪽 20km 지점인 샨뎬허(閃電河, 일명 金蓮川) 북안에 있었다. 1251년 몽케(蒙哥)가 대칸에 오르자 동생인 쿠빌라이는 막남(漠南), 즉 고비사막 이남의 중국지역을 총괄하는 군국서사(軍國庶事)에 임명된다. 미래의 중국 통치에 대한 야망을 품은 그는 이곳에 사방 2,200m에 달하는 정방형 성을 쌓아 카이핑부

(開平府)라 이름짓고 권력기반을 다져나간다. 1259년 몽케가 죽자 이듬해
에 쿠빌라이는 바로 이곳 카이핑에서 대칸에 등극한다. 그리고는 당시 수
도였던 하라허린(哈剌和林, 카라코룸)을 장악하고 있던 동생 아리크부카
(阿里不哥)와의 4년간에 걸친 대칸위 쟁탈전에서 승리한 후 1263년에 카
이핑을 상도로 선포한다. 이어 연경(燕京, 오늘의 뻬이징)을 중도(中都)로
삼았다가 9년 만인 1273년에 대도(大都)로 승격시켜 정식 국도로 정한다.
그러나 상도를 여름수도로 남겨놓은 채 황제들은 해마다 4월이면 이곳에
와 피서하다가 8~9월에 귀경함으로써 사실상 이원국도체계를 유지하고
있었다. 저 멀리 서역의 색목(色目)상인들이 상도에 폭주해 상도는 국제
무역도시를 방불케 했다. 마르꼬 뽈로는 쿠빌라이의 총애 속에 이곳에서

무려 17년이나 지냈다.

직선거리 180km밖에 안되는 상도와 대도 사이에는 4갈래의 역도(驛道)가 있어 수시로 내왕이 가능했다. 그리고 상도와 하라허린은 차도(車道)와 마도(馬道), 산도(山道)의 세 갈래 길로 연결되어 있었다. 이렇게 외몽골 오르혼강 유역의 하라허린에서 출발해 상도 카이펑을 지나 대도에 이르는 길은 고대 북방 유목문화와 남방 농경문화를 교류 소통시켜주는 중요한 길, 즉 마역로의 주요 구간으로서 실크로드의 남북 5대 지선의 동단 길이다. 이 길은 상도에서 북상해 시린하오터를 지나 띠떠우위(地豆于, 오늘의 우주무친)로 이어져 외몽골 초원로와 연결되기도 했다.

지금까지 학계에서는 실크로드라는 범칭 아래 문명교류의 통로라고 하면 주로 동서를 횡단하는 초원로와 오아시스로, 해로의 3대로만 염두에 두었지 남북을 잇는 여러 길은 도외시했다. 그런데 이번 현장답사에서도 확인되다시피, 문명교류는 마역로와 같은 남북통로를 통해서도 실현되었던 것이다. 문명교류의 동서통로를 간선이라고 한다면, 남북통로는 지선이라고 이름지을 수 있을 것이다. 따라서 이제는 인류 문명교류의 통로를 동서횡단의 3대 간선에만 국한시킨 통념에서 벗어나 남북간의 여러 지선을 망라해 동서남북으로 사통팔달한 하나의 거대한 망상적(網狀的) 교통망으로 인식해야 할 것이다.

고대에서 중세에 이르기까지 유라시아대륙의 남북통로는 대체로 5갈래의 지선이 있어왔다. 아직까지 연구가 미흡해 아프리카나 라틴아메리카의 남북통로는 구체적으로 밝힐 수 없지만 분명히 있었을 것이다. 동서 3대 간선은 주로 같은 위도상에 나타나는 지형적 특징을 반영해서 초원로니 오아시스로니 해로니 하고 명명하지만, 남북 지선에 한해서는 이런 지형적 공통성을 찾아볼 수 없으므로 주로 교류나 교역의 내역상 특징을 살려 각 지선의 이름을 붙일 수밖에 없다. 그 하나가 바로 남북로의 동단에 있는 마역로다. 이 길은 외몽골의 하라허린에서 상도와 대도를 지나 화난(華南)의 항저우(杭州)나 꽝저우(廣州)에 닿아 해로와 접한다. 이 길은 일찍부터 북방 유목민족과 한민족 간의 동아시아 쟁탈전을 위한 전로(戰路)였으며, 이 길을 따라 이 양대 민족간에는 군사적 및 사회적으로 큰 역할을 한 말이 교역되고 북방 기마유목문화와 남방 농경문화가 교류되고 소통되었다. 초원로의 갓길이기도 한 이 마역로를 통해 북방 유목문화가 한반도를 비롯한 동북아시아 일원에도 영향을 미쳤던 것이다.

이 길의 주역을 담당한 말은 주로 몽골말이다. 몽골말의 조상은 지금으로부터 약 3,000만년 전에 살았던 '초원고마(草原古馬)'로 추정된다. 전형적인 초원의 마종으로서 평균 어깨높이가 120~135cm인 작달막한 체구이나 사지가 발달하고 털이 길며 내한성(耐寒性)이 강하다. 18년간 사역(使役)할 수 있을 정도로 생명력과 지구력이 강하고 용감하며 다른 동물에 대한 저항력도 강해 축력(畜力)은 물론 전마(戰馬)로서 각광을 받아왔다. 하루 8시간을 약 60km의 속도로 연속 10여일간 걸을 수 있으며, 질주의 경우 1,600m를 2분 남짓하게 주파하는 빠른 속도도 갖고 있다. 대표적인 네이멍구 지대의 몽골말로는 최상을 자랑하는 우주무친마(烏珠穆沁馬)와 산악지대에 강한 빠이차철제마(百岔鐵蹄馬, 철말굽 말), 사막을 잘 달리는 우선마(烏審馬) 등이 있다. 중국은 물론, 한국이나 일본의 재래종 말에는 몽골말 혈통이 많이 섞여 있다.

고대에는 동서를 막론하고 전마가 일국의 군사력을 가늠하는 징표였다. 그래서 경쟁적으로 각종 수단을 동원해 전마를 얻는 데 급급했다. 중국의 역대 왕조는 이 마역로를 통해 북방의 우수한 말을 대량 수입했다. 대체로 송대 이전 시기에는 몽골 초원을 비롯해 중원 이북지역을 통치하

안장을 얹은 몽골말. 몽골말은 생명력과 지구력이 강해 전마로 각광받아왔다

고 있었기 때문에 말을 구하는 데는 별문제가 없었다. 그러나 송대에 이
르러서는 이 지역을 거의 상실하고 요(遼)나 서하(西夏)가 이 지역을 차지
함으로써 3국이 각축하는 형국이었기 때문에 말을 구하는 것이 여의치 않
았다. 그래서 고육지책으로 찾아낸 것이 이른바 '차마교역(茶馬交易)'이
다. 원래 중국은 동전 같은 금속화폐를 주고 변방 소수민족으로부터 말을
구입해왔다. 그런데 이들 소수민족이 이런 금속으로 중국에 저항하는 무
기를 만든다는 것을 알아챈 중국은 더이상 돈으로 구입하지 않고 차나 직
물, 소금 같은 문물로 교환하는 형식을 취하게 되었다. 그래서 생겨난 것
이 바로 차마교역이다.

　송대에는 전국 각지, 특히 변방지역에 차마교역을 전담하는 차마사(茶
馬司)란 전문기구를 설치하고 교역장을 개설해 차마교역을 국가가 관장
했다. 차 생산의 증가와 더불어 차마교역은 날로 번성해갔다. 차 100근에

준마 1필씩 교환해 1년에 2만필 이상의 말을 수입해 축력과 전마를 충당했다. 차마고도(茶馬古道) 마방(馬幇)의 방울소리가 티베트고원의 정적을 깨뜨릴 때, 여기 마역로 마방의 방울소리는 몽골고원의 정막을 걷어내고 있었다.

역사를 더듬는 길은 늘 감개무량하다. 오후 3시가 되어서야 빠오창진 (寶昌鎭)에 들러 초원삼미쇄부(草原三味涮府)라는 몽골식 식당에서 푸짐한 양고기 샤브샤브로 늦점심을 때웠다. 5시경에 네이멍구와 허뻬이성(河北省) 경계인 싼하오띠(三號地)를 넘어 30분쯤 달리니 뻬이징으로 향하는 고속도로가 나타났다. 2시간쯤 걸려서 빠따링(八達嶺) 만리장성을 지나 드디어 여정의 종점 뻬이징에 입성했다. 9일간(2008. 10. 16~24) 장장 4,000여km의 험로를 답파한 뜻깊은 대흥안령 초원로 답사는 이렇게 막을 내렸다.

2부

드넓은 초원을 가로지르다

몽골 초원로

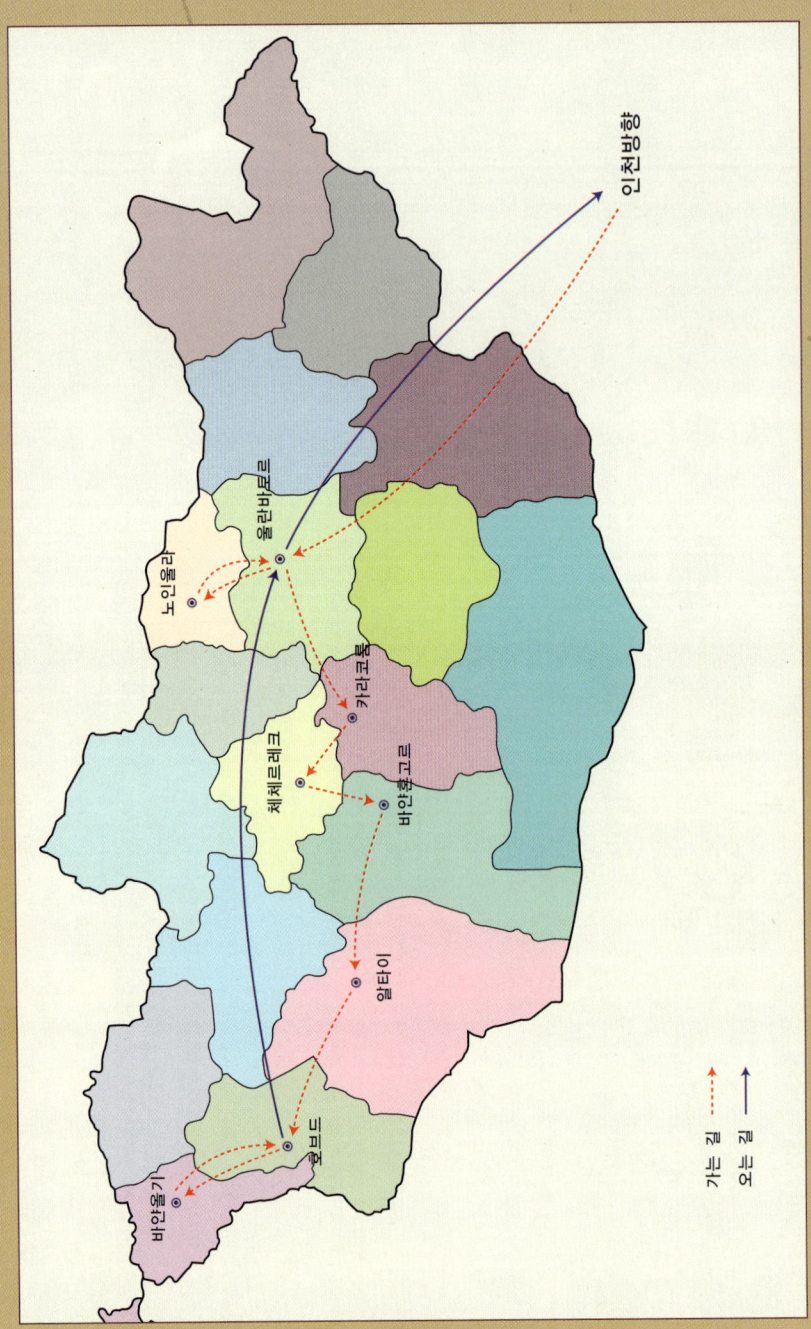

인천방향

노인울라

울란바토르

카라코룸

체체르레크

바인혼고르

알타이

홉드

바인울기

가는 길
오는 길

몽골 초원로 답사노정도

13
초원로가 한반도까지

길은 문명을 오가게 하는 징검다리다. 징검다리가 없으면 개울을 건널 수 없는 것처럼 길이 없으면 문명은 교류가 불가능하다. 따라서 길을 떠난 문명의 교류란 상상할 수 없으며, 길을 알아내는 것은 문명교류를 연구하는 데 선결조건이다. 바꿔 말하면, 문명교류가 있었다면 길은 필히 있었다는 것이며, 교류와 길은 바늘 가는 데 실이 가듯 불가분의 관계에 있다. 사실 길을 제대로 알고 연구해야 교류의 과정이나 교류물의 원류, 그리고 그 접변(接變)과정을 바르게 파악할 수 있다. 이러한 문명교류의 길을 통칭 실크로드라고 한다. 실크로드에는 지구의 동서를 가로지르는 3대 간선과 남북을 세로로 가르는 5대 지선이 있으며, 그밖에도 이 간선과 지선을 그물망으로 얽어주는 수많은 갓길과 샛길이 있다.

그런데 이상야릇하게도 아직까지 길과 교류가 제멋대로 갈라져 있다. 이를테면 교류는 있는데 길은 없었다고 하는 식의 착각이다. 극명한 일례

차오양과 츠펑 간의 네이멍구 경계 톨게이트

가 우리 한반도의 경우다. 자고로 우리는 이웃 중국이나 일본과는 물론
저 멀리 북방 초원이나 지중해 연안, 동남아시아나 라틴아메리카와 여러
방면에 걸쳐 문물을 교류해왔으며, 그 흔적은 한반도 내외에 있는 많은 유
적·유물과 기록에 의해 실증되고 있다. 일본의 한 저명한 고고미술사학
자는 신라를 30여 년 동안 끈질기게 연구한 끝에 『로마문화의 왕국 신라』
라는 역작을 펴내 그 옛날 신라와 로마 간에 있었던 교류상을 낱낱이 밝
히고 있다.

그럼에도 불구하고 서양이나 이웃 나라들에서 출간된 실크로드 관련
서적이나 지도에는 우리나라가 실크로드에서 제외되어 있다. 3대 간선만
놓고 봐도 그 동단은 한결같이 중국까지 와 멎는다. 초원로는 중국 화뻬

이(華北), 오아시스 육로는 중국 시안(西安), 해로는 중국 동남해안까지만 이어졌다는 것이 지금까지의 통설이다. 결국 우리나라를 포함해 그 이동 (以東)에 있는 지역들의 교류는 길 없이 이루어진 꼴이 되고 만다. 이것은 어불성설로서 인류 문명교류를 이른바 서구문명중심주의나 중화주의로 재단하는 편견의 소산인 것이다. 그렇다면 한반도에 남아 있는 그 숱한 외래 유적·유물의 도래는 과연 어떻게 설명할 것인가. 여태껏 그 길이 밝혀지지 않았기 때문에 외래 유물의 실상을 제대로 밝혀낼 수가 없었다.

문제는 문명교류 통로인 실크로드가 어떻게 한반도까지 이어졌는가 하는 것이다. 그 요체는 중국까지만 와닿았다는 실크로드 3대 간선을 원상대로 한반도와 연결시키는 것이다. 지금까지 오아시스 육로와 해로의 한반도 연장 문제는 관련 국제학술모임 같은 데 상정되어 일정한 공감대가 형성됨으로써 그런대로 입론(立論)이 된 셈이다. 그러나 초원로의 한반도 연장 문제는 아직 시론단계에 머물러 있을 뿐이다. 생태학적으로나 체질인류학적으로, 그리고 문화비교학적으로도 우리 겨레의 역사적 뿌리를 북방 초원세계에서 찾아야 한다는 것이 저간의 중론이고, 또한 내·외몽골 초원로를 통한 북방 기마유목문화와의 교류는 명명백백한 사실(史實)이지만, 그러한 뿌리를 뻗게 하고, 그러한 교류를 가능케 한 징검다리로서의, 물리적 매체로서의 길은 제대로 찾아내지 못하고 있는 형편이다.

그래서 그 길의 일단을 알아보려고 떠난 것이 이번 대흥안령 초원로 답사다. 비록 짧은 기간이고, 또 한두번 다녀와서 될 일이 아니지만 현장답사를 통해 실마리를 찾아내고 초보적인 윤곽이나마 그려낼 수가 있었다. 그 과정에서 오인이나 착각을 교정하고, 무지를 깨우치기도 했으며, 새로운 의문과 더불어 연구과제를 던져주기도 했다.

한반도와 초원로를 이어준 길에는 크게 두 갈래가 있는 것으로 추정된다. 한 갈래는 중국 화뻬이 지방을 통한 간접 연결로이고, 다른 한 갈래는 몽골 초원과 바로 이어진 직접 연결로로 추정된다. 그런데 이 두 갈래의 길에서 중요한 환절(環節)역할을 한 곳은 지정학적으로나 대중(對中)관계에서 요로의 위치에 있던 영주(營州, 오늘의 차오양)다. 고조선시대부터 삼국시대에 이르기까지 영주는 오아시스 육로가 한반도로 이어지는 길목에서 관문역할을 하면서 동시에 이 육로와 그곳으로부터 뻗어간 초원로를 연결해주는 환절역할을 해왔던 것이다. 특히 6세기를 전후해 고구려의 치하에 있던 영주는 페르시아를 비롯한 서역과의 교역이나 북방 유목민족들과의 교역이 활발하게 전개되던 명실상부한 동북아시아 최대의 국제무역도시였다. 8세기 이후 국제무역상으로 등장한 중앙아시아 소그드인들의 취락까지 이곳에 있었다고 하니, 그 국제성을 가히 엿볼 수 있다. 645년 당나라 이세적(李世勣)이 고구려를 정벌할 때도 영주에서 출발했으며, 발해가 외국과 통하던 이른바 '발해 5도(五道)' 중 하나가 바로 상도 용천부(龍泉府)에서 영주를 거쳐 중원에 이르는 영주로(營州路)다. 그만큼 영주는 교통의 요로에서 중요한 역할을 해왔다.

이러한 영주를 고리로 해서 북방 초원로와 간접적으로 연결되는 길은 이른바 '영주-평성로'다. 『위서(魏書)』에는 위나라 초기 45년간(387~432) 위왕이 7차에 걸쳐 수도 평성(平城, 현 大同)에서 화룡(和龍, 즉 영주)까지 순유하거나 원정한 '영주-평성로'의 구체적 노정이 기록되어 있다. 기록에 따르면, 이 길은 평성에서 출발해 동쪽으로 대녕(大寧, 현 張家口)과 유원(濡源, 灤河)강의 어이진(禦夷鎭)을 지나 동남 방향으로 90리 가면 서밀운술(西密雲戌, 현 大閣鎭)에 이른다. 여기서 동쪽으로 안주(安州, 현 隆化)와 삼장구(三藏口, 현 承德 북변)를 지나고, 다시 동북 방향으로 백랑성(白狼城, 현 凌源 남변)에 이른 후 동쪽으로 480리 가면 드디어 화룡(영

주)에 도착하는데, 이 길은 만리장성 밖의 횡단 초원로다. 이 길은 평성에서 유주(幽州, 현 北京)와 외몽골 오르혼강을 남북으로 잇는 실크로드 남북 5대 지선의 동단 길인 마역로와 합쳐져 북방 몽골 초원을 관통하는 초원로로 이어진다. 7세기 중반 고구려가 중앙아시아 사마르칸트(Samarkant)에 파견한 사신은 당과의 마찰을 피해 이 길을 따라 운주(雲州, 즉 平城)를 거쳐 서행했을 것으로 짐작된다.

다음으로, 영주를 고리로 해서 북방 몽골 초원로와 직접적으로 연결되는 길의 하나는 '영주-실위로'다. 사실 이번 대흥안령 초원로 답사는 이 길을 밟아보면서 이 길이 어떻게 대흥안령을 넘어 몽골 초원로에 이어지는가를 확인해보는 데 주목적이 있었다. 그래서 답사노정도 이 길을 따라 설정했다. 『구당서(舊唐書)』「해국전(奚國傳)」에 의하면, 이 길은 영주에서 서북쪽으로 100리를 가 당시 당나라와 해국, 거란 3국의 경계선인 송경령(松徑嶺)을 넘는데, 송경령은 '요서의 지붕'이라고 하는 해발 1,224m의 대청산(大靑山)이다. 여기서 서북행으로 츠펑(赤峰) 동남쪽을 흘러 시라무렌강과 합류하는 토호진수(吐護眞水, 오늘의 老哈河)를 건넌다. 다시 서북 방향으로 전진해 당시 해국의 아장(牙帳) 소재지에 부설된 황수석교(潢水石橋, 오늘의 시라무렌강의 巴林橋, 동경 118도 30분, 북위 43도 17분)를 지난다. 이 책에는 여기서부터의 구체적인 노정은 밝히지 않고, 일약 북상해 실위(室韋)의 최서부인 구륜박(俱輪泊, 오늘의 呼倫湖, 동경 117도 30분, 북위 49도)의 오소고부(烏素固部)로 이어진다고 기술하고 있다. 황수석교에서 이곳까지 거리는 약 1,000리다.

이 초원로의 한 구간인 '영주-실위로'를 답사하는 것은 이 길이 어떻게 한반도와 연결되었는가를 현장에서 확인하기 위함이다. 그런데 이러한 확인은 이 길을 따라 실현된 교류의 흔적이 발견됐을 때만이 비로소 가능한 것이다. 이를테면 이 길 위에서 우리 문화와 관련된 유적·유물이 발견되어야 이 길이 한반도와의 교류통로(초원로)라는 것이 인정되는 것이다. 그리하여 일행은 답사 내내 그러한 증좌 찾기에 부심했던 것이다. 증좌가 없었던들 연결로 운운은 공염불에 불과했을 것이다.

일행은 차오양(朝陽, 옛 營州·和城)을 떠나 서북행으로 랴오닝성(遼寧省)과 네이멍구자치구의 경계를 넘어 160km 떨어진 홍산문화의 심장 츠펑에 도착했다. 여기서 '한국형 암각화'라고 하는 방패 모양 등 기하학무늬의 유사 암각화를 발견했으며, 상관성이 분명한 동형의 적석총과 빗살무늬토기, 고인돌 등 유물도 목격했다. 홍산문화의 큰 자랑거리의 하나인 옥귀고리도 우리나라에서 비슷한 시기의 유사품이 출토되었으며, 곰 토템신앙도 서로가 공유하는 문화현상이다. 츠펑을 떠나 북상으로 빠린쥐기(巴林左旗, 퉁랴오기)로 가는 길가에서는 우리의 성황당과 기능이 비슷한 오보(敖包)석과 심심찮게 맞닥뜨린다. 두시간 달리니 '영주-실위로'상에 있는 바로 그 시라무렌강 위의 파림교(巴林橋, 빠린차오)를 지났다.

두시간 더 달려 옛 요나라 땅에 들어서서는 첫 도읍지였던 린뚱(林東) 근교의 '요상경유지(遼上京遺址)'에서 돌기단과 치(雉)가 있는 고구려 성터를 확인했다. 여기까지 오는 구간에는 고구려성이나 고구려인 마을 터, 고구려 이름이 붙여진 강 등 고구려 유적들이 몇군데에 있다. 츠펑을 떠나 장장 16시간 만에 도착한 싱안맹(興安盟)의 치소 우란하오터(烏蘭浩特)는 자고로 우리와 인연이 깊은 곳이다. 근교에는 치가 분명한 3,000평 규모의 꾸청툰(古城屯) 고구려 성터가 있는데, 여기서 관인과 기와·촛대·돌절구 같은 고구려 유물이 적잖게 나왔다. 이 성터에서 4km 떨어진 꿍주링성(公主嶺城)도 역시 고구려성으로서 여기서 파낸 돌절구를 직접 만져보기도 했다. 사실 우란하오터 부근은 고구려 유적의 밀집지역이라고 해도 과언이 아니다. 이 두 성터 말고도 동쪽으로 핑안진(平安鎭)이나 빠이청(白城) 지역에서도 여러개의 고구려 마을과 성터 유적이 발견되었다. 지금까지 대흥안령 일원에서 찾아낸 고구려 성터만도 10여곳에 달한다. 일찍이 이곳을 개척한 조선족들에 의해 이 한랭지대에 벼농사가 전파되었으며, 오늘도 조선족 중학교를 비롯해 우리 겨레의 삶이 이어지고 있는 고장이다. 유적과 유물마다 옛 고구려를 증언하고 있다.

'영주-실위로'를 따르는 우리의 초원로 답사는 여기서 더이상 북상하지 않고 방향을 서쪽으로 돌려 대흥안령을 넘어 우주무친 대초원을 향했다. 그 옛날 고구려의 위상을 떨치던 고구려 기마군단의 말발굽 소리가 자꾸만 귓전에 울린다. 장장 18시간을 달려 대흥안령을 넘어 도착한 곳은

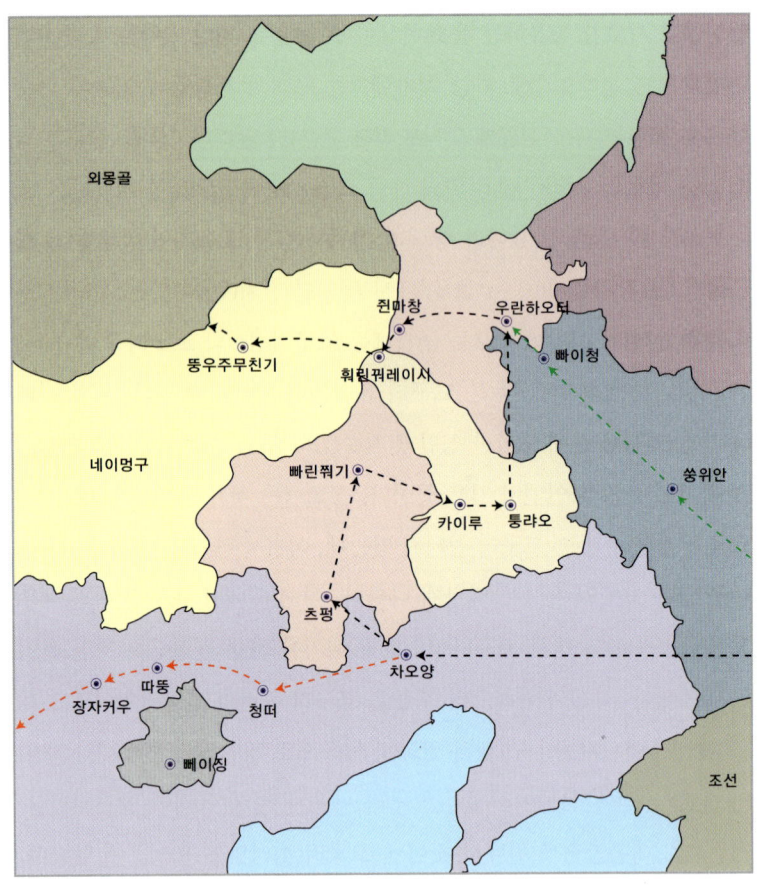

몽골 초원에서 한반도로 이어지는 초원로. ① 영주-주언까다뿌로(흑색선) ② 영주-평성로(적색선) ③ 지린-우란하오터로(녹색선)

시린꿔러맹(錫林郭勒盟) 뚱우주무친기(東烏珠穆沁旗)의 우리야쓰타이(烏里雅斯太)다. 우주무친은 5세기 말 장수왕이 유연과 분할통치한 띠떠우위(地豆于)로 추정되는 곳이다. 여기서 서쪽으로 68km만 가면 내·외몽골 관문인 주언까다뿌(珠恩嘎達布)에 이른다. 이곳은 두 지역간 주요 통로의 하나로서 일단 넘으면 동몽골 초원로와 잇닿는다. 이렇게 보면 우리가 답파한 초원로는 '영주-주언까다뿌로'라고 이름할 수 있을 것이며, 그 길이 바로 한반도와 북방 초원로를 직접 이어주는 한가닥 길이 될 것이다.

이 길 말고도 고구려 시대에는 집안(集安)에서 출발해 지린(吉林)을 거쳐 옛 부여 땅이던 눙안(農安)과 쑹위안(松源), 빠이청(白城)을 지나 우란하오터에서 대홍안령을 넘는 길도 초원로의 한 연결로로 설정할 수 있을 것이나, 이번 답사에는 포함되어 있지 않기 때문에 앞으로의 과제로 남겨놓을 수밖에 없다. 그밖에 갓길로는 츠펑에서 서쪽으로 몽골제국의 상도였던 뗭란(定藍)으로 이어지는 길도 있었음직하다.

여기까지가 이번 대홍안령 초원로 답사의 결산이다. 그러나 이것은 어디까지나 초보적인 소결(小結)이다. 한반도로 이어지는 초원로를 밝혀보려던 숙원의 일단을 실현했다는 기수(旣遂)의 후련함보다는 더 해야 할 일에 어깨가 무거워진다. '길 찾기'는 민족사의 복원작업이기도 하기 때문이다.

14

전통과 현대를 아우른 울란바토르

우리의 초원 실크로드 답사는 크게 대흥안령과 몽골, 그리고 동·서시 베리아의 3대 초원로 답사를 망라한다. 워낙 긴 노정이라 한꺼번에 답파 할 수가 없어 지난 2년간 몇구간으로 나눠 진행했다. 그 시기도 들쭉날쭉 하거니와 길벗도 매번 달랐다. 몽골 초원로 답사만 해도 여름과 겨울 두 번 나눠 진행했다. 필자로서는 이 길에 첫발을 내딛은 이래 강산이 네번 이나 변한 뒤의 일이라서 실로 감개무량했다.

2008년 1월 11일(월요일) 13시 20분 인천국제공항을 이륙한 KE(대한항 공) 867편은 곧바로 기수를 북쪽으로 향한다. 서해의 만경창파가 너울거 린다. 지상의 날씨는 꽤 화창하지만 하늘에서는 구름떼가 이리저리 몰려 다닌다. 고비사막 언저리에 들어설 무렵에는 난류(亂流) 때문에 기체가 심하게 요동친다. 내내 안전띠를 풀지 못한 채 비행기는 가까스로 시속 650km를 유지하면서 고도 10,000피트를 오르락내리락한다. 그런 속에서

도 기내 점심 한끼는 그럴싸했다. 5cm의 길이로 네모반듯하게 자른 두부
는 어머니의 손맛이 느껴질 정도로 맛깔스러웠다. 전통음식의 국제화가
바로 이런 것이 아니겠는가. 약 2시간 45분 날아서 현지시간 15시 5분에
칭기즈칸 국제공항에 사뿐히 내려앉았다. 전번(2007. 6. 29) OM(몽골항
공) 302편보다 약 30분 앞당긴 셈이다. 울란바토르와 서울 간 시차는 여름
엔 없으나, 겨울엔 서울이 1시간 빠르다. 바깥 기온은 영하 20도를 웃돈다
고 하지만 맑은 날씨에다 바람이 불지 않아서 그런지 별로 추운 느낌이
안 든다.

　그런데 공항을 빠져나오자마자 숨이 막힐 듯 매연이 엄습한다. 시내에
들어서니 길 좌측에 있는 화력발전소 굴뚝에서 뿌연 연기가 타래치며 솟

산중턱에 칭기즈칸 초상이 그려진 울란바토르시

구친다. 이런 발전소가 이곳에 3개나 더 있다고 한다. 우측에 있는 가죽공
장이며 빵공장에서도 연기가 뭉게뭉게 피어난다. 공장은 물론 겨울철 난
방도 모두 연탄으로 해결하기 때문에 어쩔 수 없다는 것이다. 게다가 한
창 공장건설 붐이 일어나고 있다니, 이 맑디맑은 초원에서 매연을 마구 뒤
집어쓸 수밖에 없는 도시의 생태적 운명은 과연 어떻게 될까. 시름이 가
는 대목이다.

　몽골어로 '붉은 영웅'이란 뜻의 울란바토르는 몽골인민공화국의 수도
로서 몽골고원의 중부 헨티산 남쪽 기슭의 톨강가에 자리하고 있다. 고도
1,350m의 초원풍이 짙은 현대도시다. 남북은 산으로 에워싸여 있고 동서
로 흐르는 톨강을 따라 드넓은 초원이 펼쳐져 있다. 전형적인 대륙성기후

에 속한 이곳의 연 평균기온은 영하 2.9도로서 겨울 최저기온이 영하 40도에 육박하며 여름 최고기온은 35도에 달한다. 울란바토르는 몽골의 정치·경제·문화의 심장이다. 공업생산액이 전국 공업 총생산액의 절반 이상을 차지한다니 그 높은 비중을 가히 짐작할 수 있다. 인구는 몽골 전체 인구 280만명의 약 47%에 해당하는 130만명에 이른다고 한다. 그 가운데 70%는 젊은이들이라고 하니 활기찰 법도 한 도시다. 4명 중 한명이 학생일 정도로 향학열도 높은 편이다. 현대화로 치닫는 전통사회의 상례(常例)라고나 할까 이 도시에도 개혁개방의 열풍이 바야흐로 밀려오고는 있지만, 옛 영광을 되찾으려는 의지와 자부도 함께 실감하게 된다.

칭기즈칸호텔에 여장을 푼 다음날 아침, 우선 앞으로 있을 긴 시베리아 여정에 대비한 채비로 칭기즈칸백화점에 들렀다. 이름난 몽골쏘시지며 빵, 김치(한국) 등 먹거리를 구입했다. 상품의 60%는 중국산이고, 30%는 한국산이다. 한국산치고 없는 것이 없다. 그런데 한국산 가운데 60%는 '나쁜 사람'(불법 밀수꾼)들에 의해 거래되는 것이라고 4년간 한국에서 일하다 돌아온 현지 안내원이 귀띔한다.

간단한 쇼핑을 마치고 수하바타르 광장을 찾았다. 광장 한가운데 1946년에 세운 수하바타르 기마동상이 웅비하고 있다. 수하바타르는 1921년 몽골혁명 지도자의 한 사람으로서 1923년 30세의 젊은 나이에 요절한 영웅적 인물이다. 동상의 좌대에는 이런 글귀가 새겨져 있다. "우리 인민이 하나의 방향에서 하나의 의지로 단결하기만 한다면 이 세상에서 우리가 얻지 못할 것이란 하나도 없고, 우리가 알지 못할 것도 없으며, 불가능한 일도 없을 것이다." 가슴 깊이 파고들어 오래도록 잊히지 않는 말이다.

이어 광장에서 남쪽으로 3km쯤 떨어진 자이산 언덕에 자리한 전승기념탑에 올랐다. 영하 20도를 훨씬 넘는 한겨울에, 그것도 살얼음이 깔려

전승기념탑 원형구조물

있는 100개쯤 되는 돌계단을 조심조심 밟고 올라가니 저마다의 입가에 성에가 희부옇게 끼었다. 1971년에 세운 이 기념비 정상의 한가운데는 전통적 몽골등(燈)이 놓여 있으며, 그 주위는 폭 3m에 길이 60m나 되는 둥근 철근콘크리트 벽이 에워싸고 있다. 벽의 외측에는 몽골의 전통문양을 배경으로 소련과 몽골의 각종 훈장과 메달이 돋을새김되어 있으며, 내측에는 두 나라의 우의와 상호원조를 상징하는 모자이크 벽화가 쭉 그려져 있다. 그중에는 일제와 나찌 독일의 깃발을 밟아 찢는 인상적인 장면도 눈에 띈다. 이 기념탑 곁 산정에는 하늘 높이 휘날리는 깃발을 배경으로 하여 한손에 무기를 굳게 잡은 한 병사의 동상이 세워져 있다. 홍미로운 것은 이 기념탑과 나란히 파란 천조각이 나팔거리는 오보가 자리하고 있다는 사실이다. 아마도 이 탑의 수호신 역할을 기대해서일 것이다.

　정상에서 내려다보니 울란바토르시가 한눈에 안겨온다. 시 전체가 자

전승기념탑 원형구조물 내부

욱한 연기 속에 묻혀 있다. 그리고 왼편으로 눈을 돌리니 한국 조계종이 선사한 커다란 금불상이 빛을 발하고 있다. 안내원의 말에 의하면, 몽골에서 가장 큰 불상의 높이가 26m라서 그 이상을 초과할 수 없다는 불문율때문에 저 금불상의 높이는 25m에 그치고 말았다고 한다. 역사에서 보면, 무엇이건 최대 최고가 으뜸이 되는 것만은 아니다. 으뜸은 실속에 있다.

이 기념비에서 좀 떨어진 곳에는 우리의 애국지사 대암(大岩) 이태준(李泰俊) 선생의 기념공원과 묘가 자리하고 있다. 선생은 1883년 경남 함안에서 태어나 1907년 세브란스의학교에 입학해 1911년에 제2회로 졸업한다. 안창호 선생이 만든 '청년학우회'에 가입해 독립운동을 하다가 1912년 중국 난징(南京)으로 망명해 '기독교의원'에서 의사로 활동한다. 그러던 중 김규식 선생의 권유로 몽골 후레로 가서 '동의의국'이라는 병원을 차려 당시 몽골에 유행하던 화류병(花柳病, 성병) 퇴치에 앞장서면서

보그드칸 궁전박물관

몽골 마지막 황제의 주치의가 된다. 그 공로로 1919년 몽골 정부로부터
'에르데닌오치르'라는 최고훈장을 받는다. 그러다가 1921년 2월 일본과
긴밀한 관계에 있던 러시아 백군(白軍)에게 피살된다. 향년 38세의 젊은
나이이다. 1980년 대한민국 정부는 그의 공로를 높이 평가해 대통령표창을
추서했다. 열사의 숭고한 얼은 영생불멸할 것이다.

　다음으로 발길을 옮긴 곳은 보그드칸(Bogd Khan) 궁전박물관이다.
혁명 전에는 제8대 활불(活佛, 1911～1924 재위)의 겨울궁전으로 쓰였던
곳이다. 만청 양식의 영향을 많이 받은 지금의 건물은 1919년에 지은 것
으로서 못 하나 안 쓰고 순전히 나무로 지었다는 특징이 있어 보존가치가
높다. 최근에는 중국측의 원조로 말끔히 복원되어가고 있다. 관내에는 제
8대 활불이 쓰던 생활용품과 티베트 불교의 만다라(曼茶羅)와 불상, 그리
고 독일 황제가 보내온 조류박제품을 비롯해 각국에서 헌납한 각종 동물

박제품이 눈길을 끈다. 많은 그림도 걸려 있는데, 그중 한점이 웃음을 자아낸다. 모임에 지각하는 자에게 벌주로 큰 대야에 담은 마유주를 마시게 한 다음 억지로 토하게 하고는 모임에 참석하도록 하는 해학적인 장면의 그림이다.

　반년 전 울란바토르를 찾았을 때도 여러 박물관과 유적들을 둘러봤다. 세계적으로 유명한 자연사박물관은 깊은 인상을 남겨주었다. 1924년에 개관한 이 박물관에는 각종 광물자원과 동·식물 표본, 그리고 신·구석기류가 전시되어 있다. 특히 고비사막을 비롯한 여러 곳에서 출토된 대형 공룡의 골격 표본은 이 박물관의 백미로서 일찍부터 고생물학계의 이목을 집중시켜왔다. 기괴한 운석이나 공룡알 화석은 신비감마저 자아낸다. 그밖에 1838년 제5대 활불이 세운 간단(Gandan) 사원은 티베트식 불교 사원으로서 작금 민족문화 부흥운동의 상징으로 중시되고 있다. 한때 사

선사시대부터 현대까지의 역사유물이 전시된 민족역사박물관

원으로서의 기능을 상실하였으나 1940년에 회복한 후 1970년에는 사내에
종교대학이 문을 열어 불교진흥에 기여하고 있다. 경내에는 라마교식으
로 오체투지(五體投地)하는 모습도 보인다. 관음당에는 높이 25m의 대형
관음상이 모셔져 있는데, 이 상은 맹인이었던 제8대 활불이 치유를 기원
해 세운 '개안(開眼)관음'이다. 이러한 유적지 말고도 가볼 만한 곳으로는
몽골의 유구한 역사와 문화를 보여주는 민족역사박물관이나 자나바자르
(Zanabazar)미술관 등이 있다. 그리고 근교에는 전통을 체험할 수 있는
공간도 있다.

울란바토르 시내를 거닐다보면, 이 도시가 발달해온 연혁과 현재의 모
습에서 세계 도시사에서 보기 드문 특이한 점들을 발견하게 된다. 원래

도시는 정치적 중심지로서의 도읍이나 상업적 중심지로서의 시장으로부터 싹터서 형성·발달하는 것이 통칙이다. 그러나 울란바토르의 경우는 사정이 다르다. 애초부터 줄곧 이동이 상습화된 유목공간에서 태어난 초원도시로서 정착에 의한 도읍이나 시장으로부터 출발할 수는 없었다. 대신 이 도시의 맹아는 1639년 첫 활불이 헨티산에 이동사원인 게르사원('오르고')을 세운 데서 싹트기 시작했으며, 이때부터 약 140년간 그 부근을 '오르고'라고 불러왔다. 활불이 운영하는 이 이동사원이 번성함에 따라 사람들이 모여들자, 시장이 생겨나고 사람들을 관리할 행정이 필요하게 되었다. 급기야 18세기 초에 이르러서는 게르사원이 점차 정착하게 되었으며, 그것이 정주도시의 단초가 되었다. 이렇게 도시화의 정초(定礎)가 마련되어가다가 드디어 18세기 말엽에 오늘의 울란바토르 동편에 시가가 형성되기 시작했으며, 그곳을 '쿠룬(庫倫)'이라고 불렀다. 그러다가 1924년 몽골인민공화국이 건국되면서 울란바토르로 개명하고 정식 국도로 삼는다. 이렇듯 370년의 역사를 지닌 울란바토르는 세계 도시사에서 하나의 특이한 전범을 만들어냈다. 도시사 중심의 역사연구가 하나의 방법론으로 제시되고 있는 이 시점에서 이것은 시사하는 바가 자못 크다고 하겠다.

이러한 전범과 더불어 오늘날 울란바토르는 전통과 현대를 아우르는 색다른 도시의 면모를 보이고 있어 주목된다. 몽골 친구의 말에 의하면, 현대적 시설을 갖춘 도시의 아파트에 사는 젊은이들은 아파트가 사는 데 편리하기는 하지만 통풍이 되지 않아 숨이 막힐 지경이라고 한다. 그래서 주말은 근교에 사는 부모 집에서 보내고, 여름휴가 때는 조부모가 사는 초원에 가서 보낸다고 한다. 아직까지도 노인들은 탁 트인 초원공간에서 살고 싶어해 밀폐된 아파트를 기피하다보니 울란바토르 인구의 70%는 젊은이들일 수밖에 없다. 도심의 아파트와 근교에 널려 있는 게르, 도시의 정주와 초원의 유목은 분명 전통과 현대의 아우름이다. 우리네 성황당에 맞먹는 오보가 전승기념탑을 지켜주듯 어디를 가나 지천에 깔려 수호신 역할을 하고 있는 것은 전통과 현대의 엄연한 공존이다. 그밖에 일상의 행위나 예의범절, 가치관이나 도덕관 등에서도 이러한 현상은 얼마든지 감지하게 된다.

15
몽골제국의 첫 수도 카라코룸

일행 20명은 다섯대의 미니밴에 나눠 타고 울란바토르를 떠났다. 모두 10만km 이상씩을 달린 허름한 구소련제 차라서 먼 길을 무사히 달릴지 조금은 걱정이 되었다. 이제부터 가야 할 초원과 사막 길은 녹록찮은 비포장길이다. 이른 시간이라서 거리는 한산하다. 가는 길은 초원길이지만 왼편엔 황막한 고비사막이 펼쳐진다. 우리가 탄 2호차 기사 도고는 20대 후반의 건장한 젊은이로 성격도 명랑하다. 내내 속으로 콧노래를 흥얼거리며 그 어려운 길을 헤쳐가면서도 인상 한번 찌푸리는 일이 없다.

시내를 갓 벗어나자 초원을 가르며 북쪽으로 아스라이 뻗어간 두 갈래의 철길이 나타난다. 뻬이징에서 이곳을 지나 모스끄바까지 가는 기찻길이다. 마침 러시아에서 목재를 가득 실은 화물차가 지나간다. 순간 50여 년 전 이 철도가 개통된 지 얼마 되지 않았을 때, 뻬이징-모스끄바행 국제열차를 타고 이곳을 지나던 일이 주마등처럼 뇌리를 스쳐지나간다. 당시

황막한 고비사막

이 길이 열리면서 뻬이징-모스끄바 간 철도 여정은 3일이나 앞당겨지게
되었다. 1958년 이집트 유학을 마치고 돌아올 때 열차로 프라하에서 모스
끄바까지 이틀, 모스끄바에서 뻬이징까지는 동북 만저우리(滿州里)를 에
돌아오기 때문에 열하루가 걸렸다. 그 시절엔 차량과 설비가 비록 노후하
고 허술했지만, 이 철마를 함께 타고 오가는 사람들의 마음만은 따뜻하고
훈훈했다. 서로 잔을 주고받으며 노래도 함께 불렀다. 한 소련(현 러시아)
친구가 뿌슈낀 시집을 선물로 준 일이 지금껏 기억에 생생하다. 여러 인
종을 아우르며 동행하는 국제열차, 그것이야말로 인간이 지향하는 국제
공동체의 한 표본이 아니겠는가.

　　나름대로 정비한데다 새로 맞은 손님에게 솜씨라도 보여주려는 듯, 다

진창에 빠진 게르 운반 트럭을 구출하는 우리네 4호 밴

섯대의 밴은 서로 앞을 다투며 드넓은 초원길을 쏜살같이 질주한다. 오늘
일정은 불간산 기슭의 첸헤르까지 무려 514km에 달하는 먼 거리를 주파
해야 하니 전속력을 낼 수밖에 없다. 근 5시간을 달려 반사막 반초원의 다
신칠렌 벌판에 이르렀다. 울란바토르의 한국식당에서 마련한 도시락으로
점심을 때우고 나서 쉴 참도 없이 길을 재촉한다. 이윽고 질편한 벌판이
나타나더니 게르를 운반하는 트럭 한대가 길을 헛갈린 바람에 그만 진창
에 빠져 허우적거리고 있다. 온가족(5명)이 앞뒤에서 끌고 밀면서 안간힘
을 써보지만 빠진 트럭은 요지부동이다. 게르를 해체한 자재와 가재들이
빼곡히 실려 있다. 우리네 4호차가 로프를 걸어 가까스로 구출해냈다. 어
제 한차례의 소나기가 훑고 지나가서 땅이 온통 진창으로 변했다. 우리네

반사막 반초원의 다신칠렌 벌판

밴은 마른땅을 요리조리 골라가면서 용케도 위기를 모면했다.

트럭에 게르와 가재를 싣고 어디론가 떠나가는 이들은 전형적인 몽골 이동유목민의 일가다. 일반적으로 몽골에서의 유목은 이란이나 터키 같은 서부아시아나 중앙아시아처럼 규칙적인 계절이동이 아니라 불규칙적인 비정형적인 이동이라는 것이 그 특징이다. 이동 원인은 초지를 찾는 것이 주된 원인이나, 때로는 가족이나 가축이 병들어 떠나는 경우도 있다고 한다. 이 경우 라마승이 이동방향이나 장소를 예시하는 것이 관례였다고 한다. 비록 비정형적인 유목이지만, 연평균 이동횟수나 이동거리 및 하영지(下營地)에 따라 몽골의 이동유목을 몇가지 형태로 구분하기도 한다. 데 바자르구르 등 학자들의 최근 연구(1989)에 의하면, 유목형태를 크게는 산악형과 평원형으로 나누되, 세부적으로는 동영지와 하영지가 구별되는 항가이-헨티형, 알타이형, 고비형, 중부 및 동부 초원형 등 네가지

로 나뉜다. 요컨대, 몽골의 유목은 계절이나 목장 형편에 따라 매우 유동
적이다.

오후 4시경, 나지막한 언덕을 넘자 드디어 '하라허린(哈剌和林)'이란 이
정표가 나타난다. 저 멀리 푸른 주단에 백옥을 일렬로 상감하듯 촘촘히
박혀 있는 백탑들이 시야에 들어온다. 그 속에 화려한 에르데니 조
(Erdeni Dzo) 사원의 기와지붕이 저물어가는 초원의 보랏빛 하늘을 배경
으로 한폭의 파노라마를 연출한다. 여기가 바로 일세를 풍미하며 세인의
이목을 집중시키고, 서방나라들이 앞다투어 사신을 파견하고, 세계 곳곳
에서 상품과 대상(隊商)이 폭주하던 몽골제국의 첫 수도 카라코룸
(Kharakorum)이다. 지금 눈앞에 펼쳐진 이 유구(遺構)와 잔해들은 이 고
도가 사라진 이후 만들어진 구조물들로서 그 자체가 고적의 흔적은 아니
다. 아직도 논란의 여지는 있지만, 이곳이 몽골제국의 첫 수도였다는 것
이 밝혀지기까지는 숱한 연구와 논쟁, 심지어 오인을 시정하는 과정을 거
쳤다.

사실 카라코룸에 관해서는 『원사(元史)』를 비롯해 주와이니(Juwaini)
의 『세계 정복자의 역사』, 까르삐니(G. Carpini)의 『몽골인들의 역사』, 뤼
브뤼끼(G. Rubruquis)의 『여행기』, 마르꼬 뽈로(Marco Polo)의 『동방견
문록』, 라시둣 딘(Rashīdu'd Dn)의 『집사』 등 여러 사서에 단편적이기는
하지만 적잖은 기록이 남아 있다. 그러나 그 기록에 대한 해석을 둘러싸
고는 갑론을박 이론(異論)이 분분하다. 일찍이 프랑스의 동양학자 레뮤즈
는 카라코룸 역사지리 연구의 선구자로서 『당서(唐書)』에 근거해 위치를
추정하기는 했지만, 그만 오르혼강 상류에 있었던 위구르제국의 수도 카
라발가순(Kharabalgasun)과 혼동했다. 그의 연구와 이슬람 관련 사료를
꼼꼼히 검토한 사학자 도슨(Christopher H. Dawson)도 오고타이(窩濶

에르데니 조 사원 바깥 카라코룸 고지

台, 우구데이)가 오르혼강변에 궁전을 지었다는 사실만 밝혀냈을 뿐, 구체적인 위치 확인에는 실패했다.

그러다가 19세기 말부터 20세기 초에 이르는 동안 러시아 학자들의 연구와 현장발굴에 의해 진상이 서서히 드러나기 시작한다. 그들은 몽골연대기 등 문헌에 의해 그 위치를 오르혼강 상류의 우안, 캉가이(杭海, Khangai)산 남쪽 기슭에 자리한 에르데니 조 사원 일대에 비정했다. 그러나 문헌기록에 의한 추정만으로는 불충분하다. 모든 유물에 대한 확증은 기록과 물증이 물합(勿合)될 때만이 비로소 인정되는 법이다. 다행히 카라코룸의 위치를 확인할 수 있는 물증이 몇군데서 발견되었다. 에르데니 조 사원을 지을 때 인근에 있는 무너진 카라코룸 성채의 석재를 가져다가

썼는데, 방치된 일부 석재 중에서 카라코룸과 관련된 비문이 발견되었다. 러시아의 두 학자는 각각 한문이 첨부된 몽골어 비문조각 2개와 3개를 수습했는데, 신통히도 동류(同類)의 조각들이다. 알고 보니 흥원각비(興元閣碑)의 잔해다. 이 잔해의 해석은 프랑스의 탁월한 동양학자 뻴리오(P. Pelliot)가 담당했다. 그가 원대의 문필가 유임(有壬)이 찬술한 「칙사흥원각비(勅賜興元閣碑)」의 비문 일부라는 것과 이 비는 원래 카라코룸 궁전 안에 세워졌던 비라는 것을 확인함으로써 사원의 건축과 고도 간의 관련이 밝혀졌다.

이러한 연구성과에 바탕해 1948~1949년 사이에 러시아 조사단은 도시의 유적 일부에 대한 발굴작업을 진행했다. 특히 오고타이 궁전 유지에 대한 발굴작업의 결과는 뤼브뤼끼 등 방문자들의 기록과 정확히 부합되었다. 이로써 이 고도의 위치는 최종적으로 낙점을 보게 된 셈이다. 이처럼 문헌기록과 출토유물, 그리고 서방 방문자들의 여행기록 등에 의해 이 몽골제국의 첫 수도의 모습은 드디어 비교적 완벽하게 드러났다. 원래 이곳 이름은 몽골어로 '검은 자갈밭'을 뜻하는 '카라코룸'이었으나, 지금은 현지발음으로 '하라허린'이라고 한다. 중국 문헌에는 '객라화림(喀喇和林)' 또는 그저 '화림(和林)'으로 나온다.

그렇다면 이 고도는 언제 어떻게 건설되었으며, 그 면모는 과연 어떠했을까? 원래 칭기즈칸 시대의 제국 중심은 케룰렌(Kerulen)강 상류였지만 거기서 더 서쪽의 오르혼강가 카라코룸에 수도를 정한 것은 그의 둘째아들이자 제2대 대칸인 오고타이 치세 때(1229~1241)다. 『원사』에 의하면, 1235년 봄 오고타이는 오늘날의 하라허린 부근에 있는 '달란다비스(일흔 고개)'에서 소집한 '쿠릴타이'(khuriltai, 족장회의)에서 이곳을 제국의 수도로 선포하고 건설공사를 시작해 불과 1년 만에 '만안궁(萬安宮)'이란 궁전을 지었다고 한다. 그래서 이것이 통설로 되었다. 그러나 '홍원각비'에는 칭기즈칸 15년, 즉 경신년(庚辰年, 1220)에 도읍을 화림에 정했다는 기록이 있어, 뻴리오 등 일부 학자들은 이를 근거로 1220년 칭기즈칸 건설설을 주장하기도 한다. 그러나 대부분의 학자들은 칭기즈칸 당시는 군사 근거지로서의 본영쯤은 될 수 있었으나 도읍은 아니었다고 반박한다. 오고타이는 금나라를 정복하고 개선한 후 위세를 과시하기 위해 북중국이나 이슬람세계를 정복했을 때 데리고 온 공장(工匠)들에게 궁전을 짓게 하여 정식으로 이곳을 도읍으로 삼았으며 궁전에 부속된 상공업 지역을 설치했다. 대칸은 또한 왕자들과 귀족들에게도 주변에 높은 건물을 짓도록 했다.

이때부터 카라코룸은 제국의 수도로서의 웅장한 면모를 갖추기 시작한다. 초원도시로서 생존을 위해서는 물자공급이 절실했다. 이를 위해서는 교통수단으로서의 역참(驛站)이 필요했다. 카라코룸으로부터 각 정복지 사이에는 조밀한 역참망이 구축되었다. 특히 인접한 부국(富國) 중국 내지까지는 37개의 역참을 두어 교통을 원활하게 함으로써 매일 각지로부터 식량과 술을 만재한 500대의 차량이 입성한다. 기록이나 유적으로 미루어보면, 카라코룸은 대칸의 궁전과 궁성, 행정관리와 상공업자들의 거주구역, 그리고 온 도시를 에워싼 성채로 구성되어 있다. 대칸 오고타이는 화려한 인공 궁전에서 사는 것이 아니라, 1년의 대부분은 초원의 게르에서 여전히 유목민 생활을 즐겼다고 한다. 이 점에서는 3대 귀위크칸이나 4대 몽케칸도 마찬가지였다. 오고타이는 계절마다 행궁 게르를 바꿔가면서 정사를 봤다고 한다.

몽케 치세의 말년까지 3대에 거쳐 약 24년간(1235~1259) 몽골제국의 수도였던 카라코룸의 면모에 관해서는 여러 방문기록들이 전해주고 있지만, 1254년에 이곳을 방문한 프란체스꼬 수도사 기욤 뤼브뤼끼의 기록이

가장 구체적이고도 생생하다. 남쪽을 향해 중국식으로 지은 만안궁의 입구를 화려하게 장식한 은제 나뭇가지와 사자의 입에서는 말젖과 포도주·마유주·봉밀주·미주(米酒) 등 음료가 줄줄이 흘러내리고, 전내에는 기둥이 두줄로 맞서 있으며, 맨 북쪽 대상(臺上)에 왕좌가 있다. 중앙 공간에는 헌주(獻酒)하는 대신들과 선물을 가져온 사신들이 대기하고 있다. 칸은 신처럼 정좌하고 있으며 그의 우측에는 남자들이, 좌측에는 여자들이 자리하고 있다. 황후 중 한명만이 칸과 배석하고 있다. 그리고 4개의 성문이 달린 도시는 귀족관리와 무슬림(페르시아인이나 위구르인 등), 중국인들이 사는 3개 지역으로 나뉘는데, 무슬림 지역은 주로 상업구다. 성내에는 우상숭배(불교) 사원 12개소와 이슬람 마스지드(모스크) 2개소, 교회당 1개소가 있다. 이처럼 다양하고 상이한 민족과 종교가 공존한 사실은 몽골제국이 지향한 다원주의와 통합의 일단을 보여준다.

국세의 승승장구에 편승해 일시 영화를 누렸던 이 초원도시는 단명일 수밖에 없었다. 에르데니 조 사원의 북쪽에 자리한 이 도시의 규모는 남북 150m에 동서 1,000m에 불과하며, 잔해라고는 만안궁 터에서 비신을 받치고 누워 있었을 법한 귀부(龜趺, 돌거북) 한 기뿐이다. 몽케가 죽자 그의 두 동생인 쿠빌라이와 아리크부카 간에 치열한 계위다툼이 벌어져 결국 쿠빌라이가 승리하면서 수도를 대도(大都, 뻬이징)로 옮기자 카라코룸은 서서히 역사의 뒤안길로 사라진다. 급기야 14세기 후반 원나라의 붕괴와 더불어 일세의 영화를 누렸던 이 고도는 지상에서 영영 그 자취를 감추고 만다. 역사의 무상함이다.

16
몽골의 라마교

2007년 6월 30일, 몽골제국의 첫 수도 카라코룸(현 하라허린)의 옛 터에서 보낸 시간은 비록 한나절이 채 안되지만 실로 뜻깊은 한때였다. 일세를 풍미하던 현장에서 칭기즈칸 후예들이 비상하던 그 경천동지(驚天動地)의 기세를 조금이나마 음미할 수 있었다는 것은 역사의 현장에서 무언가를 찾아 배우려는 사람들에게는 커다란 행운이 아닐 수 없다. 더욱이 유언무언으로 그 현장을 증언하는 에르데니 조 사원은 특별한 의미로 다가왔다.

사실 몽골을 찾을 때마다 관심을 갖고 지켜보는 것은 불교의 몽골 전파다. 불교의 몽골 전파야말로 종교 전파사에서 특이한 하나의 전범을 보여주기 때문이다. 아직껏 연구가 미급한 종교 전파의 초전(初傳, 혹은 私傳)과 공전(公傳, 혹은 公許) 문제, 접변(接變) 문제 등 종교 전파의 근본문제가 일찍이 여기 몽골땅에서 그 실마리를 풀어놓았던 것이다. 특히 근간에 와서 속칭 라마교라 불리는 티베트불교가 그 독특한 수행법과 포교법으로 인해 지금까지의 전통적 불교분류법을 밑뿌리째 뒤흔들고 있는 사정을 감안할 때, 이른바 장전불교(藏傳佛敎, 티베트에서 전래된 불교)라는 라마교에 대한 재인식은 절실하다 하겠다.

인도에서 출현해 세계 각지로 뻗어간 불교를 크게 작은 수레와 큰 수레로 대변하는 소승(小乘, 남방불교, 히나야나)과 대승(大乘, 북방불교, 마하야나)으로 나누며, 라마교는 대승계통의 한 밀교 분파쯤으로 여기는 것이 지금까지의 통념이다. 그러나 최근 들어 티베트불교에 관한 연구가 심화되면서 불교에 소승·대승과 더불어 라마교로 대표되는 금강승(金剛乘, 바즈라야나 혹은 탄트릭 부디즘)이라는 제3의 계통이 설정되어야 한다는 주장이 강하게 제기되고 있으며, 대체로 그 주장이 긍정되는 추세를 보이고 있다. 이러한 상황에서 장전불교로서 티베트불교와 한 맥을 이루는 몽골불교의 어제와 오늘을 현장에서 살펴보는 것은 시의적절하고 유의미한 일이라 하지 않을 수 없다.

그런데 몽골불교는 장전불교인만큼 심층적 탐색을 위해서는 그 원류인 티베트불교를 찾아보고 전파과정이나 전파중에 일어난 접변 같은 것을 비교검토해보는 작업이 필수일 것이다. 그래서 이 글을 엮기에 앞서 지난 (2009년) 5월 10일부터 8일간 티베트 현지를 찾아갔다. 먼저 라싸에서 달라이라마의 겨울궁전인 포탈라(Potala)궁과 여름궁전인 노블링카(Norbulingka)궁, 송첸캄포(松贊干布) 왕이 네팔과 당에서 시집온 공주들을 위해 세운 티베트 최초의 사원 조캉(Jokhang) 사원을 둘러보고, 장체에서 백색 쿰붐(塔爾寺) 사원, 티베트 제2도시인 시가체에서 판첸라마의 본찰인 타슈룬포(Tashi Lhunpo) 사원 등을 두루 돌아봤다. 역시 몽골 라마교의 본향답게 규모면에서 비교가 안될 정도로 엄청나게 클 뿐만 아니

에르데니 조 사원 입구(서문)와 사원 외경

라, 오랜 역사만큼이나 내용이 다양하고 심원하며 형식에서도 민족적 특
색을 나타내고 있다. 그렇지만 본질에서는 그것이 그것이어서 여러가지
공통점과 공유성을 발견하게 되었다. 이러한 현장체험은 몽골불교-라마
교를 재량(裁量)하는 데 큰 지침이 되었다.

흔히들 티베트불교나 몽골불교를 통틀어 '라마교(喇嘛敎)'라고 하는데,
사실 이 말은 국적불명의 용어다. '라마'는 산스크리트어로 '구루', 즉 스
승을 일컫는 단어로서 원래는 티베트 승려 중에서 전생을 기억할 정도의
뛰어난 수행력을 가진 대덕고승에 대한 존칭으로서 일반 승려들에게는
해당되지 않는 지칭이다. 가령 '달라이라마'에서 '달라이'는 몽골어로
'큰 바다'라는 뜻이며, '라마'는 대덕고승 즉 '대사(大師)'를 가리키니,

'달라이라마'는 '바다같이 큰 지혜를 가진 대사'란 의미다. 따라서 엄밀하게 말하면, '라마승'은 있어도 '라마교'는 없다. 그럼에도 언제부터인가 누군가에 의해 잘못된 말 '라마교'가 쓰이기 시작한 후 인구에 회자되면서 관행으로 굳어져버린 것이다. 이렇게 역사에는 왕왕 어불성설이라도 관행으로 굳어져버리면 정설로 둔갑하는 경우가 다반사다.

아무튼 관행으로 굳어져버렸다손 치고 티베트에서 몽골로 전래한 밀종불교, 즉 장전불교를 일단 라마교로 명명하자. 그렇다면 이 불교가 언제 들어왔는가 하는 문제가 제기된다. 일반적으로 16세기 후반에 들어온 것으로 알려져 있다. 즉 1575년 남몽골의 알탄칸이 티베트불교의 겔루크파(黃敎, 黃帽派)에 속한 고승 소남갸초(Sonam Gyatso)에게 달라이라마라는 칭호를 수여하고, 그 자신이 이 파 불교를 신봉하며 시주가 될 것을 선언한다. 그후 10년이 지난 1585년 북몽골 할흐 지방의 압타이사인칸이 옛 몽골제국의 수도였던 카라코룸에 티베트불교의 싸갸파(花敎) 고승을 초청해 에르데니 조 사원을 건립한다. 그래서 이 두가지 불사(佛事)를 라마교의 몽골 전파 시점으로 보는 것이다. 그렇다면 과연 그러했을까?

여기에는 종교 전파에서 제기되는 한 근본문제가 도사리고 있다. 몽골의 경우도 예외가 아니라서 한번 짚어봐야 할 것 같다. 불교나 기독교, 이슬람교 같은 보편종교에서는 지연이나 혈연구조에 입지한 자연종교와는 달리 자신뿐만 아니라 타인의 종교적 이상까지도 추구하려는 노력, 즉 포교나 전도(미션)를 통한 전파가 맹렬히 그리고 간단없이 진행된다. 이와 같은 종교 전파는 자연적으로 전달과 변용(變容)의 과정을 거치는바, 타지에 대한 한 종교의 전래 시원(기점)은 으레 초전(初傳)단계인 전달에서 찾아야 하며 초단계적으로 변용을 그 시원으로 간주할 수는 없다. 그런데 이러한 초전단계에서는 왕왕 이질적인 토착신앙(종교)으로부터의 저항이 있기 때문에 전파는 비밀리에 잠행적으로 진행될 수밖에 없다. 따라서 초전과정을 구체적으로 명백히 추적한다는 것은 매우 어려우며, 때로는 거의 불가능하게 된다. 그 결과 초전(전달)활동은 무시된 채 기록, 그것도 공전을 기준으로 한 공식기록에만 의존해 판단하는 오류를 범하게 된다. 몽골에서의 불교 초전과정이나 우리나라 삼국시대 불교의 초전과정은 유사한 경우로서 이러한 모순점을 여실히 보여주고 있다.

몽골의 경우, 라마교는 초전단계에서 토착 전통신앙인 샤머니즘과 여러면에서 맞부딪히면서 진퇴를 거듭한다. 급기야 대권자인 칸들의 공인·공허에 의해 전통신앙을 근본적으로 뒤바꾸는 변용단계에 이르러 라마교는 국교로서 공식화된다. 공허에 앞서 진행된 초전 사실을 여러 사료에서 찾아볼 수 있다. 이러한 사료에 대해 일부 논자들은 그저 '불교와 관련된 최초의 언급'이라는 등 '불교와의 최초 접촉'이라는 등의 표현을 쓰지만, 그것이 초전(사전) 현상이라는 것까지는 갈파하지 못하고 있다.

과문으로는 몽골 관련 문헌 중에서 최초로 불교와 관련된 기사는 『몽골비사』에 보인다. 이 기사에 따르면 티베트 계통의 탕구트족이 세운 서하(西夏)가 1227년 몽골에 항복하면서 마지막 군주인 이현(李睍)이 칭기즈칸에게 보낸 공물 가운데 수메스라는 이름의 진귀품이 포함되어 있는데, 그것이 바로 불상이다. '수메스'는 후일 몽골인들이 불교를 정식으로 수용하면서부터 불교 사찰을 뜻하는 '숨'으로 와전된다. 13세기 중엽 뤼브뤼끼를 비롯한 서방 선교사들이나 사신들이 수도 카라코룸을 방문하고 남긴 여러 여행기에 따르면, 당시 이곳에는 불찰이 12개소나 있었으며, 사원 안에선 밀종의 육자대명왕진언(六字大明王眞言)으로 알려진 '옴마니반메훔'을 주송(呪誦)하는 소리가 들렸다고 한다. 『원사』에도 헌종 때 해운(海雲)화상이 불사를 주관하고, 카슈미르 출신의 불승 나마(那摩, 나모)

❶❷
❸❹

❶ 에르데니 조 사원 한가운데 있는 백색 사리탑(소보르간 탑)과 오보
❷ 에르데니 조 사원의 동사(東寺)
❸ 에르데니 조 사원의 중앙사
❹ 에르데니 조 사원의 서사(西寺)

칭기즈칸 서정군이 사용했다는 대형 무쇠솥

를 국사로 모셨다는 기록이 나온다. 카라코룸을 수도로 정한 오고타이칸
의 아들 커턴은 티베트를 진공할 때 영입한 싸갸파의 지도자 사카판디타
에 의해 불교로 귀의했다고도 전한다.

　이러한 일련의 사실은 16세기에 이르러 몽골이 라마교를 국교로 공식
받아들이기 전 300～400년 동안의 초전단계에 여러 경로를 통해 라마교
가 스며들었다는 것을 말해준다. 이러한 초전단계가 있었기에 비로소 전
통적 신앙이 버려지고 대신 새로운 종교신앙-불교가 자리하는 사회적 대
변용이 일어나게 되었던 것이다. 그러한 변용은 대대적인 불사의 건설과
전생(轉生)에 의해 종교의 최고통수권이 보장되는 활불제(活佛制)의 도입
에서 집중적으로 나타난다. 할흐 몽골(외몽골)에서 라마교에 귀의한 압타
이사인칸은 1586년 몽골에서 가장 오래되고 가장 규모가 큰 라마교 사원
인 에르데니 조 사원('보석과 같이 귀중한 사원'이란 뜻)을 바로 이곳 카

라코룸에 세웠다. 이 사원은 부지면적 0.16km²(400m×400m) 위에 세워진 하나의 대규모 가람군으로서 모두 18개의 가람과 그 부속건물이 빼곡히 들어서 있으며, 그 건축연대는 일치하지 않는다.

서문으로 들어가면 왼쪽에 가람군이 눈에 띄는데, 그 한가운데 흰색 사리탑(소보르간 탑)이 우뚝 솟아 있다. 이 탑 왼쪽에는 이른바 3사(寺, 고르반 조)라고 하는 중국 양식의 가람 3동이 가지런히 배치되어 있다. 한가운데의 중앙사는 1585~87년 사이에 지어진 건물로 가람군 중 가장 오래된 건물이다. 그 왼쪽과 오른쪽엔 각각 17세기 초엽에 세운 서사(西寺)와 동사(東寺)가 자리하고 있다. 소보르간 백탑의 오른쪽에는 18세기 초에 티베트 양식으로 지어진 라프란 사원이 있는데, 이 사원은 승려들의 수행장소 역할을 한다. 3사를 비롯한 건물마다에는 귀중한 각종 불상과 불화, 경서 등이 소장되어 있다. 이 가람군 건물들은 인접한 옛 수도 카라코룸의

티베트 라싸에 있는 달라이라마의 겨울궁전인 포탈라궁 외관

궁전이나 사원의 잔해 자재들을 가져다가 지었다는 것이 남아 있는 주춧돌의 문양이나 명문에서 입증된다. 경내에는 칭기즈칸이 이곳을 지나 서진할 때 썼다는 대형 무쇠솥이 덩그러니 놓여 있다. 정사각형의 이 가람군은 20m 간격으로 하나씩, 총 108개의 백색 탑이 마치 푸른 주단 위에 박아놓은 흰 옥처럼 사위를 빙 둘러싸고 있어 에르데니 조 사원의 풍채를 한결 돋보이게 한다. 에르데니 조 사원의 건립을 기점으로 하여 도처에서 라마사원 건설이 꾸준히 진행되어왔다. 울란바토르에서 그 대표적인 건물 몇개소를 발견하게 되는데, 그중에는 1838년 제5대 활불에 의해 세워진 간단 데그친렌 사원과 1919년 제8대 활불이 세운 보그드칸 겨울궁전이 있다. 오늘날 간단 사원은 현대 몽골 라마교 부흥의 본산으로서 세인의

주목을 받고 있다.

몽골인들이 샤머니즘을 포기하고 정통 불교에서 보면 좀 이탈적인 밀종계의 라마교를 받아들인 데는 그럴만한 역사적 배경이 있다. 그것은 자연종교로부터 보편(이상)종교로의 이행이 불가항력적인 사회진화라는 점 말고도, 몽골 특유의 자연환경이나 사회문화 배경과 관련이 있다. 적막과 고독만이 감도는 초원에서 유목민들의 정신에 그나마도 활력을 불어넣을 수 있는 것은 고요함에서 우아함을 청하는 침정담아(沈靜淡雅)의 수행보다는 주술적인 독경이나 장엄한 음악, 현란한 색채 같은 극적이고 신비적인 동적 자극일 것이다. 이 모든 것을 추구하는 것이 밀종일진대, 그것이 바로 구태신앙에서 벗어나려는 몽골인들에게는 매력적일 수밖에 없다. 이와 더불어 라마교는 출가승이라도 가족과의 유대를 유지하게 하고, 육식을 부정하지 않음으로써 유목사회의 유지를 가능케 하는 등 사회문화적 측면에서도 몽골인들의 일상에 부합되는 신앙인 것이다. 비록 이런 속에서 오늘로 이어져왔지만, 전통과 현대의 갈등과 괴리라는 시대성을 어떻게 극복할 것인가는 몽골 라마교가 직면한 난제가 아닐 수 없다.

17

칭기즈칸의 서정(西征)길을 따라

해가 서산에 기울자 그렇지 않아도 조금은 을씨년스럽던 하라허린(카라코룸)의 하늘이 잔뜩 먹구름으로 뒤덮이기 시작하면서 난데없이 바람이 윙윙거리며 뿌연 모래먼지가 차창을 가린다. 운전기사들의 얼굴에는 근심기가 서린다. 목적지 체체르레크(Tsetserleg)까지는 120km를 더 가야 하는데, 어두운 밤길에 달빛이나 별빛이 구름에 가려진다는 것은 치명적이기 때문이다.

먼 길을 달려온데다가 이 고도의 옛터를 구석구석 살펴보느라 다들 맥도 빠졌거니와 시장기가 들었다. 근교의 깔끔한 게르 식당에 안내되어 쇠고기덮밥으로 허기를 채웠다. 심신이 나른해진 일행에게 활력을 불어넣기 위해 '화림(和林)' 이야기를 꺼냈다. 이 고도의 한자 이름은 음사로서 '화림'인데, 뜻을 풀이하면 '평화의 숲'이라고 운을 뗐다. 맞거나 말거나 엉뚱한 풀이다. 마유주 한잔씩을 치켜들고 '화!'에 '림!'으로 화답하면서 건배를 들었다. 다들 얼굴에 활기가 내비친다. 일단 야행을 앞둔 기분전환에는 성공한 셈이다.

녹록찮은 초원길이다. 우리가 에르데니 조 사원에서 본 대형 무쇠솥이 칭기즈칸이 이끈 서정군(西征軍)이 쓰던 것이라고 하니, 서정군은 분명 이곳에서 출발했거나 이곳을 지나갔을 것이다. 그래서 일행은 이제부터 1,700여 년 전 칭기즈칸이 서정에 올랐던 그 길을 비록 오롯하지는 않지만 더듬더듬 찾아가는 것이다. 그 길에 찍혀진 발자국과 길 위에 남겨진 유적·유물들은 서정이란 장거에 관해 유언무언으로 증언할 것이다. 그 증언을 현장에서 확인하고파 이렇게 불원천리 찾아온 것이다.

어둠이 짙게 깔리기 시작한 밤 8시, 일행에게 칭기즈칸의 서정길에 관해 간단하게 브리핑을 하고 길을 떠났다. 초원엔 길이 없다. 지나간 자국이 곧 길이다. 밤이면 더더욱 그러하다. 유일한 물표(物標)는 달이나 별이다. 그런데 그 물표가 짙은 구름에 완전히 가렸으니, 초원은 문자 그대로 칠칠흑야다. 길 아닌 길을 가다보니 밴은 상하좌우 무법으로 요동친다. 엎친 데 덮친 격으로 우리네 밴은 두번이나 타이어가 펑크났다. 몇번이고 기사들은 차를 멈춰세우고 구수회의를 한다. 이 길을 자주 오갔다는 노련한 기사들도 도무지 얼떨떨한 모양이다. 통상 3시간이면 족히 닿을 그 목적지는 여섯시간이 훨씬 넘어도 나타나지 않는다. 오리무중이다. 할 수 없이 차를 멈춰세우고 노숙할 수밖에 없다는 생각이 든다. 사실 야밤에 초원이나 사막에서 길을 잃었을 경우에는 허둥대지 말고 제자리에 딱 붙어서 날이 밝기를 기다리는 것이 하나의 수칙이다.

수칙대로 할 것을 결심하고 눈을 지그시 감고 있노라니, 문득 몽골군이 서정할 때 일어났다는 한토막 전설이 요행을 예고나 한 듯 기억에 떠오른다. 어느날 한 분견대가 그만 사막에서 길을 잃고 아사지경에 처한다. '노마식도(老馬識道)', 즉 '늙은 말은 길을 안다'라는 속담을 믿고 늙은 말 한 필의 고삐를 풀어놓았다. 말은 몇바퀴 주위를 돌다가 무엇을 알아냈는지 곧장 서북 방향으로 뛰어간다. 따라가보니 푸른 호수가 나타나 그제야 물을 실컷 마시고 기사회생한다. 호숫가에 나와보니 우거진 숲속에 몇채의 게르가 보인다. 한 게르에 찾아가 사정을 말하니 노부가 아이락(마유주)을 건네준다. 그런데 그 맛이 방금 전 호수에서 마신 물맛과 신통히도 꼭 같다. 이것이 호수가 젖이 되어 서정군을 구출했다는 '아이락 전설'이다. 전설은 현실 그 자체는 아니지만, 현실에 대한 기대를 넌지시 암시한다. 그래서 인간은 자고로 기대되는 전설을 곱씹어가면서 위안 같은 것을 얻고자 한다.

다들 포기하고 눈을 붙일 채비를 하고 있는데, 정막 속 어디선가 개 짖는 소리가 들려온다. 귀가 솔깃했다. 순간 그쪽에서 섬광이 번뜩인다. 기사들 중 연장자인 4호차의 진네가 어느새 개 짖는 곳을 알아내고 찾아가 우리들에게 신호를 보내온 것이다. 함께 달려가니 두채의 게르에서 두 아주머니가 기지개를 켜며 우리 앞에 나타난다. 한 사람은 짖는 개를 달래고, 다른 한 사람은 갈 길을 알려준다. 새벽의 단잠에서 깨어났으련만, 그렇게 스스럼없이 마치 지인을 만난 듯 친절하다. 덕분에 한시간 남짓 더 달려 드디어 새벽 3시경에 체체르레크에 도착했다. 첫날 여행치고는 꽤 벅차다. 19시간 동안 514km를 주파했으니 말이다.

우리가 답사의 첫날 밤 여장을 푼 곳은 유명한 첸헤르 온천휴양지의 게르다. 6월 그믐인데도 게르 안은 한기가 감돈다. 난로에 장작을 피워놓고서야 안온한 잠을 청할 수가 있었다. 네시간도 채 못 자고 기상했지만 간밤의 초조와 피곤은 가뭇없이 사라지고 다들 활기에 차 있다. 이곳은 온천야영소로서 20여채의 게르가 목책(木柵) 속에 다닥다닥 붙어 있다. 사

위는 짙푸른 주단을 깔아놓은 듯 목초로 뒤덮인 언덕과 야산으로 에워싸여 있다. 어느새 말과 양들이 한가로이 풀을 뜯고 있다. 야영소의 한 모퉁이에 마련된 공동식당은 40~50평의 넓은 공간인데 게르식이다. 어떻게 이렇게 큰 게르를 지을 수 있을까. 게르에서 첫날 밤을 보내고, 앞으로도 여러 밤을 그렇게 해야 하는 일행, 특히 초행자들에게는 게르 생활이 신기하기만 하다. 그래서 삼삼오오 모여앉아 게르 이야기로 꽃을 피운다.

원래 인간의 의식주는 자연환경과 밀접한 관계가 있으며, 그 영향이 절대적이다. 몽골과 같은 유목사회에서 생계의 기본수단은 목축이며, 목축은 자연환경의 영향을 그 어느 경제형태보다도 많이 받기 때문에 유목민들의 의식주는 그 내용이나 형태에서 이동적인 목축경제를 그대로 반영

첸헤르 온천휴양지의 온천수 수조

하고 있다. 거주에서 그런 사실이 뚜렷이 나타나고 있다. 원래 고대 몽골에는 고정된 가옥과 분해해서 운반할 수 있는 텐트식 가옥의 두가지 형태가 있었으나 지금은 텐트식 가옥 한종뿐이다. 그런데 이 가옥형식도 역사발전에 따라 그 면모를 달리해왔다.

몽골제국 이전에는 적으로부터의 방어를 위해 수백 가구가 서로 어울려 사는 쿠리엔식 텐트 가옥이었으나, 제국 이후에는 방어의 필요성이 없어진데다가 목축생산의 효율성을 높이기 위해 분산 거주하는 아일식 텐트 가옥(보통 2~5가옥)이 성행하기 시작해 오늘까지 이어지고 있다. 아일식의 경우 가장 오른쪽 게르는 연장자의 것이고 가장 왼쪽 게르는 창고 등으로 쓰인다. 칸이 거주하는 오르도(게르의 높임말)의 오른쪽으론 누구도 지나갈 수 없다. 겨울이나 봄엔 매서운 북서풍이 불기 때문에 문은 항상 남쪽으로 낸다. 게르의 재료는 나무와 펠트인데, '게르의 뼈대'라고 하는 나무재료는 둥근 천창과 천장의 서까래, 벽, 문틀 등에 쓰인다. 천창은 느릅나무 같은 단단한 나무로 만들어 서까래와 연결시키고, 벽은 주로 버드나무를 엇갈리게 엮어 접었다 폈다 할 수 있는 신축성을 갖고 있어 계절에 따라 게르 전체의 높이와 너비를 조절한다. 게르의 외벽은 보통 5~6짝의 펠트로 덮는데 여름에는 한겹으로, 겨울에는 두겹으로 한다. 펠트가 드리운 문을 출입할 때는 문의 바른쪽을 들어올리고 출입한다.

게르에는 엄격한 내부질서가 있다. 지을 때는 맨 먼저 화로를 설치한다. 아버지의 재산을 상속하고 가신제(家神祭)를 떠맡게 될 막내아들을 '화로를 지키는 아들', 즉 '가계를 지키는 아들'이라 부른다. 게르 안의 북서쪽은 신성한 장소로서 거기에 불단(佛壇)이나 우상을 모시며, 출입문에서 왼쪽은 남자 자리고 오른쪽은 여자 자리다. 가재도구의 배치도 이 원칙에 따른다. 남자 자리에 마구나 무기 등을, 여자 자리에 조리기구나 유제품 제조도구 등을 놓는다. 손님은 활과 화살 등 무기류를 휴대하고 게르 안에 들어갈 수 없다. 게르 입구에 빨간 천조각이 장식되어 있으면 출산을 의미하고, 한낮에도 천창이 덮여 있으면 상사가 있다는 것을 나타내며, 이럴 경우엔 출입을 삼간다. 뒷간은 숲이 무성한 곳이나 움푹한 곳을 택하며 배설물은 대부분 개가 처리한다. 뒷간 간다는 말을 몽골어로 남자는 '말 보러 간다' 여자는 '말젖 짜러 간다'고 표현한다.

게르는 몽골인들의 우주관을 집약하고 있다. 임신부가 진통을 시작하면 긴 실 한타래를 화로 부근에서 기둥에 감아 천창 밖으로 내어 묶는다. 이것은 인간의 생명은 하늘이 내려준다는 신앙에 바탕한 관습이다. 게르의 나무기둥은 우주목(宇宙木, 생명의 나무, The tree of life)으로서 샤먼이나 영혼이 그것을 타고 하늘로 올라간다고 믿는다. 그리고 그들은 게르를 해시계로도 이용한다. 천창을 통해 들어오는 햇빛이 닿는 곳을 보고 시간

초원의 게르. 게르는 몽골인들의 우주관을 반영한다

을 헤아린다.

　게르 식당에서 아침식사를 마치고 주변을 한바퀴 산책했다. 따사로운 아침햇살에 피어나는 푸르름의 내음은 싱그럽기만 하다. 그 속에서 유난히 눈에 띄는 것은 첸헤르 온천에서 끌어온 온천수를 저장하는 수조(水槽)다. 노천수조다보니 수온은 자연수온으로 내려갔지만 거울처럼 맑으며, 광물질 냄새가 약간 풍긴다. 만져보니 미끌거린다. 이 물을 걸러서 식수로 쓰기도 하고 가열해서 욕조로 보내기도 한다. 이 온천수는 약 5리 밖에 있는 첸헤르 온천에서 관을 통해 끌어온다. 사실 몽골에는 40~50도에 달하는 온천이 적잖게 있다. 동북부의 헨티산맥에서 발원하는 오논강변에는 20개소의 온천이 있는데, 그중 가장 유명한 것이 노욘할롱 온천이다.

유목민들은 겨울철이 되어 산지의 소택이 얼어붙으면 온천을 찾아 떠난
다. 얼어붙지 않는 온천은 치료에 효용이 있을 뿐만 아니라, 그들의 음료
수원이 되기도 한다. 온천수에 버터를 섞어 마시기도 한다.

　그런데 신비로운 것은 이 첸헤르 온천이 저 멀리 아스라이 보이는 보르
칸산 기슭에 자리하고 있다는 점이다. 보르칸산, 그것은 밝음을 주는 마
음속의 성산이다. 『몽골비사』의 첫 구절은 이런 말로 시작한다.

　칭기즈칸의 근원은 이미 하늘에서 정해준 운명을 가지고 태어난 잿
빛 반점을 지닌 늑대이다. 그의 부인은 황금색 털을 지닌 암사슴이다.
이들은 텡기스호를 건너 오난하의 상류에 있는 성스러운 보르칸산에

거주지를 정했다.

이렇게 천손(天孫)을 자부하는 몽골계 민족들은 하늘의 밝은 빛을 받아 무궁토록 번영하는 곳이 바로 보르칸산이라고 믿고 있다. 그들에게 이 성산은 고정된 산이 아니라 마음속에 살아있는 믿음의 산이며, 하늘의 빛이 이르는 곳을 따라 이동하는 자유로운 산이다. 이동을 숙명으로 삼는 유목민들에게는 희망의 안식처이기도 하다. 그래서 그들 모두는, 특히 대칸들은 보르칸산을 자기 주변에 두고 싶어하며, 주변의 어느 한 산을 보르칸산으로 정해놓고는 성대한 제천의식을 거행한다. 아마 지금 우리 눈앞에 펼쳐진 저 보르칸산도 바로 그러한 마음속의 성산, 희망의 성산이었을 것이다. 그렇다고 보니 옷깃이 여며진다. 우리의 고대문화를 하늘의 뜻이 전달되는 그러한 성산의 의미와 연결시켜 이른바 '불함론(不咸論)'으로 정리하는 견해도 있어 북방문화와의 상관성을 짚어보게 한다.

아쉽게도 시간에 쫓기다보니 온천욕은 못한 채 떠나지 않을 수 없었다. 이 첸헤르 온천야영소 입구에는 그 옛날 몽골 서정군이 사용하던 대형 게르 조형물(지금은 아트숍으로 이용)이 전시되어 있다. 여러 필의 말이나 소가 끄는 차량 위에 얹혀 있으며 군기를 꽂는 자리가 있는 점 등으로 미루어 서정군의 이동지휘부임이 분명하다. 대형 무쇠솥이 발견된 에르데니 조 사원이 있는 카라코룸에서 출발한 서정군은 이러한 이동지휘부의 휘하에서 이곳을 지나 서정의 길을 이어갔을 것이다. 지금 우리는 칭기즈칸이 열어놓은 그 서정의 길을 밟아보고 있는 것이다.

18
'황화'에 떨게 한 몽골의 3차 서정

체헤르 온천휴양지 입구에 설치된 몽골 서정군의 대형 이동지휘부 조형물을 보면서 다들 그 서정(西征, 서쪽을 향한 원정)이 궁금했다. 물론 역사책이나 영상물 등을 통해 대충 알고는 있지만 구체적인 내용, 특히 서정의 발발 원인이나 가능성 및 평가 문제에서는 의문시되거나 아리송한 점이 적잖다. 그래서 바쁜 걸음이지만 잠깐 시간을 내어 그 조형물을 배경으로 서정에 관해 이야기를 나눴다. 사실 세계 속의 몽골이나 중세의 세계질서를 언급할 때 몽골군의 서정은 늘 화제의 중심에 떠오른다.

초원의 패자가 된 신흥 몽골제국은 40여년간(1219~1260) 세차례에 걸쳐 역사상 유례없는 대규모의 서정을 단행했다. 서정의 표면적 이유(동인)는 1219년 인접국 호레즘(Khorezm)의 오트라르(Otrar)에 파견된 몽골 통상사절단이 피살된 이른바 '오트라르 사건'이지만, 그 근본적인 원인은 아무래도 이 제국의 건국이념에서 찾아야 할 것 같다. 칭기즈칸과

몽골 서정군의 이동지휘부 조형물

그 자손들을 비롯한 제국의 건국자들은 정치적으로 세계대동주의(大同主
義)를 제창함으로써 정복욕에 불탔고, 경제적으로 유목국가로서의 숙명
인 중상주의(重商主義)를 추구함으로써 상업욕을 충족시키고자 했으며,
문화적으로 개방주의를 표방함으로써 교류와 수용에 적극적이었다. 이와
더불어 군사적으로는 유목기마민족의 본능대로 기동력이 뛰어난 무적의
기마군단을 보유함으로써 원정에 자신감을 가질 수가 있었다.

　이러한 제반 요인에 의해 가동된 몽골의 세차례 서정은 그야말로 파죽
지세(破竹之勢)로 전개되었다. 제1차 서정(1219~1225)은 칭기즈칸이 직
접 이끈 중앙아시아 원정으로서 '칭기즈칸 서정'이라고 한다. 20만 대군
을 이끈 칭기즈칸의 진두지휘하에 4남이 다 가담한 전광석화(電光石火)와

같은 진격 앞에 호레즘은 맥없이 무너지고 사마르칸트(Samarkant)와 부하라(Bukhara) 같은 고도도 일시에 서정군의 수중에 들어갔다. 칭기즈칸은 귀국길에 서하(西夏)를 멸하고 나서 불의에 생을 마감한다.

제2차 서정(1235~1244)은 칭기즈칸의 장남 주치(Juchi)의 차남인 바투(Batu)의 통솔하에 50만 대군이 투입된 유럽 원정으로서 '바투 서정'이라고 한다. 맏아들을 출정시키면 '인마(人馬)가 늘어나고 위세가 높아진다'는 칭기즈칸의 차남 차가타이(Chaghatāi)의 제언에 따라 4남의 장자들뿐만 아니라, 기타 제후와 부마(駙馬)들의 장자들까지도 동참한다. 그래서 이 서정을 '장자서정(長子西征)'이라고도 한다. 서정군은 3년도 채 안되어 모스끄바공국을 비롯한 러시아 주요 지역을 점령한다. 세 갈래로 나뉜 서정군은 각각 오늘의 폴란드와 헝가리, 루마니아를 공략하고 오스트리아를 지나 이딸리아의 베네찌아까지 진출, 유럽의 심장부에 이른다. 오고타이칸의 사망소식을 듣고 귀국하는 길에 바투는 볼가(Volga)강 하류 일원에 킵차크(Kipchak) 칸국을 세웠다.

제3차 서정(1253~1260)은 칭기즈칸의 4남 톨루이(Tolui)의 차남인 훌레구(Hulegu)의 지휘하에 진행된 서아시아 정벌로서 '훌레구 서정'이라고 한다. 서정군은 카스피해 남부에 있는 이란 지역을 평정한 다음 압바스조 이슬람제국의 수도 바그다드를 함락시키고 메카와 예루살렘에 이어 다마스쿠스(Damascus)를 점령한다. 형 몽케칸이 송(宋)과의 전장에서 진몰(陣沒)했다는 소식을 듣고 회군하다가 이란을 중심으로 한 일원에 일 칸국을 건국했다.

이것이 인류역사상 3대 군사원정의 하나로 꼽히는 몽골의 서정이다. 몽골의 서정 하면 우선 떠오르는 의문이 어떻게 수적으로도 얼마 되지 않은 '후진' 유목민이 그 방대한 영토 위에서 강력한 군사력으로 무장한

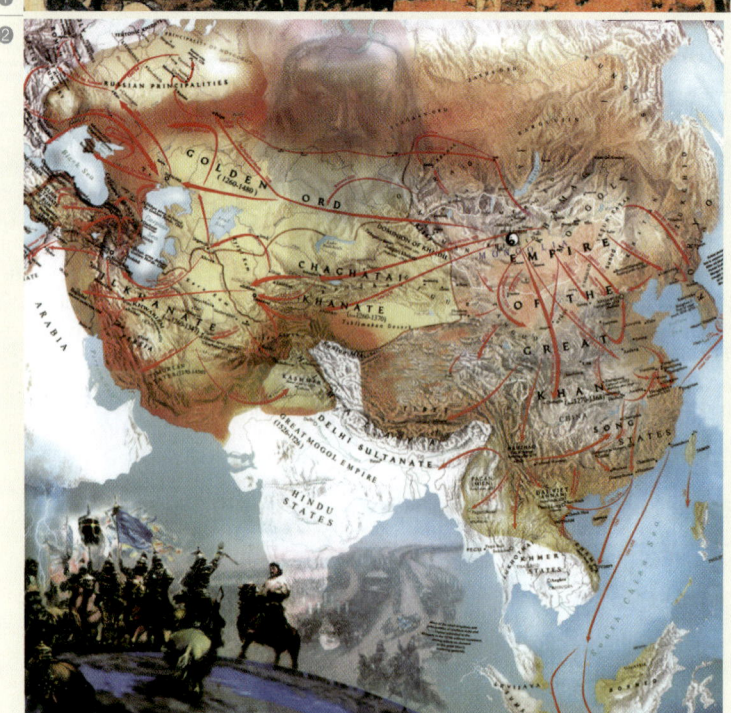

❶ 몽골 서정군의 행렬 모습
❷ 몽골의 원정루트 지도와 원정군 모습

'선진' 정착농경민 사회를 공략할 수 있었는가 하는 것이다. 사실 인구로 보면, 칭기즈칸이 1206년 몽골제국을 선포할 당시 천호(千戶)를 단위로 한 집단이 약 95개였다고 하니 인구수는 어림잡아 50만 명쯤 되었을 것이다. 그러한 몽골제국이 합쳐서 인구 1억을 가진 금나라나 송나라를 제압했으니, 그즈음 몽골인구가 배(100만)로 늘어났다고 가정하더라도 1대 100의 비율이 되는 셈이다. 정말 인구로 말하면 비교도 안될 정도로 열등하지만 일당백의 기세로 내로라하는 강자들과 대적해 연전연승했던 것이다.

그리고 뭉뚱그려서 정착농경은 선진이고 유목은 후진이라고 편단하면서 전쟁의 승패를 논하는 것은 비역사적인 단순논리다. 역사에는 유목민이 농경민을 압도한 예가 수두룩하다. 몽골 유목민들로 말하면, 당시로서는 그 누구도, 그 어느 곳도 따라잡지 못한 우수한 사회적 전범(典範)과 도덕률을 가지고 있었다. 이로써 몽골제국은 웅비할 수 있었으며, 서정으로 일세를 풍미할 수 있었다. 서구인들이 그렇게 자랑해온 시민참여의 민주주의라고 하는 그리스의 아고라나 로마의 포럼이 가뭇없이 사라져버린 그 시대에 몽골 유목민들은 그것들을 능가하는 쿠릴타이(Khuriltai, 국가의 대사를 토의 결정하는 족장 등 지도자들의 모임)로 다민족사회의 통합을 이루고 거국적 사업에 힘을 모아갔다. '이웃을 자신처럼 사랑하라' '노인과 가난한 사람을 정성껏 돌봐주어라' '모든 종교를 차별없이 존중해야 한다' '대칸을 비롯한 그 누구에게도 경칭 대신 이름을 불러라' '간통한 자와 고의로 거짓말을 한 자, 물에 오줌을 눈 자는 사형에 처한다' 등등 사회계약인 칭기즈칸의 예케 자사크(Yeke Jasak, 대법령)에 의해 몽골사회는 규율과 도덕, 친화력, 그리고 비전으로 똘똘 뭉쳤다. 칭기즈칸은 이 대법령의 준수를 이렇게 간절히 호소한다. "이후 태어날 수많은 칸들과 그

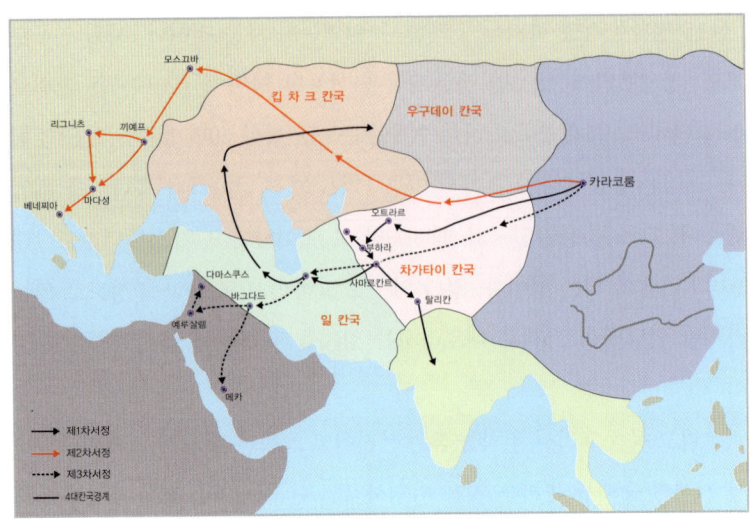

몽골군의 3차 서정 루트 약도

후예들, 노얀(Noyan, 지도층 인물)들과 전사들이여! 예케 자사크를 지니지 않는다면 제국은 멸망할 것이다. 그때 가서 나 칭기즈칸을 불러도 소용이 없다."

몽골제국이 서정을 단행할 수 있었던 것은 이러한 사회적 요인과 더불어 탁월한 기마전술에 바탕한 강력한 군사력을 갖추고 있었기 때문이다. 그들은 정연한 군사운영체계와 영활한 전략전술, 우수한 장비와 무기에 의해 원정을 효율적으로 운영한다. 대외원정일 경우 적어도 2년간의 의견수렴과 쿠릴타이의 최종결정 등 치밀한 준비를 거쳐 수행하며, 전투에는 '용사(바이토르) 군단' 같은 저승사자 군단들이 최선봉에서 전투를 이끈다. 놀라운 사실은,『원사』의 기록에 의하면 전투시 군사보급체계로서 '아오로크'라는 이동병참기지가 동원되는데, 이 기지가 필요로 하는 일체 군수품은 병사들 스스로가 부담한다. 이렇게 군사를 양성하는 비용이 들

지 않기 때문에 군사를 일으키기도
쉽고 또 수도 넉넉히 확보할 수 있
었다. 그야말로 전무후무한 파격적
인 군사보급체계다.

그밖에 서정을 단행해 일약 초원
의 제국을 세계의 제국으로 변모시
킨 주요인의 하나로 '사건창조적
인물'(위인)인 칭기즈칸을 비롯한
대칸들의 탁월한 지휘능력을 들지
않을 수 없다. 그들의 지휘능력은
믿음과 충성에 바탕한 친화력과 통
합력, 그리고 결단력의 소산이다.
칭기즈칸의 지도자 됨됨은 여러면
에서 엿볼 수 있지만, 여기선 보기
드문 한가지만을 이야기하기로 하
자. 그는 평생 토사구팽(兎死狗烹)
한 일이 없는 의리의 사나이다. 그
때문이었을까, 그를 배신하는 졸부
도 없었다고 한다. 그의 주위에는
애칭으로 '맹견(猛犬)'과 '준마(駿
馬)'로 불리는 각각 4명의 장군이
있었다. 그들은 일편단심 주인에게
충성을 다했고, 주인은 그들과 끝
까지 생사고락을 같이해왔다. 그중

백마를 탄 칭기즈칸(벽걸이 모사도)(위)
말털로 만든 흑백기. 백기는 평화시를, 흑기는 전시
를 상징한다(아래)

긴급시 사용하는 역참이용 허가패인 영
패(令牌)

준마 모칼리는 고려 출신이라는 일설이 있
다. 토사구팽과 배신을 식은 죽 먹듯 하는
이 난세에 귀감으로 삼고 곱씹어야 할 역
사의 교훈이다.

　몽골의 3차례 서정에 의해 생겨난 엄청
난 세계적 변화를 후세 역사가들은 '팍스
몽골리카'(Pax Mongolica)라는 한마디로
개괄한다. 이 말은 '몽골의 평화'라는 뜻
으로서 '팍스 로마나'(로마의 평화)에서
따온 말이다. 그런데 그 해석을 두고는 엇
갈린 주장이 있다. 어떤 이는 '평화'라고 하니 서정을 통해 이루어진 몽골
제국 시대에 전쟁은 없이 그저 평화만이 감돈 것으로 착각한다. 그래서
일본의 한 역사가는 서정 몽골군이 자행했다고 하는 살육이나 파괴는 사
실이 아닌데도 불구하고 그러한 이미지로 비쳐지게 된 것은 '뛰어난 자
에 대한 주변 사람들의 시기심' 때문이라고 엉뚱한 해석을 내놓는다. '신
의 채찍'으로 자부한 몽골 서정군이 투르크메니스탄에서 100만명, 이란의
니샤푸르에서 170만명, 바그다드에서 1주일간 80만명을 살육하고 도시를
전소했다는 이슬람측 기록이 좀 과장은 있을망정 근거 없는 날조는 아니
다. 전쟁, 그것도 유목민이 치르는 전쟁에 살육과 파괴, 약탈이 수반한다
는 것은 일종의 상규(常規)다. 그럼에도 불구하고 '팍스 몽골리카' 운운하
는 것은 이 서정으로 인해 13~14세기 유라시아대륙에 몽골 주도하의 새
로운 국제질서가 출현했기 때문이다. 통일적인 몽골제국의 관할하에 역
참제도(驛站制度)를 비롯한 동서간의 정연한 교통체계와 소통구조가 구축
됨으로써 각이한 문명간의 교류와 만남이 범세계적으로 촉진될 수 있게

한 새로운 국제질서가 수립되었던 것이다. 한마디로 엄청난 세기적 변화다.

그러나 이러한 국제질서가 평온했던 것만은 아니다. 제2차 서정에서 몽골군이 유럽 심장부에 진출한 것은 유럽세계에 커다란 충격과 공포를 안겨주었다. 혼비백산한 유럽인들은 내침한 몽골인들을 라틴어에서 '지옥'을 뜻하는 '타르타르'에 빗대어 '타타르'(Tatar)라고 비하하면서 불안과 증오에 치를 떨었다. 로마교황은 각국

야간순찰용 동패(銅牌)

에 친서를 보내 공동항전을 호소했다. 그런데 아이러니하게도 이 불안과 증오가 후일 동양에 대한 서양인들의 인종적 시기를 대변하고 부추기는 '황화(黃禍, The Yellow Peril)'로 표출되기에 이른다. 일찍이 5세기 전반 동방 흉노족의 후예인 훈족(Hun)이 아틸라(Attila)의 지휘하에 중부 유럽을 석권하고 훈제국을 세운다. 그 아틸라가 수백년을 지난 13세기부터 유럽의 문학작품에 사나운 맹장으로 등장한다. 1838년 영국의 윌리엄 허버트(William Herbert)가 쓴 아틸라의 자전적 서사시인 『아틸라, 기독교의 승리』가 그 대표작이다. 이러한 일련의 작품은 유럽인들의 피해의식을 반영해 훈족이나 아틸라를 흉포하고 잔인하며 비문명적인 동양인의 전형으로 묘사한다. 이러한 편견에서 1895년 독일화가 헤르만 크나크푸스(Hermann J. Knackfuss)는 황제 빌헬름 2세의 뜻을 받들어 「황화도(黃禍圖)」란 판화를 그린다. 정식 작품명은 「유럽의 여러 민족들이여, 당신들의 신앙과 가정을 지킬지어다」이며, 작품은 러시아 짜르 니꼴라이 2세에게 바쳐진다. 내용은 손에 칼을 든 천사 미카엘이 역시 손에 칼을 든 유럽인

들에게 앞에 나타난 불상과 용을 무찔러버리라고 호소하는 내용이다. 불상과 용은 엄연히 동방의 상징물이므로 동방에 대한 증오와 보복을 선동하는 내용임이 분명하다.

그후 '황화'의 망령은 기회 있을 때마다 우주공간을 배회한다. 20세기 초 동방 진출을 적극 추진해오던 오스만제국이 1906년 일본 토오꾜오(東京)에서 범이슬람 세계대회를 개최하기로 일본과 합의하자 영국을 비롯한 서방국가들은 일제히 '신황화'가 우려된다면서 대회를 무산시킨다. 근간에 미국 안보전략가 헌팅턴이 주장한 이른바 '문명충돌론'은 '황화론'의 재판으로 보여진다. 그는 미래세계에서 가장 위협적인 요인은 바야흐로 정체성을 되찾아가는 유교문명권과 이슬람문명권이므로 여타 유럽과 라틴아메리카의 6개 문명권은 합종연횡(合縱連橫)해서 이 새로운 '황화'를 막아야 한다고 역설한다. 상대방으로부터 당한 재난을 헤아린다면, 동양이 서양보다 훨씬 혹심하다. 그렇다고 백화(白禍)로 맞불질해봤댔자 인종을 적대시하는 악순환만 거듭될 뿐, 인류의 공생공영에는 이로울 것이 하나도 없다.

19
불간에서의 점심

　몽골 하면 흔히들 초원과 사막을 떠올리지만, 사실은 해발 532m에서 4,653m 사이에 자리하고 있는 산악국으로서 산악 사이사이에 초원과 사막이 끼어 있다. 그래서 지세는 크게 산지삼림초원지대와 고지초원지대, 황막초원지대, 황막지대 등 비교적 복잡한 네가지 형태로 나뉜다. 지금 일행이 지나가고 있는 중부지역은 기본상 고지초원지대에 속하지만, 산을 낀 곳에는 가끔 삼림도 껴안고 있다. 첸헤르 온천휴양지가 바로 그러하다. 사방이 산으로 둘러싸여 있는 이곳을 조금 벗어나자마자 드넓은 초지와 함께 시베리아 낙엽송이나 소나무, 자작나무, 산버들이 듬성듬성 짙푸른 숲을 이루고 있다. 20분 달리니 강안에 푸르싱싱한 나무가 빼곡한 싱프리고드강이 나타난다. 다들 시원한 강물 속에 발을 담그는 탁족(濯足)으로 어제의 여독을 풀었다.

　여기서 한시간 반쯤 초원을 가르는 포장길을 신나게 달리니 아라한가

아라한가 아이막 군소재지 전경

아이막이라는 군소재지가 나타난다. 산중턱엔 게르 아닌 벽돌과 목조 건
물들이 다닥다닥 붙어 있다. 길 양옆엔 국기를 게양한 행정기관들과 상점
들이 늘어서 있고, 저 멀리 자그마한 공장굴뚝도 눈에 띈다. 거리는 행인
으로 붐빈다. 오지인 이곳에서도 현대를 향한 몽골의 움직럭거림을 느끼
게 된다. 비록 보폭은 작아 느릿느릿하지만 분명 몽골은 지금 막 개혁과
개방의 걸음마를 떼고 있다. 점심 채비로 한 식품가게에 들르니, 여러가
지 유제품과 함께 '도시락' 상표가 붙은 우리네 라면이 팔리고 있다. 판매
원은 엄지손가락을 내밀면서 인기상품이라고 자랑한다. 우리나라의 갖가
지 라면은 수도 울란바토르에서 서쪽 끝 바얀올기(Bayan Olgiy)에 이르
기까지 곳곳에서 발견된다. 이제 몽골인들도 선호하는 국제식품이 된 셈

이다.

한시간 반 더 가서 드디어 타미르강을 건넜다. 50m쯤 되는 강폭에 깊이는 2~3m이며 유속은 초당 1~2m라고 하니 물살이 꽤 빠른 편이다. 몽골의 강들은 동부의 초원 하류를 제외하고는 대부분이 산지 하류이기 때문에 유속이 빠르고 침식작용이 심하다. 몽골 초원문명의 발흥지 역할을 해온 오르혼강 좌안 지류인 타미르강은 호이트 타미르강과 오르드 타미르강이 합류한 강으로서 길이는 280km밖에 안되지만 폭 4~5km의 넓은 곡지(谷地)를 만들어놓았기 때문에 유역면적은 1만3천여km²나 된다. 중부 항가이산지 수계(水系)에 속한 이 강 주변에는 간간이 여울이 생기고 삼림이 우거지며 특유의 둥근 자갈돌이 깔려 있는 등 경관이 빼어나 '통갈라크(맑고 투명한) 타미르'라고도 부른다.

타미르강을 건너 얼마쯤 떨어진 불간 마을에 이르니 정오가 막 지나고 있다. 무작위로 한 민가(게르)에 들러 점심을 부탁했다. 예정 없이 25명이나 되는 과객의 점심을 짓는다는 것은 쉬운 일이 아닐 터인데, 40대 초반의 여주인은 흔쾌히 승낙한다. 점심 준비는 40여분이 걸렸다. 그사이 마당에 쌓아놓은 장작더미에 둘러앉아 몽골과 우리나라의 관계에 관해 이야기를 나눴다. 점심은 이곳 사람들이 즐겨 먹는 초벤이다. 양고기를 넣고 끓인 물에 칼국수와 당근, 감자를 넣고 해바라기씨 기름과 소금으로 간을 맞춘 일종의 비빔국수다. 국물은 없지만 담백해 입맛에 맞는다. 중국 북방음식인 차오몐(炒麵)에서 유래되었다고 한다. 식후에는 수태차이로 대접한다. 수태차이는 우유차인데, 차잎이나 찻가루를 끓이다가 우유와 소금을 넣어 한참 젓다 식혀서 마신다. 고기와 함께 마시기도 한다. 수시로 마시는 음료수이자 식품이다. 수태차이 말고도 우유를 섞지 않는 하르차이가 있다. 몽골인들이 차를 마시는 습관은 일찍이 중국 송나라 때 북

❶ 불가 마을 게르에서 점심으로 먹은 초벤
❷ 수태차이는 우유에 차잎과 소금을 넣고 끓여서 만든다

방과의 차마무역(茶馬貿易)이 생겨나면서 칭기즈칸 때부터 이미 있다가 16세기 후반 라마교의 유입과 더불어 크게 유행하기 시작했다. 지금도 몽골에서 일반 차는 전차(磚茶), 즉 벽돌차라고 하는데, 이것은 운송이나 보관에 편리하도록 차잎을 수증기로 살짝 익혀 벽돌모양처럼 다져 만든 데서 유래된 말이다.

　몽골음식, 정확하게 말하면 주식은 '하얀 음식'(차강이데)과 '빨간 음식'(올랑이데)의 두가지로 대별된다. '하얀 음식'이란 가축의 젖으로 만든 유제품을 말하며, '빨간 음식'은 가축을 도살해 얻는 육류를 지칭한다. 유제품은 보존식품으로서 일년 내내 먹는 음식이지만, 가장 풍성한 계절은 여름이다. 그래서 '여름음식'이라고도 한다. 가을에 통통하게 살찐 가축을 도살해 혹한기에 대비하는 육류가 가장 풍성한 계절은 겨울이다. 그래서 육류를 '겨울음식'이라고도 한다. 몽골에는 젖을 기본원료로 하여 여러가지 방법으로 만든 유제품만도 20여종에 달한다. 유제품은 겨우내 육식으로 인해 생긴 체내의 노폐물을 정화한다고 한다. 겨울철에 도살한 가축의 경우 양은 덩어리째 말려 보존하고, 소는 대부분 육포처럼 찢어 말린다. 말린 고기를 보르츠라고 하는데, 보르츠를 갈아 만든 가루는 영양가 높은 휴대용 식량이다. 몽골 서정군이 그토록 기력이 왕성했던 것은 이 보르츠 가루 군량 때문이었다고 한다. 이와같이 몽골인들의 식탁은 여름을 정점으로 하는 '하얀 음식'과 겨울을 정점으로 하는 '빨간 음식'이라는 또렷한 계절성을 지닌 두가지 주식에 의해 차려진다. 그런데 이 두가지 음식은 이러한 계절적 특징을 나타낼 뿐만 아니라 서로 다른 상징적 의미를 지니기도 한다. '하얀 음식'은 그 색깔 때문에 청렴과 진심을, 이에 비해 '빨간 음식'은 풍성함을 상징한다.

　이 두가지 주식 말고도 몽골음식에는 분명 곡물류가 있다. 우리가 먹은

```
    ❶
❷  ❸
    ❹
```

❶ 몽골식 요구르트
❷ 몽골사람들이 즐겨 먹는 럄샤(국물이 있는 초벤)
❸ 호쇼르(튀김만두)와 치즈, 요구르트
❹ 호쇼르와 무늬가 새겨진 과자

초벤을 비롯해 람샤(국물이 있는 초벤) 같은 음식은 밀가루음식, 즉 곡물음식이다. 다만 우리와는 반대로 유제품이나 육식이 주식이고 곡물은 부식이다. 그래서인지 몽골의 농업이나 곡물은 거의 논외로 취급되고 있다. 작금 유목사회 곳곳에서 유목지의 경지화가 외압적으로 강행되면서 생태적 환경은 물론, 사회 전체가 흐트러지기 시작하자 재유목화의 주장이 대두되고 있다. 이러한 점을 감안할 때, 우리는 몽골을 비롯한 유목사회가 직면한 농경문제와 곡물의 생산 및 소비 등에 관해 정확한 인식을 가져야 할 것이다.

몽골의 유명한 화가 샤라브가 1910년에 그린 「몽골의 하루」라는 그림에 보면, 농부가 호미로 김을 매고 쟁기로 밭을 갈고 있다. 농경의 생생한 모습이다. 몽골 초원에서 살아온 유목민들은 흉노제국 때부터 오르혼강이나 셀렝게강 유역에서 농사를 지어왔다. 몽골제국 때에는 워낙 바깥으로부터 거둬들이는 것이 많아서 농업은 무시되었다. 그러다가 원제국 시대에는 전반적인 농업진흥정책이 추진된다. 전국에 건설한 대규모 관개시설만도 260개소에 달하며, 새로운 농경기술과 재배법이 많이 도입된다. 이러한 사실은 농업통론이라고 일컫는 왕정(王禎)의 『농서(農書)』(1313)를 비롯한 여러 농학서에 집성되어 있다. 이러한 여파는 몽골 초원에도 파급되어 일부 지역에서 농업이 다시 움트기 시작한다. 그러다가 만청의 지배하에 들어가면서부터는 농업이 활성화되어 알타이산맥, 항가이산맥, 헨티산맥 등에서 발원하는 강들을 관개용수로 이용해 야채나 당근, 보리, 밀, 기장 같은 작물을 재배하고 있으며, 강이 없는 고비지대에서는 샘이나 계곡물로 농사를 지어오고 있다.

몽골땅을 여행하다보면 우리네 막걸리에 맞먹는 음료와 늘 맞닥뜨리게 되는데, 그것이 바로 마유주(馬乳酒, 아이락)다. 약간 시큼털털하고 뽀얀

이 술은 말젖을 발효시켜 만든 몽골의 대표적 술로서 알코올도수는 6~7
도밖에 안된다. 갈증을 해소해주는 아이락은 몽골인들에게 술이라기보다
는 일종의 음료다. 일찍이 프랑스 루이 9세의 사신으로 파견되어 몽케칸
을 진현한 뤼브뤼끼는 '여름이 되면 쿠미스, 즉 마유주가 있기 때문에 다
른 것은 먹지 않는다'고 하면서, 대군주(칸)들의 음료로는 '흑마유주'가
있다고 견문록에 적고 있다. 남송 때 오고타이칸에게 파견된 사신 팽대아
(彭大雅)와 서정(徐霆)이 쓴 책 『흑달사략(黑韃事略)』(1237)에도 보통 마유
주와는 다른 '흑마유주'가 있다고 전한다. 지금은 흑마유주가 사라졌거
니와 그 실체도 밝혀진 바 없다. 뤼브뤼끼가 말한 '쿠미스'는 투르크계 언
어에서 마유주에 대한 총칭이며, 몽골제국 시대에는 몽골어로 '에스구'라
고 불렀다고 한다.

　'아이락'이란 명칭은 훌레구 서정군이 압바스조 이슬람제국을 공략할
때 그곳 증류주인 '아락'을 맛보면서 그것에 빗대어 붙여진 이름이라고
짐작된다. 원대 홀사혜(忽思慧)가 펴낸 궁중 식보(食譜)인 『음선정요(飮膳
正要)』(1330)에 의하면, 당시 몽골에서는 발효한 젖술(마유주)을 증류시
켜 무색투명하고 알코올 농도가 높은 술을 빚었는데, 아랍어의 증류란 의
미의 '아라끼'를 따다가 '아랄길(阿剌吉, 아라끼)'이라고 불렀다고 한다.
아마 그때는 증류주였으나, 어느날부턴가 '돌연변이'를 일으켜 지금까지
도 발효주인 마유주를 '아이락'이라고 잘못 부르고 있는 것이다. 역사에
는 이런 유의 와전이나 변이가 수두룩하다. 어쩌면 그 누적이 역사로 둔
갑하고 있는지도 모를 일이다. 마유주 말고도 요구르트를 끓여서 증발시
킨 후 액화시킨 아르히라는 술도 있다. 알코올 농도는 약하지만 은근히
취하게 하는 마법의 술이라고 한다.

　몽골 음식문화에는 여러가지 나름대로의 특징이 있다. 그중에는 금기

남타미르강 계곡의 돌길

도 있어 주의를 요한다. 아침은 주로 양고기를 넣어 끓인 칼국수를 먹으며, 손님접대 음식으로는 고기만두(보즈) 등 만두류가 많이 등장한다. 양을 통째로 잡아 상에 올리는 것은 최고의 접대요리(슈우스)인데, 그 상차림에는 엄격한 질서가 있다. 도살한 양을 여덟개 부위로 해체해서 삶은 뒤 살아 있을 때와 비슷한 모습으로 그릇에 담아놓는다. 목살과 척추의 윗부분, 가슴살은 맨 처음 놓고 그 위에 등판을, 또 그 위에 머리를 얹는다. 등판 양옆에는 앞발과 뒷다리가 배치되고, 목살과 머리는 손님 쪽을 향한다. 그리고 유목지에서 우유를 파는 것은 죄행이다. 개고기는 마르꼬 뽈로의 여행기에 보면 즐긴다고 했으나, 지금은 폐결핵 환자만 먹는다고 한다. 물고기도 원래는 먹었으나 라마교가 들어온 후부터는 멀리한다. 식물의 식용도 원래는 짐승이 먹는 풀을 인간이 어찌 먹을 수 있느냐고 도도하게 금기시했으나, 지금은 대파나 야생마늘, 쐐기풀 같은 식물은 먹는다고 한다.

비록 소박한 점심 한끼지만 주인의 정성과 친절이 흠뻑 배인 대접이다. 여남은 살 되는 딸애가 어머니 일손을 돕는답시고 부엌을 드나들며 음식 그릇을 나르던 그 홍조 띤 앳된 모습이 지금도 눈앞에 선하다. 몽골사람들은 하늘이 내려준 은전인 음식을 남기는 것을 아주 싫어한다. 모두들 깨끗하게 밥그릇을 비우고 문을 나섰다. 이어지는 길은 남(南)타미르강 계곡의 돌밭길이다. 해발 3천m가 넘는 두 산 사이에 펼쳐진 계곡은 상당히 깊거니와 폭도 넓다. 강 자체가 급류인데다가 폭우 때면 산에서 굴러 내리는 돌 때문에 계곡은 온통 돌덩어리로 뒤덮여 있다. 길이 따로 없다. 밴은 좌우상하 걷잡을 수 없이 덜커덕거린다. 이곳저곳에서 바퀴에 펑크가 난다. 게다가 저녁무렵이 되자 기온이 5~6도로 뚝 떨어진다. 한낮보다 무려 20여도나 급락하니 온몸에 전율이 인다. 그래도 양안에 펼쳐진 고지초원의 환상적인 풍광에 의해 이러한 전율과 피폐는 조금씩 상쇄되어갔다. 이제나저제나 끝나기만을 고대하던 이 돌길을 무려 다섯시간이나 달렸다. 갑자기 나타난 산맥 하나를 넘어서도 또 같은 계곡 돌길을 두 시간 남짓 가야 했다. 밤 11시가 넘어서야 드디어 220km밖에 안되는 험로를 돌파하고 목적지 바얀혼고르(Bayanhongor)에 안착했다. 다들 녹초를 체험한 하루다.

20
불모의 땅 고비사막

바얀혼고르의 새벽공기는 유난히도 상쾌하다. 간밤엔 어둠속이라서 지형을 살필 수가 없었다. 아침 일찍 일어나 창문을 활짝 여니 사방이 탁 트인 사막 천지가 눈앞에 펼쳐진다. 여기가 바로 고서에 나오는 그 '한해(瀚海, 질펀한 바다)', 즉 고비사막이다. 우리는 지금 그 망망한 '모래바다'를 헤쳐가는 일엽편주에 몸을 싣고 있다. 여기까지 오는 동안에도 몇군데서 고비사막의 언저리를 지났지만, 이제부터는 언저리 아닌 한복판에서 신비스러운 고비의 내음을 만끽하게 될 것이다.

'고비'의 몽골어 뜻에 관해 '풀이 잘 자라지 않는 거친 땅' 혹은 '건조하고 황막한 초원'이라고 조금은 다른 표현을 쓰고 있지만, 내용은 진배없다. 고비를 거닐다보면 불모의 땅으로서 황막하기는 한데 가끔 풀이나 관목이 자라는 것을 목격하게 된다. 그리고 오아시스를 낀 곳에서는 푸르름이 도는 초원도 눈에 띈다. 지질학에서는 식물이 자라기 힘든 황막한 지역을 '사막'이라고 한다. 육지면적의 10분의 1(약 1,500만km²)을 차지하는 사막은 위치에 따라서 크게 열대사막(위도 15~30도 사이)과 중위도 사막(위도 40도 부근), 한랭사막(남북극 지방)으로 구분하나, 표면을 형성하는 물질에 따라서는 모래사막과 자갈사막, 암석사막으로 나눈다. 모래사막은 부드러운 모래로 덮인 사막이고, 자갈사막은 자질구레한 자갈(조약돌)로 된 사막이며, 암석사막은 강한 바람의 침식작용으로 인해 노출된 암석이 깔린 사막을 말한다. 그 가운데 고비는 중위도에 자리한 자갈 및 암석 사막에 속한다. 고비의 암석사막은 대체로 산기슭에 펼쳐져 있다. 그런가 하면 3%의 모래사막도 끼어 있다. 이렇게 보면, 고비는 나름의 특징을 지닌 복합적인 사막으로서 희귀한 동식물을 비롯해 40도가 넘는 한여름에도 시원한 얼음을 만날 수 있는 율링암 계곡(독수리계곡)과 세계에서 가장 넓은 자연동물공원인 그레이트고비공원 등 연구거리와 볼거리가 많은 지구상 몇 안되는 사막지대다.

고비사막은 세계에서 다섯번째로 큰 사막이다. 서쪽의 천산산맥(天山山脈, 톈샨산맥)과 동쪽의 대흥안령산맥, 그리고 북쪽의 알타이산맥과 항가이산맥, 남쪽의 기련산맥(祁連山脈, 치롄산맥)과 음산산맥(陰山山脈, 인샨산맥), 이렇게 사방이 산맥들로 에워싸인 대분지다. 동서 길이 1,600여km, 남북 너비 약 500~1,000km에 달하는 드넓은 활모양의 지대로서 면적은 약 130만km²나 된다. 기후는 극심한 대륙성 건조기후로서 1월에는 영하 40도, 7월에는 영상 45도까지 큰 폭으로 오르내리고 세찬 바람이 불어대며 식물이라야 고작 홍류(紅柳)나 낙타풀 같은 내한성 식물뿐이니 제 아무리 강인한 유목민이라고 한들 살아가기가 이만저만 어렵지 않다. 그래서 인구밀도는 1km²당 한명도 채 안된다. 무엇보다 큰 문제인 물은 거개가 사막 언저리의 지하수에 의존하는데, 고갈이 다반사며 어쩌다가 비

가 와서 생긴 지상의 물길도 오래가지 못하고 땅속에 스며들어 자취를 감춘다. 군데군데 자그마한 호수가 점재해 오아시스를 이루고 있기는 하지만 짠물이 대부분이어서 용수로는 극히 제한적일 수밖에 없다. 각박한 환경에서 문명이 창출된다는 토인비의 '도전과 응전 원리'가 아직 여기서는 그 변(辯)을 찾아내지 못하고 있는 성싶다.

일찍이 13세기 후반 사막의 언저리를 서에서 동으로 횡단한 마르꼬 뽈로의 여행기에 의해 처음으로 고비가 세상에 알려진 이래, 많은 탐험가들의 호기심을 자아냈으나 탐험에 성공한 선례는 별로 없다. 그러다가 중국 과학사에 길이 남을 장거로 평가받는 '서북과학고찰단(西北科學考察團)'의 횡단 탐험에 의해 고비의 수수께끼가 비로소 한꺼풀 벗겨졌다. 스웨덴의 유명한 탐험가 혜딘(Sven A. Hedin)과 뻬이징대학 교무처장 쉬뼁창(徐炳昶)을 공동단장으로 하고, 고고학자 황원비(黃文弼) 등이 참가한 이

고찰단은 1927년 5월 뻬이징을 떠나 네이멍구의 보터우(包頭)와 한대(漢代) 이래 북방의 핵심 요새였던 쥐옌(居延)을 거쳐 신장(新疆)의 하미(哈密)까지 무려 9개월 동안 고비사막을 동에서 서로 가로질렀다.

헤딘은 『고비사막의 길』이란 탐험기를 펴내 험난한 탐험노정과 그 결과를 상세히 소개하면서 고비의 실태를 생생하게 묘사하고 있다. 초당 30m의 11급 설한풍으로 길을 잃어 광야에서 며칠씩 헤매기가 일쑤이고, 식량과 물이 떨어진 아사지경을 몇번이고 넘나들며 결국 함께 떠난 292필의 낙타 가운데서 살아남은 녀석은 154필뿐이었다. 행로의 전과정은 그야말로 목숨을 걸고 '절지(絶地, 들어갈 수 없는 땅)'를 넘고 넘는 승위섭험(乘危涉險, 위태롭고 험난함을 무릅쓰고 나아감)의 연속이었다. 도중에 헤딘은 급성담석증에 걸려 진통제를 맞아가며 한달 동안 들것에 실려 목적지 하미에 입성한다. 당시 뻬이징대학 학생으로 고찰단에서 기상관측 기록을 맡았던 최연소 단원이자 지금까지 살아있는 유일한 생존자인 뻬이징대학 지구물리학부 리셴즈(李憲之) 교수의 회고담은 많은 것을 시사한다. 일신의 안일과 작은 세계를 버린 거룩한 사람들에 의해 더 큰 세계가 펼쳐지고 역사는 이어져가는 법이다.

알타이시까지 380km를 달려야 하는 오늘의 일정도 만만찮다. 어느 때보다 한시간 앞당겨 바얀혼고르 호텔을 나섰다. 사막의 아침은 쾌청하고 싱싱하다. 두시간쯤 신나게 달리다가 야트막한 언덕바지에 차를 세우고 휴식을 취했다. 드높은 맑고 푸른 하늘엔 뭉게구름이 두둥실 떠 있다. 한참 한자리에서 머뭇거리다가 서서히 자태를 바꾸기도 하고, 가뭇없이 사라지기도 한다. 그러다간 또다른 흰 솜구름이 어디선가 뭉게뭉게 피어오른다. 한무리의 양떼가 앙칼진 목동의 채찍소리에 '음매 음매' 화답하면서 언덕을 넘어 어디론가 가버린다. 이윽고 서너마리의 쌍봉낙타가 가시

돋친 낙타풀을 질근질근 씹으며 뒤를 따른다.

일행 중에는 휴식 때마다 즐거움을 선사하는 일군의 젊은 재간둥이, 귀염둥이들이 있다. 한국예술종합학교 예능과에 재학중인 몇몇 학생들이다. 음악과의 김보라와 한국예술학과의 김보미 자매, 전통예술원의 최혜림, 디자인과의 김소인, 연기과의 김성경이 바로 그들이다. 내내 명랑한 얼굴로 노래를 부르고 춤을 추며 어리광도 부리며 흥과 웃음을 몰고 다닌다. 아르바이트로 이번 여행비를 장만한 장한 학생도 있다. 새것에 민감하고 앎에 열정을 쏟는 생기발랄한 그들에게서 나라의 밝은 미래가 읽혀지니 사뭇 흐뭇하고 자랑스러웠다.

두시간쯤 더 달리자 나지막한 산기슭을 흐르는 베이 드라그강이 나타난다. 강을 건너자마자 제법 깔끔한 흙벽집 몇채가 나타나기에 그중 하나를 골라 찾아갔다. 간판은 달지 않았지만, 집 안에 식탁 여러개가 마련되어 있는 것으로 보아 과객들을 위한 식당임이 틀림없다. 점심을 부탁하니 주인은 기꺼이 응한다. 얼마 지나지 않아 식탁엔 구수한 냄새를 풍기는 람샤가 올라왔다. 양고기를 삶은 물에 칼국수와 감자, 당근을 함께 넣어 끓인 국수인데, 국물이 있는 것이 어제 점심 불간 마을에서 먹은 초벤과 다르다. 이를테면 양고기탕면이다. 시원하고 구수한 국물이 있어 한결 구미를 돋우니 다들 두그릇을 너끈히 비운다. 보아하니 이 집은 그 옛날의 사라이 격이다. 이곳 사정을 잘 몰라 무어라고 말할 수는 없지만, '사라이'란 서아시아 일원에서 대상(隊商)을 위해 사막에 지어놓은 숙관(宿館)이다. 대체로 낙타의 1일 여정거리에 준해 약 30km 간격씩 짓는 이 사라이는 대상들의 숙박소이자 통과료를 받는 세관이기도 하고, 대상들이 서로 만나 물품을 교환하거나 팔고 사는 교역소이기도 하다. 흔히들 사막인들을 겁탈이나 일삼는 흉포한 사람들로 매도하지만, 사실은 가장 순박하

고비사막의 낙타풀과 양떼

고 다정한 사람들이다. 보통 사라이에서는 첫 2~3일간은 무료이고, 그후 부터 숙박료를 지불한다. 사정이 여의치 않을 때는 전당물로 대신하기도 한다. 훈훈한 인정이 오가는 곳이기도 하다.

오후 3시 반, 군(郡, 솜)급에 해당하는 분자간시를 지났다. 여기서부터 한참은 자갈사막이 펼쳐지는데, 드문드문 키 낮은 관목들이 다보록하게 엉켜 있기도 한다. 뙤약볕에 마냥 음덕을 베풀고 있는 그 나무그늘에서 양떼들이 더위를 식히고 있다. 그런 데는 민둥바위도 한몫을 하고 있다. 이 거친 불모의 땅에도 이처럼 하늘의 은전이 베풀어지고 있으니 그저 하늘에 감지덕지할 따름이다. 그러다가도 무연한 자갈사막에 들어서면 길이 묘연해진다. 방향도 제대로 안 잡히는 모양이다. 이곳을 몇번이고 오갔을 우리네 밴 기사들도 자주 길을 헛갈려 지나가는 손들이나 저 멀리 홀로 있는 게르에 찾아가서 길을 묻곤 한다. 그럴수록 길은 지체되고 기사들은 초조해진다. 그런 탓인지 오늘은 유난히도 바퀴에 펑크가 자주 난다. 한 차에 펑크가 나면 나머지 4대도 한결같이 멈춰선다. 그러면 기사들은 몸에 배인 관성처럼 너나없이 팔을 걷어붙인다.

누구의 탓 한번 안하고 홍겹게 서로가 서로를 돕는 그들의 모습이 참으로 아름답고 갸륵하다. 그러한 모습은 분명 그들의 마음속에 기둥으로 자리한 어떤 도덕률에서 비롯됐을 것이다. 그렇다. 위기에 빠진 사람을 돕는 것은 몽골사람들의 전통적 윤리도덕관이다. 이 대목에서 그들은 조상 칭기즈칸의 실례를 든다. 『몽골비사』에도 나온 얘기지만, 타이치오트 씨족에서 도망친 테무친(칭기즈칸)이 소르칸시라의 집으로 피신했을 때, 그가 받아들이기를 꺼려하자 그의 두 아들은 "시바우칸(새 이름)을 투림타이(새 이름)가 수풀 속으로 추격해오면 수풀은 시바우칸을 구해준다"라는 당시의 격언을 인용하면서 아버지를 설득해 끝내 테무친을 구원한다. 뿌리가 깊을 때 체화(體化)된 도덕률의 샘은 마르지 않는다.

석양이 사라지고 땅거미가 내리기 시작하자 물기 빠진 풀잎처럼 육신이 나른해진다. 자꾸 눈앞에 환영이 어른거리더니 갑자기 뽀얀 황사가 떠오른다. 어쩌면 고비에 대한 조건반사일 것이다. 하기야 한해에 몇번씩 동남부 고비사막에서 불어오는 황사의 공포에 시달리곤 했으니까. 초속 40m의 강풍에 실린 모래먼지가 우리 한반도에 하루 10만톤씩이나 날아와 서울 하늘을 잿빛으로 뒤덮는다. 그런데 그 발생현상이 해마다 빨라져 지금은 봄이 아닌 겨울철 2월부터 시작해 발생일수가 1980년대에 비해 3배 이상으로 늘어났다. 고비사막은 강수량이 40년 전보다 30% 이상 줄어들었으며 평균온도는 2도나 상승해 꽁꽁 얼어붙어야 할 겨울철에도 영상의 날씨를 보이고 있다. 지난 몇년 동안 60여개의 호수가 말라붙었으며 매해 서울 면적 6배 크기의 새로운 사막이 생겨나고 있다. 대황사재앙의 예고다. 일본에까지 날아가니 이제 황사재앙은 발원지인 몽골뿐만 아니라 중국과 한국, 일본 등 동북아 전체의 큰 환경생태 문제로 악순환하고 있다. 다들 원인은 지구온난화에 따른 기상이변이라고 하면서 해결방도를 에코벨트 같은 인공숲 조성에서 찾고 있다. 물론 틀리지는 않다. 그러나 배기가스를 마구 뿜어내 기온의 상승을 부추기는 인간의 해악, 사유화로 인해 사막의 초목을 마구 고갈시키는 또다른 인간의 해악, 이 자업자득을 인간은 자성해야 한다. 그러면서 "내일 세계의 종말이 올지라도 나는 오늘 한그루의 사과나무를 심겠다"는 의지와 신심, 낭만으로 이 재앙에 맞서야 할 것이다.

갑자기 포장길이 나타나면서 멀리서 반짝거리는 불빛이 일장 악몽에서 깨어나게 한다. 밤 9시 45분, 우리네 장급 수준의 한 호텔에 도착했다. 밤 12시부터 아침 6시까지는 단수이고 화장실에는 비누나 화장지가 없으며 냉장고와 텔레비전은 가동이 안되니 있으나마나 하다. 바닥엔 주단을 깔고 벽엔 알타이산 풍경화가 걸려 있다. 현대화로 가는 길에서 겪는 진통과 부조화의 한 단면이다. 너그러이 이해하고 받아주자.

21
늠름한 기마 청년들

꿈에 그리던 알타이산맥이 점점 가까워온다. 황량한 고비사막 속에 묻혀 있는 알타이시 어귀의 야트막한 언덕에 올라서니 저 멀리 중중첩첩 산봉우리들을 거느린 알타이의 동남 지맥이 한눈에 안겨온다. 알타이시는 주택과 게르, 도로와 공공건물이 바둑판처럼 잘 어우러져 사막도시치고는 제법 운치가 있어 보인다. 시내 모습 전체를 연결촬영으로 카메라에 담았다. 어귀를 빠져나온 지 얼마 되지 않아 거친 자갈사막이 눈이 모자라게 펼쳐진다. 세시간쯤 달리자 머리에 흰 눈을 얹고 있는 바이사가린트 산이 희미하게 시야에 들어온다. 40도에 육박하는 사막의 찜통 속에서 만년설을 상상하는 순간, 천지조화가 새삼스레 느껴진다. 인간의 욕망대로 두 상극이 조화되었으면 얼마나 좋았을까. 하지만 자연의 섭리 앞에선 말없이 순종할 수밖에 없다고 개탄한 누군가의 말이 기억에 떠오른다.

정오가 갓 지나서 다쑹두리 오아시스에 도착했다. 한 게르에 들러 점심을 부탁하고는 다들 오아시스 호숫가로 몰려갔다. 자그마한 호수이지만 수초가 무성하고 그 사이사이를 오리떼가 자맥질하면서 헤엄친다. 부드러운 모래가 깔려 있는 호숫가에서 간단하게 미역 정도는 감을 수 있지만 수영은 금한다. 기사들은 차를 끌고 가서 며칠 동안 쌓인 모래먼지를 씻어낸다. 신기한 것은 게르 마당 한구석에 설치한 용수통이다. 나무막대기에 꼭지 달린 자그마한 철통을 달아매놓고 거기에 물을 채워 필요시 조금씩 뽑아 쓴다. 사막에선 한방울 물도 귀하다. 그래서 주인에게 양해는 구했지만 차마 마구 쓸 수가 없어 손수건에 물을 적셔 얼굴을 닦으며 더위나 식히는 데 그쳤다. 점심은 역시 어제 맛본 람샤로 때웠다. 집 안은 그런대로 깔끔하게 꾸리고 벽에는 여러가지 기념사진들이 빼곡히 걸려 있다. 그 가운데서 눈길을 끄는 것은 인도에 망명중인 달라이라마 사진이다.

여기서 두시간쯤 달려 우리나라 면소재지쯤 되는 다르피에 이르렀다. 간식거리나 사려고 길옆에 자리한 상점에 들렀다. 판매대에는 낯익은 우리네 라면이며 치약, 초코파이 등이 놓여 있는데 몇몇 현지인들이 한창 제품을 고르고 있다. 상점에서 얼마쯤 떨어진 펑퍼짐한 곳에 높이 20m, 지름 5m의 대형 물탱크가 하늘로 높이 치솟아 있다. 철제사다리를 부착한 이 벽돌구조물은 어쩐지 모든 것이 왜소하고 질박한 주위환경에는 어울리지 않을 정도로 어마어마하게 보인다. 이를테면 부조화라고나 할까. 그러나 그것이 미래의 조화를 향한 오늘의 그럴 법한 부조화라고 생각하니 오히려 대견스러웠다.

이곳을 지나 한참 달리다가 풀밭을 만나자 쉬어가기로 했다. 그런데 난데없이 건장한 세 젊은이가 말갈기를 날리며 이쪽으로 달려오고 있다. 마냥 엄습하는 기세다. 우리는 그들을 향해 일제히 두 손을 흔들었다. 몽골사람들은 막막한 초원에서 사람을 만났을 경우 갈 길과는 상관없이 말머

리를 그쪽으로 돌린다. 그러면 누구라 할 것 없이 먼저 상대방을 향해 두 손을 들어 흔든다. 이것은 손에 무기가 없다는 안전신호로서 서로의 만남을 확인한다. 그런 후 모두 말에서 내려 대화를 주고받는다. 일단 마주앉으면 버선과 장화 사이에 찔러넣은 긴 담뱃대를 꺼내 담배를 피우면서 이야기를 시작한다. 상대방이 먼 곳에서 온 사람이라면 문안인사 후에 반드시 그곳의 가축과 풀 상태를 묻는다. 그리고 대화에선 "무슨 좋은 소식이 있느냐"란 물음이 빠지지 않는데, 그 대답으로 인해 인마가 뜸한 초원에서 소식이 빠르게 퍼져나간다고 한다.

아니나 다를까, 젊은이들은 답례로 두 손을 저으며 일행 앞에 다가와 말에서 내린다. 그리곤 싱글벙글 웃으면서 기이하다는 듯 이곳저곳 두리

기마유목 청년

번거린다. 알고 보니 그들은 아오털의 '정찰병'들이다. '아오털'이란 한여름에 소떼나 양떼를 몰고 물과 풀이 풍성한 곳으로 방목하러 가는 일을 일컫는데, 이들이 바로 그러한 곳이 어디에 있는가를 미리 알아보려고 떠난 청년들이다. 나이는 스무살 안팎으로 한창 혈기왕성한 때다. 우리도 호기심이 동해 이것저것 물어봤다. 묻는 말에 그렇게 친절하게 답할 수가 없다. 그들은 말 타는 법과 채찍 휘두르는 법도 직접 시범을 보여준다. 함께 간식도 나누고 기념사진도 남겼다. 구릿빛 얼굴에 어깨가 탁 트인 건장한 이 청년들은 전형적인 몽골 유목민의 후예다. '아직 유목은 살아있다'의 산증인들이다.

자고로 초원에서의 유일한 생계수단은 가축을 기르는 축산업이다. 그런데 축산은 목초가 필요하며 인간이나 가축의 생명을 유지하는 데는 수원(水源)이 필수다. 게다가 계절의 변화는 인간이나 가축의 이동을 필연적으로 유발한다. 그 결과 인간이나 가축은 수원이나 목초를 따라, 그리고 계절의 변화에 적응하기 위해 끊임없이 이동한다. 이렇게 가축을 사양(飼養)하면서 물과 풀을 찾아 가재와 함께 주거지나 활동지를 이동하는 사람들을 통칭 유목민이라고 한다. 그런데 그들이 방목하는 가축의 종류라든가 이동하는 모양새는 지역이나 환경에 따라 서로 다르다. 어떤 유목민은 양 같은 가축을 사육하면서 좁은 영역 안을 맴돌지만, 어떤 유목민은

낙타 같은 가축을 이끌고 멀리 대
상(隊商)에 나서기도 하고, 또 어떤
유목민은 말 같은 가축을 타고 신
속히 먼 거리를 이동한다. 이렇게
그 어느 가축보다도 기동력이 강한
말이나 마구를 이용해 유목하는 사
람들을 기마유목민이라고 한다. 몽
골을 비롯해 북방 유라시아 초원의
유목민은 대체로 기마유목민에 속
하는데, 이들이 역사무대에 등장한
시기는 기원전 3000년경이다.

머리 큰 몽골말

　기마유목민의 이동과 생계의 기
본수단은 말이다. 말은 오랜 역사과정에서 야생에서 가축화로, 다시 기마
를 거쳐 유목민은 물론 농경민에 이르기까지 필수불가결의 축력이나 동
력으로 이용되어왔다. 말의 시조는 지금으로부터 약 5,800만년 전 아메리
카대륙의 북부와 중부에 나타난 페나코두스(Phenacodus)라고 하는, 키
가 50여cm밖에 안되는 다섯발가락의 야생동물이었다. 발가락이 퇴화되
어 에쿠스 카발루스(Equus caballus)라는 오늘의 말 모양을 갖추게 된 것
은 약 200만년 전이다. 오랜 야생 끝에 인간이 말을 식용 가축으로 사육하
게 된 것은 기원전 4000년대의 일이며, 그것이 다시 인간에 의해 이동이
나 운반에 사역(使役)된 것은 2,000년을 더 지난 후다. 즉 기원전 2000년경
부터 인간은 말을 타기 시작했다.

　그러다가 기마 역사에서 획기적인 변화가 일어난 것은 기마전술의 출
현이다. 그 출현의 계기는 하찮은 몇가지 마구의 발견이다. 기원전 1000

말을 낚는 법을 시범하는 장면

년경 서남아시아 유목민 사이에서 청동제 고삐와 재갈이, 그리고 그 이후 스키타이 사이에서 등자(鐙子)가 발명됨으로써 사나운 말을 길들이고 안전하게 승마할 수 있게 된다. 급기야 말을 타고 자유자재로 이동하거나 심지어 유희까지 즐기는 기마풍이 일기 시작한다. 이로부터 사상 초유의 기마전술이 안출되고 기마궁사들이 역사무대에 등장한다. 기마에 의한 빠른 이동은 사회경제생활에도 엄청난 변화를 몰고 왔는데, 기동력이 약한 돼지나 닭 같은 가축은 수행(隨行)이 어려워 사양에서 제외되거나 도태되지 않을 수 없었다. 반면에 상대적으로 기동력이 좋은 말이나 양, 소의 사양이 장려됨으로써 유목민들의 목축구조에 커다란 변화가 일어난다. 뿐만 아니라, 기마에 반드시 필요한 갑옷이나 마구 및 장식품, 그리고 기마에 적합한 짧은 검 등 기마 무기류도 새로 고안되거나 개조됨으로써 기동력이 월등히 강화되고 안정성도 담보되기에 이른다. 한편, 이러한 제반 요인은 도시문명이나 정착농경권에 대한 기마유목민의 침탈과 공격을 일으킬 가능성을 제공한다. 자그마한 '역사적 사변'이 엄청난 역사의 연동작용을 몰고 온 일례다.

오늘날의 말은 가축화가 시작된 때의 유럽산 야생마인 타팬(Tarpan)을 비조(鼻祖)로 하여 40여종으로 나뉜다. 다시 크게 북방종과 남방종으로 나눌 수 있는데, 대체로 북방종은 털이 길고 육중하며, 남방종은 털이 짧고 날씬한 편이다. 북방종은 몽골계통 말의 조상으로서 중국이나 한국의 재래종 말이 이에 속하며, 남방종은 아랍계통의 말이 그 대표종인데 한혈마(汗血馬)를 비롯한 중앙아시아 말들이 그 대를 이어가고 있다.

일찍이 현장(玄奘)은 『대당서역기』 모두(冒頭)에서 특산물을 기준으로 아시아 지역을 4대 구역으로 구분한다. 즉 북방은 '마주(馬主)의 나라', 남방은 '상주(象主)의 나라', 동방은 '인주(人主)의 나라', 서방은 '보주(寶主)의 나라'라고 한다. 북은 그 옛날의 험윤(獫狁)에서 흉노를 거쳐 오늘의 몽골에 이르는 북방 초원지대를 지칭한 것으로서 몽골은 말이 위주가 되는 나라라는 뜻이다. 이렇듯 자고로 몽골의 5대 가축(소, 양, 염소, 말, 낙타) 중에서도 말은 단연 으뜸가는 가축으로 진중되어왔다. 몽골말은 머리가 큰데, 백색을 선호하는 몽골인들에게 백마는 보배다. 준마가 하루에 550km를 달리는 데 비해 보통말은 겨우 150km밖에 안되니 저마다 준마를 갖고 싶어 말 사육이나 관리에 무척 신경을 쓴다.

몽골사람들에게 말은 사역으로서 중요할 뿐만 아니라 신성시되기도 한다. 말은 행운을 가져다준다고 믿기 때문에 게르의 입구엔 천마(天馬)를 그린 깃발을 걸어놓으며, 준마가 죽으면 머리와 네 다리를 잘라 산 정상의 오보 위에 안치한다. 굶어죽는 한이 있어도 안장을 팔지 않는 것도 이런 신성시에서 비롯된 관행일 것이다. 그들은 말을 벽사진경(辟邪進慶, 사악

몽골인들이 귀중히 여기는 백마

을 물리치고 경사를 가져온다)의 영물이라고 믿고 있다. 이러한 믿음은 말에 관한 여러가지 민담에서 찾아볼 수 있는데, 운청마(雲靑馬, 짙은 남색 말) 이야기 하나만을 예로 들어보자.

옛날 어지너 초원에서 왕의 양떼를 방목하는 청년 후더르는 용궁의 시은(施恩)으로 영특한 운청마를 얻어 키우면서 왕의 양치기 노예인 어여쁜 산단과 사랑의 인연을 맺는다. 이 사실을 알아챈 간악한 왕은 일석이조를 노려 산단을 체포하고는 마귀를 잡아온다든가, 설산 꼭대기의 설연(雪蓮)을 따온다든가 하면 산단을 석방하겠다고 능청을 떤다. 후더르가 운청마의 도움으로 이 모든 시련을 거뜬히 이겨내자 악에 받친 왕은 그를 체포해 처단하려고 한다. 이때 운청마가 나타나 긴 울음으로 물결을 일으켜 추적하는 왕 일당을 그 속에 수장해버린다. 고향에 돌아온 이 젊은 한쌍은 백년해로한다. 오늘도 후더르가 멀리 떨어져 있는 산단을 만나러 야밤을 무릅쓰고 다니던 사랑과 운청마를 기리는 이런 노래가 전해오고 있다.

어지너의 운청마여/정녕, 신기한 준마로다/천만리 머나먼 길을/어느새 달려왔나!/석양녘에 보금자리 찾는 온갖 잡새여/그 날개의 빠름을 자랑 마라/보금자리에 네 앉아 울면/울음소리 멎기 전에 내 닿으리!

월래 말은 영특한 동물로서 인간의 삶 속에 깊숙이 파고들어왔다. 그래서 이른바 '명마론(名馬論)'이 전해오고 있다. 중국 『삼국지』에 나오는 적토마(赤兎馬)는 고락을 같이한 관우(關羽)가 죽자 오나라의 마충(馬忠)에게 넘겨지지만 먹이를 거부한 채 굶어죽는다. 조선 광해군 때 만주 정벌에서 전사한 김응하(金應河) 장군의 유서를 강원도 고향까지 전달한 애마도 장군을 그리며 역시 굶어죽는다. 명마는 인간 이상으로 인간에 대한 충절을 잊지 않고 지켜낸다.

말갈기를 흩날리며 동북방 항가이산맥 쪽으로 채찍을 날리던 그 세 젊은이의 늠름한 모습이 지금도 눈앞에 선하다. 부디 무너져가는 유목사회의 지킴이가 되어주길 바랄 뿐이다.

22
지천에 깔린 오보(敖包)

　해가 뉘엿뉘엿 질 무렵 목적지인 서부 몽골의 중심도시 호브드(Hovd)
에 도착했다. 호브드는 산과 언덕으로 에워싸인 분지다. 어귀를 지켜선
언덕 위에 올라서니 고즈넉한 시내가 한눈에 내려다보인다. 경사진 길을
한참 내려가서야 시내가 나타난다. 시내에서 약간 떨어진 외진 곳에 자리
한 게르에 여장을 풀었다. 10여채의 게르가 울타리 안에 옹기종기 모여
있는 전문 여인숙이다. 열평 남짓한 게르 한채에 네명씩 투숙한다. 식당
과 화장실로 쓰이는 게르는 저만치 따로 있다. 알타이산의 신비스러운 낙
조에 혼을 빼앗기다보니 시간의 흐름에는 전혀 무감각이다. 여기는 대낮
이 길어서 아홉시가 훨씬 지나서야 해가 서산 너머로 떨어진다.

　다음날(7월 4일, 수요일) 아침 일찍 기상해 지금은 말라버린 옛 호숫가
를 산책하면서 멀리 알타이산 동남지맥의 눈 덮인 연봉을 연신 카메라에
담았다. 사막과 설경, 이곳 알타이만의 독특한 풍경이다. 오늘의 첫 일정

은 호브드박물관 관람이다. 찾아갔는데 '가는 날이 장날'이라, 때마침 수리중이라서 발길을 되돌려야 했다. 이어 1762년에 축조한 산긴 헬렘(만청시대 성채)을 돌아봤다. 만청정부가 이곳을 분할통치할 때 설치했던 관청과 가옥, 사원 자리로서 부지가 4만m²에 달하는 꽤 넓은 유적지다. 폭 1.5m에 높이 3m로 지은 성벽의 잔해가 약간 남아 있을 뿐, 관리가 허술해서 쑥대밭이 되고 말았다.

이 성채 바로 옆에 한 마스지드(이슬람 사원)가 붙어 있다. 민가 속에 돔 하나가 달랑 돌출돼 있어 그것이 마스지드임을 분간할 수 있다. 찾아가니 이맘(이슬람 성직자) 자바이 하나트란 분이 일행을 맞아준다. '앗살람 알라이쿰'(당신에게 평화를)이라고 인사하니 '알라이쿰 살람'(당신에게도 평화를)이라고 화답한다. 그밖에 '알라 아크바르'(알라는 가장 위대하다), '함둘릴라'(알라께 찬미를) 등 이슬람의 관용어 몇마디는 서로가 통한다. 한때 시내에는 수십호의 무슬림(이슬람 신봉자)들이 살고 있었으나 지금은 여남은 호밖에 남아 있지 않다고 한다. 30여평밖에 안되는 작은 예배당이지만 정면에 미흐라브(mihrāb, 예배 방향을 알리는 벽감)와 민바르(minbar, 설교단)는 제대로 갖춰져 있다. 그러나 예배시간을 알리는 마스지드 특유의 미어잔(mi'jan, 첨탑)은 보이지 않는다. 입구에 몽골어로 된 몇장의 홍보물이 부착된 것이 고작이다.

이슬람이 언제 몽골땅에 들어왔는지는 아직 뚜렷하게 밝혀진 바 없지만, 일찍이 몽골제국 초기부터 그 흔적이 보인다. 『몽골비사』에는 칭기즈칸이 엉구트부에서 온 이슬람 상인 아산을 만났다는 기록이 나온다. 그리고 1219년 몽골의 제1차 서정의 도화선이 된 '오트라르 사건'은 몽골이 파견한 3명의 사절과 450명의 무슬림 대상이 피격된 사건이다. 여기서 보다시피 당시 몽골에는 상당한 수의 무슬림들이 살고 있었음을 알 수 있다. 수도 카라코룸엔 무슬림 상인들의 거주구역이 따로 있었다고 한다. 사실상 세차례의 서정과정에서 끌고 온 색목인(色目人) 중 대부분은 페르시아인을 비롯한 서역 무슬림들이다. 당시로서는 선진문명을 구가하던 무슬림들이 일단 몽골제국에 와서는 제국의 요소마다에서 '문화 교사'의 역할을 하고 있었다. 이런 역할은 원제국 시대에도 이어졌다. 그러다가 원제국의 몰락과 더불어 라마교가 유입되고 만청의 반이슬람정책이 강화되자 이슬람세력이 급격히 약화되고 일부는 까자흐스딴이나 신장(新疆) 등 인근 지역으로 아예 떠나가버렸다. 그 결과 이 호브드에서 보다시피 이슬람의 흔적은 이제 거의 찾아볼 수 없게 되었다.

지금의 호브드는 1760년대에 건설된 비교적 오래된 도시다. 지금도 이곳에는 한때 서부 몽골 일원을 석권했던 오이라트족 후예들이 살고 있다. 자고로 알타이산맥을 사이에 두고 인접한 까자흐스딴이나 중국의 신장 지역과 교역이 활발하게 진행되고 있으며, 주변에 산과 초원도 있어 사냥 적지(適地)로 잘 알려져 있다. 거리에서 사냥총을 어깨에 비스듬히 메고 다니는 서양인들 몇몇을 발견했다. 그리고 시내에는 박물관과 사범대학 등 현대적인 문화시설도 있다. 그러나 어딘지 모르게 한적하고 호젓한 느낌을 주는 도시다. 시내의 서북쪽 언저리를 보얀트강이 흐르고 있다. 강가의 푸른 잔디 위엔 젊은이들이 삼삼오오 둘러앉아 담소며 회식이며 낭만을 즐기는 모습이 퍽 평화로웠다. 강가에서 말과 양들은 한가로이 풀을 뜯고 있다. 다리를 막 건너던 우리네 기사 도고가 갑자기 혼자서 무언가 흥얼거린다. 물어보니 유명한 노래 「맑은 보얀트」라고 한다. 리듬으로 미루어 서정적인 민요다.

시내를 빠져나오자 언덕이나 굽이마다에 형형색색의 오보(敖包)가 눈길을 잡는다. 물론 몽골족이 사는 세상 어디를 가나 오보가 지천에 깔려 있지만 이곳 서몽골의 오보는 유난히도 크고 다채롭다. 알타이산맥이 가까워오면서 지세가 복잡해지자 그에 걸맞게 내린 샤먼의 결단일 것이다. 어제 저녁 호브드에 입성할 때, 어귀의 언덕 위에서 만난 그 오보부터가 범상치 않았다. 크기도 크기거니와 거의 탑식으로 돌을 쌓아올렸고, 휘감은 천조각들도 다채로웠다. 다들 저도 모르게 숙연해지면서 일렬로 서서 탑돌이부터 했다. 우리네 돌탑을 연상케 하는 풍물이라서 그리 낯설지는 않다. 북방민족 고유의 원시종교인 샤먼에서 유래되었다는 점에서 모두에게 은연중 공감대가 형성되었던 것이다.

아마 몽골족의 풍물치고 오보만큼 널리 퍼져 있으면서 민족적 유대를 과시하는 풍물은 더 없을 것이다. 중국의 네이멍구나 신장, 바이깔 부근

에르데니 조 사원 내의 나무오보

의 부랴뜨, 티베트와 히말라야 산록, 그 어디나 몽골사람들이 사는 곳이라면 영락없이 오보가 눈에 띈다. 그도 그럴 것이 오보야말로 그 속에 몽골사람들의 전통적 의식구조와 심성이 오롯이 간직되어 있기 때문이다. 그래서 오보는 늘 사람들의 관심대상이 되고 있다. 이번 몽골 답사길에서 가장 주의깊게 카메라에 담은 피사체의 하나가 바로 오보다. 그렇게 다양하고 다채로울 수가 없다.

　원래 '오보'라는 말은 투르크어 '오바'에서 유래되었다고 하는 일설이 있으나 확실치 않다. 마찬가지로 오보가 언제부터 있어왔는지도 명확한 해답이 없다. 몽골에 관한 지고의 문헌이라고 하는 『몽골비사』에도 오보 위에 장식하는 천인 잘라마는 소개되고 있으나 오보에 관해서는 일언반구도 없다. 비록 고대의 문헌기록은 없지만, 여러가지 구전이나 청대 이후의 기록, 그리고 근대 서양인들의 기행문 등을 통해서 그 역사적 실체가 상당히 밝혀졌다. 오보는 16세기 라마교가 들어오기 전에 샤먼신앙에서 비롯돼 존재했다는 것이 중론이다. 아이러니한 것은 전래한 불교가 종래의 샤먼습성을 죄다 부정하면서도 유독 오보나 오보제만은 허용했다는 사실이다. 오히려 불승들은 샤먼을 대신해 희생제물도 마다하지 않은 채 오보제의 주재권을 넘겨받아 그 권한을 행사하고 있다. 그것은 뿌리깊은 전통적 습성을 무시할 경우 발생할 수 있는 반발을 잠재우기 위한 방편에

서였을 것이다. 이렇게 지금까지의 역사는 맹랑한 방편으로, 눈 가리고 아웅 하는 식의 자기부정을 합리화하는 수많은 행태들을 묵과해왔다.

몽골의 오보는 대개 고개나 산꼭대기, 강가뿐만 아니라 기묘한 모양새를 한 언덕이나 바위 등에도 마련되어 있다. 그러나 가장 많이 설치된 곳은 사방이 탁 트인 산꼭대기다. 이번 답사에서 매일이다시피 목격한 숱한 오보는 그 위치도 이렇게 여러가지일 뿐만 아니라, 형태도 이루 헤아릴 수 없이 다양하다. 오보를 장식하는 잘라마도 파란색을 위주로 한 갖가지 색깔의 천조각으로 오보를 휘감거나 꼭대기에서 내리드리워 그 조형미를 한결 돋보이게 한다.

오보는 어디에 위치하고 있는가에 따라 삼림오보와 초원오보로 나눌 수 있으며, 숫자에 따라 형태가 구분되기도 한다. 크게는 독립오보와 13오보, 군락오보로 나눠지는데, 독립오보는 문자 그대로 홀로 서 있는 것으

호브드의 마스지드(이슬람 사원) 외경

로서 여기에는 행정단위인 기(旗)나 군(郡, 숨)을 대표하는 오보, 씨족오보, 공동체오보 등이 속한다. 흥미로운 것은 13신을 상징하는 13오보인데, 중심오보를 가운데 놓고 좌우 일렬로 6개씩을 배치하거나, 아니면 동서남북 십자형으로 4개씩을 배치해 총 13개의 오보를 이룬다. 군락오보는 3이나 9, 108처럼 셀 수 있는 숫자와 셀 수 없는 숫자의 오보를 많이 거느리는 경우를 말한다. 뿐만 아니라, 오보를 구성하는 재질에 따라 돌오보(대부분)와 나무오보, 흙오보로 구분하기도 한다. 이런 것은 지역 고유의 지질적 특성을 고려한 구분이다. 심지어 가족단위로 만드는 임시적 눈오보도 있다. 또한 바치는 제수품에 따라 전통적 제수품만이 허용되는 오보와 여기에 더해 가축의 뼈나 털이 놓이는 오보 등이 있다. 그런가 하면

간혹 헌옷이나 목발, 유모차 등 낡은 일용품이 놓여 있는 오보를 발견하게 되는데, 알고 보니 이런 것들은 액땜 같은 개인의 절박한 소원이 담긴 물품으로서 허용된다고 한다. 마지막으로 행정구역별로 세우는 대표적 오보가 있는데, 이런 오보는 한 지역에 하나밖에 없으며 꼭 정기적인 오보제가 행해진다.

그렇다면 도대체 왜 이렇게 번잡한 오보를 만들어 기리고 있을까. 그 기능은 과연 무엇일까. 그럴싸한 기능이 없었던들 유지는 물론 발생도 없었을 것이다. 동행하는 몽골 친구들에게 그 기능을 물어봤더니 그때그때의 대답이 다르다. 그것은 경우에 따라 기능이 다르기 때문이다. 그러나 대별하면, 이정표나 경계표를 주기능으로 하는 오보와 신앙대상으로서의 기능을 수행하는 오보 두가지다. 이정표오보는 대체로 고개나 교차로에, 경계오보는 구릉에 세워지는데, 제사를 지내는 오보와는 달리 사람들이 접근해 술이나 우유를 바치며 탑돌이를 할 수 있다. 술이나 우유를 바칠 때는 하늘과 땅, 사람을 위해 석잔을 세번 공중에 뿌린다. 탑돌이는 해가 도는 방향을 따라 세차례 돈 다음 돌 하나를 집어 오보에 던진다. 신앙대상으로 되고 있는 오보 중에서 가장 중요한 것은 땅이나 강 등의 정령(精靈)이 산다는 지방신오보와 조상숭배의 유습이 스며 있는 씨족오보다. 그밖에 특정 사적을 기리기 위한 공동체오보나 개인의 기원을 목적으로 한 개인오보도 이러한 신앙대상 오보에 속한다.

신앙대상이 되는 오보에는 반드시 오보제가 치러지고 있는데, 그 목적은 가축의 번식과 기마의 안전, 마을의 안녕, 풍성한 목초 등을 신에게 기원하는 데 있다. 오보제는 대개 1년에 한번씩 모든 것이 풍성한 음력 5월과 8월 사이에 행해진다. 제의방식은 오보의 단장, 제문의 봉독과 제사, 탑돌이, 연회의 순이다. 특이한 것은 제문의 봉독과 제사의 주재자가 라마인 경우는 불교식으로, 샤먼인 경우는 샤먼식으로 한다는 점이다. 얼핏 보면 종교간의 평화적 공존 같지만, 사실은 궁여지책에서 나온 일종의 조율이다.

오보제의 연장선상에서 열리는 나담은 몽골의 대표적인 민속놀이로서 세계적으로도 명성이 자자하다. 몽골어로 '사람들이 모여서 즐긴다'라는 뜻의 나담은 일종의 축제로서 지금은 보통 사흘간 거행되는데, 승마·씨름·활쏘기로 구성되어 있다. 그중 활쏘기는 총포가 널리 퍼진 현대에 와서는 유명무실해지고 말았다. 열광 속에 진행되는 승마는 소년소녀들의 30km 경주다. 오보와 오보제, 나담은 몽골사람들의 끈질긴 전통의식이자 끈끈한 유대의 상징이다. 그런 전통과 유대가 이어져왔기에 어제와 오늘의 몽골이 있게 된 것이다.

23

초원에서 피고 진 돌궐

오늘의 몽골 초원은 700~800년이란 세월의 격차를 두고 세번이나 동서양을 갈무리한 세계적 제국, 즉 흉노제국과 돌궐제국, 몽골제국을 태동시킨 역사의 중요한 요람이다. 이것은 동서양 역사에서 전무후무한 일이다. 알렉산더제국이나 로마제국, 당제국이나 이슬람제국 모두는 한정된 지역에서 일어난 일회성 제국에 불과했다. 그럼에도 불구하고 우리는 아직 이른바 정착농경에 비한 이동유목의 후진성을 운운하면서 초원의 유목민들을 '야만인'으로 치부하고, 세계적 제국건설의 바탕과 동력이 되어온 그들의 유목문명을 아예 문명권에서 제외시키는 미몽에서 깨어나지 못하고 있으니, 역사의 아이러니치고 이보다 더한 아이러니가 또 어디에 있겠는가.

일찍이 돌궐제국의 본향이었던 이 몽골땅에서 제국이 남긴 흔적을 찾기란 쉽지 않다. 오늘날 흔적이랍시고 남아 있는 것은 고작 당시에 세워

체체르레크에 있는 제1 돌궐제국 시대의 부구트비
(높이 2.45m, 580년경 건립)

진 몇기의 비석과 혈통적으로 돌궐족의 후예라고 자처하는 까자흐스딴족 사람들뿐이다. 지금 일행이 알타이산맥 동남쪽 기슭을 따라 호브드에서 바얀올기로 북상하는 여로 주변이 바로 몽골 까자흐스딴인들이 지탱해온 삶의 터전이어서 돌궐제국의 옛 모습을 얼마간 엿볼 수가 있다.

돌궐은 그 어원부터가 수수께끼로 남아 있다. 돌궐제국을 건설한 사람들 스스로는 '투르크'라고 불렀지만, 한적(漢籍)에는 '돌궐'이라고 나온다. '돌궐'이 '투르크'의 음사라고 할 때는 투르크어의 어의를 따라 '강력' '성대' '기력' 등으로 해석한다. 학계에서 통용되는 해석이다. 그렇지만 음사가 아니라고 할 때는 해석이 달라진다. 『주서(周書)』나 『수서(隋書)』 등 중국 정사에 의하면, 금산(金山) 즉 알타이산 모양이 마치 원추형 두무(兜鍪, 투구)와 같은데, 그 음이 '돌궐'로 와전되었다는 것이다. 조금은 견강부회적인 해석이다. 그런가 하면 고대부족으로서 '연맹'을 뜻하는 칙륵(敕勒)이나 철륵(鐵勒)의 음사라는 주장도 있다.

돌궐족의 시원에 관해서는 대체로 흉노와 관련시켜 그의 별종이라든가, 아니면 그 북쪽에 있던 색국(索國)이나 정령(丁零)·선비(鮮卑)·철륵의 후예라는 주장이 강하지만, 투르키스탄(신장)에서 발원했다는 등 여러가지 엇갈린 설이 있어 아직 정설은 없다. 다만 그 체질에 관해서는 유골로 보아 대부분 몽골인이나 한국인처럼 단두형(短頭形)으로서 검은 머리에 큰 눈과 보통 키보다 약간 큰 체구를 가지고 있었음을 알 수 있다.

한편, 돌궐족의 시조에 관해서도 몽골족과 같은 북방 유목민족들이 공유하고 있는 낭생설화(狼生說話)가 전해오고 있다. 그 옛날 돌궐인들은 주변의 공격을 받아 어린 사내아이 하나만 남겨놓고 모두 살해된다. 어느날 사경에 처한 한 아이를 가엾게 여긴 암늑대 한마리가

울란바토르 남쪽 50km 지점에 있는 제2 돌궐제국 시대의 톤유쿡비의 남비(725년 건립)

그에게 젖을 먹이고 고기를 물어다주며 키운다. 후일 이 아이가 커서 암늑대와 결혼해 열명의 아들을 낳는다. 그중 막내아들의 이름이 아사나(阿史那, 투르크어로 '늑대'란 뜻)였는데, 그가 바로 돌궐제국의 카간(군주)을 배출한 부족의 조상이 되었다는 것이다. 물론 생물학적으로 늑대가 사람의 조상이 될 리는 만무하지만, 이것은 초원의 강자인 늑대에 대한 유목민들의 토템신앙을 반영한 것이다.

일단 탄생된 돌궐인들은 알타이산맥 부근에서 유목하면서 당시 몽골 초원의 맹주로 군림하고 있던 유연(柔然)에게 철이나 공납하는 연약한 집단이었다. 그러나 얼마 지나지 않아 투멘(土門, 일명 부민, 만호장)이란 수

아르항가이 코쇼 차이담 유적에서 출토된 퀼테긴의 두상(머리에 봉황 조각, 민족역사박물관 소장)

장이 나타나면서 545년경부터 초원로의 강력한 정치세력으로 역사무대에 등장한다. 그러다가 불과 7년 후인 552년에 서위(西魏)와 협력해 유연을 멸함으로써 명실상부한 초원로의 새로운 지배자로 떠오른다. 이에 투멘은 자신을 '일릭 카간'(Ilig Qaghan, 투르크어로 '일릭'은 '나라를 건설한 사람', '카간'은 '군주'란 뜻)으로 칭하고 제국의 중심지를 오르혼강 유역의 외튀켄(Otuken)에 정한다. 이것이 제1 돌궐제국의 출범이다.

돌궐제국은 건국 초기부터 이원적 통치체제를 유지해왔다. 즉 투멘은 제국의 동쪽을, 건국의 일등공신인 동생 이스테미(Istemi)는 서쪽을 각각 통치했다. 전성기는 제3대 목간(木杆, 553~572 재위) 카간 시대였다. 그 시기 판도가 동으로 대흥안령산맥과 요동만, 서로 카스피해와 흑해, 북으로 바이깔호, 남으로 고비사막을 넘어 북중국까지 확대되었으니, 실로 유라시아를 아우른 세계적 제국이었다. 특히 인접한 중국과는 일찍이 흉노와 한나라 관계를 연상케 하는 부자(父子)관계로 중국을 압박하고 있었다. 돌궐의 위협 앞에서 위(魏)나라를 계승한 북주(北周)와 북제(北齊)는 서로가 대립상태에 있었기 때문에 경쟁적으로 돌궐에 아부하면서 막대한 공물을 바쳤다. 북주는 매해 십만단의 비단을 헌상하고, 북제는 조공 때문에 국고가 바닥날 지경이었다. 사태가 이쯤 되니, 목간 카간이 "남쪽에

효성이 지극한 두 아이가 있는데, 내게 물자가 부족할까 무슨 걱정을 하겠는가"라고 호언장담할 법도 하다. 흉노로부터 돌궐, 그리고 몽골에 이르기까지 북방 '미개인'들로부터 당한 중화주의의 수모는 당초 이렇게 처참했다.

그러나 대체로 역대 유목국가들이 그러했듯이 카간의 승계문제를 둘러싼 내홍으로 인해 동·서돌궐로 양분돼(583) 사양길을 걷던 돌궐은 급기야 638년 당나라에게 멸망당하고 만다. 50여년간 당의 이

돌궐족 후예인 바얀올기의 까자흐스딴인

른바 '기미정책(羈縻政策, 중국 역대 왕조가 굴레를 씌운 듯이 다른 민족에게 취한 간접통치책)'에 묶여 시달림을 받게 된 돌궐족은 결코 굴하지 않고 국권회복운동에 나선다. 드디어 687년 정신적 고향인 외튀켄을 중심으로 남북 고비사막 전역을 망라한 제2 돌궐제국을 재건하는 데 성공한다. 제2 돌궐제국은 2대 묵철(默啜) 카간에 이어 3대 빌게(毗伽) 카간 치세 때까지 주변의 9성 30여개 부족들을 거느린 강대한 제국으로 성장한다. 그러나 친중국 일변도의 정책을 추구하는 빌게 카간에 대한 불만과 내분은 카간의 독살을 계기로 제국의 운명을 경각으로 치닫게 한다. 이러한 운명을 막아보려고 몇명의 카간들이 나타났지만 속수무책이었다. 결국 위구르와 바스밀(Basmil), 카를루크(Kharluk) 등 부족들의 연합반란으로 제국은 무너지고(745) 그 땅에 새로운 유목제국 위구르제국이 일어섰다. 이로써

200년간(545~745) 초원의 길에서 피어난 돌궐제국은 그 길 위에서 역사의 뒤안길로 사라지고 만다. 그러나 영영 사라진 것은 아니다. 역시 그 길을 통해 돌궐족과 그 문화는 중앙아시아와 서아시아 일원에까지 서전하며 오늘날까지도 그 명맥이 생생하게 이어지고 있다.

돌궐은 북방 유라시아 유목민족 가운데서 최초로 문자를 만들어 사용한 민족이다. 남아 있는 몇기의 돌궐 비문에 의해 확인되는데, 그 형태가 고대 게르만족이 사용했던 룬문자와 비슷하다고 해서 '룬체 문자'라고도 하지만, 양자간에 직접적인 관련은 없다. 셈계 아람문자나 고대 소그드문자에서 유래되었다는 일설이 있으나 확실치 않다. 문자를 가지고 있었을 만큼 발달한 사회문화와 강력한 국력을 바탕으로 한 돌궐은 제1제국 때부터 벌써 멀리 비잔틴과 교류를 하고 있었다. 6세기 비잔틴 역사가 메난도로스(Menandoros)가 전하는 비잔틴 사절단의 돌궐방문기를 보면, 카간이 기거하는 천막은 한마디로 황금과 비단으로 차 넘친다. 천막 내부는 화려한 비단으로 장식되고 침상이나 의자, 식기류는 모두 황금으로 만들어졌다.

오늘에 이르러 돌궐제국의 이 모든 실상은 그동안 발견된 몇기의 비문에 의해 여실히 실증되고 있다. 종전에는 주로 중국측의 문헌기록에 의해 각색됨으로써 많은 편단과 오류를 면할 수가 없었다. 19세기 말 러시아 지리학협회가 파견한 라돌프 탐험대에 의해 『몽골고대유적지도』 (1892~1899 출간)가 만들어진 이래 일련의 연구에 의해 비문들이 해독됨으로써 제국의 실태가 점차 확연하게 드러나고 있다. 그 가운데 중요한 비는 제1제국 시대의 부구트(Bugut)비와 제2제국 시대의 퀼테긴(Kül-Tegin, 闕特勤)비와 빌게(Bilge, 毗伽) 카간비, 톤유쿡(Tonyuquq, 暾欲谷)비의 4기다.

수도 울란바토르의 서쪽 400km 지점에 있는 해발 1,700m의 아름다운 도시 체체르레크의 박물관 정원에서 볼 수 있는 제1제국 시대의 부구트비(높이 2.45m)는 본래 근교 부구트에 있던 것을 이곳으로 옮겨온 것이다. 건조연대가 580년경으로 추정되는 이 비의 주인공은 이 지역을 지배하던 왕족 출신의 마한테긴(Mahan-tegin)이다. 상면에 중앙아시아의 소그드문자와 인도의 브라흐마(Brāhma, 산스크리트어) 문자가 새겨져 있으며, 이수

호브드시 입구의 표지석(선돌)

(螭首, 보통 뿔 없는 용이 서린 모양을 새긴 비의 머리)에 어린아이가 늑대의 젖을 빨아먹는 낭생설화의 모습이 새겨져 있어 유명하다.

제2제국 시대의 중요한 비석들은 제국의 중심지였던 오르혼강 주변의 코쇼 차이담(Khosho Tsaidam) 분지에 있기 때문에 그 비문들을 일괄해 '오르혼 비문' 또는 '코쇼 차이담 비문'이라고도 한다. 오르혼 비문은 12세기 이슬람 사학자 주와이니(Juwaini)에 의해 최초로 알려졌고, 1709년 러시아와의 전투에서 포로가 된 스웨덴 장교 스트라흐렌베르그에 의해 유럽에 전해졌으며, 1893년 덴마크 언어학자 톰센(Christian J. Thomsen)이 그 난해한 돌궐문의 판독에 성공했다. 가장 이른 비는 725년경 오늘의 울란바토르 남쪽 50km쯤 지점에 있는 제국 재건의 일등공신인 톤유쿡의 비(남비와 북비)다. 다음으로 몽골제국의 수도였던 카라코룸에서 북쪽으

북부 국경도시 알탄볼라크에 있는 돌사람

로 약 40km 떨어진 오르혼강 동안에 732년과 735년에 각각 세워진 퀼테긴과 빌게 카간 형제의 비가 있다. 퀼테긴은 쿠데타로 숙부 카간을 몰아내고 그 자리를 형 빌게에게 양보한 인물이다. 비문은 기본적으로 돌궐어로 쓰여졌지만, 퀼테긴비처럼 한문(당 현종의 추도글)으로 씌어진 것도 있다.

비석들의 주위에는 대체로 여러 가지 석인(石人)과 '바르바르'라고 하는 미가공 돌기둥이 배치되어 있다. '바르바르'는 주인공이 생전에 살상한 적을 상징하는데, 그 수가 100에서 1,000까지(퀼테긴비는 무려 3km) 이른다. 퀼테긴 비문에서 특별히 주목되는 것은 해가 뜨는 동방의 나라 '뵈클리'(Bökli)가 두번 언급된다는 사실인데, 그 나라가 바로 고구려라는 것이다. 한번은 조문사절을 보내온 나라이고, 다른 하나는 당을 도와 원정한 나라라는 것이다. 아무튼 고구려와 돌궐의 관계를 시사하는 비문으로서 대단히 진중되는 기록이다.

여기 몽골땅, 특히 서부지역을 다니다보면 곳곳에서 사슴돌〔鹿石〕과 돌사람〔石人〕, 선돌〔立石〕 같은 돌유물들을 발견하게 된다. 물론 이런 유물들은 북방 유라시아 여러 지역에서도 볼 수 있지만, 몽골에 가장 흔하다. 사슴돌이나 선돌은 우리네 정승, 돌사람은 제주도의 돌하루방 같아서 낯설지 않다. 그중 사슴문양 위주의 음각 사슴돌(몽골어로 보등쇼)은 사슴

숭배에서 비롯된 것이 분명한데, 보통 2m 안팎의 높이에 폭 60∼80cm, 두께 약 20cm로서 문양이나 새김법이 다양해 시대상을 잘 반영하고 있다.

이러한 비문들과 석조물들은 개화한 유목 돌궐족들의 신성한 세계관을 올곧게 증언하고 있다. 그들의 방위관념은 동→서→남→북이 아니라, '탱그리' 즉 '천신'을 상징하는 태양의 진행방향을 따라 동→남→서→북이다. 외국 조문사절의 명단 배열순을 보면 역시 정치적 친소(親疎)관계에 따른 것이 아니라 이 방향관념에 따른다. 그리고 비문에서는 고구려를 비롯한 여러 나라들의 군주를 일괄해 '카간'으로 호칭한다. 이것은 그들이야말로 천자는 오로지 하나뿐이라는 경직된 일원적 세계관을 벗어나 유연한 다원적 세계관의 소유자임을 웅변적으로 증명해준다. 이제 우리는 돌궐족을 비롯한 북방 유목민들을 '잔인하고 미개한 문명의 파괴자'라고 호도하는 미몽에서 깨어나야 할 것이다.

24
몽골은 어떻게 갈라졌는가

어떤 중국사람들은 자국 지도를 펼쳐놓고는 이런 회심과 걱정을 한다. 원래 중국지도의 모양새는 온전한 엽상(葉狀, 잎사귀 모양)이었는데, '외몽골'이 갈라져나가면서 등살이 없어진 수탉 모양을 하게 되었고, 이제 티베트가 떨어져나간다면 통통한 가슴살이 빠져버린 여윈 수탉 꼴이 될 것이며, 여기에 더해 신장(新疆)마저 잃어버리게 되면 엽상은 아예 일그러져 볼꼴 사납게 되고 만다는 것이다. 그래서 중국지도를 확 바꿔놓는 이런 '참변'은 막아야 한다는 것이다. 중국 당국이 이른바 '다민족 통일국가론'을 내세우면서 티베트나 신장의 이탈을 막기 위해 전전긍긍하는 것은 혹여 이 때문은 아닌지.

'외몽골'이 떨어져나갔다는 이른바 '수탉론'의 진원은 따지고 보면 수백년 전으로 거슬러 올라가며, '수탉'형으로 변하기까지의 과정은 얽히고 설킨 실타래처럼 실로 복잡다단한데, 한마디로 요약하면 우여곡절이 많

호브드에 있는 만청통치 시대의 산긴 헬렘 성채(1762년 축조) 전경

은 분단과정이다. 그런 상황은 아직껏 종지부를 찍지 못하고 있다. 그 속에서 많은 진실이 가려지고 호도되어왔다. 그 결과 몽골이 분단국가라는 사실을 인지하는 사람은 그리 많지 않은 것 같다. 몽골사람들 자체도 분단의 현실에 대해 적어도 겉으로는 통감하는 성싶지 않으니, 남이야 관심 밖일 수밖에 없다. 그렇다고 방관시할 수는 없다. 왜냐하면 몽골의 분단을 둘러싸고 여러 세력들간에 해묵은 공방이 계속되고 있으며, 그런 공방은 조만간에 그칠 기미를 보이고 있지 않기 때문이다.

사실 필자는 지난 시기 몽골의 분단현실에 관해 상당히 궁금했었다. 궁금할수록 종잡을 수가 없었다. 젊은 시절 듣고 배운 것과 현실 사이에 상당한 괴리가 있는데다가 이 문제에 대한 각방의 시각이 서로 다를 뿐만

호브드 향토박물관 외경

아니라 수시로 바뀌어왔다. 여기에 더해 이상하리만치 이 문제에 관한 연구가 미미하고 애매모호하다. 아마도 껄끄러운 문제라서 그러한가 보다. 그리하여 이번 현지답사, 특히 중국 만청통치의 흔적이 묻어 있는 서몽골 일원에 대한 현장답사를 통해 조금이나마 그런 궁금증을 풀어보려고 작심했다.

　2007년 7월 4일(수요일) 이른 시간에 호브드 향토박물관을 찾았다. 그러나 수리중이어서 사진 몇장만 얻어가지고 발길을 되돌렸다. 이어 1762년에 축조한 만청시대의 산긴 헬렘 성채를 찾았다. 만청정부가 이곳을 분할통치할 때 설치했던 관청과 주택, 사원 등을 에워쌌던 성채다. 부지면적이 약 4만m²에 달하는 꽤 넓은 유적지다. 폭 1.5m에 높이 3m로 지은 성벽의 잔해가 약간 남아 있을 뿐, 관리가 허술해 완전히 폐허가 되고 말았다. 미풍에 흐느적거리는 가지를 수북이 드리운 아름드리 고목 몇그루만이 외로이 남아서 마냥 통탄스러운 그 옛날을 고발하고 있는 성싶었다.

호브드는 17세기 전반 청나라 강희제(康熙帝)의 네차례에 걸친 친정(親征)을 계기로 청나라의 통치기구가 자리하던 곳으로서, 관련유물이 그 어느 지역보다도 많이 남아 있다. 그런 유물이 가장 많이 소장되어 있는 곳이 바로 호브드 향토박물관이다. 그래서 박물관측과 바얀올기에 갔다가 사흘 후에 다시 찾기로 약속했다. 약속이 지켜질까 조마조마한 심정으로 박물관 문을 노크했다. 다행히 박물관측은 최선을 다해 수리를 끝내고 일행을 맞이한다. 바닥을 새로이 칠하고 몇군데는 카펫도 깔아놓았으며 유품들도 깔끔히 전시해놓았다. 안내원의 해설도 친절하다.

박물관 입구에 놓여 있는 개관을 기념해 만들어진 대형 놋쇠솥에는 '대중화민국 16년 8월 (…) 조(造)'라는 글씨가 음각되어 있어 1927년에 세워진 꽤 오래된 박물관임을 알 수 있다. 중화민국 시절까지도 이곳에 중국의 행정력이 미쳤음을 말해준다. 유물 대부분은 2층에 전시되어 있는데, 놀랍게도 몽골사람들의 반청(反淸) 독립운동에 관한 자료들과 유물이 많이 전시되어 있다. 전시실 입구에는 근엄한 모습을 한 운동지도자 도군(Daugun)의 동상이 세워져 있다. 만청 통치자들의 잔혹성을 폭로하는 각종 형구(刑具)들도 전시되어 있는데, 그중에는 '건릉오십년오월십삼일'이란 한자가 압인된 끔찍한 대형 참수도(斬首刀, 목 치는 칼)가 눈에 띈다. 보는 순간 소름이 끼친다. 그밖에 지역사와 관련된 볼 만한 유물들도 여러점 있다.

한시간 남짓하게 전시품을 돌아보면서 몽골 분단의 통사(痛史)를 피부로 느꼈다. 그러면서 우선 떠오르는 것이 분단의 상징인 호칭부터 바로잡

만청통치 시대에 사용한 대형 참수도(斬首刀, 호브드 향토박물관 소장)

아야겠다는 생각이다. 몽골이 이른바 '내·외몽골'로 갈라져 불리기 시작한 것은 중국땅에 이민족의 만청이란 나라가 들어서면서부터다. 그 전대인 명나라 때만 해도 오늘의 몽골땅 전체를 '북원(北元)'이라 부르며 '내·외'는 없었다. 그러다가 청대에 들어와서 몽골땅이 청나라 영토의 일부라는 이유로 고비사막을 경계로 해서 그 이남은 막남(漠南), 이북은 막북(漠北), 이서는 막서(漠西)의 세조각으로 찢긴다. 후일 막남에 대한 통제가 강화되면서 정치적 소원관계에 따라 막남을 '네이멍구', 막북과 막서를 통틀어 '외몽골'로 칭하게 된다. 이러한 호칭이 오늘날까지 합법인 양 회자되고 있는데, 이것은 몽골을 중국영토의 일부분으로 보는 데서 나온 부당한 호칭이다. 오늘의 상황에서 굳이 구분한다면, 중국 몽골과 독립국 몽골로 대별해야 할 것이다. 역사에서 보면, 원대와 같이 한인들의 땅이 몽골인들의 예하에 들어간 적은 있어도, 한인들이 몽골땅 전체를 공식 지배한 경우는 없다. 만주족이 세운 청나라가 한때 쿠룬(庫倫, 오늘의 울란바토르)에 대신을 파견하고 청군을 주둔시킨 일은 있지만, 이것은 어디까지나 중국이 관행적으로 써오던 기미정책(羈縻政策)적 성격의 간접통치에 불과했다. 그럼에도 불구하고 몽골땅이 마치 역대의 중국 영지인 양 치부하면서 '내·외'를 운운하는 것은 어불성설이다.

흔히들 몽골 분단의 발단을 만청의 출범으로만 보는데, 사실은 짜르러시아의 동방 진출이 그 불씨에 기름을 끼얹는 역할을 했다. 17세기 짜르러시아의 동방 진출은 필연적으로 만청과의 분쟁을 야기하게 되는데, 그 분쟁을 해결하기 위해서는 양자 모두에게 완충지가 필요했다. 그 완충지 희생양이 된 곳이 바로 '외몽골'이다. 이때부터 '외몽골'을 둘러싼 러시아와 중국 간의 갈등은 줄곧 몽골 분단의 주요한 객관적 요인으로 작용한다. 강희제 치세 연간(1661～1722) 짜르러시아에서 천산산맥(天山山脈, 톈샨산맥) 이북의 오이라트 부족의 칼단을 사주해 할하(외몽골)를 침공하자 강희제는 세차례의 친정(親征, 1696～1697)을 단행해 칼단을 패주시키고, 이를 계기로 '외몽골'을 자신의 영향권 내에 편입시킨다. 잇달아 러시아와는 '네르친스끄조약'(1689)과 '꺄흐따조약'(1727)을 체결해 국경분쟁 문제를 매듭짓고 몽골에 대한 만청의 종주권과 러시아의 시베리아 진출권을 맞바꾼다.

1911년 만청을 뒤엎은 신해혁명은 몽골 분단의 결정적 계기가 된다. '황색 러시아'의 미몽을 버리지 못한 러시아는 절호의 기회로 여기고 몽골의 왕공들과 상층귀족, 활불들과의 비밀거래를 통해 중국으로부터의 독립을 모략한다. 그해 12월 '외몽골'의 왕공들과 활불들이 쿠룬에 모여 중화민국 참여를 거부하면서 '대몽골국'의 독립을 선포한다. 이것이 이른바 '외몽골'의 제1차 독립선언이다. 이 선언으로 성립된 새 정권을 '보그드칸 정권'이라고 하는데, 국가수반으로 티베트 출신의 제8대 활불 젭 춘담바 쿠툭투(Jebtsundamba Khutuktus)를 추대한다. 그러나 러시아에서 10월혁명이 일어나고, 중국에서 군벌전쟁이 격화되고, 일본이 시베리아 간섭전쟁을 발동하는 등 국제정세가 소용돌이치자 이 정권은 오래 지탱될 수 없었다. 10년 후 '외몽골'의 활불과 라마, 왕공들이 러시아 백파군(白派軍)을 불러들여 쿠룬을 함락하고 역시 활불 쿠툭투를 군주로 하는 정부를 선포한다. 비록 단명으로 끝났지만 이것이 제2차 독립선언이다.

한편, 같은 해에 러시아 10월혁명의 영향을 받은 하급군인들과 지식인들은 민족독립을 기치로 한 인민당을 결성하고 러시아 적군(赤軍)의 지원하에 백파군을 축출하고 역시 같은 활불을 군주로 한 입헌군주제의 인민혁명정부를 수립한다. 이어 1924년에 활불이 사망하자 국호를 공화제의 몽골인민공화국으로 개칭한다. 이것이 '외몽골'의 제3차 독립선언이다. 그러다가 제2차 세계대전이 결속되자 '외몽골'의 독립 여부에 대한 국민투표를 실시한다. 그 결과 투표자의 97.8%가 독립을 찬성, 결국 국민당 남경정부는 독립을 공식 인정하기에 이른다. 이것이 '외몽골'의 제4차 독립선언이다. 중국사람들은 이 선언으로 '외몽골'은 영영 '조국의 품'에서 떠났다고 생각한다. 그러나 일부 중국학자들은 몽골인민공화국은 소련의 위성국이었기 때문에 진정한 독립은 1990년대 초 소련이 무너진 때부터라고 강변하기도 한다.

한편, 국민정부 치하에 있던 '네이멍구'에서도 '외몽골'의 독립운동과 때를 같이해 네이멍구 시린꿔러맹(錫林郭勒盟) 출신의 약칭 덕왕(德王)이라고 하는 데므치그돈로브(德穆楚克棟魯普) 왕공의 주도하에 자치운동이 전개되었다. 그는 장제스(蔣介石)의 국민정부가 실행하는 개간을 비롯한 일련의 한화정책에 불만을 품은 네이멍구인들의 정서를 타고 주변의 몇몇 왕공들을 규합해 1933년 빠이링먀오(百靈廟)에서 제1차 자치회의를 열고 자신을 비서장으로 하는 자치기구인 '몽정회(蒙政會)'를 출범시킨다. 중국은 '동일국가 동일민족'이라는 쑨원(孫文)의 국가이념을 계승한 장제스도 중국에는 '다른 민족은 없으며, 있다면 동일민족의 다른 종족일 뿐'이라고 주장하면서 겉으로는 몽정회를 승인하나 실질적으로는 지방에서 생긴 한 군벌쯤으로 냉대했다. 그리하여 덕왕은 일본의 힘을 빌려 자치를

'대몽골국'(1911년 12월 선포) 군주인
제8대 활불 젭춘담바 쿠툭투

시도해봤으나 결국 일본이 조작한 '몽강(蒙疆)연합위원회'란 음모에 휘말려 그 환상은 깨지고 만다. 2차대전 후 국민당의 패색이 짙어져가는 틈을 타 1949년 덕왕은 '몽골자치정부'를 선포한다. 그러나 중공의 권력장악으로 그의 '경화수월(鏡花水月, 거울 속의 꽃과 물 속의 달)' 같은 자치의 꿈은 산산조각나고 만다. 그 자리를 우란푸(烏蘭夫)가 이끄는 네이멍구자치구가 메운다. 이렇게 칭기즈칸의 몽골제국으로부터 근 800년을 면면히 이어오던 하나의 몽골은 막북의 몽골인민공화국(지금은 몽골국)과 막남의 네이멍구자치구로 양분되고 말았다.

중화인민공화국이 성립된 이후 중국과 소련 간에는 '외몽골' 문제를 놓고 미묘한 신경전이 벌어져왔다. 마오쩌뚱(毛澤東)과 스딸린(Stalin) 회담에서 마오쩌뚱이 이 문제를 꺼냈으나 스딸린의 냉대로 논의는 더이상

의 진척 없이 그저 양국 동맹조약문에 '몽골인민공화국'을 공인한다는 선에서 그치고 만다. 저우언라이(周恩來)와 흐루시초프(Khrushchov) 간의 회담에서는 이 문제가 아예 언급조차 되지 못했으며, 그후 국경분쟁 등 양국간의 관계가 긴장됨에 따라 이 문제를 에워싼 비방전이 벌어지고, 여기에 소련 편을 들어준 몽골인민공화국이 가세함으로써 논쟁은 재연되었다. 그러다가 실용주의자 떵샤오핑(鄧小平)과 고르바초프(Gorbachov)의 회담(1986)에서 약간의 실마리가 풀려 1992년 소련군이 몽골에서 철수한다. 이를 계기로 몽골문제를 둘러싼 3국 관계는 일시 조정기에 들어서기는 했지만, 또 언제 어떤 문제가 터질지 아무도 장담할 수가 없다.

이상에서 보다시피, 강대국들의 틈바구니에 끼어 몽골인들의 의사와는 무관하게 하나의 몽골이 둘로 쪼개진 것만은 분명하다. 언제 다시 하나로 될 것인가의 여부는 민족자결과 자존의 원칙대로 그들 스스로에게 맡겨져야 한다. 몽골의 분단사는 역사의 거울이 될 수 있다. 통절한 교훈은 자기 운명은 자기가 개척해야 한다는 것이다.

25
흐미의 고향 호브드에서

몽골음악 하면 그 독특한 발성법으로 인해 널리 알려진 성악이 하나 있다. 그것이 바로 흐미(또는 후미Khoomii)다. 호브드시에서 동쪽으로 150km쯤 가면 해발 3,797m의 잘간트하일한산 기슭에 전형적인 자그마한 초원 마을이 나타난다. 흐미로 유명한 찬드마니(Chandmani) 마을이다. 이 마을은 역대의 유명한 흐미 가수들을 숱하게 배출했으며, 대대로 가수 전통을 이어온 가족이 있는가 하면, 온가족이 흐미 가수인 경우도 있다. 물론 산과 초원, 물과 바람이라는 자연환경이 천부적인 재능을 부여하겠지만, 여기에 더해 마을사람들은 전통에 대한 크나큰 자부심을 간직하고 피타는 내공을 쌓아감으로써 비로소 그토록 어렵다는 성악의 높은 경지를 계승해가고 있는 것이다. 그래서 좁게는 이 마을을, 넓게는 이 성악을 흥행시킨 호브드 일원을 흐미의 고향이라고 한다.

흔히들 스위스의 알프스 지방에 사는 주민들이 부르는 요들(yodel)을 독특한 창법의 노래라고 알고 있으며, 요들단의 세계일주공연은 일찍부터 명성이 자자했다. 낮은 가슴소리와 높은 가성(假聲, falsetto)이 자주 또는 빨리 교체되는 모음창법(母音唱法)이 특징인 이 노래가 보통 창법이 아닌 어렵고 독특한 창법이라는 것은 음악계의 공인된 사실이다. 그러나 흐미는 요들보다도 더 어렵고 미묘한 창법이라는 것도 공인된 사실이다. 흐미는 입을 거의 움직이지 않고 목청과 혀로만 뱃속의 깊은 소리를 끌어내는 창법이다. 창법에는 듣기만 해도 의아스러운 콧소리, 입과 콧소리, 성대소리, 가슴소리, 몸통소리 등 다섯가지가 있다.

처음 들었을 때는 콧소리가 많아서 콧노래구나 하고 착각했는데, 자주 들어보니 골격음악의 앞뒤에서 그 음을 꾸며주는 장식음이 매우 다양해 요들보다 훨씬 감미로운 음악이라는 것을 느끼게 된다. 그래서 우리나라 음성학회를 비롯해 세계 여러나라 음악계에서는 일찍부터 이 독특한 창법에 관해 관심을 가지고 연구를 계속하고 있다. 그러나 모창마저도 하기 어렵다고 한다. 동행하는 현지 안내원에게 물어보니, 흐미랍시고 하는 사람은 천명 중 한명꼴이지만, 제대로 하는 사람은 몇 안된다고 한다. 그리고 여기 호브드 지방의 흐미가 가장 전통적인 것이지만, 지방마다 창법이 조금씩 다르다고 한다. 대표적인 곡으로는 「산 정상의 흐미」 「알타이 찬가」 「항가이 찬가」 등이 있다. 그 독특한 발성과 창법으로 하여 흐미야말로 음악에 대한 몽골의 세계사적 기여라고 평가해 마땅할 것이다.

예로부터 몽골사람들에게 음악은 삶의 일부가 아니라 그 자체다. 유목민인 그들은 드넓은 초원에서 유목하면서 살기 때문에 모여살거나 정착하지 않고 개별적으로 부단히 이동하면서 살아간다. 이런 환경에서 그들은 음악을 언어처럼 서로의 소통을 가능케 하는 하나의 수단으로 사용한다. 또한 그들의 생활은 간단없이 부지런히 일을 해야 살아갈 수 있는 정착민들과는 달리, 일단 목축을 풀밭에 풀어놓고 나면 여유작작한 여가가 생기게 마련이다. 이런 여가를 때우는 데는 음악이 그만일 수밖에 없다. 그래서 자연스럽게 음악을 즐기게 될 뿐만 아니라, 음악에 대한 여러가지 기대와 신앙을 갖게 된다.

그들은 음악의 선율이야말로 모든 사물에 영향을 미칠 수 있는 독특한 언어라고 인식해왔다. 유목민들은 새끼를 잃은 어미를 달래 다른 새끼에게 젖을 주게 하려고 할 때나, 새끼를 멀리하는 어미로 하여금 자신의 새끼를 받아들이게 하려고 할 때, 언제나 악기를 타고 그 가락에 맞춰 노래를 부른다. 이처럼 사람의 입, 즉 말로 달래지 못한 것을 음악이라는 또 다른 입, 즉 가락으로 가축의 마음을 부드럽게 하고 움직일 수 있다고 믿는다. 그래서 사람의 말을 '바가 헬' 즉 '작은 입'이라 하고, 음악의 입(가락)을 '이흐 헬' 즉 '큰 입'이라고 한다. 정말로 유머러스한 유목민다운 삶의 비유다. 그들은 독특한 음악적 영감의 소유자들이다.

몽골사람들은 음악에 대한 이해가 상당히 다양하고 폭이 넓다. 자연계의 여러가지 소리를 음악에 포함시키고 음악으로 승화시킨다. 경전을 낭독하는 콧소리, 축복해주는 외침소리, 명상중의 중얼거림, 동물의 울음소리를 모방한 소리 등도 죄다 음악에 포함시킨다. 그래서 그들은 새소리나 말발굽소리, 물소리 같은 자연계의 소리를 즐겨 흉내낸다. 여기에는 이러한 자연의 모방을 통해 자연과 소통하고 자연에 동화함으로써 자연의 극락으로 갈 수 있다는 신조(神鳥) 신수(神水)의 심오한 철학이 바탕에 깔려 있다. 자연현상을 모방한 음악은 초자연적 힘을 발휘하며, 새는 하늘 높이 날고 물은 지하세계로 통하는 길을 터주기 때문에, 새나 물의 소리를 모방한 음악은 곧 인간의 영혼을 극락세계로 인도한다고 믿는다.

몽골의 음악은 성악곡이 주류를 이루며 순수 기악곡은 드물다. 우리나

몽골악기 중 가장 널리 쓰이는 현악기 마두금

라의 「정선아리랑」처럼 자유리듬으로 음악적 변화를 즉흥적으로 주기 때문에 선율은 비교적 단순하지만 가락은 여러가지 장식음으로 꾸며진다. 몽골음악은 기본적으로 무반음 5음계를 바탕으로 한다. 이 점은 우리나라 음악과 비슷하다. 지역에 따라 유반음 6음계나 유반음 5음계 또는 7음계도 사용하고 있다. 노래는 속요풍(俗謠風)의 노래, 오락의 노래, 의식의 노래 등으로 나뉜다. 속요풍의 노래로는 「목양(牧羊)의 노래」 등이 있고, 오락의 노래로는 나담제에서 부르는 「씨름 응원가」가 있으며, 「성 칭기즈칸 노래」 같은 것은 의례 때 부르는 의식의 노래에 속한다.

가요에는 우리나라 판소리와 비슷한 것이 있어 주목을 끈다. 그것이 바로 올린도(Olindo)라고 하는 서사적인 긴 노래다. 이것은 중앙아시아의 영웅이야기 전통에서 유래되었다고 한다. 가사가 2만행이 넘는데, 노래와 노래 사이에는 우리나라 판소리처럼 다른 대목으로 넘어가기 전에 자유리듬으로 사설을 엮는 아니리 대화체를 삽입하기도 한다. 선율과 리듬은 이야기 속에서 전개되는 싸움이나 슬픔, 기쁨, 말타기 같은 장면을 상황에 맞게 즉흥적으로 엮어가면서 연주를 이끌어간다. 악기반주는 가수에 따라 넣기도 하고 빼기도 한다. 우리나라 판소리는 소리꾼과 고수 두 사람이 엮어가지만, 올린도는 가수가 노래와 말, 악기반주를 혼자 담당하는 비교적 단출한 편성이다.

몽골의 악기는 크게 전통악기와 외래악기의 두 종류로 나뉜다. 고유의 전통악기로 호가(胡笳, 피리의 일종)나 호각(胡角, 뿔피리의 일종) 등이 있었으나 지금은 사라지고 없으며, 남아 있는 전통악기로는 찰현악기(擦絃樂器)인 모린호르(Morin Khuur, 馬頭琴)와 발현악기(撥絃樂器)인 야탁(Yatag, 한국 산조가야고와 비슷)과 샨드즈(3현), 타현악기(打絃樂器)인 요오천(한국의 양금과 같음) 등이 있다. 마두금(모린호르)을 비롯해 현재 사용되고 있는 악기의 대부분은 외부에서 들어온 것이기는 하나 실정에 맞게 개조한 것들이다. 마두금은 아랍의 라바브(Labāb)를 본떠서 만든 것이고, 호궁(胡弓)은 거란의 해금(奚琴)을 개조한 것이다. 원대에는 멀리 아랍이나

한국의 산조가야고와 비슷한 악기인 야탁

이란, 티베트에서, 명대와 청대에는 중국에서 여러가지 악기가 유입되어 기악합주까지 가능했다. 합주악기로는 12현의 쟁(箏)과 중국의 3현, 운라(雲鑼), 동각(銅角), 피리, 북, 퉁소, 양금 등이 있다.

외국악기를 받아들여서 주체적 정서에 맞게 창의적으로 개조함으로써 오랫동안 널리 애용되고 있는 악기 중에서 가장 유명한 것은 거의 전통화된 마두금이다. 마두금은 사람뿐만 아니라 산과 물, 식물과 동물, 눈에 보이는 것과 보이지 않는 것, 이 모든 것을 일깨우고 번성케 하며 기쁘게 하고 죽음까지도 멀리하게 한다고 믿고 있다. 그래서 마두금 소리가 나지 않는 곳에서는 다툼이 자주 일어나고, 어른들은 성미가 급해 모든 것에 신경질적이며, 아이들은 겁이 많아 울어대기가 일쑤라고 한다. 가정에서 가축이 죽거나 무슨 자연재해를 입게 되면「천공의 문 닫기」란 곡조를 연주

현악기 돔브르(좌)와 슈드투르(우)

하거나 벽사진경(辟邪進慶)의 의례를 거행하기도 한다. 마두금을 연주하는 가정에는 좋은 수말과 수낙타의 축복이 내려진다고도 믿는다. 이런 유의 악기로는 마두금 말고도 지공(指孔, 구멍)이 세개 달린 종적(縱笛, 세로로 부는 피리)이 있는데, 매해 정월 초하루에서 초사흘까지 사흘 동안 불면 그해의 액운을 몰아낸다고 한다.

마두금은 관련 전설이나 민담에서부터 범상치 않은 악기임을 알 수 있다. 전설에 의하면 마두금을 만든 사람은 차하르(Chakhar) 초원의 어린 목동 쑤허다. 어느날 귀가하는 길에 버려진 망아지를 발견하고 안고 돌아온다. 정성껏 키운 덕에 망아지는 모두의 부러움을 사는 흰 준마로 자란다. 어느 해 봄 친왕이 개최한 경마대회에서 단연 우승한다. 우승자 쑤허가 가난뱅이 목민이라는 걸 알게 된 친왕은 당초 우승자에게 딸을 주어 부마로 삼겠다던 언약을 팽개치고 쑤허에게 돈 몇푼에 백마를 팔라고 강요한다. 거절하자 쑤허는 뭇매를 맞고 피투성이가 되어 집으로 돌아온다. 그러던 어느날 백마는 여러개의 화살이 꽂힌 채 피땀을 흘리며 쑤허를 찾아온다. 그러나 심한 상처로 인해 다음날 아침 숨을 거두고 만다. 알고 보니, 사악한 친왕은 빼앗은 백마를 타고 거들먹거리려다가 백마에게 내동댕이당하고 만다. 백마는 화살을 맞으며 도망쳐 쑤허를 찾아온 것이다. 애마를 잃고 비통한 나날을 보내던 쑤허가 어느날 밤 꿈결에 살아 있는 백마를 만난다. 백마는 함께 있으려면 자신의 힘줄과 뼈로 거문고를 만들라고 당부하고는 사라진다. 꿈에서 깨어난 쑤허는 백마의 당부대로 힘줄과 뼈, 꼬리로 거문고를 만든다. 그것이 바로 초원 사람들의 심금을 울리는 마두금이다.

마두금에 관한 전설은 여러개가 있는데, 그중 하나만을 더 소개하면, 옛날 몽골 동쪽에 남질이라는 의적(義賊)이 있었는데 서쪽 변방에서 군생활을 하다가 그곳 공주와 사랑에 빠진다. 군생활을 마치고 귀향하는 남질에게 공주는 '조논하르'(검은 준마)라는 겨드랑이에 신비의 날개가 달린 명마를 선물한

마두금과 피리를 연주하는 악사(샤라브 작 「몽골의 하루」 중 1911년, 몽골 국립 자나바자르 기념미술관 소장)

다. 남질은 명마를 타고 밤이면 공주를 만나러 다닌다. 이를 시기한 한 모략꾼 여인이 야음을 타 명마의 날개를 가위로 싹둑 잘라버린다. 그러자 말은 땅바닥에 쓰러지고 만다. 슬픔에 잠긴 남질은 명마의 머리를 본떠 나무로 오늘 우리가 보는 모양의 마두금을 만들었다고 전한다.

이러한 권선징악의 섭리를 간직하고 있는 마두금은 그 전설에서 이미 모양새를 예시하고 있다. 마두금은 현악기로서, 나무로 만든 사다리꼴 몸통 양면에 나무판이나 염소가죽을 덧붙인다. 몸통 윗부분에 긴 자루가 꽂혀 있고 그 자루 끝에 말머리가 조각되어 있다. 이런 구조 때문에 마두금이라고 부른다. 말머리 바로 아래에는 쐐기 두개가 양쪽으로 튀어나와 있다. 줄이나 활은 모두 말총으로 만들며 은은하고 부드러운 소리가 나기

돔브르를 연주하는 매사냥꾼 아다이씨

때문에 '초원의 첼로'라고도 한다. 흘러나오는 소리는 한을 풀어내듯 깊고 애절하다. 마두금에 맞춰 부르는 몽골민요는 우리나라 정선아리랑처럼 무장단 리듬이 대부분이다. 어미를 잃은 말이 주인이 연주하는 마두금 소리를 들으면 흥분을 가라앉히고 잠이 든다고 한다. 그만큼 마두금은 서정적이고 호소력이 뛰어난 악기다.

그밖에 바람이나 강물 소리, 뻐꾸기나 아이들의 울음소리 등 자연의 소리를 그대로 내는 초르(chor)나 서사시 연창에 단골로 등장하는 톱쇼르(tobshor) 같은 가슴을 울리는 악기도 있다. 실로 유목민들은 '큰 입'(이흐 헬, 즉 음악)으로 세계를 향해 크게 말하는 통크고 낭만적이며 지혜로운 사람들이다.

26
바위그림의 보고, 알타이

호브드에서 만청시대의 산긴 헬렘 성채와 인접한 이슬람 사원을 둘러보고 나니 한나절이 다 되었지만, 갈 길이 멀어서 점심식사는 뒤로 미루고 서북쪽으로 210여km 떨어진 바얀올기를 향해 출발했다. 시내를 벗어나면서부터는 알타이산맥의 여러 지맥 사이사이에 조성된 협곡을 따라가는데, 밋밋한 초원길과 울퉁불퉁한 돌밭길이 자주 엇바뀐다. 산기슭에는 돌무덤이 가끔 눈에 띈다. 지세도 초원과 삼림, 초전(草甸, 풀이 무성한 저습지)이 뒤섞여 있으며 자그마한 호수나 물구덩이들이 점점이 널려 있다. 그런가 하면 날씨도 변덕스럽다. 이따금씩 비바람이 확 지나가면 산봉우리들이 금방 구름 위에 두둥실 떠 있다가도, 어느새 햇빛이 나면 저 멀리 산허리에 오색영롱한 무지개가 서린다. 순간 장관이 연출된다. 우리는 지금 몽골 알타이 동쪽 기슭을 남에서 북으로 누비고 있다.

오후 3시 반이 되어서야 설산이 한눈에 보이는 하샷디다와 평원에서

알타이산맥 기슭의 톨보 호수 전경

바얀올기의 게르 여관 외관

양고기와 감자를 짓찧은 소를 넣은 넓죽한 만두 도시락으로 점심을 때웠다. 여기서 두시간쯤 달리니 갑자기 푸르른 톨보(Tolbo) 호수가 나타난다. 호숫가에는 이름 모를 키 낮은 야생화가 솔솔바람에 하느작거리고, 새하얀 짐승 해골이 얹혀 있는 오보가 길손의 안전을 지켜주고 있다. 호수는 거울처럼 맑고 깨끗하다. 다들 동심이 발동돼 물수제비뜨기 시합을 한다. 얇은 돌이 물 위를 연신 담방담방 뛰어가게 팔매치는 솜씨가 이만저만이 아니다. 그러나 젊은 운전기사 몽거의 솜씨가 단연 압권이다. 유쾌한 휴식의 한때를 보내고 차는 쏜살같이 달린다. 여기서부터는 지세도 평탄한데다가 포장길이다.

저녁 7시 반경에 드디어 목적지 바얀올기에 도착했다. 어귀에서 눈길을 끄는 것은 울란바토르에 이어 몽골에서 두번째로 높은 80여m의 수신 안테나다. 이곳 명물이라고 한다. 숙소로 안내된 곳은 하얀 벽체로 빙 둘러싸인 12채의 '게르 여관'이다. 지은 지 오래된 허름한 게르다. 해가 떨어지자 기온은 급강하하는데 난로는 없고 샤워시설도 변변찮아 여성분들은 시내의 호텔 두만에 묵기로 했다. 나머지 일행은 새벽녘까지 바깥 벤치에 둘러앉아 얘기를 나누며 알타이의 밤을 즐긴다. 자정이 지나자 다들 풀밭에 누워 저 무한창궁(無限蒼穹)에 억조의 은바늘을 뿌려놓은 것 같은 밤하늘의 총총별을 쳐다본다. 한곳에 눈길을 못박아놓으면 놓을수록 별은 자꾸 새끼를 친다. 꼴도 변하고 움직이기도 하는 듯하다. 지구의 몇 안 되는 곳에서만 감상할 수 있는 별의 향연이자 대자연의 신비다. 별이 저토록 촘촘하고 또렷하게 보이는 것은 아마 오염 없이 청정한 해발 2,500m의 높은 곳이라서 그러할 것이다.

바얀올기는 몽골 서북단 알타이 어귀에 자리한 고원도시다. 원래는 행정구역상으로 호브드와 하나의 아이막(aimag, 部)이었으나 1940년에 두 개의 아이막으로 나뉘었다. 지금은 산하에 12개 숨(郡)을 거느리고 있는데, 인구는 약 9만명이다. 그중 절반 이상이 군소재지인 바얀올기에 모여 살고 있다. 건물들은 호브드강 연안에 흩어져 있으며 사방은 바위산으로 에워싸여 있다. 고산준령과 삼림, 푸르른 초전과 물이 잘 어우러진 아름다운 산간도시다. 주민의 90%가 돌궐제국의 직계후예라고 자부하는 까자흐족이며 공용어는 까자흐어와 몽골어다.

옛적부터 여기서 시작해 알타이 깊은 협곡을 뚫고 러시아와 까자흐스딴 등 중앙아시아 일원으로 이어지는 길, 이를테면 동서교류의 통로 역할을 해온 알타이 초원로가 있었다. 여기가 바로 기원전 8세기경부터 펼쳐진 스키타이 동방무역로의 동단이다. 이 길을 통해 스키타이 문화가 몽골과 중국 서북지역으로 전파되었고, 기원후 7~8세기에는 이 길의 연변에 사는 까자흐인들에 의해 돌궐문화가 서전되었으며, 13세기 서정에 나선 칭기즈칸의 기마군단도 이 길 위에 발자국을 남겼다. 오늘도 그 행보는 계속되고 있다. 러시아에서 온 대형 화물트럭들이 거리에서 짐을 부리고 싣는다. 이곳 사람들은 너나없이 알타이를 자랑한다. 알타이가 있기에 그들의 오늘이 있다고 한다. 모든 것이 알타이의 축복이라고 믿는다.

알타이, 자고로 동서양 모두에게 동경과 환상을 심어준 대명사다. 알타이는 산이나 산맥의 이름이기도 하고, 주변 지역을 아우르는 이름이기도 하다. 중앙아시아의 내륙 고원지대에 우뚝 솟아 동서로 뻗은 알타이산맥은 화산분출로 인해 생긴 습곡융기(褶曲隆起) 지대로서 크게 몽골알타이와 고비알타이, 고르노(러시아)알타이의 세부분으로 나뉜다. 총길이는 약 2,000km에 달하며, 해발 4,374m의 후이튼봉(友誼峯)을 비롯해 4천m 이상의 봉우리들이 여러개 있다. 지금 일행은 몽골알타이 최북단에 와 있다. 희끗희끗한 만년설을 머리에 이고 있는 봉우리들이 즐비하다. 빙하만 해도 1,500개나 흘러내리고, 겨울 혹한기의 최저기온은 영하 60도까지 내려간다. 여기는 까자흐인, 몽골인, 야꾸뜨인, 퉁구스인, 부랴뜨인, 에벤킨인 등 넓은 의미의 알타이족 요람이다. 지금은 러시아알타이 쪽에 인구 20여만을 가진 자치적 성격의 알타이공화국이 있어 마냥 알타이의 상징적 구실을 하고 있다.

알타이는 몽골어나 돌궐어의 '알탄'(altan)에서 유래된 '황금'이란 뜻이다. 그만큼 알타이땅에는 황금(주로 사금)을 비롯한 철, 은, 아연, 주석 등 귀중한 광물자원이 많이 묻혀 있다. 러시아 금의 90%가 고르노알타이에서 공급될 정도로 금이 풍부하다. 그리하여 역사의 여명기부터 이곳에서는 황금문화가 꽃피기 시작했다. 기원전 5세기부터 기원후 6세기까지

❶ 퀴공호라의 암각화(활 쏘는 사냥꾼과 남녀상)
❷ 퀴공호라의 암채화(점박이 동물)

퀴공호라의 암각화(산양)

약 1천년 동안 황금의 성산지 알타이를 중심으로 동서에 기다랗게 황금문화대가 형성되고 있었다. 알타이에서 발생한 황금문화는 스키타이가 개척한 동방무역로를 통해 서방으로는 그리스까지 전해졌으며, 알타이족을 비롯한 북방 기마민족들의 동진에 의해 한반도까지 그 영향이 미쳤다. 영향이 미쳤다기보다는 차라리 그 전성기를 문화대의 동단 신라땅에서 맞았다고 하는 것이 더 정확한 표현일 것이다. 왜냐하면 황금문화의 최고결정체라고 하는 고대 금관 10기 중 7기(가야 1기, 신라 6기)가 한반도에서 출토되었기 때문이다. 그래서 우리나라를 '금관의 나라'라고 하는 것이다.

일찍이 구석기시대부터 이곳에 삶의 터전을 마련한 알타이인들은 다양한 문화, 특히 초원로의 유목문화를 개화 발전시켜 인류문명사에 불후의 업적을 남겨놓았다. 그래서 알타이 지역은 굴지의 문화유적지로 평가되고 있다. 여기서 유익한 자양분을 섭취한 나라 가운데 하나가 바로 한국이다. 일찍부터 적잖은 연구가 집적되었고, 또 여기 바얀올기박물관의 전시품을 통해서도 실증되다시피 알타이와 우리는 특별한 인연을 맺고 있다. 그 인연은 여러가지 상관성으로 설명되는데, 이를 입증하는 실례는 여러 분야에서 찾아볼 수 있다. 언어의 친연성으로부터 시작해 천손강림(天孫降臨)이나 난생(卵生)설화 같은 시조창조설, 신조(神鳥)와 신수(神樹)

사상, 솟대와 '나무꾼과 선녀' 같은 민속이나 민담 등등 실로 각이한 분야에서 알타이 문화와 우리 문화 간의 친연성 내지 상관성을 엿볼 수 있다. 이것은 우리 민족의 역사와 문화의 뿌리를 파내는 데서 원초적 의미를 지닌 중요한 사실(史實)들이다. 그래서 '알타이문화연대' 같은 것은 바람직한 구상이라고 본다.

밤새 별의 향연에 심취돼 잠을 설쳤지만, 알타이의 아침은 피곤을 말끔히 씻어준다. 보기 드문 화창

암각화 연구가 에킬한이 퀴공호라 바위그림을 설명하고 있다

한 날씨다. 일행은 '게르 여관' 주인 에킬한(X. Equlxan)의 안내로 15km 떨어진 퀴공호라(Kyogon Khora) 지역으로 바위그림 탐방에 나섰다. 에킬한은 30여년간 이 지역 바위그림에 관심을 가져오다가 요즘은 석사논문을 쓰고 있는 중이라고 한다. 약 두시간 동안 세군데를 탐사했다. 다행히 바위들이 높지 않아 그림들을 직접 확인할 수가 있었다. 탁본은 못하고 카메라에만 잔뜩 담았다. 알려진 대로 몽골의 중서부, 특히 알타이 지역은 세계적으로도 명성을 얻고 있는 바위그림의 보고다. 일반적으로 바위그림이라고 하면 바위를 쪼아 새긴 암각화(岩刻畵)와 채색으로 그림을 그린 암채화(岩彩畵) 두가지가 있다. 몽골의 경우, 비중으로 보아서 서쪽 알타이 지역에는 암각화가, 중부와 북부 지역에는 암채화가 더 많이 분포되어 있다.

일행 중 많은 분들은 처음으로 바위그림을 접하다보니 퍽 신기한 모양이다. 궁금증도 많다. 그래서 그림바위 앞에 둘러앉아 바위그림에 관한 개괄강의부터 시작했다. 구석기시대부터 청동기시대에 이르기까지 길고 긴 풍상 속에서도 닳지 않고 살아 숨쉬는 바위그림, 볼수록 신기하다. 소나 양, 말 같은 가축과 인간의 모습이나 활동상이 비록 원시적이고 소박한 조형이지만, 그토록 오롯이 남아서 당시의 사회상 단면들을 생생하게 실토해주고 있다. 알타이 지역 전체에 약 50만장의 이러한 바위그림이 있다고 하니 명실상부한 '바위그림의 보고'다.

몽골의 바위그림에 대한 조사는 비교적 오랜 역사를 가지고 있다. 1876년 고비알타이 지역에서 이루어진 러시아 탐험가 뽀따닌(G. N. Potanin)의 암각화 조사를 효시로 주로 러시아 고고학자들에 의해 19세기 후반과 20세기 전반에 걸쳐 중요한 몇건의 조사가 있었다. 그러다가 1950년대 이후에는 지리학자 남난도르지(O. Namnandorj), 고고학자 도르지수렌(Ts. Dorjsuren)과 체벤도르지(D. Tseveendorj) 등 몽골학자들에 의한 본격적인 조사가 진행되면서 괄목할 만한 성과를 달성했다. 호이트 쳉헤르(Hoit Tsenher) 동굴을 비롯한 여러 곳에서 구석기시대부터 청동기시대에 이르는 각이한 시대에 조성된 많은 암각화와 암채화가 알려져 북방 유목기마민족의 선사시대 연구에 결정적 진전을 가져오게 했다. 뿐만 아니라, 한반도를 비롯한 동북아에 널려 있는 바위그림의 연구에도 유용한 실마리를 제공했다. 최근 들어 '한국암각화학회'를 비롯한 관련 연구단체와 학자들이 몽골 바위그림의 현장을 자주 탐방하고 탁본까지 집성한 것은 우리 학계에서 경하할 만한 일이다.

몽골 과학아카데미 고고학연구소장 체벤도르지는 지난 100여년 동안의 몽골 바위그림의 연구흐름을 세 시기로 구분해 개괄하고 있다. 19세기 말부터 1940년대까지의 첫 시기에는 뽀따닌을 비롯한 외국탐험가들이 탐사하면서 발견한 바위그림의 소재를 보고하고 출판하는 등 바위그림 연구의 초창기다. 그후 1948년부터 1990년까지의 두번째 시기에는 몽골학자들이 소련을 비롯한 사회주의국가 학자들과 공동으로 혹은 독자적으로 탐사하고 연구하는 활동기다. 이 시기의 주요한 연구성과는 바위그림의 역사시대(~14세기)를 석기시대와 청동기 및 초기 철기시대, 흉노시대, 돌궐시대, 키르기스시대, 몽골시대의 여섯개로 시대구분한 것이다. 마지막 시기는 1990년부터 지금까지인데, 몽골의 체제변혁을 계기로 한국을 포함해 교류가 없었던 나라들과의 공동연구를 통해 연구의 지평을 넓히며 적잖은 성과를 거두고 있다. 이 시기의 주요 연구업적은 바위그림을 제작방법에 따라 붉은 안료로 그린 그림과 먹으로 그린 그림, 바위면을 갈아서 새긴 그림, 날카로운 도구를 사용해 점이나 선으로 새긴 그림 등 4가지로, 그리고 묘사대상에 따라 일상생활을 대상으로 한 그림과 동물을 대상으로 한 그림, 물건이나 주거를 대상으로 한 그림, 묘사대상이 불분명한 그림 등으로 구분하는 심층적인 연구가 진행되고 있는 것이다.

바위그림은 역사의 유형적 증언치고는 가장 오래된 증언이다. 그만큼 값어치가 있는 역사의 유물이다. 그것이 저 알타이에 가장 많으니 알타이야말로 바위그림의 보고요, 인류문명의 충실한 전령사다. 바위그림을 적잖게 소장하고 있는 우리 한반도에게 알타이 바위그림은 많은 시사점을 던져주고 있다.

27

동토의 파지리크 고분군

역사의 수많은 비밀을 간직하고 있는 끝모를 수장고(收藏庫)인 알타이의 품에 안기니 알타이에 관한 사색이 주마등처럼 꼬리를 문다. 19세기 초반부터 오늘에 이르기까지 근 200년 동안 연구가 면면히 이어져왔지만, 그 비밀을 캐내기에는 아직 갈 길이 멀고도 멀다. 그렇지만 지금까지의 고고학적 연구결과만 놓고 봐도 알타이는 비록 심산유곡(深山幽谷)의 험지(險地)이지만 한번도 폐쇄되거나 격리된 적이 없는 열린 공간이었다. 그리하여 알타이는 문명발달의 정상궤도를 따라 전진을 이어왔을 뿐만 아니라, 동서남북의 각이한 문명요소들을 두루 수용하고 융합하며 응축시켜왔다. 이것이 바로 알타이가 갖는 문명사적 특징이다.

고르노(러시아)알타이 지역의 울라링카(Ularingka) 유적에서는 백만 년 전의 돌긁개가 발견되었다. 이것은 전기 구석기시대부터 이곳에 인류가 살고 있었음을 시사한다. 중기 구석기시대나 후기 구석기시대에 속하

파지리크 시대의 스키타이식 적석목곽분(쿠르간) 외경

는 많은 유적과 동굴에서는 여러가지 용도에 쓰인 찍개·돌날·몸돌·뚜르개·찌르개 같은 석기가 나왔고, 사람의 이빨(중기)과 맘모스의 뼈, 여신상과 동물조각상(이상 후기) 등도 발견되어 당시의 사회상을 엿볼 수 있게 한다. 약 8천년 전부터 시작한 신석기시대의 흔적으로는 무덤을 비롯한 매장유물이 다수 출토되는데, 그 가운데는 옷장식·목걸이·낚시·돌창 같은 진일보한 유물이 들어 있다. 기원전 4000년경부터 선을 보인 청동기시대는 초기와 발전기, 후기로 구분될 정도로 시대상이 급변해 풍부한 유물을 남겨놓았다. 그 가운데서 가장 유명한 것은 바위그림이다. 그밖에 청동제 칼과 도끼·창·자귀 및 뼈송곳·절구 등 생활용기와 이기(利器), 그리고 각종 토기가 다량 출토되고 있다.

알타이가 선사시대에 남긴 풍부한 문화유산은 중단 없이 기원전 700년경에 시작된 역사시대로 계승되었다. 이 시대부터는 광활한 북방 초원지

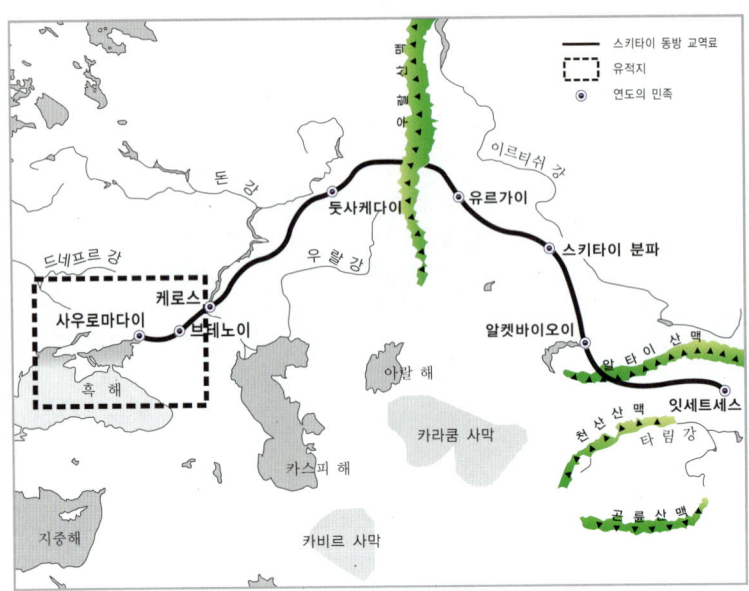

스키타이가 개척한 '동방무역로' 약도

대를 무대로 한 유목기마민족들의 활동에 의해 알타이는 새로운 역사면
모를 갖춰나간다. 그 첫 주역은 북방 초원지대의 최초 유목기마민족인 스
키타이다. 스키타이의 기원이라든가 사회상, 특히 미술공예 등에 관해서
는 앞으로 쓰게 될 다른 글에서 얘기하기로 하고, 이 글에서는 주로 험준
한 알타이를 넘나들면서 스키타이가 동·서 문명교류사에 남긴 족적을 살
펴볼 것이다.

　스키타이는 페르시아 문화를 비롯한 고대 오리엔트 문화와 그리스 고
전문화를 흡수하고 융합해 고유의 유목기마민족 문화를 창출하고 그것을
동·서방에 전함으로써 고대 문명교류의 한장을 빛나게 수놓았다. 좁은
의미에서의 스키타이 문화는 흑해와 코카서스(Caucasus, 깝까즈)를 중심
으로 한 지역에서 활동한 스키타이에 의해 개화된 문화를 말한다. 이에

비해 넓은 의미에서의 스키타이 문화는 서쪽의 그리스 접경지대에서 동쪽의 알타이 지방까지 이르는 드넓은 지대에서 스키타이의 직접적인 통치하에 있었거나 그 영향하에 있었던 여러 유목기마민족이 창출한 복합문화를 통칭한다. 유명한 '황금인간'을 만들어낸 사카 문화(기원전 5~4세기)를 그 일례로 들 수 있다. 이러한 이해에서 출발할 때만이 문헌기록과 출토유물을 근거로 한 스키타이의 활동상과 그 문화의 전파, 특히 동방으로의 전파를 제대로 구명할 수 있다.

스키타이 문화의 전파에 관한 첫 기록은 역사의 아버지로 불리는 헤로도토스의 명저 『역사』 속에서 발견된다. 그는 저서에서 스키타이의 동방교역과 그 루트를 밝히고 있다. 그에 따르면 스키타이는 자신들이 직접 생산하거나, 아니면 페르시아나 그리스에서 수입한 공예품과 장신구들을 동방에 수출하고, 대신 알타이 지방에서 채취되는 황금과 중국이나 몽골에서 생산되는 직물류를 서방으로 운반하는 일종의 중계무역 활동을 활발하게 전개했다. 그 교역루트를 보면, 흑해(아조프해)~돈강~(동북향) 볼가강 중류~(동북향) 우랄산맥~(동남향) 이르티시강~(동남향) 알타이산맥 남쪽 기슭까지로 이어지는 길이다. 이 길이 바로 스키타이의 '동방무역로'다.

스키타이가 경영한 동·서방 무역의 흔적은 초기 철기시대를 상징하는 파지리크(Pazyryk) 고분군에서 전형적으로 나타나고 있다. 그래서 초기 철기시대를 파지리크 시대라고도 부른다. 알타이자치공화국의 울라간(Ulagan)시 북동 16km 지점에 있는 파지리크강 계곡의 동토층에 거대한 적석목곽분(積石木槨墳, 돌무지덧널무덤, 일명 쿠르간)이 몰려 있다. 이것이 바로 '파지리크 고분군'이다. 이곳은 해발 1,650m의 궁벽한 고산 동토지대라서 사람의 접근이 쉽지 않은데다 일년 내내 동결상태가 유지됨으로

'얼음공주'가 출토된 파지리크 고분군 2호분의 외경

써 유물의 보존에 유리하다. 이러한 곳에 문명의 한 보고가 마련되었다는 것부터가 아이러니한 일이 아닐 수 없다.

이 고분군은 러시아 고고학자들인 그랴즈노프(M. L. Gryaznov)와 루덴꼬(S. I. Rudenko)에 의해 각각 1929년과 1947～49년에 발굴 조사되었다. 지금까지 많은 부장품을 소장하고 있는 큰 무덤은 모두 6기로 알려져 있다. 큰 무덤 말고도 규모가 작은 무덤 20기가 더 있다. 그래서 파지리크 고분군은 모두 26기의 고분(쿠르간)으로 구성되어 있다. 6기의 큰 무덤은 남쪽에 일렬로 배치되어 있는데, 그중 가장 큰 것은 지름 47m에 높이 2.2m로, 그 축조에는 1,800m³의 돌이 소요되었다. 이 고분군이 그토록 유명해지게 된 것은 북방 초원로를 통해 이루어진 동서 문명교류를 입증하는 유물들이 많이 발견되었기 때문이다. 그 가운데는 우리 문화와의 상관성을 예시하는 유물도 포함되어 있어서 우리의 특별한 관심을 유발시키고 있다.

이 고분군은 기원전 5∼3세기 기간에 만들어진 것으로서 파지리크 문화의 대표적인 유지이다. 파지리크 문화는 예니쎄이(Enisei)강 유역에서 번성한 다카르(Dakar) 문화와 알타이 산지에서 흥기한 마이에르(Maier) 문화를 계승한 다원문화로서, 그 주역은 월찌인(月氏人)이라는 것이 중론이다. 분묘의 규모라든가 그것들이 일렬로 나란히 배치되어 있는 점, 그리고 호화로운 부장품 등으로 미루어볼 때, 이 고분군의 피장자는 한 부족의 수장은 아니고 혈연 같은 어떤 인연으로 관계가 맺어진 대부족연합의 군장(君長)들로 추측된다. 따라서 그들을 정점으로 하고 파지리크 문화에 바탕을 둔 모종의 왕조가 이곳에 존재했을 개연성을 배제할 수 없다.

'얼음공주'의 복원 모습

출토된 유물이라든가 쿠르간의 구조 등으로 미루어볼 때 파지리크 고분군이야말로 스키타이에 의한 동·서 문명의 교류와 접합에 대한 생생한 증언이라고 말할 수 있다. 우선, 유물 가운데는 스키타이 문화를 그대로 반영하거나, 혹은 그와의 관련성을 입증하는 유물이 가장 많다. 쿠르간의 축조법과 매장법이 흑해 연안에 산재한 스키타이 쿠르간과 같은 유형이다. 즉 무덤구덩이를 깊게 파서 큰 널방을 만든 다음 그 위에 돌이나 흙을 높이 쌓는 축조법과 말을 배장(陪葬, 함께 묻는 것)하는 것은 꼭 같다. 얼어

'얼음공주'의 팔에 새겨진 문신

붙은 2호분에서는 스키타이식 미라 처리를 한 남녀 유해가 발견되었는데, 여자의 미라를 복원하고 보니 하도 귀여워 '얼음공주'라고 부른다. 5호분에서는 길이가 70cm쯤 되는 바퀴통에 바퀴마다 34개의 바퀴살이 달린 높이 1.5m의 스키타이식 목제 4륜차가 나왔다.

유물 중에서 스키타이 문화와의 친연성이나 영향관계를 가장 뚜렷이 나타내는 것은 동물문양이다. 동물로는 순록과 산양·야생토끼·호랑이·사자·돼지·백조·거위·수탉·펠리컨(사다새, 일종의 물새) 등이 등장한다. 그밖에 그리핀(그리스신화 속 날개 달린 괴수)을 비롯한 환상적인 동물들의 투쟁 모습도 보인다. 2호분에서 출토된 남녀 유체의 좌우 팔과 정강이에는 이러한 환상적인 동물모양의 문신이 새겨져 있다. 5호분에서 출토된 벽걸이 모전(毛氈)에 그려진 스핑크스는 몸통과 두 손은 인간이나 후반신은 사자상을 하고 있다. 이러한 동물양식은 스키토-시베리아 문화에 속하는 것이다.

한편, 파지리크 고분군에서는 중국과의 교류를 시사하는 중국제 유품과 중국문화의 영향을 받은 유물도 출토되어 일찍부터 학계의 큰 관심을 끌었다. 말안장 깔개용 비단천을 비롯해 5호분에서 출토된 중국산 자수가 있는 견직물은 중국에서 가져온 것이 분명하다. 문양 중에 초목 위에 앉아 있는 수컷 불사조의 문양도 중국의 것임은 의심의 여지가 없다. 6호분에서는 기원전 4세기경 전국시대의 산자문(山字紋) 네개가 새겨진 청동

제 거울, 이른바 진식경(秦式鏡, 진나라 거
울)이 발견되었다. 5호분에서 나온 지름
15cm의 은제 거울도 좀 독특하기는 하지
만 진식경으로 짐작된다. 이러한 유물의
발굴자인 루덴꼬는 당시 산지 알타이 주
민과 중국 간에 교역이 진행되어 중국으
로부터는 견직물이나 거울 같은 일용품
을 수입했으며, 두 지역 귀족간에는 혼인
관계도 있었을 것이라는 추단도 내렸다.
물론 두 지역간에는 직접적인 교역도 있
었겠지만, 주로 몽골의 흉노족을 매개로
하여 진행된 것으로 보인다.

이 고분군의 유물에서 보다시피, 파지
리크 일원에 파급된 스키타이 문화는 이

2호분에서 출토된 남자 유체의 팔에 새겨
진 문신

곳에만 머물지 않고 멀리 한반도를 비롯한 동아시아까지 직·간접적으로
그 여파를 던졌다. 한반도에서도 파지리크 고분군을 비롯한 스키타이 문
화유산과 동형동류(同型同類)의 유물을 여러점 발견하게 된다. 경주 일원
에서 발견된 고신라 왕족들의 묘제는 신통히도 앞에서 언급한 스키타이
의 적석목곽분을 닮았다. 신라고분이나 고구려 벽화에 보이는 등자(鐙子)
를 비롯한 각종 마구와 장식품들, 수렵도와 동물투쟁도, 여러가지 동물문
양도 스키타이식 북방 유목기마민족 문화와 관련된 유물들이다.

한가지 흥미로운 것은 파지리크 고분군에서 발견된 곡옥(曲玉, 굽은 옥)
이다. 지금까지 신라의 왕관이나 허리띠에 장식품으로 달려 있는 곡옥을
두고 한국 특유의 것이라면서 태아 형태의 그 상징성에 관해 '생명'이니

'다산(多産)'이니 하는 등 여러가지 해석을 가해왔다. 그런데 그러한 곡옥이 파지리크 고분군의 5호분 벽걸이 모전에 그려진 기사도(騎士圖)에 나타난다. 관을 쓰고 앉아 있는 대머리 샤먼(혹은 여신) 앞으로 다가가는 기사는 튜닉형의 짧은 두루마기를 입고 곱슬머리에 콧수염을 기르고 큰 코를 가진 용모로 보아 분명히 알타이 현지인이나 동양인은 아니고 아리안 계통의 인종이다. 이 대머리 샤먼은 헤로도토스가 『역사』에서 말한 유목 스키타이(일명 왕령 스키타이)보다 더 동쪽, 높은 산맥 너머에 사는 '아르기 파이오이' 즉 '대머리 인종'(알타이 인종)이다. 우리의 관심은 말의 콧잔등과 가슴에 각각 하나씩 달려 있는 푸른색 곡옥이다. 이 그림의 도안은 신좌(神座)에 앉아 있는 샤먼으로부터 신적 권위를 하사받는 내용을 형상화한 것이라는 해석이 유력하다. 그렇다면 말의 장식품으로 쓰인 이 곡옥은 신으로부터의 생명보호를 갈구하는 부적으로 이해하는 것이 타당하다는 한 고고학자의 견해가 일리있어 보인다. 우리네 곡옥에 관한 새로운 해석을 촉구하는 대목이다. 사실 이러한 기사도는 기원전 6세기 아케메네스(Achaemenes) 왕조 페르시아의 궁전 페르세폴리스(Persepolis)의 조각도나 안장에서도 발견된다.

시·공간적으로 숱한 격차를 두고 두 지역간에 이러한 문화적 공유성(보편성)이 있었다는 것은 서로의 영향관계나, 아니면 주인공들이 유사한 사유세계를 지니고 있었다는 이른바 '심리적 공통성' 이론으로 설명할 수 있다. 어느 경우를 막론하고 스키타이와 우리 겨레 간의 문화적 상관성을 시사한다고 봐야 할 것이다.

28
고려풍, 몽골풍

2009년 7월 5일, 몽골알타이의 서북단에 자리한 고원도시 바얀올기에서 선참으로 찾아간 곳은 바얀올기박물관이다. 지난해(2008)에 개관 60돌을 맞았다고 한다. 지역 박물관치고는 내용이 꽤 알차다. 3층짜리 건물로 1층은 선사시대부터 남겨놓은 역사유물과 각종 동식물 박제품이 전시되어 있다. 2층은 이곳 사람들의 처절한 반청(反淸) 독립투쟁사를 한눈에 알아볼 수 있도록 생생한 유품들과 사진으로 꾸며졌다. 3층은 생활관인데, 바위그림과 적석목곽분, 돌사람과 오보, 쟁기와 맷돌, 곰방대와 안장, 먹을거리 등에 이르기까지 우리네 것과 유사한 용품들이 눈에 띄어 우리의 특별한 관심을 끌었다.

이러한 유사품들은 여기 말고도 호브드 향토박물관이나 울란바토르의 민족사박물관에서도 적잖게 발견된다. 사실 몽골을 여행하다보면 체형이나 인성에서부터 세세한 생활습속이나 용기(用器)에 이르기까지 우리와

바얀올기박물관 외경

닮은꼴이 많아서 의아할 때가 한두번이 아니다. 그래서 여행자들은 물론, 연구자들마저도 이러한 유사성에 관해 종종 대서특필한다. 심지어 정치판에서는 이러한 유사성을 앞세워 두 나라간의 '국가연합' 같은 엉뚱한 호기를 부리기도 한다. 그런가 하면 역사성은 무시한 채 유사성만 강조한 나머지 우리 문화의 원형(뿌리)을 몽골에서 찾는다든가, 몽골에 대한 '문화적 향수'를 불러일으킬 정도로 유사성을 과장하는 경향은 경계해야 한다는 이론(異論)도 일고 있어 주목된다. 그러니 이 시점에서 이 문제에 관해 한번 짚고 넘어가야 할 것 같다.

이 문제에 관해선 적어도 두가지 맥락에서 접근을 시도해야 할 것이다. 하나는 역사적 맥락이고, 다른 하나는 현실적 맥락이다. 역사적 맥락은 다시 두 차원을 고려해야 할 것이다. 하나는 고대의 역사적 및 문화적 공통 뿌리(원류)이고, 다른 하나는 중세의 고려-원 시대에 일어났던 이른바 '고려풍'과 '몽골풍' 및 그 여파다.

몽골인과 한국인이 역사적 및 문화적 공통 뿌리를 갖고 있다는 것은 주지의 사실이다. 다같이 인류의 3대 인종군 가운데 몽골로이드, 그것도 친연성이 한층 더 강한 북방 몽골로이드에 속한다. 그래서 황갈색 피부, 검고 곧은 모발, 적은 체모, 중·단두형 머리, 작은 키, 평평하고 광대뼈가 두드러진 얼굴, 검은 눈, 미간의 낫모양 주름(몽골주름), 엉덩이의 몽고반점 등 형질학적 특징을 공유하고 있는 것이다. 인종군과 더불어 3대 어족(語族) 가운데서 한국어와 몽골어는 다같이 우랄-알타이어족에 속한다. 이를테면 두 나라는 혈통적으로나 언어적으로 동군(同群)·동족(同族)으로서 그 시원은 선사시대의 70~80만년 전으로 거슬러 올라간다. 현생인류로서 현재를 사는 두 인종의 직접적 조상은 역사시대의 동호(東胡)나 흉노(匈奴)로 헤아려진다. 그런데 우리 한민족의 역사는 단군 국조로부터 치면 4,000여년이 되지만, 몽골족은 1,200여년밖에 안된다. 오늘날의 몽골족은 기원후 8세기경 헤이룽강(黑龍江) 상류인 에르군네(Ergüne)강 유역에 살던 몽올실위(蒙兀室韋)란 이름으로 세상에 첫선을 보인다. 그러다가 서천해 11~12세기에 몽골의 오논(Onon)강 일대까지 진출해 주변의 여러 부족들을 병합한 뒤 칭기즈칸에 의해 1206년 몽골제국이 세워진다. 그 과정은 북방 유목기마민족의 일족으로 변신하는 과정이며, 우리 한민족과 부단하게 교류하는 과정이기도 했다.

두 나라간의 유사성은 이러한 역사적 맥락과 더불어 현실적 맥락에서도 반드시 짚어봐야 한다. 현실적 맥락이란 이렇게 두 나라간에는 역사적으로 유사성이 형성될 수 있었지만 오랜 역사과정에서 변화를 거듭함으

몽골의 풍구(민족사박물관 소장)

로써 현실적으론 유사성(공통성)과 함께 차이점(개별성)도 엄연히 존재한다는 사실이다. 여기서 중요한 것은 문명(문화)간에 일어나는 유형(類型, type)과 양식(樣式, style)상의 유사성과 차이점을 올바르게 이해하는 것이다. 유형은 문명간의 공통되는 형태이고, 양식은 드러나는 표현방식이다. 비유하면 숲과 나무의 관계이다. 유형만 보고 양식을 무시한다든가, 반면에 양식만 보고 유형을 무시해서도 안된다. 예컨대 '돌무더기 신앙'이란 유형적 공통성을 지닌 몽골의 오보와 우리나라의 성황당을 놓고 일각에선 양식적 차이점을 도외시한 채 유사성만 언급하지만, 다른 일각에선 양식적 차이점을 강조하면서 그 유형적 유사성은 간과하다보니 서로가 편견이라고 비판한다.

이러한 역사적 맥락과 현실적 맥락을 이어준 징검다리 역할을 한 것이 바로 고려-원 시대에 일어났던 이른바 '고려풍'과 '몽골풍'이다. 고려는 후반 30년간(1231~1259) 몽골의 일곱차례 내침을 막아내고 90여년(1259~1351)의 간섭을 슬기롭게 타개함으로써 당시 몽골 중심의 천하에서 자주권을 지켜낸 유일한 나라이다. 그리고 원종(元宗)은 태자의 신분으로 원 세조 쿠빌라이를 찾아가 원이 고려의 풍속을 고치도록 강요하지 않겠다는 이른바 '불개토풍(不改土風)'이라는 약속을 받아낸다. 그렇지만 막강한 원의 끈질긴 간섭과 강요, 그리고 그 과정에서 일어나는 불가피한 문화적 접변(接變)으로 인해 이러한 '불개토풍' 약속은 사실상 유명무실이 되고 말았다.

원은 인삼을 비롯한 특수약재와 청자·비단·담비가죽·사냥매 등 진귀품을 조공의 이름으로 고려에 요구하고 해마다 양곡을 징발해갔다. 그런가 하면 고려의 세자들을 인질로 잡아놓고 세뇌교육을 시켰을 뿐 아니라, 원세조의 딸을 비롯해 황실의 공주들을 고려왕의 왕후(모두 7명)로 삼게 하고 왕들에게까지 몽골식 이름을 강요했다. 관직 이름에서도 부대를 '애마(愛馬, 아이막)', 역체관을 '탈탈화손(脫脫禾孫, 톡토하순)', 상관을 '나연(那演, 나잔)'이라고 하는 따위의 몽골식 직명이 난무했다.

양국간의 인적 교류에서 특기할 것은 고려 여자를 진공하는 이른바 '공녀(貢女)'이다. 쿠빌라이는 충렬왕에게 보내는 조서(詔書)에서 고려와 원은 이제 한집안이 되었으니 서로 통혼해야 한다고 강변하면서 양국간의 통혼과 공녀를 종용했다. 간섭기 90여년 동안 '처녀진공사신'이 50여차례나 고려에 와서 해마다 약 150명의 여자들을 징집해갔다. 그밖에 수시로 뽑아간 여자는 부지기수다. 원에 끌려간 공녀는 대개 황제나 황후, 황족의 궁인이나 시녀가 되었다. 원 말엽에 궁중의 급사나 시녀는 그 태반이 고려 여성으로 채워졌으며, 지방관까지도 고려 여성을 처첩으로 거느렸다. 그러나 모든 공녀가 이러한 비운에 빠진 것은 아니었다. 개중에는 순제의 정비가 된 기황후(奇皇后)처럼 일세를 풍미한 여걸도 있었다. 그래서 원나라 천지에 고려식 복식과 음식, 기물이 유행하게 되었는데, 이를 두고 '고려양(高麗樣)' 즉 '고려풍'이라고 일컬었다. 이때부터 어갱(魚羹, 생선국)과 계육(鷄肉, 닭고기), 송자(松子, 잣), 송골병(松骨餠), 인삼주 같은 고려음식이 원에 유행되었으며, 오늘날까지도 몽골의 유제품이나 과자에 찍혀 있는 문양은 이때에 받아들인 것이라고 한다.

여러가지 모양의 담뱃대(바얀올기박물관 소장)

　　물론 공녀들이 '고려풍'을 일으키는 데 한몫한 것은 사실이지만, 원에 유입된 선진 고려문물도 그 선양에 중요한 일익을 담당했음을 잊어서는 안된다. 원세조는 고작 세금이나 거두고 시구나 읊조리는 한인(중국인)들보다 고려인들이 기술면에서 나을 뿐만 아니라 유학경서에도 능통하다고 찬사를 보내면서, '고려국유학제학사(高麗國留學提學司)'를 설치해 고려유학(儒學)을 전문적으로 연구토록 했다. 고려 충선왕은 원나라 수도 연경에 '만권당(萬卷堂)'이란 학당을 열어 두 나라의 석학들이 만나 학문을 교류하는 장으로 만들었다. 원에 고려의 뛰어난 불교경전 사경본(寫經本)이 수출되고, 고려의 명의(名醫) 설경성(薛景成)이 원세조와 성종의 병을 고쳐주었으며, 고려 바둑고수들이 초빙된 사실 등은 선진 고려문물의 유입을 말해준다.

　　우리는 몽골의 어느 박물관에서나 빠짐없이 우리네 것을 빼닮은 연죽

호브드 시장에서 파는 말린 잎담배

(담뱃대)과 담배통을 발견하게 된다. 알고 보니 '고려풍'을 타고 들어간 '조선풍'이다. 조선땅에 1636~37년 사이 심한 우질(牛疾, 소 전염병)이 돌아 농사를 지을 수 없게 되자 인조는 성익(成釴)을 몽골에 보내 담배와 소를 바꿔오게 한다. 성익은 몽골의 여러 기(旗)를 돌아다니면서 담배가 추위와 정신집중에 유효하다는 설득으로 몽골의 소와 담배를 교환하는 데 성공한다. 이 몽골소가 오늘날 한우의 조상인 것이다. 이를 계기로 17세기 중엽부터 몽골에는 담배가 퍼지기 시작한다. 그런데 라마교의 나라 몽골에서 승려는 흡연이 불허되기 때문에 돌로 만든 작은 통에다가 담뱃가루와 향료를 섞어 코로 들이켜는 이른바 '코담배'라는 독특한 흡연법이 생겨난다. 그러자 귀족들과 일반 목민들까지도 따라함으로써 하나의 사회풍조로 번지고 말았다. 이때부터 만날 때 코담배를 교환하는 인사법이 생겨났다고 한다.

몽골에 수출된 고려의 『대방광불화엄경』 사경본

　몽골의 '고려풍'과 때를 같이해 일어난 것이 고려의 '몽골풍'이다. 이 '몽골풍'은 주로 복식과 음식, 언어 등 생활문화 영역에서 일어났으며 그 여파는 오늘날까지도 남아 있다. 원래 고려인들은 윗옷과 아랫도리를 하나로 잇고 소매가 헐렁한 포(袍)를 입었는데, 이때부터 윗옷과 아랫도리를 따로 재단해 이어붙이고 아랫도리에 주름을 잡아 활동에 편한 몽골식 철릭(帖裏)이 유행하기 시작했다. 오늘날까지도 예모(禮帽)로 남아 있는 여성들의 족두리는 원래 '고고(姑姑, 顧姑)'라는 몽골 여성들의 외출용 모자였다. 신부의 뺨에 연지를 찍는 화장도 '몽골풍'이다. 상투 대신 정수리부터 이마까지 머리를 깎고 가운데 머리카락은 뒤로 땋아내리는 이색적인 몽골식 개체변발(開剃辮髮)도 한때 유행했다.

　음식문화에서도 일부 '몽골풍'은 여전히 남아 있다. 우리가 흔히 말하는 3대 토주의 하나인 소주는 원류를 따져보면 토착주가 아니라 몽골을 통해 들어온 교류주다. 증류주인 소주는 원래 기원전 3000년경에 메소포타미아의 수메르에서 처음 만들어져 전승되어왔다. 1258년 몽골군이 이

라크를 공략하였을 때 그 양조법을
배워와서는 일본 원정을 위해 한반
도에 진출했을 때 개성과 안동, 제
주도 등 주둔지에서 처음 빚기 시
작했다. 고려인들이 그것을 따라
배워 빚어낸 것이 바로 고려 소주
(아락주)이다. 그리고 고려는 불교
국가라서 육식을 꺼려왔으나 몽골
인들이 들어오는 바람에 고기소를
넣은 만두 같은 육류식품을 접하게
되었다. 오늘도 즐겨 먹는 설렁탕
도 양을 잡아 대강 삶아먹는 몽골
의 '슐루'라는 음식에서 유래되었
다는 설이 있다. 제주도를 통해 조
랑말이 들어온 것도 이때부터다.

몽골 여인들의 외출용 모자 '고고'(위)
고려 때 몽골에서 전래된 한국의 족두리(아래)

　그밖에 우리말로 굳어진 낱말들에서 몽골어의 잔재를 찾아볼 수 있다.
왕과 왕비에 붙이는 '마마', 세자와 세자빈을 가리키는 '마누라'(마노라),
임금의 음식인 '수라' 등 주로 몽골 출신 공주들의 활무대였던 궁중에서
쓰는 이러한 호칭들은 몽골어에 그 어원을 두고 있다. '벼슬아치'나 '장
사치'에서 어미 격인 '치'는 '다루가치'(達魯花赤, 관직)나 '조리치'(청소
부), '시파치'(매사냥꾼) 같은 직업을 나타내는 몽골어의 어미 '치'자를
취한 것이다.

　이와같이 '고려풍'과 '몽골풍'으로 대변되는 고려와 몽골 간의 교류에
서 우리는 비록 이질문명이지만 생산적인 융합이 이루어질 때 문명 본연

의 상보적(相補的) 교류가 실현 가능하게 되며, 문명은 모방성이라는 근본 속성으로 인해 '불개토풍'이란 인위적인 제어에도 불구하고 전파되고, 필요에 따라 선택적으로 수용된다는, 문명교류의 유의미한 원리들을 터득하게 된다.

29
흥겨운 '보켄바이 보라'

바얀올기에서 이틀째 되는 날 오후 4시경 시내에서 약 20km 떨어진 한 까자흐 마을을 찾았다. 나지막한 민둥산으로 에워싸인 전형적인 초원마을이다. 산기슭 이곳저곳에 게르가 한두채씩 널려 있다. 예로부터 독수리나 매 사냥으로 소문이 자자한 마을이다. 멀리서부터 개가 짖어대니 주인이 밖으로 나와 개를 달래며 다가가는 일행을 향해 손짓을 한다. 개는 꼬리를 낮추고 주인 뒤에 숨는다. 마당에 트럭과 분쇄기가 있고, 말 여남은 필이 풀을 뜯고 있으며 양떼도 어디선가 몰려오고 있다. 꽤 넉넉한 집안 같다. 주인은 다가와서 반갑다면서 환영의 악수를 청한다.

이윽고 나뭇등걸에 매놓았던 독수리 한마리를 풀어서 일행에게 인사시킨다. 외마디 끽끽 소리만 내고 날개를 퍼덕인다. 반갑다는 인사란다. 한쪽 날개길이만도 1m는 족히 되는 것 같다. 눈은 가죽가리개로 가려서 보이지 않으나 부리와 발톱은 날카롭다. 매로 꿩을 사냥하는 것은 어려서부

터 보아온 바이지만 맹금류(猛禽類)인 독수리가 사냥새로 쓰인다는 것이 우리에겐 조금 이상야릇하다. 그래서 독수리 앞으로 얼른 다가가기가 꺼려진다. 이 기미를 알아챈 주인 아다이(42세)씨는 손수 독수리를 손등에 올려놓고 날개를 펴는 시범을 보인다. 그제야 너도나도 앞을 다투어 이 '모험적'인 쇼를 한번 경험하고파진다. 잘 길들여진 녀석이라서 고분고분 따른다. 3km 밖의 물체까지도 식별한다는 사납고 예민한 독수리는 보통 태어나서 일년만 되면 사냥에 나선 후 약 10년 동안 사냥에 쓰이다가 자연 속에 방출된다고 한다. 수명은 30년 정도다. 여우나 늑대, 살쾡이 같은 사냥감은 곧바로 가죽을 벗겨 팔고 고기는 독수리에게 밥으로 준다. 독수리 한마리가 먹는 일년치 고기양은 소 한마리 정도라고 하니 식욕이 대단하다. 일주일 전 산에서 어미 몰래 가져다 키운다는 생후 한달 된 새끼독수리가 한창 재롱을 부린다.

조심스럽게 게르의 문지방을 넘어 안으로 들어갔다. 게르의 문지방을 밟는 것은 주인의 목을 밟는 것으로 여겨지기 때문에 밟아서는 안된다. 잘못 밟아서 죽임을 당했다는 어느 여행가의 기사가 떠오르면서 더욱 조심스러워진다. 게르 안은 의외로 정갈하고 안온하다. 땅바닥엔 두툼한 주황색 주단이 깔려 있고, 텔레비전과 냉장고 등 현대적 세간이 두루 다 갖춰져 있다. 여느 게르와 마찬가지로 벽에는 가족사진을 비롯해 갖가지 그림들이 빼곡히 붙어 있다. 그 가운데서 눈길을 끄는 것은 사냥대회에서 받은 상장들이다. 주인 아다이 말고도 아버지, 할아버지가 받은 상장도 여러장 걸려 있다. 알고 보니 7대가 내리 독수리사냥을 거의 전업으로 해온 사냥 명문가다.

옛날부터 사냥(수렵)은 유목민들, 특히 몽골인들에게는 삶을 지탱하는 한 기둥으로 기능해왔다. 역사적으로 보면 몽골에는 크게 두가지 사냥방

법이 있다. 하나는 지금은 좀처럼 볼 수 없지만 칸이 참가하는 대규모의 '아바'라고 하는 사냥이고, 다른 하나는 무리를 지어 행하는 소규모의 '앙'이라고 하는 사냥이다. 어느 경우를 막론하고 사냥은 식량과 모피를 제공하는 일종의 생활수단, 즉 경제활동의 하나이다. '적수약구릉(積獸若 丘陵)', 즉 '산더미같이 쌓아놓은 사냥감'은 그들의 식량수급에서 절대적 비중을 차지하며, 모피는 농경민들과의 교역에서 주된 수입원이다. 산악 지대에서는 더더욱 그러하다.

사냥은 이러한 경제활동과 더불어 일종의 예비 군사훈련이기도 하다. 천하를 뒤흔든 몽골제국의 군사 위력은 사냥에서 나왔다고 해도 과언이 아니다. 그 위력을 현장에서 목격한 13세기의 페르시아 역사가 주와이니는 그의 역저 『세계 정복자의 역사』에서 다음과 같이 증언하고 있다. 몽골군은 사냥을 통해 무기사용법을 숙지하고 정탐이나 포위 방법을 훈련하며 기마술을 익히고 고난을 견디는 능력도 키운다. 전쟁을 하지 않을 때도 군대를 수렵장으로 내몰아 쉴 틈을 주지 않는데, 그 목적은 사냥보다 군사훈련에 있다. 생생한 현장기록이다. 칭기즈칸이 친히 이끈 대규모의 사냥에 관한 기록과 시편(詩篇)도 여럿 있다.

수렵은 또한 세력집단들간의 결속이나 권위, 복속을 상징하는 정치적 행위로서의 기능도 지니고 있다. 몽골제국 시대에 부족들간의 맹약에는 공동수렵에 관한 조항이 반드시 들어 있다. 테무친과 족장 옹칸(Ong Khan) 사이에 맺은 '카라툰' 맹약에는 적을 공격할 때 서로 함께 공격함은 물론, 도망치는 짐승을 사냥할 때도 함께 사냥한다는 약속이 있다. 칸은 자신의 권위를 시위하기 위해 종종 많은 족장과 신하들을 거느리는 대규모 사냥을 주도한다. 유목민 후예인 만청 황제들도 이런 전통을 계승해 해마다 열하(熱河, 지금의 承德)의 피서산장(避暑山莊)에 많은 몽골 왕공들을 불

러다가 대규모 사냥행사를 벌이곤
했다. 그런 흔적을 필자는 현장답
사에서 확인했다. 그밖에 사냥의
오락적 기능도 부인할 수가 없다.

아다이의 사냥 독수리

사냥수단으로는 총이나 화살 같
은 무기와 매나 독수리 같은 맹금
이 있다. 그 가운데서 매를 통한 꿩
사냥의 여파는 우리나라에까지 미
쳤다. 한반도에서 연해주까지의 일
원에 서식하는 송골매〔海東靑〕, 그
가운데서도 흰 송골매는 가장 진귀
한 매다. 고려시대에는 몽골에 바
치는 매를 전문으로 사육하고 관리

하는 응방(鷹坊)이라는 기관이 가동되고 있었다. 몽골에서 지금은 맹금에
의한 사냥이 흥행하고 있는데, 그 대표적인 고장이 바로 우리 일행이 머물
고 있는 바얀올기 지방이며, 그 주역은 까자흐인들이다.

사실 사냥은 고도의 숙련과 기술을 요하는 일종의 초원예술이기도 하
다. 화살을 쏘아 날아가는 새나 쏜살같이 뛰어가는 짐승의 관자놀이를 명
중시키는 것은 신기에 가깝다. 이런 신궁(神弓)을 '메르겐'이라고 하여 사
회적으로 높은 존경을 받는다. 우리가 지금 마주하고 있는 아다이씨의 가
문에서도 이러한 신궁이 배출되었다고 그는 은근히 내비친다. 일부 학자
들은 신라의 왕 칭호인 '마립간(麻立干)'이 이 '메르겐'의 음사일 거라는
견해를 내놓고 있다.

흔히들 유목민이라고 하면 거칠고 무뚝뚝한 사람들로만 알고 있는데,

아다이씨 가족

사실은 그렇지 않다. 아다이씨 일가족은 깍듯이 예의를 갖추면서 그렇게 친절하게 대할 수가 없다. 다들 깨끗한 의상으로 갈아입고 부인과 세 자녀가 차례로 인사를 한다. 어느새 수태차이와 요구르트, 치즈와 크림, 여러가지 모양새와 색깔을 낸 과자와 빵이 한상 가득 차려진다. 모두가 안주인이 손수 만든 것이라고 한다. 과자에 새겨진 문양은 옛날 고려 공녀(貢女)들이 이 땅에 와서 남겨놓은 '고려양(高麗樣)', 즉 고려풍의 흔적이라고 한다. 주인은 일행에게 사냥과 세간(世間) 얘기를 많이 들려준다. 일행 가운데 몇몇은 빌려준 전통복식 차림으로 기념사진을 찍느라 법석거린다. 흥이 한껏 부풀어오르자 아다이씨는 손때 묻은 돔브르를 꺼내 능란한 솜씨로 까자흐 민요를 연거푸 몇곡 연주한다. 밖에서는 작은아들이 일행에게 올가미로 말을 낚는 시범을 보여준다. 이렇게 두시간 남짓한 즐거움을 뒤로한 채 아쉬운 작별을 했다. 아다이씨 가족들은 한줄로 도열해 일행이 언덕 너머로 사라질 때까지 손을 저으며 바래줬다. 그 정거운 얼굴들이 지금도 눈앞에 선하다.

바얀올기의 게르에서 보내는 마지막 저녁은 특별한 잔치로 꾸며졌다.

75달러짜리 양 한마리가 통째로 식탁에 올랐다. 게르 주인 에킬한이 차림 새를 주관하는데, 해체된 여덟개 부위를 살아 있을 때의 모습과 비슷하게 배치한다. 맨 위에는 손님을 향해 머리를 얹어놓았다. 주인은 머릿고기 한점을 먼저 맛보고 나서 손님들에게 권한다. 잘 삶은데다 향료도 적당해 맛이 일품이다. 그렇게 귀한 야채도 어디선가 푸짐하게 구해왔다.

　고깃점에 손이 닿았을 때 필자는 육식에 관한 몽골인들의 딜레마 한가 지가 불현듯 상기되어 멈칫거렸다. 알다시피 그들에게 육식은 주식이다. 그렇지만 그들에게는 육식에 따르는 두가지 딜레마가 있다. 하나는 주식 의 내원(來源)인 가축을 도살해야 하는데, 그렇게 되면 가축이 줄어들 수 밖에 없는 육식과 가축 소멸(축소) 간의 딜레마다. 다른 하나는 라마교가 금지하고 있는 가축 도살과 육식 간의 딜레마다. 그런데 흥미로운 것은 그 해법이다. 첫 딜레마의 해법은 가축의 계획적인 도살이다. 늙거나 허

몽골 운전기사들의 흥겨운 합창 장면

약한 가축을 선별적으로 도살함으로써 최소한의 가축수를 유지하는 것이다. 그래서 몽골사람들은 어린 소나 양을 잡아먹는 유럽인들은 잔혹하다고 비난한다.

다음으로, 종교적 불살생(不殺生)과의 딜레마는 라마교 특유의 이른바 '섭대승론(攝大乘論)'에서 자위적(自慰的) 해결책을 찾는다. 이를테면 인간을 위한 도살은 무죄이며, 따라서 허용된다는 식의 해석이다. 설혹 죄책을 느낀다면 마음속으로 감사하고 참회하며 행동으로 공양하면 그만이라는 것이다. 그래서 고통을 주지 않도록 겸허하게 도살하라고 설교한다. 도대체 고통 없는 도살이 있을 법한가. 도살할 때 짐승의 머리를 위로 향하게 하는 것은 마지막으로 푸른 하늘을 보고 죽으라는 자비의 베풂이라고 한다. 스님들은 감사와 참회, 공양의 의미로 매달 음력 3, 8, 15, 30일은 재계일로 정하고 육식을 끊는다. 이것은 인간이 자기중심적 독선 위주이

아다이씨 가족과 답사단 일행의 기념사진

고 보면 견강부회(牽强附會)도 일종의 불문율(不文律)로 둔갑하는 경우라 하겠다.

저녁식사를 마치고 이 지역의 유명한 부자(父子) 가수를 초청했다. 50대 중반의 아버지 코게르쉰은 몽골에서도 세손가락 안에 드는 유명한 돔브르 가수이며, 12세의 아들 보켄바이도 전도유망한 소년 가수라고 한다. 아들의 이름은 우리가 묵고 있는 게르의 앞산 이름 '보켄바이'에서 따온 것이다. 부자 가수는 몽골과 까자흐 민요 여섯곡과 재창 요청에 의해 몇 곡 더 불렀다. 부자가 제 나름의 독창을 하다가도 합창으로 넘어가는데, 그렇게 화음이 잘될 수가 없다. 어머니 초원을 노래하는 정겨운 리듬이 있는가 하면, 갈기를 휘날리며 질주하는 말발굽 소리가 연상되는 격조도 있다.

그들의 노래를 듣고만 있을 수가 없다. 일행의 대다수는 한국예술종합학교 교수님들과 학생들이라서 자연히 예술적 공감대가 형성된다. 전통예술원 음악과의 김보라 학생이 우리네 「아리랑」과 「이별가」로 화답한다. 장내는 온통 환호와 박수로 들끓는다. 코게르쉰은 "이때까지 수많은 출연을 했는데, 대개는 건성건성 들어넘깁니다. 이처럼 열광적으로 환영하고 호응해주는 손님들은 처음 봤습니다"라는 인사말을 남기고 게르를 떠났다. 우리의 잔치는 이것으로 끝나지 않았다. 수고하는 기사 다섯분과 현지 안내원, 그리고 게르 주인 내외분을 위한 위로연이 자정까지 이어졌다. 서로가 대작(對酌)을 하며 거나한 김에 어깨 걸고 춤을 추어대는 모양새가 너나를 가를 수가 없으니, 누가 동군(同群)·동종(同種)의 후예들이 아니라고 하겠는가.

오늘밤의 흥겨운 만남과 잔치를 두고 얘기를 나누던 끝에 예술적 감각이 뛰어난 조형예술과 윤동구 교수님의 예지가 발동됐다. 오늘의 만남과 어울림, 화답에서 이름을 따 이번 몽골 답사단을 '보켄바이-보라'라고 부르자는 제언이다. 얼마나 멋진 구상인가. 다들 우렁찬 박수로 뜻을 같이했다. '보켄바이-보라', 한·몽 두 나라의 해후(邂逅)와 영원한 우정을 상징하는 표어치고 이보다 더 적절하고 신선하며 정감 넘치는 표어가 또 어디 있으랴.

30
말잔등에 세워진 흉노제국

갑작스런 항공편 결항으로 바얀올기에서 울란바토르로 직행하게 되어 있는 일정을 바꿔 다시 호브드로 돌아가야만 했다. 이틀 전 지나올 때는 궂은 날씨였지만 오늘은 씻은 듯 개서 알타이 설산 준령이 연출하는 신기한 장관을 공골차게 감상할 수가 있다. 톨보 호숫가에 이르니 몽골알타이에서 최고봉을 자랑하는 해발 4,374m의 후이튼봉(友誼峯)이 한눈에 안겨온다. 수백 갈래의 심산계곡을 거느리고 우뚝 솟아 있는 만년 설산이다. 여덟시간 넘게 돌길을 달려서 해가 뉘엿뉘엇 질 무렵 호브드에 도착했다. 난데없이 소나기가 한참 퍼붓더니 불그스레 물든 지평선에 쌍무지개가 아롱거린다. 보기 드문 길조라고 한다. 그래서인지 이날 밤 게르의 풀밭에 누워 바라본 저 무한창공의 뭇별들은 유난히도 많고 반짝거린다.

다음날(7월 7일) 아침 어렵사리 항공편을 얻어 호브드 공항에 나갔다. 비좁은 구내는 한마디로 북새통이다. 서로가 밀치고 당기면서 큰 짐은 창

흉노의 적석목곽분과 말 순장 모습

구로 마구 집어넣는가 하면 수하물마저도 일일이 무게를 달아본다. 어찌 된 영문인지 일행의 짐무게가 6kg이나 초과했다고 하면서 막무가내로 추가지불을 요구한다. 출발을 몇분 앞둔 터라 따져볼 경황도 없다. 그런 와중에도 서양 여행객 일곱은 뒷문으로 짐을 들여보내고 유유히 빠져나간다. 누군가가 이런 짓을 두고 '문명의 교차로에 선 인간의 몰염치'라고 꼬집었다. 아무튼 울란바토르로의 귀로에 오른 것만도 천만다행한 일이어서 다들 안도의 숨을 길게 내쉬었다.

　오후 1시 40분에 이륙한 비행기는 두시간도 채 안 걸려 목적지 울란바토르에 착륙했다. 몽골의 대초원을 서부에서 중부까지 횡단비행한 셈이다. 비행고도가 별로 높지 않아 가끔씩 구름 사이로 대초원의 장엄한 파노라마가 펼쳐진다. 순간 아득한 옛날부터 말갈기를 휘날리며 이 드넓은 초원을 종횡무진 질주하던 사람들의 모습이 뇌리를 스쳐지나간다. 사실 이번 답사는 그러했던 그들의 발자취를 더듬는 길이다. 그래서 곳곳에서 이 땅을 주름잡던 스키타이며 돌궐인이며 몽골인들과의 해후는 그런대로 이루어졌다. 그러나 어쩌면 그들 모두의 혈통적 시조 격인, 적어도 그들 모두의 문명적 원형 격인 흉노와는 아직 만나지 못했다. 이제부터 그 만 남을 시작할 것이다.

흉노는 오늘의 몽골 일원에 건국의 태를 묻은 첫 유목제국으로서 사상 처음으로 장벽을 허물고 동·서문명을 소통시킨 장본인이다. 흉노의 후예로 알려진 훈(Hun)은 근 한세기 동안 유럽을 석권하면서 유럽 고대사의 물줄기를 바꿔놓았다. 장장 600~700년간 동·서를 아우른 흉노의 활동 이야말로 언필칭 범세계적이라 할 수 있다. 그만큼 그 족적도 거룩하다. 그러나 역설적으로 흉노에 관한 연구는 대단히 미흡하며 미제(未濟)의 수수께끼도 많다. 그런가 하면 오해도 적잖다. 여기에 더해 근간에는 우리나라에서 신라 김씨 왕족이 흉노의 후예라는 흉흉(洶洶)한 일설이 일파만파로 퍼지면서 비상한 관심사로 떠오르고 있다. 이렇게 여러모로 보아 흉노 연구는 그 절박성을 더해가고 있다.

흉노의 어원부터가 아직 미상이다. 일반적으로 '흉(匈)'은 퉁구스어에서 '사람'이란 뜻을 지닌 '훈'(Hun 혹은 Qun)의 음사로서 흉노인 스스로가 자신들을 '훈'으로 불렀다고 알려져 있다. 문제는 '노(奴)'인데, 한인들이 그들을 비하하는 의미에서 비어인 '종'이나 '노예'란 뜻의 '노'자를 첨가했다는 것이 지금까지의 중론이다. 과연 그럴까. 막강한 위력으로 공포의 대상이 되고 형제결맹에 의해 형으로 받들며 심지어 투항해온 남흉노인들에게 예를 갖춰 지방 왕후들보다 더 후대하던 한이 흉노를 향해 감

몽골 노인울라 고분군 제25호분에서 출토된 자수화
중 흉노인 얼굴상

히 '노'(종이나 노예)라고 부를 수 있었을까. 흉노가 그런 비칭을 용서할 리 만무하다. 원대의 여러 극의 대사 중 몽골 어휘와 함께 나오는 '노(奴)'나 '아노(阿奴)'는 남편이나 기사에 대한 존칭이라는 점으로 미루어 '흉노'의 '노'는 사람에 대한 존칭이라는 해석이 있어 주목된다.

흉노의 종족적 기원에 관해서도 이론이 분분하다. 중국 사서에 의하면 아득한 옛날 중국 황제가 북쪽으로 쫓아냈다는 '훈육(葷粥)'이 바로 흉노의 시조로서 하대(夏代)에도 이런 이름으로 나타난다. 은대(殷代)에는 '귀방(鬼方)'으로 은나라와 3년 동안 전쟁을 치른 바가 있으며, 서주(西周) 때까지도 '험윤(獫狁)'이란 이름으로 자주 내침했다. 그러나 춘추전국 시대에 이르면 이상의 여러가지 명칭은 자취를 감추고, 대신 '융(戎)'이나 '적(狄)' 같은 이름들이 나타난다. 그들은 고비사막의 남북 지역이나 황하 유역에 산재해 중원의 화족(華族)들과 공생공영하기도 하고 상쟁하기도 하며, 또한 자체의 이합집산 과정을 겪는다. 그 결과 전국시대 후기에 오면 집단들간의 세력관계에 따라 국가권력을 갖춘 흉노나 부족연맹체인 동호(東胡) 같은 소수의 유목민족집단이 역사무대에 등장한다. 이와같이 흉노란 어떤 단일한 씨족이나 부족에 그 연원을 둔 것이 아니라, 전대의 여러 유목민족과 부족들을 망라하고 계승한 하나의 포괄적인 유목민 집합체라고 말할 수 있다. 이러한 집합체 속에서 흉노라는 한 종족이 주도적 역할을 한 것으로 보인다. 사실상 흉노 자체도 휴도(休屠)와 우문(宇文)·독호(獨弧) 등 여러 부족으로 구성되어 있다.

흉노의 종족적 구분, 즉 흉노가 투르크족과 몽골족 가운데 어느 족에 속하는가 하는 문제도 갑론을박의 난제이지만, 필자는 투르크족계라고 본다. 그 근거는 출토된 체질인류학적 특징에서 찾게 된다. 기원 전후로 추정되는 몽골 노인울라

흉노인의 외형과 복식 모사도(몽골 민족사박물관 소장)

고분군 제25호 무덤에서 나온 인물자수화에 표현된 흉노인의 모습은 이렇다. 검고 숱이 많은 머리카락을 뒤로 넘겨 빗고 이마가 넓으며 눈이 크고 짙은 콧수염에 얼굴은 엄숙하고 위용이 있어 보인다. 특이한 것은 안구는 검은색이나 동공은 남색 실로 수놓았다는 점이다. 일반적으로 몽골족은 동공이 검고 턱수염이 없으며 눈이 작은 반면에, 투르크족은 동공이 남색이고 턱수염이 더부룩하며 눈이 크다. 1950년대 중반 중국과학원 고고연구소 발굴대가 섬서성(陝西省, 샨시성) 객성장(客省庄)의 한 주나라 고분에서 많은 흉노 유물과 함께 문양이 이채로운 장방형 동제 부조 한점을 발견했다. 묘주는 흉노의 사신이거나 그 수행원으로 짐작된다. 이 부조에는 콧대가 높고 가랑이가 긴 바지를 입은 장발의 두 사람이 서로 상대방의 허리를 잡고 씨름을 벌이고 있다. 알다시피 투르크인은 심목고비(深目高鼻, 눈이 푹 들어가고 콧대가 높음)하고 장발인 데 반해 몽골인은 코가 낮고 단발이므로 그 외형적 특징으로 보아 주인공인 이 흉노인들은 투르크

몽골 모린 톨고이 유적에서 출토된 각종 흉노 토기(기원전 75~기원후 100)

족임을 일견에 식별할 수 있다.

그밖에 종족의 발원지가 서로 다른 데서도 흉노는 몽골인종이 아님을 입증할 수 있다. 흉노의 최초 출현지는 음산(陰山, 현재의 네이멍구를 중심으로 한 만리장성 일대) 지역이나 몽골족은 대흥안령 이동 지역이 본향이라서 그 발원지가 서로 다르다. 문자가 없어서 기록은 남아 있지 않지만 한어로 음사한 수십개의 흉노 글자를 살펴보면, 흉노어는 알타이어계 투르크어족에 속한다는 것을 알 수 있다. 그러나 종족의 연원이 다원적인 것만큼 언어도 다양할 수밖에 없다. 그래서 일부 몽골어족에 속하는 어휘도 뒤섞여 있다.

흉노가 역사무대에 나타난 것은 기원전 4세기 전국시대 말엽이나, 제국의 면모를 갖춘 것은 기원전 3세기 초 '천자(天子)'를 자칭한 제1대 두만(頭曼, 만인을 거느리는 장) 선우(單于, 하늘의 아들)가 등극할 때부터다. 기원전 209년 선왕 두만을 시해하고 군주에 오른 묵특(冒頓)은 내정을 정비하고 30만 기마대군으로 주변의 26개 부족국가들을 차례로 병합해 강대한 제국을 세웠다. 그 강역은 동으로 한반도 북부, 북으로 바이깔호, 서로 아랄해, 남으로 티베트고원에 이르는 광활한 지대로서 그야말로 명실상부한 세계적 대국이다. 백등산(白登山) 전투에서 숙적 한고조(漢高祖) 유방(劉邦)의 30만 대군을 포위 섬멸하고 그에게 굴욕적인 형제화약을 강요할 정도로 흉노는 일세를 풍미했다. 흉노의 이러한 기세는 효기선사(驍騎善射, 날쌔게 말을 타고 활을 잘 쏨)하는 강력한 기마군단이 있어 가능했다. 또한 흉노는 말잔등에 가재를 싣고 다니는 전형적인 유목기마민이었다. "활이 느슨해서는 안되고, 말의 굴레가 풀려서는 안된다"는 것이 그들의 일상생활 신조다. 그래서 흉노제국은 '말잔등에 세워진 제국'이라고 한다. 그러나 4대를 넘기지 못하고 사양길에 접어든다. 군신(軍臣) 선우 같은 무능한 군주의 등극과 내홍에 의한 동·서 흉노와 남·북 흉노의 분열, 그리고 한나라의 보복적 정벌, 선비(鮮卑)의 내침 등 여러 요인으로 인해 급속하게 국운이 기운다. 급기야 북흉노의 잔여세력은 기원후 1세기 말엽부터 서쪽으로 잠행(潛行)해 후일 서방의 훈족으로 재현된다. 한편, 한에 투항한 남흉노는 간헐적으로 한에 반기를 들기는 했으나 3세기 초에 이르러 한에 완전히 종속된다. 이렇게 동방에서의 흉노 역사는 막을 내리고 만다.

그러나 흉노 역사의 막은 일시 내려졌을 뿐 완전히 닫힌 것은 아니었다. 200년이란 잠행기, 즉 그들의 행적이 역사기록에 포착되지 않은 시기를 거쳐 '훈'이란 이름으로 유럽땅에 기라성같이 나타나 내려졌던 역사의 막을 다시 걷어올리고 근 100년간 유럽의 무대를 활보한다. 이 훈의 종족 기원 문제, 특히 흉노와의 종족관계 문제는 오랫동안 동·서양 학계의 치열한 논쟁거리였다. 훈이 흉노계, 몽골계, 투르크-몽골-만주 혼합계, 게르만계, 깝까즈계라는 등 다양한 주장이 난무했다. 그러나 지금은 언어의 친근성이나 음사의 유사성, 두 종족의 기원이나 거주지 및 활동에 관한 한적과 서양문헌 기록의 일치성 등을 근거로 훈-흉노 동족론이 대세를 이루고 있다.

흉노의 후예인 훈은 1세기 말엽에 알타이산맥을 넘어 일리(伊犁) 방면으로 진출했으나 계속 추적해온 선비에게 쫓겨 까자흐스딴 초원을 지나 3세기 말~4세기 초에 아랄해와 카스피해 부근에 이른다. 여기서 선주민인 알란족(Alans)을 정복하고 375년경에는 발라미르(Balamir, Balamber)의 인솔하에 돈(Don)강을 건너 유럽에 침입한다. 그들의 내침 앞에서 고트(Goth)인들은 주변 게르만민족들 속으로 떠밀려 들어가 게르만민족의 로마제국 경내 진입을 촉발한다. 이것이 이른바 게르만족의 '민족대이동'이며, 그 결과 로마제국은 분열(395)되고 만다. 로마제국의 분열을 계기로 훈의 대유럽 공략은 날개에 깃을 달게 된다. 특히 434년 '하느님의 채찍'이라고 하는 당년 32세의 아틸라(Attila)가 등극하면서 유럽을 완전히 제압한 강력한 통일제국이 건립된다. 영토는 남으로 발칸반도와 북으로 발트 해안, 동으로 우랄산맥과 서로 알프스에 이르는 광활한 유럽대륙을 갈무리했으며, 치하의 종족만 45여족에 달했다. 헝가리의 판노니아(Pannonia)에 정도(定都)하고 동·서 지역에 각각 중심지를 설치해 통치체제를 유지했다.

그러다가 복속 민족들의 반란과 친선관계에 있던 서로마의 이탈로 말미암아 국력은 약화되어갔다. 아틸라는 서로마 원정에서 돌아온 후 47세를 일기로 급서(453)한다. 그의 사후 아들 둘은 각각 독립왕국을 세우려고 할거(割據)에 매달리다가 게르만족과 로마인들과의 격전에서 전사하고 만다. 이로써 흉노-훈은 영영 역사의 뒤안길로 사라진다. 막스 베버 (Max Weber)가 말한 것처럼 훈족의 침입과 그에 따른 게르만족의 대이동은 유럽사에서 고대의 종말을 가져온 획기적인 사건이었다. 이와 더불어 훈의 서천과 훈제국의 건국은 사상 처음으로 동양문명이 서양에 전파되고 동양에 대한 서양의 지견(知見)이 싹트기 시작한 계기가 되었다.

31

'호한(胡漢)문화'의 흔적, 노인울라 고분군

울란바토르에 돌아와서는 시외에 있는 도간(Dogan) 캠프에 여장을 풀었다. 초원과 수림의 경계에 자리한 캠프는 20여채의 게르를 품고 있는 천혜의 휴양지다. 식당과 화장실, 샤워장 등 후생시설이 깔끔히 갖춰져 있다. 초원과 수림에서 배어나오는 향긋한 내음이 코를 찌른다. 총총한 뭇별을 머리에 이고 밤늦도록 캠프파이어를 열어 몽골의 대자연에 흠뻑 젖어본다.

다음날 아침 지저귀는 새소리에 새벽잠을 떨쳐버렸다. 어둠이 채 가시기 전에 일어나 캠프 주위를 서너바퀴 돌았다. 도는 내내 오늘 있을 노인울라 고분군 답사가 머릿속에서 맴을 돈다. 얼마나 기다려왔던 답사인가. 빠듯한 일정을 감안해 일행은 두 편대로 나눠 행동하기로 했다. 필자를 비롯한 11명은 차 석대에 나눠 타고 아침 8시 반에 울란바토르 북방 100여km 지점에 있는 고분군을 향해 떠났다.

도간 캠프 전경

필자에게 노인울라로 가는 길은 초행길이다. 워낙 교통이 불편한 곳이라서 현장답사에 관한 기록도 별로 남아 있지 않다. 우리나라의 경우엔거의 없다. 문제는 찾아가는 길인데, 현지 기사들도 모르고 있다. 지도를짚으며 어림잡아 찾아가는 길이라서 처음부터 가다 서다와 에돌기를 반복한다. 두시간쯤 달려서부터는 잡초가 무성한 초원길이다. 이틀 전 내린비로 길은 질퍽거린다. 가끔 움푹 팬 물웅덩이에 차바퀴가 빠져 부르릉댄다. 가까스로 물어물어 노인울라산 쪽으로 방향을 잡았다.

네시간쯤 달렸을 무렵 갑자기 돌풍이 일고 먹구름이 밀려오며 천지를통째로 뒤흔드는 천둥번개가 하늘을 몇조각 내더니 급기야 장대 같은 빗줄기가 퍼붓는다. 흙탕물이 도랑져 흐른다. 몇번이고 훑고 지나가는 빗살

노인울라 고분군 지구의 입구 표식

을 피해 잠깐 멎었다간 다시 움직이곤 한다. 멎어선 차를 밀고 끌고 한 지 벌써 여러차례, 차도 사람도 지쳤다. 그러나 전진한다, 오로지 목표를 향해. 이렇게 한시간 반 동안이나 폭우와 사투했지만 차는 더이상 언덕길을 톺아오를 수가 없다. 일행은 구수(鳩首)회의를 거듭한 끝에 결연히 멈추고 돌아가기로 했다. 첫째도 안전, 둘째도 안전이기 때문이다. 자욱한 안개 속에 희미한 모습을 드러낸 노인울라, 10리도 채 안되는 지척에서 우리보고 손짓한다. 그러나 가닿을 수 없는 곳, "노인울라여, 다시 찾아오마", 속으로 한마디 남기고 떨어지지 않는 발길을 되돌려만 했다. 돌아오는 길은 역수로 내린 비 뒤라서 갈 때보다 몇갑절 힘들었다. 밤 8시가 되어서야 울란바토르에 도착했다.

일행이 고생을 무릅쓰고 노인울라 유지를 찾아 떠난 것은 흉노를 참하게 알기 위해, 그 가운데서도 흉노가 동서교류에 미친 영향, 좁혀서 우리와의 관계를 현장에서 확인하고 싶어서였다. 흉노에 의한 동서교류는 스키타이 유목문화를 동전시킨 데서도 찾아볼 수 있지만, 유목문화와 한문화를 융합시킨 이른바 '호한문화(胡漢文化)'에서 보다 극명하게 나타난다. 기원 전후로 추정되는 이 유지는 몽골어로 '왕후의 산'이란 뜻의 노인울라 산중에 위치하고 있다. 1910년 산중에 있는 금광맥을 채굴하다가 우연히 무덤을 발견한 이래 1924년부터 꼬즐로프(K. Kozlov) 등 소련 고고학자들에 의해 고분들이 속속 발굴되었다. 1962년 역시 소련 고고학자 루덴꼬가 종합발굴보고를 제출함으로써 고분군의 전모가 드러나게 되었다.

총 212기의 고분은 모두 세개의 골짜기 경사면에 자리하고 있다. 대체로 묘 형태는 남시베리아나 알타이 지방 특유의 스키타이계 고총분(高塚墳, 쿠르간)과 중국 한나라의 목실분(木室墳)을 융합시킨 혼합형이다. 묘의 구조는 중국(전국과 진한 시대)과 한국(낙랑 고분)의 분묘와 유사한 절두방추형(截頭方錐形), 즉 구조의 주체인 기실(基室)은 지하 광내(壙內)에 목재로 만들고 그 위에 봉토를 씌우며, 지하의 곽실로 이어지는 갱도를 앞에서 파들어가는 구조이다. 고분에서는 각종 마구류, 구리솥, 3날개 철촉, 동물투쟁도 등 북방 유목기마민족 문화에 속하는 유물들과 함께 '선경(仙境)'이나 '만세(萬歲)' 같은 한자가 새겨진 비단천과 한나라 거울 조각 등 중국 유물도 상당수 출토되었다. 그런가 하면 페르시아를 비롯한 서역의 대표적 문양인 대칭문양이나 기하학문양 같은 것도 발견되었다. 한마디로 노인울라 고분군은 흉노를 축으로 한 동서문명의 교류상을 깊숙이 간직한 보물고다.

이러한 보물고의 흔적은 흉노가 서쪽으로 이동한 길가와 그 후예인 훈이 활동한 유럽 전역에서도 고스란히 찾아볼 수 있다. 그 대표적인 유물로는 옥으로 장식한 검과 뼈활고자를 부착한 활, 각종 청동거울과 비단 등 진한대의 유물과 더불어 흉노 특유의 구리솥을 꼽을 수 있다. 이러한 유물들의 서전은 대부분이 3~5세기에 이루어졌으나 일찍이 1~2세기의 것도 있다. 이것은 흉노가 동방문물의 서방 전파에서 선구자적 역할을 했음을 말해준다.

노인울라 고분군을 비롯한 여러 흉노 유적과 이렇게 서전한 호한문화의 유물이 발견됨에 따라 베일에 가려졌던 흉노의 모습이 차츰 드러나고 있다. 목축경제를 근간으로 하는 유목사회는 농경사회와는 달리 계급(신분)분화가 명확치 않은 반면에 구성원들의 혈연이나 지연 의식은 강하다.

'보드'라 불리는 혈연공동체가 '보문'이라고 하는 부족공동체로 확대되고, 나아가 그것이 정치적 연합체인 흉노 사회를 구성함으로써 흉노 사회는 부족연합체적인 유목국가의 성격을 띠게 되었다. 정치나 사회 조직은 좌우·동서·흑백으로 나눠 상호 견제적인 균형을 기하려는 이원화(二元化)제도를 채택하고, 군사조직은 십진법에 따라 십·백·천·만 단위로 편성한다. 이러한 이원화제도나 십진법은 후일 돌궐이나 위구르를 비롯한 투르크계 국가들로 전승되어 투르크 사회의 한 특징으로 정착되었으며 몽골이나 동아시아 국가의 정치·군사체제에도 일정한 영향을 미쳤다.

흉노 사회의 경제구조에서 특기할 것은 목축이나 수렵을 근간으로 하면서도 농경도 더불어 경영했다는 사실이다. 고분에서 돌절구와 농작물 종자 및 농경과 관련된 도기(낟알 저장용)가 발견된다. 『한서(漢書)』「흉노전(匈奴傳)」에는 기원전 88년 가을 흉노 지역에 몇달 동안 비와 눈이 내려서 "곡식이 영글지 않았다"는 기록이 있어 농사를 짓고 있었음을 알 수 있다. 그리하여 기원전 2세기 이후에는 흉노의 창고에 여분 식량이 비축될 정도로 농경이 발달했다고 한다. 철제 농기구를 제작해 사용하고 한으로부터 농경기술과 농기구를 수입함으로써 그것이 가능했던 것이다. 사실이 이러할진대, 이제 유목민이라고 해서 무턱대고 농경을 무시했다든가, 농산품 결핍 때문에 농경민과의 약탈전이 불가피했다는 식의 교조적 통념은 재고되어야 할 것이다. 농경에 따라 도시가 건설되어 정주생활을 한 흔적도 발견된다.

흉노인들이 창조하고 향유한 문화에 관해서도 전승된 예술이나 남겨놓은 유품을 통해 그 모습을 어느정도 가늠할 수 있다. 다들 흉노에게는 문자가 없었던 것으로 알고 있지만, 있었을 개연성을 시사하는 사실 몇가지가 있어 주목된다. 사적에는 흉노 사신들이 선우의 서신을 휴대하고 다녔다는 기록이 나온다. 그렇다면 그 서신은 필경 무슨 문자로 쓰여졌을 터, 문자가 있었을 법하다. 노인울라 고분군 16호분을 비롯한 여러 유적에서 발굴된 칠기나 도기 밑바닥에는 영어 자모 'M'이나 'Y' 'P' 'S', 한자 '人'자와 비슷한 부호가 새겨져 있다. 이것들이 어떤 문자부호가 아닌지 의문시된다. 비록 문자는 없었지만, 무용담이나 전쟁에서 패한 아픔, 권력의 흥망 등을 주제로 한 민요는 전승되어왔다. 『사기(史記)』「흉노전」 '색은(索隱)'조에는 「서하구사(西河舊事)」라는 흉노 민요 한수가 실려 있다. 내용은 기원전 121년 한에게 격파되어 기련산(祁連山)과 연지산(燕支山, 지금의 감숙 하서주랑河西走廊)을 잃은 슬픔을 노래한 것이다.

기련산 잃으니 육축(六畜)이 번식할 수 없게 되고
연지산 잃으니 부녀들 얼굴기색 없게 되었네
失我祁連山 使我六畜不蕃息
失我燕支山 使我嫁婦無顏色

여기서 육축(六畜)은 유목기마민족인 흉노인들에게 중요한 여섯가지 가축, 즉 말·소·양·닭·개·돼지를 말한다. 그리고 '연지(燕支)'는 여인들의 얼굴치장용 '연지(臙脂)'나 흉노어에서 아내를 이르는 '연지(閼氏)'와는 동음이의어이다. 흉노는 이러한 차음우의(借音寓意)를 교묘하게 이용해 땅 잃은 아픔과 슬픔을 민요화하는 지혜를 발휘했다.

흉노인들의 예술은 주제나 기법에서 그들의 생활모습을 사실적으로 반영하고 있다. 도안이 정교하고 색채가 화려하며 색색의 실로 수놓은 카펫 유품은 보기에도 진귀하다. 특히 펠트 위에 다양한 색깔의 털실을 사용해 아플리케 기법으로 장식한 수예품은 흉노의 특징적인 예술품으로 평가받

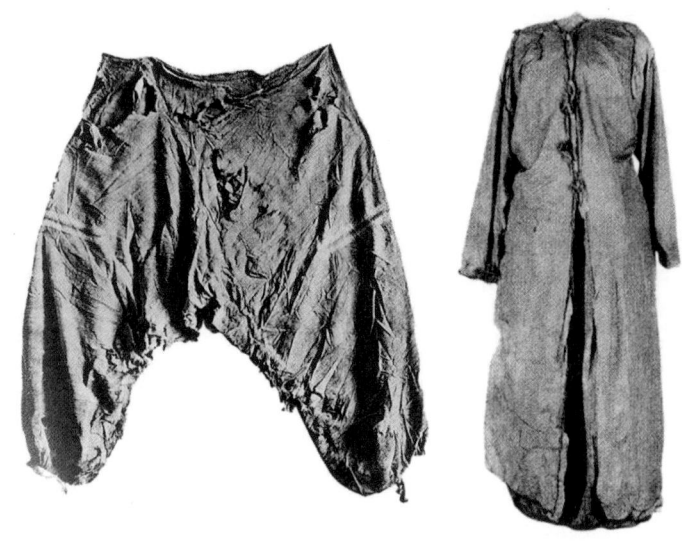

노인울라 고분군 제6호분에서 출토된 모직바지와 비단 겉옷

고 있다.

흉노의 신앙체계는 농경사회의 지신(地神)이나 유목민들의 토템 신앙보다는 천신(天神)사상이 강한 것이 특징이다. 선우는 최고통치자일 뿐만 아니라, 천신의 아들로서 그 뜻을 지상에 펴는 사제장이며 대리자이기도 하다. 선우들이 한나라 황제에게 보내는 문서에는 늘 자신을 '하늘이 세운 흉노 대선우(天所立匈奴大單于)'니, '천지가 낳고 일월이 설한 흉노 대선우(天地所生日月所置匈奴大單于)'라고 자칭한다. 그들은 천지신령의 화신으로서의 우상이나 무당〔胡巫〕도 믿는다. 고분에서 출토된 '금인상(金人像)'이나 목용(木俑)이 바로 그러한 우상이다. 『한서』 「소무전(蘇武傳)」에 보면 흉노에서 칼로 자살한 소무가 한 무의(巫醫)의 구급치료로 반나절만에 회생되었다는 기사가 있는데, 이것은 신과 인간 간의 영적 매체로서

의 무당이 주술과 의술을 겸행했음을 말해준다. 흉노가 역사무대에 등장한 시기는 원시씨족사회의 유습이 적잖게 남아 있던 시기다. 그런 전형적 유습을 혼인풍습에서 찾아볼 수 있다. 씨족관계의 틀을 유지하기 위해 계모를 아내로 삼는 수계혼(收繼婚)과 형수나 제수를 아내로 삼는 수혼(嫂婚)이 바로 그 일례이다.

이러한 이질문화를 지니고 있는 흉노가 신라 김씨의 '조상'이라느니, 신라인에게 흉노의 '피가 흐른다'느니 하는 의아스런 화제가 요즘 장안에 자자하다. 몇마디로 해명 가능한 주제가 아니라서 상론은 따로 미루고, 근간의 설왕설래에서 불급(不及)된 부분 하나만을 지적코자 한다. 기왕 신라 김씨의 조상을 중국에서 찾으려 한다면 제대로 찾아봐야 한다는 것이다. 중국 김씨에는 황제의 아들 소호(少昊, 金天氏)를 시조로 하고 팽성(彭城, 현 徐州)을 본향으로 하는 김씨와, 흉노의 휴도(休屠) 왕자 김일제(金日磾)를 시조로 하고 경조(京兆, 현 西安)를 본향으로 하는 김씨의 2대 계보가 있어 엄연히 구별된다. 그럼에도 소호와 김일제를 하나의 혈통으로 혼동한 '대당고김씨부인묘명(大唐故金氏夫人墓銘)'과 소호에 대한 언급(?)이 없는 '문무대왕릉비'를 근거로 서로가 별족인 화하족의 소호를 시조로, 흉노족의 김일제를 중시조로 엮는 이른바 신라 김씨의 '뿌리인식' 운운은 그것이 관념상이건 실제상이건간에 일견해 자가당착적임을 갈파하게 된다. 이 한가지만 파고들어도 무슨 실마리가 잡힐 듯하다. 아울러 아리송한 비문 몇글자에만 매달리지 말고 시야를 세계로 넓혀야 할 것이다.

노인울라행에 뜻밖의 시간을 소비하다보니 마지막 날(7월 9일) 울란바토르에서의 일정엔 차질이 생길 수밖에 없었다. 자이산 대일전승기념탑 답사는 취소되고 간단(Gandan) 사원과 민족사박물관 참관은 간소화되었다. 다음 기회를 약속하고 오후 1시 30분 몽골항공편(OM 301)으로 칭기즈칸 국제공항을 이륙해 귀국길에 올랐다. 초원 실크로드의 동맥, 몽골 대초원의 어제와 오늘을 함께한 답사의 대단원은 여기서 막을 내렸다.

3부

드디어 유럽과 만나다

시베리아 초원로

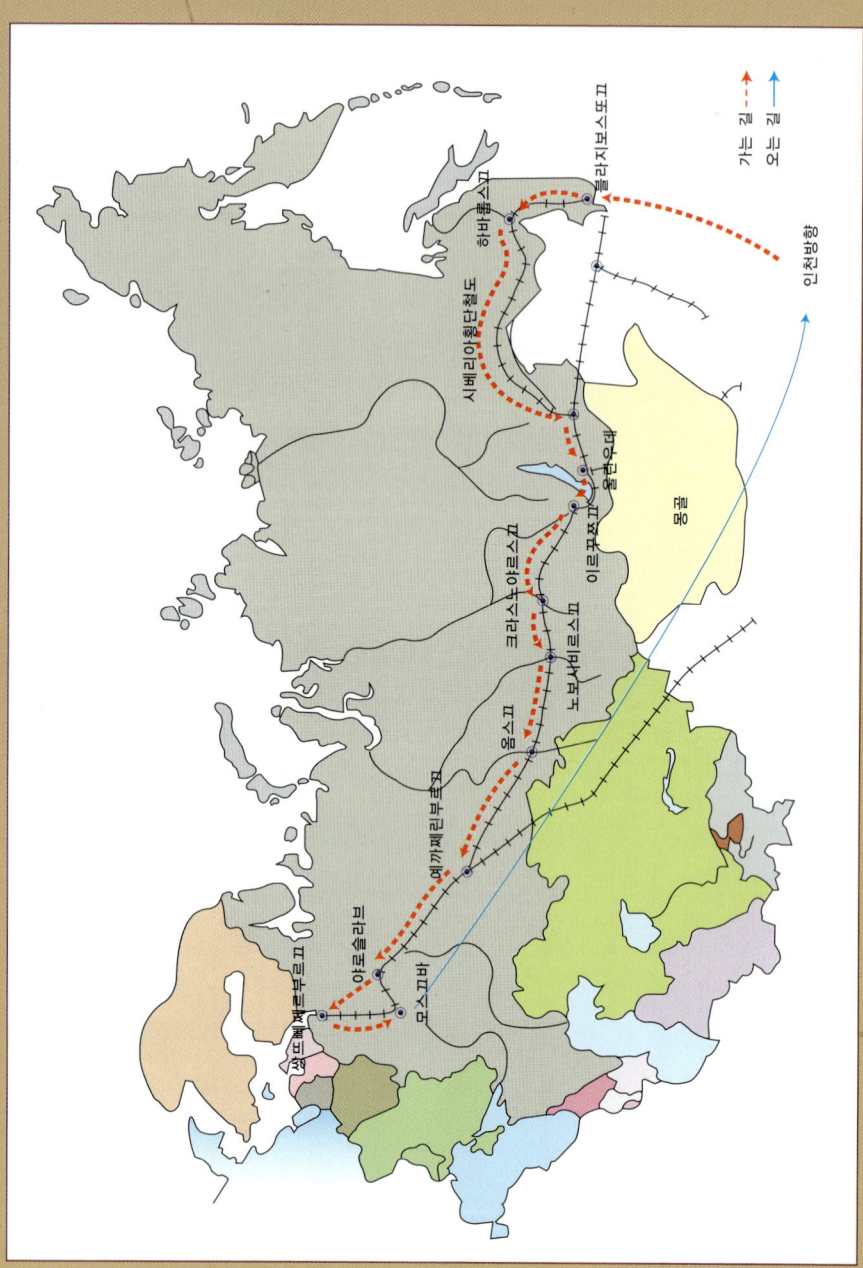

시베리아 초원로 답사노정도

32
극동의 관문 블라지보스또끄

초양(草洋, 풀바다)에서 진주를 건져내는 우리의 행각은 계속된다. 그 터를 대홍안령에서 몽골로 옮겼다가 이제 다시 시베리아로 옮기려고 한다. 앞으로 얼마나 더 건져내겠는지 기대 반, 걱정 반 속에 2009년 7월 1일 인천에서 블라지보스또끄(Vladivostok)로 향하는 대한항공(KE) 981기편에 몸을 실었다. 11시 30분에 이륙한 비행기는 시속 966km의 속도에 고도 약 1만m를 유지하면서 곧바로 군사분계선과 평행선을 긋는다. 30여분 동안 직행하다가 북동쪽으로 꺾지 못하고 강릉 쪽으로 동선을 잡는다. 여기서부터는 고도를 1천m 더 높이면서 저만치 동해의 공해 상공을 날다가 그제야 기수를 북향으로 튼다. 제 땅 상공을 피해야 하는 이 서글픔을 저 동해의 창파(滄波)도 씻어내지 못하는 현실이 못내 안타깝기만 하다.

꼭 두시간이 걸려서 구름이 자욱하고 물기가 번뜩이는 아르쫌(Artyom) 공항에 착륙했다. 기내에서 검역관이 오기를 20여분이나 기다렸는데도

'독수리바위'에서 바라본 블라지보스또끄 전경

입국장의 혼잡을 피한답시고 승객들을 40명씩 나눠 내리게 하는 바람에 비행기에서 내리는 데만도 한시간 이상 걸렸다. 20평 남짓한 입국장은 또 입국장대로 북새통이다. 입국수속에 또 한시간 걸렸다. 승객의 대부분은 현지 러시아인이다. 그들은 별 군소리 없이 '관성의 법칙'에 순응한다. 적어도 겉으론. 기온은 15도, 비가 촉촉이 내린다. 현지 안내원의 말에 의하면 왕년에 없던 일로 지난 6월 내내 장맛비가 내렸으며, 겨우내 무르팍까지 쌓이던 눈도 5~6년 전부터는 가뭇없이 사라졌다고 한다. 이상기후의 징조로서 재난일 수도 있다고 동토인들은 불안해한다고 한다.

우리의 시베리아 초원로 답사는 이렇게 이변 속에서 시작되었다. 우리에게 시베리아는 그리 낯선 땅이 아니다. 그렇다고 제대로 알아본 땅 같지도 않다. 정작 이 땅의 동쪽 끝에서 저 멀리 1만여km나 뻗어간, 실로 까마득한 서쪽 끝을 머릿속에 그려보면서 첫발을 떼자니 그 실체부터가 궁금해진다. 라틴어 계통에서 부르는 '시베리아'는 러시아어 '시비르'에서 유래된 것인데, 타타르어로 '잠자는 땅'이란 뜻이다. '시비르'란 이름은 16세기 타타르인들이 서시베리아에 세운 칸국의 수도 이름에서 따온 것이나, 후일 러시아인들의 동진과 더불어 우랄산맥 동쪽 전지역에 대한 범칭으로 확대되었다. 그 지역적 범위는 우랄산맥 동쪽 비탈에서 태평양 연안의 분수계까지를 포함하는데, 동서 너비는 7,000km, 남북 길이는 3,500km, 면적은 약 1,300만km²로서 러시아연방의 75%, 아시아의 25%나 차지한다.

지형적으로는 우랄산맥과 예니쎄이(Enisei)강 사이의 해발 200m 이하의 시베리아 저지대, 예니쎄이강과 바이깔 산지대 사이의 해발 500~700m의 중앙시베리아 고원지대, 고생대의 습곡(褶曲)운동에 의해 조성된 알타이산맥에서 자바이깔(Zabaikal)산맥에 이르는 남시베리아 산간지대, 중생대에 조성된 동시베리아 산간지대 등으로 구분한다. 기후는 심한 대륙성기후로서 영구동토지대(툰드라)가 많으며 영하 70도까지 내려가는 극한지대도 있다. 그래서 총체적으로 연평균기온은 0도 이하다. 남부에 동서로 초원지대(스텝)가 형성되어 있고, 그 북쪽에 자작나무를 비롯한 침엽수가 우거진 타이가 지대가 펼쳐져 있다. 우리가 타고 갈 시베리아횡단철도는 스텝과 타이가가 지그재그로 얽혀 있는 지역을 숨바꼭질하듯 헤집고 지나간다.

풍부한 천연자원과 광대한 처녀지를 갈무리하고 있는 시베리아는 세계 굴지의 보물단지다. 그 속에서 수만년 전 현생인류인 몽골로이드와 그 후예인 고아시아인들은 이곳을 요람으로 삼고 삶을 개척해왔다. 이곳에 나

블라지보스또끄 거리 풍경

타난 첫 국가는 기원 전후 바이깔호까지 영역을 넓혔던 흉노이며, 그 뒤를
이은 유연(柔然)이나 선비(鮮卑) 같은 북방계 민족들도 시베리아 남부나
동남부 일원에서 나름의 역사를 엮어왔다. 그러다가 13세기에 이르러 몽
골제국의 킵차크 칸국(1243~1480) 지배하에 들어가면서 '잠자던 땅' 시
베리아는 마침내 그 면모를 세계에 드러내기 시작한다.

　그러나 아이러니하게도 면모를 드러내자마자 야심찬 러시아의 '동진
정책'이란 격랑에 휩쓸린다. 몽골의 압제에서 가까스로 벗어난 모스끄바
대공국은 러시아 통일제국의 틀을 갖춰가면서 대외팽창에 눈을 돌린다.
그 주안점이 바로 시베리아에 대한 '동진'이다. 러시아는 킵차크 칸국의
고토에서 일어난 카잔(Kazan)과 아스트라(Astra) 칸국을 차례로 공멸한

다음 1582년 까자흐의 모험가 예르마끄(T. Yermak)를 내세워 시비르 (Sibir) 칸국을 평정한다. 예르마끄는 시비르 지방을 통째로 러시아 황제 이반 4세에게 공물로 바친다. 그러자 러시아는 서시베리아의 이르티시 (Irtysh)강과 또볼(Tobol)강의 합류 지점에 동방 진출의 전초기지로 또볼 스끄(Tobolsk)시를 건설한다. 여기를 거점으로 해 러시아의 동방 진출은 본격화된다. 강력한 까자흐 기마군단은 동진을 계속해 반세기도 채 안되 는 동안에 극동의 오호쯔끄(Okhotsk) 해안까지 도착한다. 로마노프 (Romanov) 왕조의 뾰뜨르(Pyotr)대제는 시베리아 경략에 대한 강한 야 욕을 품고 오호쯔끄해로부터 남하를 시도했으나 아무르강(黑龍江) 방면 에서 청나라의 제지에 부딪힌다. 그러자 양국간에는 동시베리아와 극동 을 놓고 물고 물리는 쟁탈전이 벌어지는데, 대체로 노후한 청나라가 고배 를 마신다.

이러한 혼탁스러운 역정에서 이제 인종의 순수성이란 옛말이 되고 말 았다. 러시아의 동진 물결을 타고 밀려든 슬라브계의 러시아인과 우끄라 이나인, 벨라루스인이 4,000만 인구 가운데서 약 90%를 차지한다. 원주민 인 알타이계의 터키인이나 몽골인, 퉁구스인, 고아시아계 인종은 오히려 소수민족으로 전락해 터전을 잃고 변방으로 쫓겨가 주로 수렵이나 어업 에 종사한다. 주민의 대부분은 남부 철도 연변에 몰려 살고 있으며, 북부 는 갈수록 인구밀도가 희박하다. 하루종일 가도 인적 하나 없는 곳이 수 두룩하다.

이렇게 개척되고 변모된 시베리아, 그것이 가능했던 것은 횡단철도로 대표되는 초원 실크로드란 길이 있었기 때문이다. 러시아의 동진에 의해 우랄산맥 동쪽 기슭으로부터 남러시아 초원지대를 지나 부분적으로 북방 침엽수림 지대를 가로질러 아무르강 일대까지 이어지는 길이 바로 시베리아 초원로이다. 이 길의 서단은 몽골 초원에서 알타이산맥을 넘어 중앙아시아 초원지대로 이어지는 전통적 초원로 구간이나, 동단은 새로 개척된 초원 '모피로(毛皮路)'다. 동시베리아에서 성산(盛産)되는 모피를 수입해가는 길이라는 뜻에서 붙여진 이름이다.

이렇게 시베리아는 천혜의 보고이지만, 한때 종신유형지가 되었을 정도로 황막하고 고달프며 동떨어진 이상야릇한 신기루의 땅으로 비쳐졌다. 게다가 굴절된 프리즘을 통해 흘겨보다보니 왜곡도 이만저만이 아니었다. 그러나 이런 껍데기를 벗겨버리면 시베리아는 진정 인간의 성찰과 깨달음을 촉발한 마그마로, 지혜와 문명을 함양한 도량으로 우리에게 다가온다. 러시아 문호 체호프(Chekhov)는 '견딜 수 없는 고통의 장소'에 대한 사회적 관심을 이끌어내고, 어려운 환경에 적응해 '책임있는 과업을 수행'하는 민중의 공적을 만방에 알리기 위해 무저항과 현실 안주에 만족하는 정신적 스승 똘스또이(Tolstoy)와 결별하고 1890년 마차를 타고 장장 다섯달 동안 시베리아를 거쳐 사할린섬까지 다녀온다. 다녀와서 초지(初志)를 담아 써낸 것이 『사할린섬』과 『6호실』이다. 그에 앞서 다른 문호 도스또옙스끼(Dostoevskii)도 10년간의 시베리아 유배생활에서 자신이 '인생의 수수께끼를 풀 수 있는 사람'으로 성장했다면서 그 성찰을 『죄와 벌』 같은 대작에 낱낱이 풀어놓는다. 모두는 시베리아 예찬론자들이다.

이런 예찬 말고도 시베리아는 우리와 각별한 인연이 있다. 먼 옛날 우리네 한 조상의 태가 그곳에 묻혔을 법하며, 그곳에서 일렁이던 문명의 여파가 우리 땅에 밀려왔다. 우리 역사의 자랑 해동성국(海東盛國) 발해가 자리했던 고지(故址)이기도 하다. 가깝게는 우리의 50만 혈육이 그곳에서 삶을 일궈가면서 애국의 정열을 불태웠다. 오늘은 새로운 유대로 우리와

극동의 관문 블라지보스또끄 항구

유럽을 이어주는 가교역할을 하고 있다. 한마디로, 시베리아의 무한한 초
양 속에는 주옥같은 보물이 무궁무진하게 깔려 있다. 이제 우리는 시베리
아 초원로를 따라 그 채집에 나선다. 그 출발점이 바로 시베리아 극동의
관문 블라지보스또끄다.

  아르쫌 공항에서 56km 떨어진 블라지보스또끄는 흔히 연해주라고 부
르는 쁘리모르스끼 끄라이(Primorsky Krai)주 주도로서 길이 30km, 폭
12km의 무라비요프-아무르스끼 반도 남단에 위치하고 있다. 러시아어
로 블라지보스또끄는 16세기 러시아의 동방진출을 의미하는 '동방정복'
(블라지 = 정복, 보스또끄 = 동쪽)이라는, 조금은 살벌한 느낌이 드는 복
합어다. 우리말로는 자리한 주의 이름을 따서 '연해주(沿海州)'라고 하나,

황소뿔처럼 생겼다고 해서 이름이 붙여진 금각만

중국어로는 '하이선웨이(海蔘威)'라고 한다. 그 뜻에 관해서는 몽골어의 '해변가의 작은 어촌'이라는 설과, '해삼이 많이 나는 저지(崴＝低地)'라는 두가지 설이 있다. 원·명대까지만 해도 '영명성(永明城)'이라고 불러온 이곳은 17세기 중엽 러시아의 동방 진출 전까지만 해도 청나라 길림부도통(吉林副都統)에 속해 있었다. 그러다가 러시아와 만청 간에 영토분쟁이 일어나 얼토당토않게 싸우지만 무능한 만청은 러시아와 불평등한 '뻬이징조약'(1860)을 맺고 블라지보스또끄를 포함한 우수리(Ussuri)강 이동 약 40만km²에 달하는 넓은 땅을 러시아에 내주고 만다. 이즈음 러시아는 비밀리에 군대를 파견해 초소를 지으면서 항구란 이름을 붙이고 이주를 시작한다. 얼마 안 가선 일약 시로 승격시킨다.

일행은 아무르강 하구에 황
소뿔처럼 생겼다고 해서 이름
지어진 금각만(金角灣, 졸로또
이로그만)가에 자리한 아무르
바이 호텔에 여장을 풀었다.
바다처럼 펼쳐진 만(灣) 수면
에 반사된 황금빛 노을은 문
자 그대로 황홀경이다. 백야
(白夜) 속에 황홀경은 두세시
간 지속된다. 30여년 전만 해
도 블라지보스또끄는 군항이
란 철의 장벽에 가려져 외래
인은 허가증을 소지했어도 항
구는 물론 해변가도 얼씬할

2차 세계대전 전승기념탑

수가 없었다. 그저 차를 타고 우중충한 거리 몇군데만 주마간화(走馬看花)
식으로 스쳐지나야 했던 것이다. 그러나 지금은 문이 활짝 열렸다. 고층
건물이 즐비하고 곳곳에 '쎄일'(Sale)이라고 쓴 현수막이 걸려 있다. 이만
저만한 탈바꿈이 아니다.

다음날은 발해 유적지 답사로 하루를 보냈다. 그 다음날 처음으로 찾아
간 곳은 태평양함대사령부가 자리한 군항광장이다. 광장 언저리에는 꺼
지지 않는 화염이 활활 타오르는 제2차 세계대전 전승기념탑이 자리하고
있다. 탑 왼편엔 대전에서 공훈을 세운 대형 잠수함 한대가 실물로 전시
되어 있다. 적에게 포위되자 승무원 전원이 자폭으로 불굴의 절개를 과시
한 잠수함이다. 그런가 하면 바로 그 앞바다 군항에는 대형 군함들과 나

'독수리바위'에 세워진 두 선교사 끼릴과 메포지의 동상

란히 'C-56잠수함박물관'이 바다에 떠 있다. 역시 2차대전 때 10척의 적함을 침몰시켰다는 전설적 잠수함을 개조해 전시한 박물관이다. 전쟁의 상처와 더불어 그 전쟁을 이겨낸 사람들의 전공은 영원히 역사를 되살려가는 불멸의 불씨로 남아 있게 된다.

이어 시내에서 가장 높은 곳인 해발 214m의 '독수리바위' 전망대를 찾았다. 68만 인구를 한품에 안고 있는 시가가 한눈에 내려다보인다. '동방의 진주'란 명성에 걸맞은 빼어난 경관도 눈길을 사로잡는다. 곳곳마다 육중한 컨테이너와 촘촘한 기중기로 숲을 이룬 무역항이나 어항, 군항, 그리고 9,288km를 달려온 철마가 멎는 마지막 역사는, 이곳이 아시아나 태평양으로 뻗어나가는 극동의 관문임을 여실히 보여주고 있다. 눈 아래에서는 2012년 아펙(APEC) 정상회의 장소로 쓰일 루스끼섬으로 이어질 다리가 한창 건설중에 있다. "우리에게는 무엇인가?"라고 물음을 던질 정도로 블라지보스또끄는 우리와 가깝다. 그러기에 어느 곳 하나 무심코 지나칠 수가 없다.

33
50만 고려인의 애환

우리에게 블라지보스또끄가 가까이 다가오는 것은 무엇보다도 그곳에
동포의 애환이 서려 있고, 그 애환을 풀기 위한 그들의 피땀이 흥건히 스
며 있기 때문이다. 그래서 여장을 풀기도 전에 아르쫌 공항에서 곧바로
찾아간 곳이 바로 신한촌(新韓村)의 옛터다. 2009년 7월 1일 오후 4시 30
분, 하바롭스끄(Khabarovsk) 거리에 자리한 마을 입구에 도착했다. 애잔
한 보슬비가 소리 없이 내린다. 일행은 '연해주신한촌기념탑' 앞에서 촉
촉한 옷깃을 여미고 삼가 묵념을 올렸다. 이 기념탑은 1999년 8월 15일 해
외한민족연구소가 선열들의 숭고한 넋을 기리기 위해 세웠는데, 높이가
서로 다른 세개의 흰 돌기둥으로 구성되었다. 5m쯤 되어 보이는 가운데
의 제일 높은 기둥은 인구가 가장 많은 남한을, 그보다 30cm쯤 낮은 오른
쪽 기둥은 북한을, 제일 낮은 왼쪽 기둥은 해외동포를 각각 상징한다고 안
내원은 설명한다. 보는 순간 구태여 높이에서 차별을 둘 필요가 있겠는가

신한촌 옛터에 1999년 8월 15일에 세운 '연해주신한촌기념탑'

라는 생각이 들었지만, 도상이야 기안자나 조각가의 소관이니 어찌하겠
는가. 밖에는 2.5m 높이의 보호철책이 둘러져 있다.

　원래 마을은 이곳을 시작으로 산 언덕배기에 자리하고 있었다. 일찍이
이곳을 찾은 춘원 이광수는 마을의 정경을 이렇게 묘사하고 있다. 마을은
아무르만에 면해 있는 절경지로서 집들은 바윗등에 굴 붙듯이 산등성이
에 다닥다닥 붙어 있다. 러시아풍의 나무로 지은 집은 보통 2~3개의 한
국식 온돌방을 갖고 있는데, 20여명씩이나 함께 사는 대가족도 있다. 이
역에서도 전통을 이어가며 오순도순 정답게 모여사는 모습이 떠오른다.
지금은 현대적 건물로 꽉 차고 무성한 나무숲으로 뒤덮여 있어 옛 흔적이
라곤 남아 있지 않다. 차를 타고 5분 걸려 산등성이에 이르렀다. 밋밋한

언덕바지에 '알레나'라고 쓴 큼직한 간판이 달린 상점 앞에 멈췄다. 이 상점이 바로 성재(誠齋) 이동휘(李東輝) 선생의 고택 자리다. 선생은 함경남도 단천 출신으로 1907년 한국군이 강제로 해산될 때 참령(參領)으로 강화진위대를 이끌고 대일항쟁을 전개하면서 같은 해에 신민회를 조직한다. 4년 후에는 윤치호 등과 함께 이른바 105인 사건에 연유되어 투옥되었다가 석방되자 1915년 러시아로 망명한다. 1918년 하바롭스끄에서 한인사회당을 결성하고 이듬해에는 대한민국임시정부의 국무총리에 취임한다. 성재는 한평생 조국의 독립을 위해 헌신한 걸출한 애국투사다.

선생의 고택 옆에는 1912년에 지은 한민학교가 자리하고 있었다. 학교 정문과 교실문마다에 태극문양을 새겨넣은 이 학교에서는 200여명의 어린 학생들을 나라사랑, 겨레사랑의 투철한 민족의식으로 교육하고 있었다. 「보국가」나 「대한혼」 「애국가」 같은 학생들이 부른 노래 가사에서 그러한 기상이 역력히 나타난다. 아래에 소개한 「보국가」 1절에는 절절한 애국애족의 얼과 넋이 넘쳐나고 있다.

조국강산 사랑하라 동포형제 사랑하라
우리들의 일편단심 보국을 맹약한다
화려할사 우리 강산 사랑할사 우리 동포
자나 깨나 잊을쏘냐 길이 보존 우리 국토

학교 건너편의 스딸린구락부 안에는 고려도서관이 따로 있어 성재를 비롯한 지도자들과 고려인들이 이곳에 모여 3·1운동 같은 행사를 준비했다고 한다. 여기서 70여m쯤 내려오니 길 양옆에 기둥을 세우고 가름대는 솔가지로 장식한 '독립문'이 세워졌던 자리가 나타난다. 이 독립문은 신

지금은 '엘레나'라는 상점이 들어선 이동휘 선생의 고택 자리

한촌의 대문 역할을 했다. 대문을 지날 때마다 사람들은 독립의 의지를 새록새록 가다듬곤 했을 것이다.

이어 블라지보스또끄 주립 의과대학 정원에 자리한 안중근 의사의 기념비를 찾았다. 비는 이 대학과 서울 보건신학연구원 사이에 국제적 협력에 관한 협정이 체결된 것을 기념해 2002년 9월 5일 세운 것이다. 비에는 "인류의 행복과 미래 민족의 영웅 안중근 의사"라는 글발이 새겨져 있다. 비 앞에 서니 저절로 숙연해지며 머리가 숙여진다. 순간 대학시절 의사가 이또오 히로부미를 쏘아 넘어뜨린 하얼삔역을 찾았던 일이 주마등처럼 뇌리를 스쳐지나간다. 여기에서 가까운 곳에 의사가 그 장거를 준비해온 현장이 있다. 그곳이 바로 단지동맹(斷指同盟)을 결성한 끄라스끼노 (Kraskino) 연추하리 마을이다. 의사는 11명의 동지들과 함께 이곳에서 1909년 2월 7일 조국의 독립과 동양의 평화를 위해 동맹을 결성한다. 이들은 태극기를 펼쳐놓고 왼손 약손가락을 잘라 선혈로 '대한독립'이라 쓰고 대한국만세를 삼창한다. 애국에 불타고 애족에 결연한 열혈 청년들만이 펼칠 수 있는 장엄한 장면이다. 의사는 직접 작성한 맹약에서 "손가락 하나씩 끊음은 비록 조그마한 일이나 첫째는 국가를 위하여 몸을 바치는 빙거(憑據)요, 둘째는 일심단체한 표라. 오늘날 우리가 더운 피로써 청천백일지하에 맹세하오니 (…) 마음을 변치 말고 목적을 도달한 후에 태평동락을

블라지보스또끄 주립 의과대학 교정의 '안중근 의사 기념비'(2002년 9월 건립)

만세로 누리옵시다"라고 호소한다. 의사는 비록 태평동락의 그날을 보지 못하고 한방울 이슬로 사라졌지만, 이 나라 이 겨레를 위한 그 영롱한 빙거와 표는 정녕 청사에 길이길이 아로새겨져 있다. 핏방울 형상을 한 '단지동맹기념비'(2001년 10월 19일 세움)의 아롱진 모습이 지금도 눈앞에서 어른거린다.

다음날 오후 해가 서산에 뉘엿뉘엿 기울어질 무렵 고려인(러시아어로는 까레이스끼, 즉 한인)들이 블라지보스또끄에 처음으로 발을 붙인 개척리(開拓里)를 찾았다. 한인들의 긴 이주사와 더불어 뼈저린 애환이 서린 고장이다. 원래 19세기 중엽부터 벌이를 찾아 계절적으로 극동 시베리아 방면으로 오가는 사람들은 있었으나, 가족 단위로 본격 이주를 시작한 것은 1863년부터다. 인접한 함경북도의 13호 농가가 노브고로드(Novgorod)만

연안의 뽀시예뜨(Posyet)로 최초로 이주한 이래 이곳을 중심으로 쑤이펀강(綏芬河) 유역과 우수리스끄(Ussuriysk), 그리고 하바롭스끄 등의 지역으로 이민이 속속 이어졌다. 급기야 1920년대에 이르러서는 극동지역에만도 이민자가 20여만명으로 늘어났다. 그들이 모태가 되어 고려인들의 거주지와 활동영역은 전 러시아로 확대되었으며, 그 수는 약 50만명으로 추산된다.

개척리 마을은 한인들의 고달픈 이주사를 고발하는 현장이다. 개척리는 1873년 군항의 개항과 더불어 개척된 마을이다. 해안가에서 300m 떨어진 마을은 당시로서는 블라지보스또끄의 중심부였다. 지금은 쁘그라니찌나야 거리라고 하며 상점과 운동장, 스포츠쎈터 등 현대적 시설물들이 빼곡히 들어서 그 옛날의 모습은 완전히 지워졌다. 당시 이곳에는 민족언론을 주도하던 '해조신문사(海潮新聞社)'와 '대동공보사(大同公報社)'가 자리하고, '성명회(聲明會)'라는 반일운동조직과 한인학교도 함께 있었다. 이상설, 유인석 등 기라성 같은 지도자들의 눈부신 활동무대였다. 고려인들의 활동기세를 우려한 러시아 당국은 1911년 봄 난데없는 장티푸스 박멸을 구실로 삼아 이곳에서 고려인들을 강제로 철거시키고 이곳을 기병단의 병영지로 만들었다. 보금자리를 빼앗긴 고려인들은 당국이 지정한 시 서북 변두리의 생소한 마을, 신한촌으로 옮기게 되었다.

예나 지금이나 낯선 땅에 삶의 뿌리를 내리는 데는 고통과 슬픔이 앞서게 마련이다. 그러한 고통과 슬픔 가운데서 고려인들이 가장 참기 어려웠던 것은 제정러시아 당국이 이른바 '황화(黃禍)'라는 사시(斜視) 속에 가하는 차별과 박해였다. '황색인종으로부터의 화(禍)'라는 '황화'는 황인종, 즉 아시아인에 대한 유럽인의 해묵은 인종차별이다. 1906년 극동지방 총독으로 부임한 운테르베르게르(P. F. Unterberger)는 고려인의 인구 중가를 '엄청난 위험'으로 간주하고 이민 금지, 관유지 임대 금지, 어장의 고려인 노동자 채용 금지 등 각종 제재조치를 취한다. '고려인들은 러시아인들이 도저히 개간할 수 없는 돌밭을 개간하고 나서는 인근 지역을 야금야금 잠식하면서 친지들을 데려다가 새로운 부락을 만들곤 한다. 그래서 10년 안에 러시아인은 그곳에서 쫓겨나게 마련'이라는 것이 총독의 판단이다. 또한 '황화의 주범'인 고려인의 존재는 극동 안보에도 위협이 되므로 경계해야 한다고 주장한다. 1937년 18만 극동 고려인의 중앙아시아 강제이주는 바로 이러한 시각의 연장선상에서 일어난 비극이다.

그러나 고려인들은 어떠한 역경 속에서도 기죽지 않고 삶을 꿋꿋이 개척해나갔다. 그들의 근면성과 성실성, 강인성은 심지어 총독을 자문하는 지방 경찰서장들까지도 공히 인정하는 바였다고 한다. 술을 마셔도 난폭하지 않고, 중국인들처럼 강도나 살인하는 일은 거의 없으며, 러시아인보다 청결하다. 아무리 험악한 땅이라도 그들의 손에 들어가기만 하면 농경지가 되며 생산성은 중국인의 2배나 된다. 이것이 고려인들에 대한 러시아 현지인들의 일치한 평판이다. 일찍이 조선을 네차례나 방문하고 『한국과 그 이웃나라들』(1897)이란 책을 쓴 영국의 여행가이자 지리학자인 비숍(I. B. Bishop)은, 당초 게으름을 조선인의 기질로 여겨왔는데 러시아와 만주에 이주한 조선인들이 근면하고 잘사는 현장을 목격하고 나서는 자신의 오판을 후회하면서 조선사람은 '밖에 나가면 더 잘사는 민족'이란 체험적 결론을 내린다.

블라지보스또끄에서 고려인들의 애환이 서린 몇군데를 돌아보고 나서 북방 280km 지점에 있는 노보고르데예프까 발해 고성을 답사하고 돌아오는 길에 미하일로프까군에 있는 '우정(友情)마을'에 들렀다. 본래 이 마을은 중앙아시아에 강제이주했다가 그래도 나서 자란 땅 극동으로 되돌

미하일로프까군에 있는 고려인 '우정마을' 전경

아오고 싶어하는 동포들을 위해 한국주택건설협회가 집을 지어주기로 하고 조성된 마을이다. 계획은 1천세대분을 지어주기로 했는데 1990년대 말 금융위기가 닥쳐오면서 지원을 포기해 지금은 동북아평화재단과 일부 자원봉사단체에서 돌보고 있다고 한다. 공사가 지지부진해서 이제 겨우 34세대만 입주한 형편이다. 다른 5개 마을도 사정은 마찬가지다. 건축기자재는 창고에서 불그죽죽 녹이 슬어가고 야외시설들은 폐물로 나뒹굴고 있다. 바람막이도 제대로 안된 집에 입주한 '난민들'은 농사도 제대로 짓지 못하고 1년에 고작 3천달러밖에 안되는 지원금으로 연명한다고 한다. 입주민들의 얼굴에는 수심기만 가득하다. 인사를 건네도 무덤덤하다. 측은함을 넘어 미안하기만 하다. 고사성어에 귀곡천계(貴鵠賤鷄)라는 말이

우수리스끄 발로다르스끼야 거리 38번지에 있는 최재형 선생의 고택

있다. '고니를 귀하게 여기고 닭을 천하게 여긴다'라는 뜻이나, 삶 속에 녹아난 성어로는 '먼 데 것을 귀하게 여기고 가까운 데 것을 천하게 여기는 것은 인지상정'이라는 말로서 '집 떠난 사람을 더 생각하라'는 훈계다. 우리는 과연 '고니'처럼 멀리 집 떠난 그들에게 이 성어가 가르치는 인지상정을 베풀고 있는지…… 4천만은 고사하고 40만이 십시일반하면 저 혈육들은 따뜻한 보금자리를 마련하고도 남음이 있으련만.

가슴을 짓누르는 반문과 번민 속에 마을을 뒤로하고 그런 '귀곡'들의 애환을 달래주었던 또 하나의 현장 우수리스끄로 향했다. 어둠이 살포시 내리깔리는 무렵 발로다르스끼야 거리 38번지에 자리한 최재형(崔在亨, 1860~1920) 선생의 고택을 찾았다. 지금은 러시아인이 살고 있는데, 한국인의 접근을 못마땅해한다고 하기에 먼발치에서 카메라에나 담을 수밖에 없다. 구한말 의병조직인 '동의회'의 총재, '대동공보'와 '대양보'의 사장, '권업회(勸業會)' 총재, '대한국민의회' 명예회장, 대한민국임시정부 초대 재무총장(부임은 못함) 등 시베리아 한인민족운동의 대부 격인 선생은 일본군과의 격전에서 체포되어 총살당한다. 오로지 조국의 독립을 위해 목숨과 재산을 다 바친 이 시대 희유의 민족지도자 중 한분이시다. 대로가에 휑뎅그렁하게 나앉은 선생의 고택은 어쩐지 소연해 보인다.

34
초원으로 뻗은 발해의 초피로(貂皮路)

발해와 연해주, 연해주와 발해, 장엄한 역사의 만남이고 냉엄한 현실의 경합(競合)이다. 일찍이 연해주가 발해 치하에 들어옴으로써 그 땅에 첫 국가가 태어났으며, 우리 역사에서 영역이 가장 넓은 해동성국이 우뚝 섰으니 그 만남은 장엄할 수밖에 없다. 그리고 그러한 연해주땅에 일떠선 발해의 불 보듯 빤한 정체성을 놓고 오늘날 러시아와 중국, 그리고 우리가 대립각을 세우고 있으니 냉엄하지 않을 수 없다.

이 '만남'과 '경합'의 속내를 알아보기 위한 현장답사는 그래서 애초부터 녹록치 않다. 첫 난관은 발해에 대한 우리의 무지다. 우리 겨레의 역사에서 가장 컸던 나라지만 아이러니하게도 가장 적게 알고 있는 나라가 바로 발해다. 발해가 동시대의 통일신라에 비해 수명은 30년쯤 짧지만, 그 크기는 4~5배에 달하는데도 발해에 관한 우리의 지식은 통일신라의 그 것에 비해 40~50분의 1도 채 안되니 말이다. 일찍이 실학자 박제가(朴齊

家)는 "우리나라 선비들이 신라 9주 안에서 태어나 그 바깥의 일에 대해서는 눈과 귀를 틀어막아버리니 (…) 어찌 발해의 역사를 알 수 있겠는가"고 개탄한 바 있다. 발해에 대한 이러한 무지와 더불어 편단과 무시는 오늘날까지 지속되고 있는 발해사의 수난을 자초하고야 말았다.

『삼국사기』는 신라중심주의 편견에 젖어 발해를 아예 무시해버렸다. 신라의 삼국통일은 우리의 또 하나의 민족국가인 북방의 발해까지 아우르는 완전통일로 이어지지 못함으로써 남북국가 분립시대를 연 계기가 되었다. 이것은 이른바 '일통삼한(一統三韓)'의 내재적 한계성이며, 우리 겨레가 두고두고 반추해야 할 뼈저린 역사적 교훈이다. 그것이 아니었던들 발해는 우리 역사의 주류에서 밀려나지 않았을 것이며, 발해의 기나긴 수난에 허무한 빌미도 제공되지 않았을 것이다. 물론 그동안 일부 올곧은 사학자들에 의해 비뚤어진 역사의 흐름을 바로잡으려는 노력이 없었던 것은 아니지만, 그럴 때마다 역풍이 일곤 했다. 일제의 역사강점기에는 관변사학자들이 주장한 '만선사관(滿鮮史觀)'의 올가미에 걸려 발해사는 고구려사와 더불어 만주사의 일부로 변조되었다. 이 시점에서도 발해사를 '요동사'의 일환으로 봐야 한다는 등 수난의 여파는 종시 사그라지지 않고 있다.

게다가 작금 주변국들의 움직임도 심상치 않다. 중국은 이른바 '동북공정(東北工程)'을 내세워 발해 유적지에 철의 장막을 쳐놓고 발해가 당나라 변방의 소수민족인 말갈(靺鞨)이 세운 지방정권이라고 강변한다. 러시아는 당나라와는 무관하게 말갈족이 세운 극동의 첫 독립국가라고 하면서 은근히 영유욕(領有慾)을 내비친다. 그런가 하면 일본 학계는 독립국가이기는 하나 지배층은 고구려 유민이고 피지배층은 말갈족이라는 이중구조설을 퍼뜨린다. 강역을 놓고도 우리는 연해주는 물론 아무르강 중류까지로 주장하나, 러시아측은 연해주의 한카호(興凱湖) 북쪽을 조금 넘는 선으로 본다. 이렇게 우리의 정통국 발해는 오늘날까지도 그 수난의 역사를 멈추지 않고 있다. 그러니 이 치욕의 역사를 더이상 연장시킬 수는 없다. 이젠 종지부를 찍어야 한다. 우리는 역사에서 교훈을 찾고 귀감을 얻어 발해사의 정체성과 정통성을 오롯하게 밝혀냄으로써 왜곡과 변조를 막아야 한다.

너무나 벅찬 과제이고 사명이다. 비전공자로서 도전장을 내민다는 것은 언필칭 무리이겠지만, 문제의식쯤은 가져야 한다는 판단에서 무거운 발걸음으로 그 수난사의 현장인 발해 유적지 몇군데와 출토품을 전시한 박물관을 찾았다. 유적지 현장을 찾기에 앞서 우선 예비지식을 얻기 위해 극동대학박물관과 러시아 과학아카데미 극동역사·고고·민족학연구소 박물관을 찾았다. 박물관에는 발해의 역사와 문화를 증언하는 생생한 유물들이 많이 전시되어 있다. 그러한 유물들을 머릿속에 그리면서 현장답사로 택한 첫 곳은 빠르찌잔스끄에 있는 니꼴라예프까(Nikolayevka) 성터다.

블라지보스또끄에 온 지 이틀째 되는 날 아침, 잔뜩 찌푸린 하늘에선 보슬비가 내린다. 8시에 출발해 한참 달리니 왼편으로 울창한 수림이 펼쳐진다. 그런데 이 숲속에는 여러가지 독충이 서식한다고 한다. 그 가운데서 가장 독한 것은 '끌레시'란 진드기다. 노란색·흰색 같은 보호색으로 위장한 이 독충은 크기가 이〔虱〕만큼밖에 안되지만 돌로 쳐야만 깨질 정도로 단단하며, 일단 살에 붙으면 힘으로는 뗄 수가 없어 전문병원에 가야 한다. 독성은 정신이상증을 유발하기도 한다. 이 독충은 1920년대 일본군이 이곳을 강점했을 때 살포한 것이라고 한다. 악명높은 일제의 살인 만행은 여기서도 저질러졌다.

니꼴라예프까 발해 성터 해자

　9시가 조금 넘어 니꼴라예프까로 가는 길목에 있는 스쩨끌라누하 (Steklyanukha) 성터에 도착했다. 표고 200m쯤 되는 둥근 산을 배경으로 자리한 성터는 작지만 아담하다. 높이 3m, 너비 2m 가량의 흙벽으로 에 워싼 유지는 둘레가 약 500m로 보인다. 성벽은 잡초로 묻혀 있고, 바닥은 감자밭이다. 여기서 차로 한시간 달려 드디어 목적지 니꼴라예프까 성터 에 도착했다. 성은 남·북·동 세 방향이 나지막한 산으로 에워싸인 평지 성이다. 개활지대에 자리한 서문으로 들어가니 무릎까지 자란 잡초가 아 침 내내 내린 비로 물방울을 머금은 채 일렁이고 있다. 흠뻑 젖은 바짓가 랑이를 끌며 성벽을 타고 옛 성터의 전모를 두루 살펴봤다. 남아 있는 토 성의 높이는 5m, 너비는 2～3m나 되며, 둘레는 3km가 족히 된다. 약 300m 간격으로 고구려성이나 발해성만이 가지고 있는 치(雉)가 튀어나오 고 바깥에는 지금도 물이 흥건히 고여 있는 해자(垓字)가 파져 있다. 해자

발해의 수막새 기와(극동대학박물관 소장)

너머에는 수백호의 농가가 널려 있다. 성터는 네모꼴인데 동북편에 기찻길이 나 있어 성터가 마치 두조각으로 나눠진 것처럼 보인다. 몇군데에 밭뙈기가 띄엄띄엄 널려 있을 뿐, 양떼와 소떼가 거니는 황무지다. 여기서는 움집터와 각종 점토유물, 동물과 물고기 뼈, 조개껍질, 쇠붙이 등 철기시대 유물과 함께 질그릇과 절구통 등 발해시대 유물도 출토되었다. 이것은 이 두 시대 문화층의 공존을 입증한다. 성터는 1977년에 처음 발견되었으며, 8~10세기에 축성한 것으로 예측한다. 이 성의 기능에 관해서는 유물로 미루어 이 지역의 행정중심지였을 것이라는 견해가 있다.

성터 북쪽에는 일리스따야(Ilistaya)강이 흐르고 있는데, 이 강을 따라 차로 20여분 거리에 니꼴라예프까 성과 쌍벽을 이루는 고르바뜨까(Gorbatka) 발해 성터가 있다. 불규칙한 5각형 모양새인 이 성터의 성벽 길이는 1,200여m에 달하는데, 지금도 성안에 사람들이 살고 있다. 9~10

세기에 축성된 이 성터에서도 토기를 비롯한 발해 유물이 적잖게 나왔다. 원래 이 마을에는 한말에 이주해온 고려인들이 살고 있었는데 어느날 갑자기 사라졌다고 한다. 아마 그날이 1937년 중앙아시아로 실려가던 날이었을 것이다. 땅바닥을 살짝 파기만 해도 고려인들의 유물이 나온다고 한다. 이를테면 발해인을 이은 고려인 문화층인 셈이다. 이렇게 우리네 조상들은 이 땅에서 켜켜이 문화층을 이루면서 대를 이어 살아왔던 것이다.

또 하나 흥미로운 것은 동문 밖에 가지런히 놓여 있는 24개의 돌유물이다. 대체로 세줄로 놓여 있는 이 돌유물은 발해 고유의 것이어서 학계의 관심을 끌고 있다. 지금까지 학계에 알려진 것은 모두 13개소인데, 그 가운데 10개소는 옛 발해 땅이던 오늘의 옌볜 지방과 나머지 3개는 북한의 함경북도에 있다. 이곳 연해주땅에서 발견된 이러한 돌유물은 발해의 정체성에 대한 또 하나의 증거로 되는 것이다. 이 유물의 용도에 관해서는 묘당이나 관아, 노제를 지낸 임시제단, 왕실의 기념건물, 관변창고, 높은 기단의 창고, 종교 숭배물, 역참(驛站), 주택 등 일반 건물에 쓰인 자재라는 여러가지 견해가 있어 아직 정설은 없다. 아무튼 고르바뜨까 성터는 여러가지 의미에서 발해의 정체성을 증언하고 있어 주목된다. 일리스따야 강줄기를 따라 한카호(興凱湖)를 거쳐 우수리강에 이르기까지의 연변에는 여러 기의 발해 성터가 자리하고 있다. 이 성터들은 우수리강에서 태평양으로 진출하는 발해의 국제 5도(道)의 하나인 '일본도(日本道)'를 지켜준 보루였을 것이다.

블라지보스또끄 체류 마지막날에는 이곳에서 북방 280km나 떨어져 있는 노보고르데예프까(Novogordeyevka) 성터를 찾았다. 목적은 발해의 북방한계를 현장에서 확인하고 싶은 것도 있었지만, 보다 중요한 것은 발해의 초원로에 관한 유물적 단서를 포착하기 위함이다. 그 단서가 바로

극동대학박물관 알렉산드르 니꼴라예비치 관장과의 면담 장면

이 고성에서 발견되었다고 하는 소그드 은화이다. 떠나기에 앞서 러시아 과학아카데미 극동역사·고고·민족학연구소의 니끼쩐(G. Nikitin) 박사의 소개를 받아 극동대학박물관장 알렉산드르 니꼴라예비치(Alexandr Nikolayevich) 박사를 방문했다. 원래 이 연구소에 근무하던 샤프꾸노프(E. V. Shavkunov) 박사가 보관하고 있던 이 은화를 그가 서거하면서 극동대학박물관에 기증했다는 것이다. 그런데 40대 전반의 관장은 그런 유물을 소장하고 있는 것 같다면서 실물을 확인하자면 며칠이 걸리기 때문에 당장은 보여줄 수 없다고 양해를 구한다. 실망이 컸지만 다음 기회를 약속하고 박물관을 떠나 곧바로 은화의 발견 현장인 노보고르데예프까로 향했다.

시내를 벗어나자 무연한 초원과 밀밭이 눈 모자라게 펼쳐진다. 잘 포장된 2차선 도로를 차는 쏜살같이 달린다. 놀라운 것은 가지각색의 깔끔한

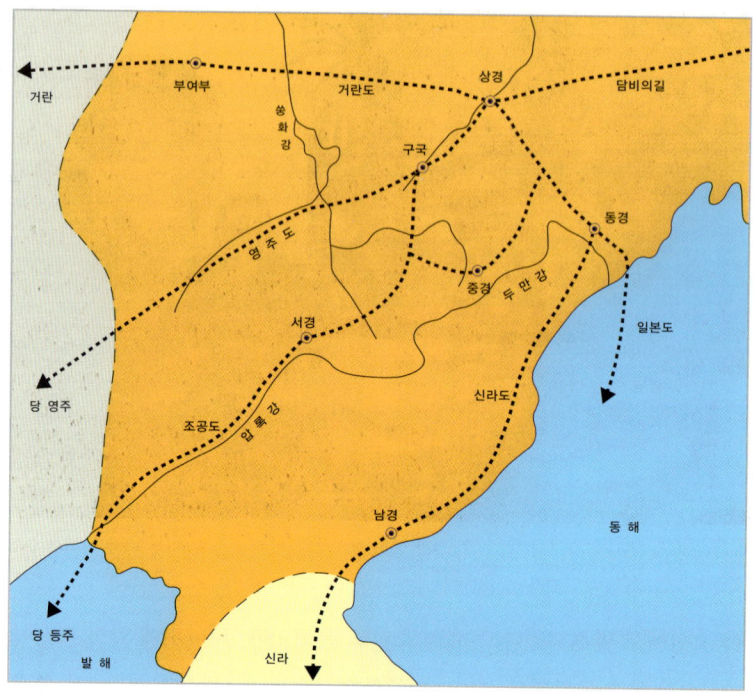

'담비의 길'(초피로)이 표시된 발해의 5대 교통로 약도

디자인을 한 길표시물이다. '도로표시물전시회'에 내놓아도 손색이 없을 성싶어 수십가지의 표시물을 일일이 카메라에 담았다. 3시간 반쯤 달려 성터 어귀에 도착해서 잠깐 쉬는 참에 유모차를 끌고 가는 한 아주머니에 게 성터에 관해 물었다. 그녀는 손으로 앞산을 가리키며 이런 전설을 신 나게 전한다. 먼 옛날 발해인들이 저 산 밑 어딘가에 금덩어리를 파묻어 놓았다고 해서 지금껏 사람들이 찾아봤으나 찾지는 못했다는 것이다. 어 귀에서 한참 달려 평지에 묘처럼 우뚝 솟은 산 하나를 끼고 왼쪽으로 도 니 드디어 아르쎈예프까(Arsenyevka)강을 사이에 둔 두 성터, 즉 남성(南 城)과 북성(北城)이 나타난다. 깊고 물살이 센 강은 두 성의 자연해자 역할

을 했다. 남성은 뾰족산이고 북성은 내성과 외성을 갖춘 꽤 큰 규모의 성터다. 내성에 올라가보니 허물어진 성벽 잔해가 이곳저곳에 널려 있다. 요로에 자리한 이 성터는 1960년대부터 20여년간 발굴작업을 진행했는데, 온돌을 비롯한 여러가지 발해 유물이 나왔다. 우리가 주목한 소그드 은화는 이 성터 바깥의 한 취락에서 발견되었다고 한다.

샤프꾸노프 박사의 생전 증언에 의하면 이 은화는 중앙아시아의 사마르칸트(소그드)에서 8세기경에 주조된 것으로서 교역수단으로 쓰인 것이 분명하다. 당시 발해의 특산물이었던 초피(貂皮, 담비의 가죽)를 중앙아시아 상인들이 은화를 주고 구입해갔을 것이다. 이러한 추단과 더불어 중간 지점 격인 치따(Chita)에서 등자(鐙子) 같은 고구려 유물과 동·서 문물이 동시에 발견된 점 등을 감안해 샤프꾸노프 박사는 사마르칸트─치따─발해 상경─연해주로 이어지는 이른바 '제2 동아시아 교역로', 즉 '초피로(貂皮路, 담비의 길)'의 가설을 제시했다. 니끼찐 박사도 발해 멸망 후 800호 4천명의 발해인이 몽골제국의 초기 수도 카라코룸 지역으로 이주한 사실을 예로 들면서 발해와 몽골 간의 교류와 그 통로인 초원로를 지적했다. 그렇다면 그 길은 발해 상경에서 서쪽으로 부여를 지나 대흥안령을 넘어 동몽골 초원로로 이어지는 발해 국제 5도의 하나인 거란도(契丹道)였을 것이다. 그 길은 바로 샤프꾸노프 박사가 명명한 '초피로'이다. 이 길을 따라 발해는 초원로상의 서역 제국(諸國)과 활발한 교역을 진행했을 것이다.

35
아무르강이 굽이쳐 흐르는 하바롭스끄

흔히들 '아무르강을 보기 위해 하바(하바롭스끄의 약칭)로 간다'고 한다. 맞는 말이다. 그만큼 아무르강은 유명하니까. 필자는 일찍이 중국땅에서 구소련을 넘나들면서 두번이나 이 강을 건너본 적이 있다. 그때는 그 나름의 감성(感性)에서 '검은 용'처럼 흘러가는 강물 위에 무덤덤하게 몸을 띄웠지만, 수십년이 지난 뒤 찾아가는 아무르는 오성(悟性)에서 발산되는 다른 모습으로 눈앞에 다가온다. 숱한 겨레의 애환을 싣고 하바에서 굽이쳐 흘러간다. 그래서 우리는 아무르를 보기 위해 하바에 왔다고 해도 좋고, 하바를 보기 위해 아무르를 찾는다고 해도 무방하다.

우수리스끄역에서 7분 연착된 밤 11시 20분 열차를 타고 하바를 향했다. 듣던 바와는 달리 열차는 현대적으로 아주 편리하게 꾸며졌으며, 승무원들도 친절하다. 야행이라서 바깥풍경을 감상할 수 없는 것이 아쉽기만 하다. 간혹 희미한 불빛 속에 자작나무며 잣나무 숲이 어른거릴 뿐이

흔히 '아무르강을 보기 위해 하바롭스끄를 찾는다'고 할 정도로 아무르강은 유명한 관광명소다

다. 블라지보스또끄에서 하바까지 구간은 시베리아횡단철도 노선 중 가장 먼저 운영에 들어간 구간이다. 옛 소련 시절에는 국방상 이유로 하바 이동의 선로는 모두 폐쇄되어 하바가 시베리아횡단철도의 종착역 구실을 한 적이 있다. 다음날(2009년 7월 4일) 아침 8시 정각에 하바에 도착했다. 출구를 나서자마자 눈에 띄는 것은 예로페이 하바로프(Yerofey Khabarov)의 우람한 동상이다. 그는 1650년경 이곳을 포함한 시베리아를 개척한 사람으로서 '하바롭스끄'란 이름은 그의 이름에서 따온 것이다. 두개의 빨간색 바늘을 달고 있는 대형 시계탑도 광장의 명물이다. 바늘 하나는 러시아 전역에서 표준시간으로 삼고 있는 모스끄바 시간을, 다른 하나는 현지시간을 가리킨다.

동시베리아 총독이자 하바롭스끄 건설자인 무라비요프 동상

이 하바롭스끄가 오늘은 고즈넉하고 고풍스러우며 어딘지 모르게 정적
이 감도는 듯하지만, 사실은 살벌한 군사거점으로 출발했다. 1858년 당시
동시베리아 총독이던 니꼴라이 무라비요프(Nikolai N. Muraviyov) 백작
이 불과 25km밖에 떨어져 있지 않은 청나라로부터 아무르강에 대한 영유
권을 빼앗기 위한 전초기지로 세운 도시가 바로 이 하바다. 그후 오늘에
이르기까지 중국과의 국경분쟁이 쉼없이 일어남으로써 줄곧 군사도시로
발전해왔다. 지금도 극동 군관구 사령부가 이 도시의 한복판에 자리하고
있다. 오늘의 하바롭스끄주는 러시아의 89개 행정단위 가운데서 비교적
큰 편에 속한다. 면적은 78만9천km²로서 남한 면적의 9배다. 이 넓은 땅
에 사는 사람은 고작 160만명에 불과하며, 그중 주도인 하바에만 60만명
이 몰려 있다. 하바롭스끄주는 수많은 호수와 무성한 숲, 귀한 에너지자
원과 광물, 진기한 동식물을 품고 있는 천혜의 자연보고이며, 극동 시베리

1920년대 적군과 백군 간의 전투장면(유화, 민족박물관 소장)

아의 심장부다. 연해주나 사할린 지방도 원래는 하바롭스끄주의 관할하에 있었으나 1938년과 47년에 각각 분리되었다.

기차역에서 곧바로 인뚜리스뜨 호텔에 들러 여장을 풀고는 답사에 나섰다. 먼저 찾은 곳은 호텔 근처에 있는 민족박물관이다. 3층으로 된 붉은 벽돌건물이다. 박물관 1∼2층은 각종 동식물 박제품과 우리나라 한복을 비롯한 여러가지 민족유품들이 선을 보이고 있다. 득의양양한 무라비요프와 의기소침한 만청 대표가 아이훈(愛琿)조약(1858)에 서명하는 모습을 그린 유화는 퍽 인상적이다. 또한 눈길을 끈 것은 3층에 전시된 한 전투장면이다. 1920년대 초 대치상태에 있던 적군(赤軍)과 백군(白軍) 사이에 벌어진 치열한 전투장면을 아주 리얼하게 묘사하고 있다. 일련의 전투에서 패한 백군은 만주지방으로 도피한다. 후일 그네들 중 일부가 만주를 거쳐 한반도에 유입한다.

뿌슈낀거리에 있는 한인 독립운동가들의 신문발간소

　일찌감치 점심을 마치고는 시 중심에 자리한 레닌광장에 들렀다. 햇볕
이 쨍쨍한 정오 무렵인데도 사람들로 붐빈다. 광장은 주청사에서 시계바
늘 방향으로 은행과 공무원대학, 의과대학, 병원 등 공공건물들로 빙 둘러
싸여 있다. 한바퀴 돌아본 후 여기서 200m쯤 떨어진 뿌슈낀거리의 한 붉
은 벽돌집을 찾았다. 우거진 가로수 속에 파묻혀 있는 이 호젓한 단층집은
1920년대 한인 독립운동가들이 쓰던 신문발간소다. 지금은 결혼상담소로
변해 옛 흔적은 찾아볼 수가 없다. 이어 김유천(김유경의 오기)거리로 발
길을 옮겼다. 거리에 이름이 붙여질 만큼 이곳 하바가 기리고 있는 고려인
2세 김유경은 1900년 연해주 쑤이펀(綏芬) 구역 차피고우 마을에서 가난
한 농부의 딸로 태어났다. 스물한살의 젊은 나이에 적군에 가담한 그녀는

적군 76연대에서 소대급 지휘관으
로 성장한다. 그러다가 1929년 백
군과의 전투에서 장렬하게 전몰한
다. 이듬해에 그녀의 전공을 기리
기 위해 이 거리가 그녀의 이름으
로 명명되었다. 녹음이 짙게 드리
운 거리는 아득히 곧게 뻗어 있다.

　여기서 안내받은 곳은 '영웅광
장'이다. 제2차 세계대전에 참전했
다가 산화한 3만7천명의 이름이 돌
판에 빼곡히 새겨져 있다. 그 숱한
이름 속에서 '김' '리' '박' 같은 고
려인들의 성을 찾아냈다. 해외동포
들이 삶의 터전을 마련해준 그 땅

김유천(김유경)의 이름을 딴 거리의 1번지

을 위해 헌신하는 것은 지켜야 할 의리일진대, 우리는 그네들이 그렇게 해
서 그 땅에 뿌리내리는 것을 대견하게 생각해야 할 것이다. 그러나 예나
지금이나 동포들의 삶을 놓고 이 한가지 소박한 도리를 터득한다는 것은
말만큼 쉽지는 않아 보인다. 오늘도 하바에는 2천여명의 고려인들이 뿌
리내려 살고 있다. 그들은 한결같이 고국의 번영에서 힘을 얻고 있다. 고
국은 그들의 믿음직한 지킴이이며 후견(後見)이다. 그래서 고국이 잘되기
를 바라고 있다. 이것은 우리 일행을 안내한 고려인 3세 정선생의 간절한
소망이다. 광장 뒤편 언덕 위에는 시방송국과 높다란 영웅탑이 세워져 있
다. 거기서 100m쯤 떨어진 곳에는 3년 전에 문을 연 정교회 교회와 지난
해 갓 지은 신학교가 나란히 자리하고 있다. 바야흐로 정교회가 부흥하고

있는 조짐인 듯하다.

아무르강은 하바의 명물이며, 강 위에 가로놓인 다리는 명물 중의 명물이다. 두 명물을 한꺼번에 감상하기 위해 다리로 향했다. 2006년에 완공한 다리의 동서 길이는 자그마치 5km나 된다. 밑으로는 기차가, 위로는 자동차가 지나가는 이중구조의 다리다. 서쪽 교두보 언저리에 차를 세워놓고 강과 다리를 유심히 살펴봤다. 물속에 부식질이 다량 함유되어 있기 때문에 물빛은 검푸르죽죽하다. 이런 색 물줄기가 마치 용처럼 구불구불 흘러간다고 하여 중국사람들은 이 강을 '헤이룽강(黑龍江)'이라고 부른다. '헤이룽강'이란 이름은 13세기에 쓰여진 『요사(遼史)』에 처음으로 등장한다. 그 이전의 문헌에는 '흑수(黑水)'니 '약수(弱水)'니 '오환하(烏桓河)'니 하는 이름으로 나온다. 이 강은 몽골 북부의 성산 헨티산에서 발원해 러시아와 중국을 가르는 국경선을 이루면서 하바의 바로 남쪽에서 우수리강과 합류한다. 그후 이 도시를 오른쪽으로 끼고 북동 방향으로 흐름을 틀어서는 사할린섬 앞을 거쳐 오호쯔끄해에 유입한다. 장장 5,498km를 흐르는 이 강은 세계 10대 강의 하나로서 유역면적이 넓고 풍부한 수자원을 갈무리하고 있다. 어종만 상·하류를 합쳐 160여종에 달한다. 하바에 이르러서는 그 너비가 2km를 넘으며 깊이는 평균 7m다. 겨울에는 꽁꽁 얼어붙어 썰매를 타고 내왕하는 데 두세시간이나 걸린다고 하니, 강폭을 가히 짐작할 수 있다.

그러나 이 강은 결코 평화롭게 유유히 흐르는 강만은 아니다. 숱한 애환과 분쟁을 싣고 소용돌이치는 격랑의 강이기도 하다. 강의 영유권을 둘러싸고 러시아와 중국 간에는 시비가 그칠 날이 없다. 최근까지도 강 가운데 있는 두개 섬을 놓고 일어난 분쟁이 무장충돌 직전까지 치달았다. 원래 러시아령인 이 두 섬이 퇴적현상으로 인해 중국땅에 붙어버렸기 때문에 영유권 시비가 일어난 것이다. 2004년 양국간의 국경협정에 의해 일시 분쟁이 봉합되기는 했으나, 언제 또다시 터질지 아무도 장담 못한다고 한다. 아무르강 다리 답사에서 놀라운 사실 하나를 발견했다. 이 다리로부터 서쪽으로 기차를 타고 세시간이나 걸리는 유태인 도시 비로비잔(Birobidzhan)까지의 광활한 땅이 아직껏 유태인들의 소유지라고 한다. 그들은 이 소유지에서 여전히 공동체를 이루고 상부상조의 협동기업을 운영하면서 부를 누리고 있다고 한다. 그 모진 수난 속에서도 꺾임 없는 유태인들의 끈질긴 생명력, 그 증언의 현장이다.

하바에서의 이틀째 날엔 아무르강이 굽이쳐 흐르는 이 길목에서 겨레의 얼과 혼을 불사른 다른 두 한인 선열의 발자취를 더듬어봤다. 선참으로 찾아간 곳은 맑스거리 22번지에 있는 김알렉산드라 스딴께비치(1885~1918)의 유적이다. 유적 표시로 건물 외벽에 그녀의 생애를 함축한 내용이 새겨진 동판이 걸려 있다. 그녀는 연해주 우수리스끄 근처에서 함경북도 출신의 이주민 딸로 태어났다. 20대에는 교사를 하다가 서른살이 되던 해에 우랄 지역으로 거처를 옮겨 노동운동에 투신한다. 1918년에 이동휘 등과 함께 하바에서 한인 사회당을 결성하는 데 주도적 역할을 한다. 이듬해 9월 러시아를 침입한 일본군의 후원을 받는 백군과의 일전에서 그만 체포되어 아무르강변에서 총살당한다. 한반도의 13개 도(道)를 상징하는 열세 발자국을 뗀 뒤 총탄을 맞고 쓰러진다. 향년 33세의 꽃다운 나이다. 샹하이에서 간행된 『독립신문』 1920년 4월 17일자는 "혁명사상으로는 대한 여자의 향도관(嚮導官) (…) 자유정신으로는 대한 여자의 고문관(顧問官), 해방투쟁으로는 대한 여자의 사표자(師表者)"라고 그녀의 한생을 높이 평가한다. 그녀의 시신은 강물에 내던져졌다. 그후 비통에 잠긴 시민들은 오랫동안 강에서 낚시를 하지 않았다고 한다. 한많은 아무

김알렉산드르의 처형지

르강을 굽어보며 영롱한 이슬로 사라진 그 현장에서 우리는 옷깃을 여미고 머리 숙여 열사의 영원한 안식을 빌어 삼가 묵념을 올렸다.

그 길로 꼼쏘몰거리 89번지에 있는 열렬한 민족문학작가 조명희(趙明熙, 1894~1938)의 고택을 찾았다. 일제의 농민수탈에 저항하는 한 지식인 운동가의 처절한 삶을 그린 그의 수작 『낙동강』(1927)은 학창시절 필자에게 깊은 감명을 안겨주었다. 고택은 낡은 2층 목조건물이다. 충북 진천에서 태어난 선생은 한국문학 최초의 창작희곡집 『김영일의 사(死)』를 비롯해 많은 작품을 남겼다. 결국 일제의 탄압을 피해 1928년 연해주로 망명해 바로 이 하바롭스끄에서 중학교 교편을 잡고 동포신문 『선봉』과 잡지 『노력자의 조국』 편집을 담당하는 등 망명 작가로서 눈부신 활동을 펼친다. 그러다가 1937년 중앙아시아로 강제이주된다. 이듬해 4월 일본첩자를 도왔다는 무고한 죄명을 쓰고 체포된 지 한달 만에 처형된다. 딸 앞에서 자

신의 무죄를 당당하게 선언하며 한 사나흘 있으면 돌아온다던 그 말이 선생의 마지막 유언이 되고 말았다. 그러나 사필귀정이라, 그의 명예는 회복되었다. 여기 하바의 시립 공동묘지인 '기억사원' 안에는 선생의 위패가 모셔져 있다. 필자는 3년 전 타슈켄트(Tashkent)의 나보이 문학박물관 4층에 마련된 '조명희기념실'을 찾은 바 있다. 기념실 중앙에 모셔진 선생의 흉상 위에는 소설 『낙동강』에 나오는 "그러나 필경에는 그도 머지않아서 잊지 못할 이 땅으로 돌아올 날이 있겠지"라는 문구가 적힌 액자가 걸려 있다. 이야말로 역사의 핍박 속에서 정든 고향산천을 등지고 이역만리에서 서러운 타향살이를 하는 겨레붙이들이 지니고 있는 수구초심(首丘初心)과 낙엽귀근(落葉歸根)의 끈끈한 근성이요 고고한 정체성이 아니겠는가. 우리는 과연 본능적인 이 근성과 정체성을 제대로 이해하고 동포애를 베풀고 있는지 한번 되새겨봤으면 한다.

36
낯설지 않은 부랴뜨를 찾아서

    지금의 시베리아 초원로는 '신실크로드' 개념에서 보면 '철의 실크로드'다. 이를테면 기계동력에 의해 움직이는 기차를 타고 편히 다니는 초원길이다. 길은 그 길이되, 그 옛날 말잔등에 업혀 다니던 험난한 길은 아니다. 이것을 생각하면 기차에서 몇밤 몇날을 지내는 것쯤은 거뜬히 넘겨야 할 것이다. 7월 5일 오전 10시 45분에 하바롭스끄역에서 모스끄바행 시베리아횡단열차(5호차 10번 좌석)를 타고 7일 오후 6시 5분에 목적지 이르꾸쯔끄(Irkutsk)에 도착했으니 꼬박 2박3일, 55시간이 걸린 셈이다. 주파한 거리는 무려 3,336km나 된다. 4인 1실의 열차칸은 여행에 불편함이 없도록 잘 꾸려져 있다. 소형TV가 침대마다 한대씩 설치돼 있고, 조명과 선반 같은 시설도 이용에 편리하게 설계돼 있으며 침구도 깔끔하다. 현대화로 걸음을 옮기는 러시아의 한 단면을 보는 듯하다. 사실 기차여행은 나름대로의 멋이 있다. 긴 시간을 빨리 달리면서 많은 것을 볼 수 있을

부라뜨공화국 수도 울란우데 역사 외경

뿐만 아니라, 스쳐지나가는 사상(事象)에 관한 사색의 여유를 가질 수 있으니 그러하다.

열차는 타이가(침엽수림대)의 우거진 숲과 스텝의 푸르싱싱한 풀밭 속을 이리저리 숨바꼭질하듯 꼬리를 휘저으며 미끄러져간다. 한여름의 시베리아는 온통 푸른 바다다. 자작나무와 잣나무 숲이 끝없이 펼쳐져 있는가 하면, 짙푸른 평원과 늪지대가 지평선 너머까지 이어진다. 곁가지 하나 없이 하늘을 향해 올곧게 뻗은 자작나무와 잣나무의 행렬은 참으로 장관이다. 동틀 무렵 호숫가나 강가의 나무숲 속에서 뭉게뭉게 피어나는 뽀얀 물안개, 백야의 어둠을 사뿐히 몰고 오는 낙조, 여기 시베리아만이 간직한 환상이고 운치다. 졸지에 창가를 적시는 빗방울은 나그네의 추념(追

舜)을 다독거린다. 어쩌면 세계의 마지막 청정호수가 될 저 바이깔을 옆에 끼고 몇시간을 달린다는 것은 드문 행운이 아닐 수 없다.

몇시간씩 달리고는 역에서 길게는 30분까지 정차한다. 정차하면 영락없이 아낙네들이 바구니에 삶은 감자와 계란, 찐빵, 건어물 같은 갖가지 먹을거리와 들꽃 다발을 들고 다가와 앞을 다퉈 호객한다. 옛날과 달라진 풍경이다. 그전엔 이동수레 같은 데 차려놓고 앉아서 팔았는데, 지금은 발품을 팔아 뛰어다니며 벌이를 한다. 이러저러한 이상야릇한 풍경 속에 별로 지루함을 모른 채 시간은 흘러간다. 그러나 이 길에서 꼭 들러봐야 할 곳 두군데가 있는데, 일정상 들르지는 못하고 스쳐지나갈 수밖에 없어 못내 아쉽기만 하다.

그 첫 곳이 이르꾸쯔끄에서 동쪽으로 약 600km 떨어진 치따(Chita)다. 치따는 우리와 인연이 있는 고장이다. 일찍이 이곳에서 고구려 말등자(鐙子)와 함께 극동과 서역 간의 교류를 실증하는 악기 등 몇가지 유물이 발견되었다. 이것은 치따가 교류통로인 초원 실크로드에서 길목 역할을 했음을 말해준다. 고구려 기병이 이곳까지 왔을 것이라고 단정하기는 어렵지만, 적어도 등자를 비롯한 고구려의 마구가 전래되었다는 것은 분명한 사실일진대, 이것은 두 지역간에 교류가 있었음을 시사한다. 더욱이 이번 시베리아 초원로 답사에서 연해주에 자리했던 발해가 이른바 '초피(貂皮)의 길'을 통해 러시아나 중앙아시아와 교류를 진행했다는 사실을 알아냈는데, 그 길이 바로 이곳을 지나갔을 것으로 추단되니 어찌 치따역에서 발걸음이 떨어지겠는가.

새벽 2시 39분까지 잠을 쫓아가면서 치따역을 기다린 데는 또다른 이유가 있다. 이곳은 1910년대 재러 한인들이 벌인 독립운동의 한 중심지였다. 당시 치따는 자바이깔주의 수부(首府)로서 주로 감자농사를 짓는 한인 120~130명이 살고 있었다. 물을 따라 물고기가 생기는 것처럼 한인이 있는 곳에는 어김없이 독립운동이 일어나는 것이 당시의 시대상황이고 보면 이해가 간다. 미국 국민회로부터 파견된 이강(李剛)이 주도한 이곳 대한인국민회 시베리아 지방총회(1911~1915)가 블라지보스또끄의 권업회와 쌍벽을 이루며 재러 한인들의 반일 독립운동을 이끌어갔다. 어딘가에 그러한 흔적이 남아 있으련만 찾지 못하고 지나가는 마음이 무쇠덩어리처럼 무겁다. 23분의 정차시간은 마음의 상처만 남겨놓았다.

다음으로 꼭 들러봐야 할 곳은 부랴뜨공화국의 수도 울란우데(Ulan-Ude)이다. 부랴뜨(Buryat), 우리에겐 낯설지 않은 이름이다. 미국 에모리대학 연구소의 세계 종족별 DNA 분석자료에 의하면 바이깔 주변의 부랴뜨인과 야꾸뜨인, 아메리카인디언, 그리고 한국인의 DNA가 진배없다고 한다. 평평한 얼굴, 튀어나온 광대뼈, 얇은 입술, 낮은 코, 두꺼운 눈꺼풀, 가는 실눈, 작달막한 체구, 두꺼운 피하지방층 등 생김새도 한국인과 이들, 특히 부랴뜨인은 엇비슷해서 가려내기가 힘들 지경이다. 이러한 체질인류학적 유사성 말고도 생태적 및 문화적 유사성도 쉽게 발견할 수 있다. 그래서 서로가 낯설지 않고 만나면 친근감마저 든다. 이제 그 현장을 찾아가보기로 하자.

사실 울란우데는 2년 전 울란바토르를 거쳐 서시베리아 답사를 할 때 들른 고장이다. 그전에도 두세번 지나간 적이 있다. 원래 부랴뜨인들은 바이깔 호수 분지와 안가라(Angara)강 유역, 동사얀(East Sayan)산맥에서 유목생활을 해온 고아시아인의 몽골계에 속한 한 인종이다. 신화에 따르면 '부르데 치노', 즉 '푸른 늑대'라는 이름의 남자가 그들의 조상인데, 그는 '고아마랄', 즉 '고운 붉은 사슴'과 결혼해 후손들을 거느리게 되었다고 한다. '부랴뜨'란 말은 '늑대'라는 '부르데'에서 유래된 것이다. 그들의 거주지역에서는 30만년 전 인류의 생활흔적과 신석기 및 청동기 유물도 다수 출토되어 그들 역사의 유구함을 증명해주고 있다

부랴뜨는 칭기즈칸 시대에 몽골제국에 편입된 이래 러시아가 시베리아에 진출할 때까지 줄곧 몽골과 운명을 같이해왔다. 그러다가 1727년 러시아와 만청 사이에 맺은 꺄흐따조약에 의해 러시아령이 되었다. 러시아혁명 직후 이곳은 혁명적 적군(赤軍)과 반혁명적 백군(白軍) 간의 격전장이었다. 적군의 승리로 끝나자 쏘비에뜨 정부는 이곳을 완충지로 만들기 위해 울란우데를 수도로 하는 극동공화국을 세웠다. 얼마 지나지 않아 시베리아 정세가 전반적으로 안정되자 쏘비에뜨 정부는 이 공화국을 쏘비에뜨러시아로 흡수(1922)해 부랴뜨몽골자치사회주의공화국으로 개명했다. 그 이후 부랴뜨와 다른 지역 몽골인들과의 통합 움직임을 차단하기 위해 1958년에 모든 공식명칭에서 '몽골'자를 삭제해버렸다. 그러다가 뻬레스뜨로이까 시기인 1980년대 후반부터 이곳에도 개혁과 개방의 바람이 불어왔다. 라마교가 부활되고 학교에서 부랴뜨 몽골어 교육이 정식 채택되었다. 1990년에 자체 법령이 소련 법령에 우선하며 부존자원에 대한 독자적 통제권을 주장하는 '주권선언'을 발표했으나, 이듬해에 그냥 러시아연방 내의 자치공화국으로 남아 있기로 결정했다. 이러한 맥락에서 1994년엔 새로운 '부랴뜨 헌법'이 채택되고 자유선거로 대통령을 뽑았으며, 부랴뜨인이 수도 시장으로 선출되었다. 이때부터를 이른바 부랴뜨의 '르네쌍스' 시대라고는 하지만 대다수 주민이 빈곤에 시달리고 있다고 한다. 오늘날 공화국 인구는 100여만명이며, 그중 부랴뜨인은 40만명쯤 되는데 30만명이 울란우데에 몰려 있다.

서쪽으로 바이깔 호수를 끼고 있는 수도 울란우데는 '붉다'라는 뜻의 '울란'과 '우다'라는 강이름이 합쳐진 합성어다. 이곳은 북쪽으로 타이가

산림지대가 에워싸고 남쪽으로도 낮은 산들이 둘러싼 분지이다. 울란우데는 여느 러시아 중소도시와 별반 차이가 없는 수수한 도시로서 큰 건물은 얼마 없으나 공장굴뚝은 여기저기서 눈에 띈다. 그리고 뻬이징에서 몽골을 거쳐 모스끄바로 가는 열차와 시베리아횡단열차가 만나는 접지로서 역사(驛舍)는 꽤 크고 붐빈다. 인상적인 것은 라마교의 부활이다. 티베트 라마교가 몽골을 거쳐 이곳에 들어온 것은 18세기 초다. 유입 후 세력을 키워 한때 제정러시아의 공인을 얻기도 했으나, 말살을 당하기도 했다. 그럼에도 불구하고 쏘비에뜨 정권이 세워질 무렵까지만 해도 부랴뜨와 치따, 이르꾸쯔끄 일원에 46개의 수도원과 150여개의 사원이 있었다. 그러다가 1930년대 탄압을 받아 승려 수천명이 수용소로 보내지고 수도원 2

사먼의 굿하는 광경(부랴뜨 민속박물관 소장)

개만 남게 되었다. 최근 들어 신앙의 자유가 허용되면서 부랴뜨에만도 사원 20여개가 다시 문을 열었다. 조금은 과장된 수치지만 신도가 20만을 헤아린다고 한다. 오늘날 부흥을 선도하는 총본산은 울란우데에서 차로 30분 거리에 자리한 이볼긴스끄(Ivolginsk) 마을에 있는 다짠(Datsan) 사원이다. 승려 30여명과 학승 100여명이 있다고 한다. 대웅전에는 망명중인 달라이라마의 초상화가 걸려 있다. 부랴뜨의 유물을 전시하는 박물관들에는 예외없이 불상이 모셔져 있다. 격변기를 맞아 흔들리는 마음을 종교적 신앙으로 다잡으려는 부랴뜨인들의 속내를 읽을 만도 하다.

현대문명의 소용돌이 속에서 살아가는 부랴뜨인들이 자신들의 정체성을 지켜가면서 삶을 개척해나가기 위한 방편에는 이런 종교뿐만 아니라, 고유의 샤머니즘도 한몫 톡톡히 하고 있다. 한국무속의 원류가 바로 이 북방민족들 고유의 샤머니즘에 닿아 있으니, 그 현장을 찾아가는 것은 각별한 의미가 있다. 이르꾸쯔끄에 도착한 다음날, 시내에 있는 작지만 알찬 향토박물관을 둘러본 다음 300km나 떨어진 올혼(Olkhon)섬으로 향했다. 한시간쯤(80km) 달리니 갖가지 들꽃이 만발한 드넓은 초원이 나타난다. 안내표식으로 길 오른쪽에 우뚝 서 있는 기마동상에서 우회전해 자그마한 도시 우스찌오르딘스끄에 이르렀다. 시 한가운데 부랴뜨 민속박물관이 자리하고 있다. 박물관 관장은 일행을 친절하게 맞아준다. 이 두 박물관과 이어지는 답사길, 그리고 올혼섬에 있는 후즈르박물관에서 우리는 부랴뜨의 어제와 오늘을 생생하게 알아낼 수가 있었다. 특히 관심거리인 샤머니즘에 관해서 말이다.

박물관에는 빗살무늬토기를 비롯한 각종 토기와 마구, 불상, 다양한 생활도구와 놀이도구, 순록뿔 왕관 등 유물들이 전시되어 있다. 특히 이 두 박물관에서 우리의 눈길을 끈 것은 다채로운 샤먼의식과 도구, 장옷과 마고자, 세형동검과 비파형 동검, 씨름과 강강술래 같은 우리의 것과 너무나 흡사한 문화유물들이다. 연락이 제대로 닿지 않아 보지는 못했지만, 민속박물관에는 민속공연장이 따로 마련되어 있어 주로 샤먼의 연출과 더불어 민속노래와 민속춤도 선보인다. 흥미로운 것은 공연장 입구에서 불을 피워 관람객을 정화시키고 샤먼이 주술을 읊어 액운을 막아준 다음 입장시킨다는 것이다. 불과 샤먼에 대한 믿음과 기대의 표현이다. 민속박물관에서 돌아오는 길에 미젤리자('눈보라'라는 뜻) 식당에서 이곳 토속음식인 닭고기볶음밥과 훈제한 돼지고기를 흑맥주에 곁들여 정말 맛있게 먹었다.

이곳을 떠나 올혼섬에 이르는 길가 곳곳과 올혼섬 안에서도 알록달록한 색천으로 단장한 세르게(몽골의 오보)와 쿠르간(적석묘)을 발견했다. 다른 점이 있다면 세르게의 경우 대개 1~2m 길이로 잘라 채색 천을 휘감은 통나무를 수직으로 몇대씩 나란히 세워놓는 형식이라는 것이다. 아마 그 기능은 몽골에서처럼 샤머니즘적 기능과 함께 도로나 경계의 표식인 듯하다. 샤머니즘은 부랴뜨인들을 포함해 시베리아인들의 정신적 근간으로서 인간과 주변의 자연환경이나 현상에 대한 관계를 중시하는 친환경주의 사상이다. 그들은 처해진 주변의 환경이나 현상에 대해 예를 표하

올혼섬의 카이깔 호반에 있는 세르게(몽골의 오보)

고 대화를 시도하면서 인간이 자연을 버리고 인간만을 생각하는 이기(利己)에 대해 경고한다. 이러한 친환경주의 사상의 결정체가 바로 샤머니즘이다.

37

'시베리아의 빠리' 이르꾸쯔끄

이르꾸쯔끄를 상징하는 휘장은 검은 호랑이가 붉은 담비를 물어 구제하는 도상이다. 검은 호랑이는 100년 전까지만 해도 이곳에 서식한 길상동물이며, 담비는 부근 숲속에 사는 야생동물이다. 초피(貂皮), 즉 담비가죽은 예나 지금이나 고급 모피로 애용됨으로써 담비 역시 진중되는 동물이다. '산신령'이나 '산군(山君)'으로 여겨지는 호랑이의 영험과 위력을 빌려 설한풍 거칠지만 보물로 가득한 이 땅을 번성케 하려는 뜻이 담긴 상징물이라고 해석해본다. 그래서 그런지 올 때마다 신기(神氣)를 느낄 정도로 훈훈하고 정감이 들며, '시베리아의 빠리'라고 하는 그 이색적인 풍광에 매료되기도 한다.

지난 50여년 동안 다섯번이나 들렀으니, 강산이 한번 변한다는 10년에 한번꼴로 찾아온 셈이다. 얼마나 변했으며, 또 변해가고 있는가가 늘 궁금하다. 그러면서도 한구석엔 변하지 말고 그대로였으면 하는 '수구(守

이르꾸쯔끄 역사 외경

舊'의 취향도 가끔 내뱉어본다. 이번엔 지난해(2008) 2월에 있은 초원로 답사에 이어 꼭 1년 반 만에 다시 찾아왔다. 사흘 전 블라지보스또끄를 출발한 시베리아횡단철도 열차는 예정시간보다 40분 늦게 오후 6시 5분에 도착했다. 시간은 여기가 서울과는 같고, 블라지보스또끄와는 3시간, 모스끄바와는 5시간 시차가 있으니 드넓은 러시아땅의 동쪽 편에 약간 치우쳐 자리한 곳이다.

기차역사 정문에서 현지 여행사 직원과 함께 통역 안내를 맡을 이르꾸쯔끄대학 유학생 서군이 일행을 기다리고 있었다. 지난해에는 철도대학 유학생 임군이 같은 역을 맡았다. 학구열에 불타 낯선 이역땅에 와서 열심히 공부하고 세계를 익혀가면서 여행객들에게 안내의 도움까지 주는 젊은이들이 정말로 대견스럽고 고마웠다. 숙소는 시내가 아니라 30분 거리에 있는 리스뜨비얀까(Listvyanka)의 산림 속 올라체카(Olascheka, 통나무집)로 잡았다. 이색적인 체험이다. '뻬이징코야점'(北京烤鴨店, 북경오리구이 식당)에서 저녁을 때우고 8시가 다 되어서 거리에 나섰는데도 백야탓으로 대낮처럼 환하다.

이르꾸쯔끄는 시베리아 도시들 중에서 유일하게 350여년의 긴 역사를 가진 유구한 도시다. 곳곳에 그러한 나이테가 오롯이 새겨져 있다. 1615년 러시아의 시베리아 정복에 앞장섰던 까자끄(Kazak) 기병들이 안가라 강변에 만들어놓은 자그마한 기지촌으로부터 발걸음을 뗀다. 점차 동부 시베리아 정복의 거점으로 확장되다가 1686년에 도시로 승격하고, 18세기 초엽에 이르러서는 시베리아의 정치·경제 중심지로 부상한다. 1761년에 이르꾸쯔끄 원정대가 베링해협을 정복한 데 이어 알래스카에 안가라 출신의 상인과 주민들이 정착하면서 극동과 알래스카 전체가 이르꾸쯔끄 주의 관할하에 들어온다. 이때부터 이르꾸쯔끄는 명실상부한 시베리아의 맹주로 군림한다. 그러나 아직은 시베리아 고풍이 켜켜이 쌓인 '러시아의 이르꾸쯔끄'로 남아 있다. 그러다가 제정러시아의 압제가 극에 달한 19세기에 들어서는 유형지로 변한다. 아이러니하게도 유배되어온 제까브리스뜨(Dekabrist)들에 의해 '하느님은 높고 짜르(황제)는 멀리 있으니' 죄와 벌이 무섭지 않다고 으쓱거리는 탐관오리들이 판을 치던 살벌한 도시가 '시베리아의 빠리'로 파격적인 변신을 한다. 20세기 초에는 반혁명 백군(白軍)의 본거지로서 불꽃 튀는 격전장이 되기도 했다. 너무나 처절한 역사의 현장이다.

지금은 비록 그 현장이 역사의 뒤안길로 사라졌지만, 흔적은 곳곳에 남아 있다. 원래 건물은 모두가 목조건물이었으나 1879년 큰 화재로 인해

리스뜨비얀까의 통나무집

대부분 건물이 전소되거나 심한 화상을 입었다. 참사 이후 목조건물을 대
신해 석조건물이 나타나기 시작한다. 그러나 '시베리아의 빠리'였던 그
명성만은 이어가려는 이곳 사람들의 끈기있는 노력에 의해 그 '빠리풍'만
은 여전히 남아 있다. 주택을 비롯한 전통 건물들을 유심히 살펴보면 크
기나 외양이 같은 것이 거의 없을 뿐만 아니라, 아기자기한 색깔과 문양은
기괴할 정도로 다종다양하다. 무언가 서로 달라야 신이 쉬이 식별하고 제
대로 찾아온다는 속설은 이곳 사람들의 믿음이라고 한다. 도식을 피하고
다양성을 추구하는 이곳만의 개성이다. 현대적 건물도 전통을 따라 탈러
시아적인 서구식으로 지으며 꾸미고 있다. 샤머니즘과 러시아정교회가
추구하는 전통양식과 유럽의 바로끄 형식이 혼합된 이른바 '시베리아 바

로끄' 형식의 독특한 건물이 눈에 많이 띈다. 최근에는 200년 이상 된 건물은 문화재로 지정해 정부가 보호관리하고 있으며, 오랜 건물은 함부로 허물거나 증축하지 못하도록 하고 있다.

인구 80만을 품고 있는 이 도시는 세계적 관광명소 바이깔호로 가는 필수 경유지라는 점에서 관광전망은 밝다. 아울러 경제·문화적 잠재력도 상당하다. 교통의 요로에서 중국이나 몽골과의 교역이 활발하며, 1956년에 완공된 안가라 수력발전소와 풍부한 지하자원을 바탕으로 동부 시베리아의 산업을 주도하고 있다. 교육·문화면에서도 동시베리아에서는 타의 추종을 불허한다. 전기세가 1kw당 한화로 4원밖에 안되니 아마 세상에서 가장 싼 전기료가 아니겠는가. 국립 이르꾸쯔끄대학을 비롯해 30여개의 대학과 직업학교가 있다. 대학등록금은 1년에 한화로 250만원(6만루블)이라고 하니 우리네보다 퍽 싼 편이다. 여러면에서 마음이 끌리는 이색적인 도시다.

첫날 밤을 보낸 올라체카는 숲속 깊숙이 파묻혀 있다. 20여동의 2층짜리 통나무집들이 여기저기 꼭꼭 숨어 있다. 층마다 방이 대여섯개씩 딸려 있다. 방바닥이며 벽은 몽땅 널빤지로 짰는데, 널빤지 사이사이의 틈은 자작나무 껍질로 메운 것이 이채롭다. 지은 지 몇해 된 집인데도 구수한 나뭇진 냄새가 은근히 코를 찌른다. 창문을 열어젖히니 한여름인데도 시원한 숲바람이 솔솔 스며든다. 괴괴한 숲속의 밤은 나그네의 온갖 잡념을 털어버리고 곯아떨어지게 한다. 산림욕을 만끽한 하룻밤이다. 이르꾸쯔끄주 전체 면적 76만7,900km² 가운데서 타이가 산림지대가 75%나 차지하며, 7월 이맘때의 평균기온이 17~19도이니 정말로 쾌적한 자연환경이다.

올라체카에서 시내로 돌아와 관광에 나섰다. 처음 찾은 곳은 안가라강의 지류인 우샤코브카강 건너편에 자리한 즈나멘스끼(Znamenskiy) 수도원

꼴차끄 해군제독 동상

이다. 수도원 정문 밖 광장에는 세운 지 얼마 되지 않은 해군제독 알렉산드르 꼴차끄(Aleksandr V. Kolchak) 장군의 동상이 눈에 띈다. 1689년에 문을 연 이 수도원은 이곳과 울란우데, 치따 지역까지를 관장하는 동시베리아 정교회의 본부다. 지금까지 줄곧 예배가 진행되고 있는 현행 수도원으로서 내부는 화려한 프레스코화로 장식되어 있다. 눈에 익은 성화도 여러점 걸려 있다. 30여명의 신도들이 선 채로 엄숙히 예배를 근행한다. 수도원에는 300여년 전(1698)에 만들어진 귀중한 성경이 보관되어 있으며, 유명인사들이 묻힌 공동묘지도 함께 있다. 이 묘역에는 알래스카와 꾸릴(Kuril)반도를 발견한 '러시아의 콜럼버스'셸리호프(G.I. Shelikhov)와 제까브리스뜨인 남편을 따라 이곳 이르꾸쯔끄 유형지로 온 뜨루베쯔까야(Trubetskaya) 부인과 그 가족들이 묻혀 있다. 셸리호프의 묘에는 그의 업적을 기리는 지도와 컴퍼스, 닻, 원고 등이 청동으로 부조되어 있다.

이어 찾아간 곳은 한인 독립운동가들의 체취가 스며 있는 레닌거리 23번지 옛 극장이다. 이곳은 1920년대 한인 독립운동가들을 비롯한 외국 혁명가들이 자주 모임을 갖던 자리다. 벽면에는 그러한 역사의 현장임을 전하는 녹슨 동판이 여러장 붙어 있다. 이에 앞서 1910년대에 이범석, 이범윤 등 연해주에서 활동하던 독립운동가들이 이곳에 유배되기도 했으나, 그 흔적은 찾을 길이 없다. 이르꾸쯔끄는 자유세계를 찾아 방황하던 이광수의 소설 『유정』의 무대이기도 하다. 소설의 주인공 최석과 남정임 사이의 플라토닉 사랑(platonic love)은 이곳에 남겨진 또 하나의 순애보(殉愛譜)다. 오늘은 이곳에서 고려인으로선 유일한 러시아 연방의원 유리텐(한국명 정홍식)이 배출되었으며, 100여명의 한국인 교민과 유학생들이 살고 있다.

이어 발길을 옮긴 곳은 제까브리스뜨 박물관이다. 제까브리스뜨란 1825년 12월 러시아 최초로 근대적 혁명을 일으킨 혁명가들을 지칭하는데, 러시아어에서 12월을 '제까브리'라고 하는 데서 유래된 말이다. 그래서 일명 '12월 당원'이나 '제까브리스뜨 사건'으로 불리기도 한다. 이 사건이 여태껏 사람들의 입에 오르내리는 것은 사건 자체의 의미와 더불어 그 부인들의 기막힌 순애보와 그들에 의해 시베리아 동토에 자유와 근대적 문명이 전해졌기 때문이다. 1812년 모스끄바까지 쳐들어온 나뽈레옹을 물리치고 빠리까지 진격한 러시아 젊은 장교들이 유럽의 자유주의와 계몽주의 사상 및 근대문명에 감응되어 귀국해서는, 농노제를 폐지하고 입헌군주제를 수립하기 위해 1816년 결성된 구제동맹을 시발로 복지동맹과 북방결사, 남방결사, 통일슬라브결사 같은 혁명조직을 잇달아 만들고 세를 키워간다. 그 바탕에서 1825년 12월 14일 원로원 광장에서 거행될 새 황제 니꼴라이 1세에 대한 선서식을 계기로 거사를 도모하기로 한다.

그러나 사전에 발각되어 주모자 5명은 교수형에 처해지고 나머지 120여명 장교들은 시베리아로 유배된다. 섣달, 송구영신(送舊迎新)의 꿈은 이렇게 꺾이고 만다. 그러나 다음 세기에 타오를 불씨를 이 암흑의 땅에 뿌

제까브리스뜨 발꼰스끼 초상

려놓았다. 그것이 제까브리스뜨의 자부와 긍지였다. 그들 모두는 장교인 동시에 열렬한 혁명가이자 정치가들이었으며, 그 가운데는 이름난 시인도 있다. 시인 라예프스끼는 「명상」(1830년작)에서 자유를 찾은 감격을 이렇게 자문자답식으로 읊조린다. "방랑자여, 그대는 왜 당신의 매력적인 골짜기를 야생의 숲, 바윗덩어리, 어두운 협곡으로 대체하였는가." 이에 대한 답은 "이 산들 속에서, 이 화강암의 절벽 속에서, 나는 힘과 자유를 숨쉰다"이다. 러시아의 위대한 시인 뿌슈낀도 남부에 유배를 가는 바람에 제까브리스뜨 대열에 직접 끼지는 못했지만, 그들 못지않은 열정으로 혁명을 동경하고 그들과 호흡을 같이한다. "무거운 족쇄가 떨어져나가고, 감옥은 허물어지리니 자유는, 기쁘게 문 앞에서 당신들을 맞이하고, 형제들은 그대들에게 검을 건네리라." 그가 쓴 시 「시베리아의 깊은 광맥 속에서」(1827년작)의 마지막 구절이다.

제까브리스뜨의 한 사람인 발꼰스끼(Balkonsky) 백작의 주택을 개조한 박물관 1, 2층에는 그들의 활동상을 보여주는 유물과 사진들이 빼곡히 진열되어 있다. 그 가운데서 너나없이 감동을 받는 것은 그들 부인들의 극진한 순애보다. 제까브리스뜨들에게 유배형이 내려진 뒤 황실은 부인들에게 반역자인 남편들을 버리고 귀족신분으로 재가를 하든지, 아니면 귀족으로서의 모든 특전을 버리고 남편들을 따라 유배지로 가든지 둘 중

제까브리스뜨 박물관(발꼰스끼 고택)

하나를 택하라는 명을 내린다. 부인들은 주저없이 유형길을 택한다. 고대 광실에서 영화만을 누려오던 귀족 출신의 부인들은 설한풍 휘몰아치는 시베리아 대지를 1년 이상 걸어서 순정의 드라마를 펼친다.

　유배형을 마친 제까브리스뜨들과 부인들은 유배지 이르꾸쯔끄를 그들이 그토록 꿈꾸던 자유와 이상의 온상으로 변모시킨다. 그들에 의해 이 도시가 지녀온 역사의 무게와 문화의 결은 확 달라진다. 그것이 오늘로 이어진 '시베리아 빠리'의 모태다. 벽에 걸려 있는 발꼰스끼 부인 마리아의 초상화, 38세의 젊은 나이에 걸맞지 않은 겉늙음에서 그 고난에 찬 일생이 읽혀진다. 소박한 살림살이와 숱하게 오간 편지, 읽은 책, 이 하나하나가 혁명가들의 불꽃 튀는 삶과 참사랑을 증언하고 있다. 어린이들부터 백발이 성성한 늙은이에 이르기까지 전시실을 발디딜 틈 없이 꽉 채운 관람객들의 얼굴은 진지하다 못해 엄숙하기까지 하다. 필자는 "참 순애보의 현장을 찾아서"라는 감격서린 말 한마디를 방명록에 남기고 박물관을 나섰다.

38
한민족의 본향 바이깔

　이르꾸쯔끄 도착 서너시간을 앞두고 벌써 끝없이 펼쳐진 창창한 바이깔 호수가 시야에 들어온다. 햇빛에 반사된 수면은 거울처럼 번뜩거린다. 열차는 내내 호숫가를 오른쪽에 끼고 자작나무 숲속을 숨바꼭질하듯 꼬리를 휘저으며 달린다. 헤아릴 수 없이 많은 실개천이 호수로 졸졸 흘러들어간다. 저 수많은 실개천이 모여 지구 전체를 2cm 두께로 덮고도 남음이 있을 세계 최대의 담수호 바이깔을 이루고 있다. 티끌 모아 태산, 그 격언의 현장이다.

　바이깔, 민족의 뿌리 찾기 일념에서 몇번 찾아온 낯익은 고장이다. 최근에는 지난해 2월 13일에 이어 1년 반 만에 다시 찾아왔다. 이번의 중점 답사지는 호수의 심장부에 자리한 올혼섬이다. 이르꾸쯔끄에 도착한 다음날(2009년 7월 8일), 시내 몇군데를 대충 둘러보고 나서 정오 무렵 300km 떨어진 올혼섬으로 향했다. 200여km를 달리니 푸르싱싱하던 초

바이깔 호숫가에서 피서를 즐기는 사람들

원은 반사막 고원지대로 바뀐다. 아롱다롱한 색천을 동여맨 세르게(몽골의 오보, 우리네 성황당)와 돌무덤인 쿠르간이 자주 눈에 띈다. 행인들도 우윳빛 러시아인과는 다른 모습의 구릿빛 부랴뜨인들이다. 제대로 찾아오고 있다는 실감이 난다.

　오후 6시 35분, 올혼섬으로 도항하는 말로에 모어라는 선착장에 도착했다. 공교롭게도 배의 주유구에 고장이 생겨 무작정 기다리라고만 한다. 보기엔 간단한 고장 같은데, 예닐곱 수리공이 부산을 피우며 수리하는 데 무려 세시간이나 걸렸다. 일행을 포함해 외국관광객들은 초조해 물가에서 서성대지만, 현지인들은 관성 탓인지 표정 한점 없이 느긋하기만 하다. 백야에 저녁노을은 느릿느릿 호수면을 물들인다. 흰 갈매기들이 먹이

를 찾아 까옥거리며 호숫가를 맴돈다. 다행히 세시간이란 사색의 여유를
안겨주었다.

'시베리아의 진주' '시베리아의 파란 눈'이라고 일컬어지는 바이깔은
부랴뜨어로 '큰('바이') 물('깔')'이란 뜻이다. 따로 '큰(풍요로운) 불'이
란 뜻으로 화산과 관련시키며, 부랴뜨나 부여란 말이 이 '바이'에서 파생
되었다는 주장도 있다. 정말로 '큰 물'답게 길이는 636km, 폭은
20~80km, 둘레는 무려 2,000km나 되며 면적은 한반도의 3분의 1과 맞
먹는다. 세계에서 가장 깊은 호수로서 제일 깊은 곳은 1,630m나 되며, 세
계 담수의 20%를 담고 있는 제일의 담수호로서 물의 양은 미국 5대호의
물을 합친 것보다 더 많다. 신기한 것은 336개의 하천이 흘러들어와 호수
를 이루지만 빠져나가는 강은 오로지 안가라강 하나뿐이라는 사실이다.
어떻게 수량이 조절되는지는 아직껏 풀리지 않은 수수께끼다.

바이깔에는 2,500여종의 동식물이 서식하는데, 그 가운데 4분의 1 가량
은 이곳만의 특이종이다. 북극해에서 비밀수로를 통해 왔다는 민물물개,
체질의 절반 이상이 지방이기 때문에 햇볕에 나오기만 하면 금방 버터처
럼 녹아버린다는 골로미양카, 듣기만 해도 이상야릇한 물고기들이다. 그
러나 대표적인 어류를 꼽으라면 단연 훈제가 별미인 청어류의 오물
(omul)이다. 매해 25~30만톤씩이나 잡는다고 한다. 바이깔은 40m 깊이
에 있는 지름 40cm의 쟁반을 육안으로 식별할 수 있을 만큼 세계에서 가
장 맑고 깨끗한 호수다. 알고 보니 보코플라프라는 새우 모양의 작은 갑
각류(甲殼類)가 싹쓸이 청소를 하기 때문이다. 이놈은 무엇이든지 닥치는
대로 먹어치우는데, 2주일이면 사람의 뼈까지도 말끔히 없애버린다고 한
다. 이러한 청정에다가 신비까지 곁들인 바이깔의 차디찬 물에 손을 담그
면 5년이, 발을 담그면 10년이 젊어진다고 해서 사람들은 다시 찾아오게

기차역에서 바이깔의 명물인 오물을 파는 장면

된다고 한다.

태고부터 숱한 신비를 간직해온 바이깔은 단순한 자연의 큰 물구덩이가 아니라 천혜의 인종을 잉태한 태반이고, 다양한 문화를 융합시킨 허브이며, 숱한 민족의 수구지심을 불러일으키는 본향이기도 하다. 태반과 허브, 본향, 이 3통(通)이 있기에 바이깔과 한민족은 여러면에서 끈끈한 유대로 상관되어왔다. 우선, 지질학적 변천에서다. 빙하기 때 바이깔은 고립된 오아시스와 같은 열수(熱水)광산이었다. 당시 구석기인들은 혹독한 추위 때문에 열수가 치솟는 온화한 바이깔 주변에 머물고 있다가 해빙기에 큰 홍수가 일어나자 남하해 한반도 일원에까지 정착하게 된 것이다. 바이깔은 지금도 지진활동을 하고 있는 내륙단층지대로 남아 있다. 빈번한 기후변동과 그에 따른 해수면의 변화나 지형적 변천을 면밀히 추적해보면 두 지역을 이어준 민족이동 통로의 그림을 그려낼 수가 있을 것이다.

다음으로, 생태학적 관련성도 점차 밝혀지고 있다. 최근 연구에 따르면 '조선'이나 '고려(고구려)'는 순록을 뜻하는 '코리'(Khori 또는 Qori)나 '고올리'(Kholri)에서 유래된 말로서, 바이깔 동쪽에서 순록을 기르면서 살아온 코리족(야꾸뜨)을 비롯한 순록유목민 일파가 순록의 먹이인 이끼의 길을 따라 대·소흥안령을 넘어 아무르강(黑龍江)이나 쑹화강(松花江)을 따라 만주지역으로 이동하였고, 여기서 목축이 농업과 결합해 조선·부여·고구려·발해 등 제국의 경제적 및 생태적 토대를 이루고, 더 남하해 한반도에 이르러서는 농업구조로 전환하면서 한반도 내 고대국가들의 밑거름이 되었다고 한다. 이것이 이른바 '순록민족기원설'이다.

작금의 체질인류학적 연구도 상관성을 뒷받침하는 증거를 잇따라 내놓고 있다. 지역이나 민족 간의 상관성을 밝혀내는 데서 가장 중요한 유전학적 지표는 Y염색체 DNA와 미토콘드리아 DNA의 두가지다. 이러한 유전학적 지표에 근거해 동아시아인들의 초기 이주경로를 추적해보면, 약 6만년 전에 아프리카에서 기원한 현생인류(호모사피엔스사피엔스)가 동남아시아나 시베리아 쪽으로 이동해 오늘날의 동아시아인 집단을 형성한다. 한편, 혈액 속의 감마항체를 만드는 유전자를 조사하는 방법으로 혈통을 연구해온 일본의 한 학자는 몽골로이드는 다른 인종과는 달리 ab3st라는 감마유전자를 갖고 있다는 것을 발견했다. 이 유전자는 바이깔을 중심으로 사방에 확산되었는데, 그 비율이 몽골·만주·한국·부랴뜨를 비롯한 동시베리아인에게는 높을 뿐만 아니라, 서로가 아주 가깝다. 또한 미국 에모리대학 연구소의 세계 종족별 DNA 분석자료에 의하면 바이깔 주변의 야꾸뜨인과 부랴뜨인, 아메리카인디언, 그리고 한국인의 DNA가 거의 같다고 한다.

끝으로, 지금까지도 가시적으로 확인할 수 있는 상관성은 문화면에서 어렵지 않게 찾아보게 된다. 바이깔 주변 사람들의 정신적 근간은 인간과 주변의 자연환경에 대한 관계를 중시하는 친환경주의 사상의 결정체인 샤머니즘이다. 샤먼의 주문이나 무구(巫具)에서 보다시피 한국무속의 원류는 이 시베리아 소산의 샤머니즘이다. 두 지역에 전승되고 있는 전통복식을 살펴보면 모두 앞섶이 열린 이른바 전개형(前開型, 까프딴)이란 공통성을 갖고 있다. 그리고 구비전승에서도 상당한 상관성을 엿볼 수 있다. 바이깔 주변의 코리인이나 부랴뜨인은 순록을, 몽골인은 늑대를, 한국인은 곰 같은 짐승을 시조로 삼는데, 이와같은 이른바 수조(獸祖)전설은 신통히도 일맥상통한다. 시베리아는 구비문학의 보고다. 자고로 세시풍속이나 각종 의례 등 삶의 주요 계기마다 특유의 음감(音感)을 가진 전문적인 이야기꾼을 초청해 경청하며 감상하곤 한다. 주제는 전설이나 신화, 동화, 수수께끼 등 다양한데, 그런 이야기 속에서 한국문화에 녹아 있는 여러 구비전승 요소를 고스란히 발견하게 된다. 일례로 부랴뜨의 '나무꾼과 선녀' 이야기를 들 수 있는데, 그 내용이 우리네 것과 진배없다. 그 밖에 솟대와 성황당, 적석목곽분 같은 공유성 유물들도 곳곳에서 만나게 된다.

이 모든 사실들은 올혼섬에 공간적으로 응축되어 있다. 그러니 그곳으로의 도항을 앞두고 가슴이 설레지 않을 수 없다. 드디어 9시 35분, 대기 세시간 만에 차량 20여대와 승객 100여명을 태운 여객선은 나루터를 떠난다. 노을 비낀 수면을 15분간 미끄러지더니 얇게 드리운 야음 속에 조심스레 닻을 내리는 소리가 들린다. 바이깔호 중앙 서쪽에 좀 치우쳐 있는 올혼섬에 다다랐다. 시베리아 샤머니즘의 메카 올혼의 원래 발음은 '아이홍'인데, 17세기 러시아인들이 이곳을 정복하면서 '올콘'으로 잘못 발음한 데서 유래된 와전어다. 이 말의 뜻에 관해서는 '(하늘로부터) 가까

올혼섬의 니꼴스 관광숙박소 나무귀틀집

운' 혹은 '작은 숲'이라고도 하지만, 현지 안내원은 '나무 없는(메마른)'
이라고 소개한다. 이것이 원주민어인지 몽골어인지는 분명치 않다.

　여기서부터는 전용관광차로 갈아타고 다녀야 한다. 약 50분 걸려 중심
마을인 후즈르(Hujr)에 자리한 니꼴스 관광숙박소에 도착했다. 1～2층으
로 된 나무귀틀집 20여채가 옹기종기 붙어 있다. 12동 b호(1층)에 여장을
풀고 호밀밥에 돼지비계로 저녁을 때우고는 전통목욕인 반야(banja)를
하고 자리에 들었다. 향긋한 나뭇진 냄새 속에 노독이 말끔히 가셔진다.
이튿날 아침식사도 호밀죽이다. 올혼섬은 제주도의 절반쯤 되는 크기의
섬으로서 바이깔호 한가운데 남북으로 길게 놓인 절해고도다. 숙소로부
터의 관광코스는 북행이다. 30분쯤 가니 섬 언저리에 자리한 그 유명한
부르칸산이 나타난다. 치안 때문에 '특수장비'를 갖추고 가야 한다는 뜬
소문과는 달리 평온하다. 일렬로 도열한 세르게(오보)가 지켜보는 가운데

아침의 물안개가 피어오르는 부르칸은 문자 그대로 선경이다. 동북아시아 곳곳에 숱한 기원적 전설을 갈무리하고 있는 부르칸이즘(不咸文化)의 모태인 이 부르칸의 자태는 자못 신비롭기도 하고 숭엄하기도 하다. 섬 인구 1,500명 가운데 에벵키(Evenky)족이 다수를 점하고 있지만, 제주(祭主)만은 아직까지도 전설의 주인공인 코리족 남자어른이 담당한다고 한다.

여기서 다시 30분 정도 가면 불타버린 선착장과 생선공장 자리가 남아 있는 유배지 아샨까(Ashanka) 마을이 나타난다. 지금은 휴게소로 커피숍 한채만이 덩그러니 남아 그 옛날의 쓸쓸한 풍광을 과객들에게 전해주고 있다. 다시 한시간 가니 뜨리브라쩨(Tribrate)라는 삼형제바위가 또 하나의 샤먼 전설을 토해내고 있다. 옛날 아들 삼형제가 아버지처럼 샤먼이 되고 싶어했는데 아버지는 극구 말린다. 그러자 세 아들은 몰래 이곳에 와 샤먼이 되려고 정진 기도하던 끝에 이렇게 세 바위로 굳어졌다고 한다. 샤먼에 대한 숭앙을 그려낸 전설이다. 석화인(石化人) 전설은 우리에게도 낯설지 않다. 신기하게도 이끼가 화석화되어 돌이 붉은색을 띠고 있다. 다시 15분쯤 가니 '송곳'이란 뜻의 '하보이'(Habvoi), 즉 섬의 끝(북단)에 이른다. '밝음'이 아닌 '붉음'이라는 부르칸(不咸)의 뜻이 실감나게 붉은 방울송이가 알알이 맺힌 잣나무와 적송이 빼곡하다. 그리고 샤머니즘의 메카답게 섬의 끝머리를 대형 세르게로 장식하고 있다. 돌아오는 길에는 후즈르박물관에 들러 맷돌 같은 우리와의 유사품들을 여러점 확인하고, 다시 선착장에 돌아와 올혼섬에 아쉬운 작별을 고했다.

멀어져가는 섬을 바라보니 나도 모르게 깊은 상념에 젖기 시작한다. 물이나 돌밖에 없는 올혼섬이나 바이깔호를 굳이 찾는 이유는 과연 무엇일까라는 자문부터이다. 한마디로 그 답은 시쳇말로 '뿌리 찾기'다. 이 길은 참 나를 찾는, 내 속으로 순례하는 길이다. 뿌리 없는 나무는 자라서 가지

샤먼 전설이 깃들어 있는 올혼섬 뜨리브라쩨 삼형제바위

를 치고 꽃피우며 열매를 맺을 수가 없다. 자칫 너나를 넘나드는 국제화 시대에 무슨 고루한 소리냐고 핀잔을 던지겠지만, 실은 그렇지 않다. 나라는 존재는 본래부터가 남과 남의 만남에서 이루어진 것이고, 나와 남은 어울림 속에서 공생함으로써, 나를 찾는 길은 곧 남을 찾는 길과도 잇닿아 있다. 차제에 한가지 덧붙이면, 유전적으로 한민족의 20~30%는 남방계에 속하며, 우리 속엔 남방문화 유전자도 분명 있다는 점을 감안할 때, 북방만이 아니라 남방에서의 '뿌리 찾기'도 게을리하지 말아야 할 것이다. 균형감각이 필요한 시점이다.

39
이채로운 딸찌 민속촌

무려 11개의 시간대를 거쳐야 하는 길고 먼 시베리아 초원로만큼 계절에 따라 삶의 리듬, 문화의 리듬, 여행의 리듬이 다르고 바뀌는 길은 없을 것이다. 그것이 이 길의 매력이다. 그래서 필자는 올해 여름철(7월)엔 블라지보스또끄에서 이르꾸쯔끄까지, 지난해 겨울철(2월)엔 이르꾸쯔끄에서 쌍뜨뻬쩨르부르끄까지 두 구간으로 나눠 이 길을 숨가쁘게 답파했다. 지금까지는 여름철 이야기를 썼고, 이제부터는 겨울철 이야기를 전할 것이다.

2008년 2월 12일 오후 1시 50분, 몽골 수도 울란바토르에서 모스끄바행 몽골횡단철도 열차를 타고 일망무제한 설원을 지나 이튿날 오후 3시 20분 이르꾸쯔끄에 도착했다. 장장 25시간 30분을 달렸다. 휘몰아치는 삭풍(朔風)에 대낮인데도 기온이 영하 20도를 넘어서 얼굴이 아릿했던 매서운 몽골 추위와는 달리 뜻밖에도 그 북쪽에 자리한 이곳 온도는 영하 8도, 눈이

얼어붙은 바이깔호에 발이 묶인 선박들

녹고 있다. 왕년에 보기 드문 이상기후라고 한다.

숙소는 바이깔 호반에 있는 리스뜨비얀까(Listvyanka)의 바이깔호텔에 잡았다. 리스뜨비얀까는 이르꾸쯔끄 동남쪽으로 안가라강을 따라 65km 지점에 있는 자그마한 항구도시이다. 호숫가 언덕배기에 자리한 호텔 전망대에 서니 눈 덮인 바이깔이 한눈에 안겨온다. 아침햇살이 저만치 피어날 무렵 바이깔 관광에 나섰다. 얼음축제가 방금 끝났지만 기기묘묘한 얼음조각물은 그대로 남아 있다. 하나하나가 정교한 예술작품이다. 설경도 설경이거니와 꽁꽁 얼어붙은 얼음판을 지치면서 환히 트인 물밑을 들여다보는 것은 문자 그대로 황홀경이다. 8m 이상의 두께로 얼어붙은 물밑에서 이름 모를 물고기들이 노닐고 수초가 나풀거린다. 한겨울 얼음두께가 10m 이상이면 5톤짜리 트럭이 다닌다고 한다. 그때면 환바이깔철도 노선이 얼음 위에 가설되기도 한다. 리스뜨비얀까는 비릿한 내음이 풍기

바이깔호의 얼음조각 축제

는 어항이다. 선창가에 붙어 있는 어물시장에는 이곳 명물인 오물을 비롯
해 각종 어류들이 매장에 즐비하다.

　이어 이곳에서 약 4km 지점, 리스뜨비얀까 어귀에 자리한 바이깔 생태
박물관을 찾았다. 1928년에 설립한 이 박물관은 1961년에 소련 과학아카
데미 소속 호수학연구소로 승격되어 오늘에 이르고 있다. 2층으로 된 작
지만 알찬 박물관에는 유구한 바이깔 역사를 한눈에 알아볼 수 있도록 호
수뿐만 아니라, 그 주변에 서식하는 각종 어류와 동식물에 관한 기록과 유
물, 도표와 모형 등을 일목요연하게 전시하고 있다. 1층은 수족관이고 2
층은 전시장이다. 바이깔에는 7개과(科) 50여종의 물고기가 살고 있는데,
그 가운데는 투명한 물고기 갈라만까나 민물새우 에삐슈라, 철갑상어(길
이 1.8m에 무게 120kg), 바이깔 바다표범인 네르파 같은 특이한 물고기
가 살고 있어 어류학에서 주목을 끌고 있다. 특히 네르파는 민물에 사는

지구상의 유일한 바다표범이다. 바다에 사는 표범이 어떻게 민물에 살게 되었는지는 생태학자들 사이에도 여전히 불가사의로 남아 있다. 더러는 북해와 바이깔을 잇는 비밀동굴을 통해 왔다고 주장하지만, 누구도 그런 동굴을 본 사람은 없다. 바이깔 주변에 서식하는 2,600여종 동식물 가운데서 4분의 3 정도가 이곳만의 희귀종이라고 하니, 바이깔은 명실공히 생태학의 보고이다. 그래서 매해 3만여명의 관광객이 몰려온다. 각종 동식물의 박제품은 그토록 생동할 수가 없다. 실로 박제기술이 이만저만이 아니다. 방명록에 "바이깔이여, 영원하라!"라는 짧은 글 한마디를 남기고 박물관을 나섰다.

다음으로 발길을 옮긴 곳은 여기서 차로 10분 거리에 있는 유명한 딸찌(Taltsi) 민속촌이다. 이름부터가 딸찌 '민속촌'이니 '마을'이니 '건축박물관'이니 하는 등 여러가지로 불린다. 그러나 정식명칭은 '건축-인류학 박물관 딸찌'다. 명칭에서 읽을 수 있다시피, 이곳은 건축물을 통해 전통적 삶의 양식을 보여주려는 일종의 야외전시장이다. 폐쇄된 실내에서가 아니라 우리네 용인민속촌처럼 탁 트인 바깥공간에서 있는 그대로 보여주는 전시 교육장이다. 1969년 바이깔 수력발전소가 건설되면서 수몰지역의 건물들을 그대로 옮겨다가 관광명소로 꾸린 지혜의 산물이다. 무려 67만m²나 되는 호숫가 넓은 대지에 40여종의 건축기념물과 8천여점의 전통문화재를 한데 모아놓고 있다. 전시물들을 통해 17세기부터 이곳에 이주해온 러시아인들과 부랴뜨인이나 까자끄인 같은 원주민들이 누렸던 생활모습을 고스란히 증언하고 있는 역사의 생동한 현장이기도 하다.

그래서 하나하나 깐깐히 살펴봤다. 입구의 우거진 자작나무부터가 눈길을 끈다. 물론 시베리아땅 어디에나 지천으로 깔려 있는 것이 자작나무이지만 여기 것은 관광지라서 그런지 한결 달라 보인다. 하얀 껍질을 두

자작나무 숲속의 딸찌 민속촌 입구

르고 미끈하게 자란 가지마다엔 흰 눈꽃이 송송이 피었으니 숲은 온통 백
화원(白花園)이다. 보통 20m 이상으로 쭉쭉 뻗어 있는 자작나무의 껍질은
종이처럼 얇게 벗겨지는데, 겉면은 흰빛이고 안쪽은 밝은 갈색이니 천혜
의 미술소재가 아닐 수 없다. 불에 잘 타면서도 습기에 강해 천년이 지나
도 썩지 않는다고 한다. 노르웨이나 핀란드 같은 북유럽과 시베리아에 주
로 분포되어 있지만, 한국과 일본 홋까이도오(北海道)에도 자생한다. 특히
그 신비성으로 인해 우리의 전통문화와 끈끈한 연을 맺고 있다.

제주도 민가의 나무대문처럼 몇개의 통나무를 가로댄 빗장문을 열고
들어서면 제일 먼저 눈에 띄는 것이 '이즈바'(izba)라고 부르는 전통적 목
조가옥이다. 뾰족한 지붕과 다양한 모양새와 아기자기한 문양을 갖춘 문
과 창문, 그 외경부터가 이채롭다. 몇채는 세월의 풍상을 이겨내지 못하
고 쓰러져가고 있지만 그 고풍만은 여전히 도도하다. 러시아 목조문화의

딸찌 민속촌의 나무빗장문

상징물이다. 소나무와 전나무, 물푸레나무, 자작나무와 같은 침엽수로 지은 통나무 귀틀집이다. 나무집은 나무의 보온력과 통기성(通氣性)으로 말미암아 겨울에는 따뜻하고 여름에는 서늘하다. 이런 집은 나무에 못을 박지 않고 홈을 파 잇는 방법으로 짓는다. 빗물에 젖어 못을 박은 언저리가 쉽게 썩을 수 있기 때문이다. 지붕은 많이 내리는 눈의 하중을 견딜 수 있도록 경사를 급하게 한다. 창문은 한기 때문에 될수록 작게 내고, 유리가 아직 없던 시절이라서 송진을 먹인 아마포로 막는다. 하나하나에 옛사람들의 슬기가 깃들어 있다.

　이즈바의 내부구조를 살펴보면, 오늘날의 원룸 형태가 연상된다. 크게는 '뻬치까'라고 하는 벽난로가 있는 주방, 식탁과 그 위에 이꼰(Ikon, 종교 같은 관념적 대상을 형상화한 미술품)을 걸어두는 '아름다운 구석', 그리고 침상의 세 부분으로 구성되어 있다. 여기서 특기할 것은 뻬치까이

딸찌 민속촌에서 만든 각종 수공예품

다. 뻬치까는 음식을 만들고 방 안을 덥히는 실용적인 쓰임새만이 아니다. 집안이 화평하면 "뻬치까가 잘 놓여 있다"고 말하며, "뻬치까가 없는 집은 집이 아니다"라는 속담까지 있을 정도로 집안의 상징물이자 필수불가결의 시설물이다. 뻬치까 뒤에는 집귀신이 살고 있어 잠자리에 들 때는 귀신이 깨지 않도록 조심해야 하며, 새집에 이사할 때면 으레 이 귀신에게 선참으로 신고를 해야 한다. 이즈바의 안과 밖을 구분하는 문턱은 특별히 높게 한다. 이유는 악마나 역병 같은 부정한 것들이 들어오는 것을 막기 위함이라고 한다. 벽사진경(辟邪進慶)은 인간의 공통심리인가 보다.

몇집 방 안에 걸려 있는 빛바랜 사진을 쳐다보니 이곳은 원래가 가부장적 대가족제였음을 알 수 있다. 러시아어로 '가족'을 뜻하는 '쎄미야'는 '씨앗'이란 '쎄먀'와 어원을 같이하고 있다. 이를테면 농경과 유착된 가족이란 말은 씨앗과 같이 많이 퍼지고 자란다는 의미를 지니고 있다. 3대

러시아의 전통적 목욕인 반야에서 사용하는 물통과 바가지

가 함께 사는 것은 19세기까지만 해도 러시아 농민가정의 일반적인 모습이다. 러시아의 가부장적 대가족제도하에 지탱되고 있는 가정생활의 지침서라고 할 수 있는 64개장의 『도모스뜨로이』(*Domostroj*)가 16세기 이반 4세에 의해 반포된 바 있는데, 그 내용이 유교적 가정생활 지침과 많이 닮아서 흥미롭다. "가장의 교훈이 없으면 집안사람들이 여러 죄를 범하게 된다. (…) 자식을 사랑하면 할수록 엄하게 다스려야 한다"는 일례가 그것이다. 이네들에게도 고부갈등은 골칫거리여서 자주 작품의 주제로 등장하는가 하면, 축제 때는 화목을 위해 며느리가 시어머니나 시누이를 초청하는 풍습이 오늘날까지도 남아 있다고 한다.

　집집마다 특색있는 가재도구나 장식품, 수공예품, 그리고 등자를 비롯한 마구와 마구간, 각종 농기구와 사냥기구가 유품으로 전시되어 있다. 나무 두그루 사이에 인골을 올려놓는 풍장(風葬) 풍습도 그대로 재연하고 있다. 어느 요새에 쓰인 대문짝도 옮겨놓았으며, 1679년에 지은 까잔스끼야라고 하는 작은 예배당은 지금도 예배당으로 쓰이고 있다. 그런가 하면 당시의 목공예나 수예, 도자기공예를 재연하거나 실제 제작해 수익을 올리는 경우도 눈에 띈다. 이러한 수공예품들이 골목골목에 차려놓는 매대에 가득 쌓여 있다.

그 가운데 남다른 인기를 끄는 것은 러시아의 상징적 기념물인 마뜨료시까(matryoshka)다. 어머니를 의미하는 라틴어의 '마테르'(mater)에서 기원한 이 여성인형은 원래 시베리아에서 여신을 금상으로 만들어 그 속에 똑같은 여신들을 차곡차곡 집어넣던 민간신앙에서 비롯되었다고 한다. 작은 인형은 보통 대여섯개, 큰 것은 15개까지도 들어간다. 가장 큰 바깥 인형은 어머니를 상징하며 그 속의 인형들은 계승될 다음 세대들로서 모계적 다산성(多産性)을 의미한다. 러시아에서 어머니는 대지이고, 대지는 곧 어머니이다. 매대에서 엄지손가락보다 조금 큰 '네트파'(netfa)라고 하는 피리를 기념품으로 샀다. 흙으로 빚은 것인데, 등과 배에 하나씩 난 구멍이 공명을 일으켜 소리를 내는 깜찍한 전통악기이다.

두시간 남짓 이채로운 딸찌 민속촌을 둘러보고 이르꾸쯔끄로 돌아왔다. 한두군데 더 돌아보고 나서 해질 무렵에 여기서 36km 떨어진 자임간으로 향했다. 울창한 수림 속에 통나무집이 띄엄띄엄 널려 있다. 러시아의 전통목욕인 반야로 이름난 삼림휴양지다. 시간당 160루블(한화로 약 4,800원)을 내고 3~4명을 수용하는 반야욕장에 들어갔다. 먼저 가볍게 샤워를 한 뒤 증기실로 들어간다. 증기실에는 바싹 마른 자작나무 장작으로 두세시간 시뻘겋게 달군 돌들이 채워져 있는 난로통이 있다. 난로통에 나무바가지로 물을 끼얹으면 순식간에 뜨거운 증기가 살갗을 파고들어 온몸을 뜨겁게 달군다. 그러면 몸에서 땀방울이 송골송골 맺힌다. 적당한

온도와 습기를 유지하기 위해선 물을 조금씩 난로통에 계속 끼얹는다. 온몸에 땀이 흥건할 때 자작나무 가지로 몸을 때리곤 바깥에 뛰어나가 눈이나 얼음 속에서 한참 뒹굴다가 다시 돌아와서 증기 쐬기를 반복한다. 러시아인들이 겨울에 즐기는 일종의 놀이이자 체력단련 방법이라고 한다. 반야는 단순한 증기목욕이나 습식싸우나를 넘어서 사교의 장이 되기도 한다. 그러나 왕왕 주술(呪術)이나 불미스러운 일들이 일어나기 때문에 성스러운 교회공간과 대립되는 '부정한 공간'으로 인식되기도 한다. 아무튼 한바탕 반야를 하고 나니 쌓인 노독이 일시에 말끔히 가셔진 기분이 든다.

남을 아는 데서 오늘보다 어제가, 겉보다 속이 더 중요하다. 그래서 남의 유적을 찾아다니고 남의 습속에 젖어본다. 이것이 오늘 일과의 맺음말이다. 반야가 달린 식당에서 푸짐한 저녁식사를 마치고 자정을 넘긴 새벽 2시 12분, 역시 시베리아횡단철도로 노보시비르스끄(Novosibirsk)를 향한 30여시간의 장도에 올랐다.

40
초원로의 대동맥 시베리아횡단철도

세상에는 문명을 소통시키는 길이 수없이 많다. 크게는 육로와 바닷길, 하늘길이 있으며, 이러한 큰 길에서 뻗어나간 갓길은 이루 헤아릴 수가 없다. 그러나 개척으로부터 이용에 이르기까지 숱한 사연을 안고 끊임없이 변화하면서 문명의 소통뿐만 아니라, 인간의 삶에 큰 영향을 미치고 있는 길을 고르라면 단연 시베리아횡단철도(TSR)가 첫 물망에 오를 것이다. '철마'(열차)를 타고 이 길에 오를 때마다 그 경이로운 연혁과 모습에 놀라지 않을 수 없다. 지금 일행은 그 길의 한복판 이르꾸쯔끄에서 서쪽으로 노보시비르스끄를 향해 달리는 열차에 몸을 싣고 있다. 끝없이 펼쳐진 설원 속에 점점이 박혀 있는 고즈넉한 마을과 도시, 갖가지 파스텔 색깔로 아름답게 단장한 기차역, 수많은 심산계곡을 뚫고 지나가는 터널과 철교…… 이 모든 것이 마냥 이 길이 간직한 어제와 오늘을 고스란히 속삭여주고 있는 성싶다. 옴스끄(Omsk)에서 노보시비르스끄까지의 600여

km 구간은 전구간에서 가장 평탄한 직선구간으로서 사색과 상념에 너비와 깊이를 더해주고 있다.

이 횡단철도는 세계에서 가장 긴 철도이다. 그만큼 사연도 많다. 블라지보스또끄역 구내에 들어서면 '9288'이란 글자가 새겨진 기념탑이 눈에 띈다. 그 숫자가 바로 시발역인 모스끄바역(모스끄바에는 목적지 이름을 딴 7개 역이 있음)에서 종착역인 태평양 연안의 블라지보스또끄역까지의 거리가 무려 9,288km나 됨을 나타내는 이정탑이다. 이 거리는 지구둘레의 약 3분의 1에 해당하며, 서울에서 부산까지 22번 이상 오가는 거리이다. 시속 80~90km의 열차로 이 거리를 답파하는 데만도 꼬박 6박7일, 156시간이 걸린다. 달리는 동안 시간대는 일곱번이나 바뀌며, 모스끄바와 블라지보스또끄 사이에는 11시간의 시차가 생긴다. 그래서 모든 역에는 현지시간과 표준시간인 모스끄바 시간을 알리기 위해 특수제작한 '철도 시계'가 걸려 있다. 이 철도는 인구가 100만을 넘는 5개 도시(모스끄바, 뻬름, 예까쩨린부르끄, 노보시비르스끄, 옴스끄)를 비롯해 90여개의 크고 작은 도시를 지나가며, 약 50개역에 정차한다. 두 대륙을 잇는 이 철도는 우랄산맥 기슭에 자리한 뻬르보우랄스끄(Pervouralsk)를 경계로 아시아와 유럽의 두 부분으로 나눠지는데, 아시아 쪽 길이(7,512km, 81%)가 유럽 쪽 길이(1,777km, 19%)에 비해 근 4.3배나 더 길다. 그래서 아시아 쪽에 있는 시베리아 이름을 따서 '시베리아횡단철도'라고 부르는 것이다. 그리고 이 철도는 강폭이 2km에 달하는 아무르강을 비롯해 볼가(Volga), 오비(Ob'), 예니쎄이, 레나(Lena) 등 16개의 강을 건너간다.

이러한 몇가지 수치만으로도 시베리아횡단철도의 어마어마한 모습과 대역사(大役事)를 헤아리고도 남음이 있을 것이다. 인간이 창조한 기적이라고 해도 지나친 말이 아닌 이 철도는 그 부설의 아이디어로부터 시공과

종착역인 블라지보스또끄역 전경과 이정탑

완공에 이르기까지 무려 25년(1891~1916)이 걸리는데, 그 기간은 실로 상상을 초월하는 극복과 고투의 과정이다. 처음부터 예산부족을 이유로 한 재정부의 반대에 부딪힌다. 10년 넘게 공전하던 철도부설 구상은 마침내 1891년 3월 알렉산드르 3세가 건설에 관한 칙령을 공포함으로써 현실로 옮겨지기 시작한다. 이 시작을 고했다는 공로가 인정되어 1908년 이르꾸쯔끄의 안가라강변에 그의 동상이 세워진다. 그러나 러시아혁명 후 철거되었다가 2003년 복원된다. 앞면에는 러시아 문장인 쌍두독수리가, 뒷면에는 당시 철도건설을 적극 지지했던 시베리아 총독 무라비요프의 얼굴상이 새겨져 있다.

알렉산드르 3세는 철도건설 사업을 향년 23세의 젊은 황태자 니꼴라이

2차 세계대전 때 시베리아횡단철도를 달린 기관차(블라지보스또끄 역내 전시)

에게 일임한다. 후일 니꼴라이 2세로 즉위한 황태자는 칙령이 공포된 두 달 후에 철도착공식을 주관하기 위해 블라지보스또끄로 향한다. 오스트리아와 그리스, 홍콩을 거쳐 일본 나가사끼(長崎)에 상륙해 시가현(滋賀縣) 소재지인 오오쯔(大津)를 관광하다가 한 경찰관의 저격을 받는다. 이른바 '오오쯔 사건'이다. 메이지천황의 환대 속에 한달 남짓 보내다가 목적지 블라지보스또끄에 이르러 1891년 5월 31일 머리에 붕대를 감은 채 철도기공식 테이프를 끊는다. 석달이나 걸려 환국한 황태자는 시베리아 철도위원회 위원장직을 맡고 철도건설 전반을 진두지휘한다. 그러나 철도 완공 4개월 후에 일어난 2월혁명으로 폐위되어 에까쩨린부르끄(Yekaterinburg)에 유폐되었다가 끝내는 일가족과 함께 암살당하고 마는 제정러시아의 마지막 비운의 황제가 됐다.

비록 착공은 했지만 갈 길은 첩첩태산이다. 당초 이 긴 철도를 1년 반 만에 완공한다는 모험적인 계획을 세우고 공기단축을 위해 전체 노선을 6개 공구로 나눠 동시에 착수했다. 그러나 노선의 반 이상이 측량조차 되지 않은 상태에서 공사가 시작되다보니 홍수 다발지역에 선로가 건설되고 산사태로 노반이 파묻히며 동토가 녹아 선로가 물에 잠기는 일이 다반사다. 공기단축을 위해 레일의 중량을 기준의 절반으로 낮춘 결과 선로가 엿가락

활짝 웃는 여승무원

처럼 휘어지고 침목이 부식되기 일쑤다. 터널 건설을 피하다보니 급경사나 곡선반경이 작은 구간이 많아져 열차가 속도를 낼 수 없다. 그러다보니 개통 첫해엔 하루에 세건꼴로 사건이 발생했다고 한다. 인구가 희박한 시베리아에서 작업인부를 구하는 일도 큰 난제의 하나였다. 인부 가운데 29%만이 현지인이고, 나머지는 유배 죄수들이나 중국인들이고 가끔 한인들도 끼었다. 인부들의 작업환경이나 생활환경은 극도로 열악했고, 여기에 인종차별마저 겹쳐 외국인 한달 보수는 러시아인의 절반밖에 안되는 45루블에 불과했다.

게다가 주먹구구식 계획 때문에 실제 건설비용은 계획치를 크게 웃돌았다. 5월까지도 꽁꽁 얼어붙어 있는 동토에서의 건설비는 치솟을 수밖에 없다. 당초 3억 2,500만루블(약 1억 7,000만달러)로 잡은 건설비가 약

10억루블로 3배 이상 늘어났다. 엎친 데 덮친 격으로 1899년부터 3년간 무서운 페스트와 콜레라가 번져 인부들의 목숨을 앗아갔다. 건설기간 사고와 질병으로 죽어간 사람은 무려 1만명에 달한다. 하바롭스끄의 영웅광장 한 귀퉁이에는 연도별로 희생자들의 명단이 새겨져 있다. 여기에 더해 1900년 중국 전역을 휩쓴 의화단(義和團) 봉기에 영합한 중국인부들은 이미 건설한 선로 700km를 마구 파괴한다. 비용은 엄청나게 치솟는 반면에 수요는 예측치에 턱없이 못 미친다. 그래서 기공한 지 10년이 되었는데도 공사는 겨우 절반밖에 진척되지 않아 결국 완공까지는 25년이란 긴 세월이 걸렸다.

숱한 우여곡절과 시행착오 끝에 개통된 이 시베리아횡단철도는 지난 90여년 동안 러시아의 개발뿐만 아니라, 유라시아 소통에 엄청난 영향을 미쳤다. 열차의 기적소리는 '잠자는 미녀' 시베리아를 잠에서 깨어나게 했다. 러시아는 16세기의 동방 진출을 계기로 시베리아에 대한 지배를 시작하기는 했지만, 교통의 불편과 주변국들의 간섭 등으로 인해 실제적 통치권은 행사하지 못했다. 그러다가 철도가 개통됨으로써 머나먼 낯선 땅 시베리아를 러시아제국에 실제적으로 통합시킬 수 있게 되었다. 러시아는 재빠르게 시베리아의 행정기구를 정비하고 총독 등 현지 행정관들을 파견한다. 풍부한 자원 개발이 가속화되고 농업과 상업이 붐을 이루며 이주민도 크게 늘어난다. 건설공사가 시작된 1891년 무렵 500만명이던 시베리아 인구가 20년이 좀 지난 1914년에는 2배 이상으로 급증한다. 뿐만 아니라, 영사관이나 무역대표부 등 외국 주재기관이 신설되고 외국 금융과 투자활동이 활성화됨으로써 세계를 향한 시베리아의 문은 열리기 시작한다.

오늘날 며칠씩 이 철도를 질주하는 열차를 타도 별로 피곤하지 않고 쾌

적합을 느끼는 것은 철도의 현대화, 특히 장대(長大)레일화를 실현했기 때문이다. 전구간에 걸쳐 철도의 복선화가 1937년에 끝난 데 이어 2002년까지는 전철화가 이루어졌으며 광섬유케이블 설치작업도 마무리되었다. 길이가 25m인 레일을 여덟개까지 이어서 하나의 긴 레일로 만드는 이른바 '장대레일화'가 전노선의 45%를 점하고 있다. 그래서 증기동력으로 숨을 헐떡이며 달리던 옛날의 열차가 아니라, 장대레일 위로 전기동력에 의해 리드미컬하게 미끄러지듯 질주하는 현대판 열차로 변모했다. 이에 따라 수송량도 끊임없이 늘어난다.

문명교류의 통로인 실크로드의 개념에서 보면, 일행이 몸싣고 있는 이 시베리아횡단철도는 아시아와 유럽을 이어주는 초원로상의 '철의 실크로드'다. 이 길은 일찍부터 우리와 러시아·유럽을 연결해주는, 소통시켜주

1891년 3월 횡단철도 건설에 관한 칙령을 공포한 알렉산드르 3세 동상(이르꾸쯔끄 안가라강변)

는 가교다. 한반도종단철도(TKR)는 크게 경원선(京元線)과 경의선(京義線, 만주횡단철도를 통해)의 두 갈래로 나뉘어 각각 시베리아횡단철도와 이어져 수많은 사람들이 오갔다. 그러나 오늘은 저주로운 분단의 철책에 가로막혀 그 이어짐과 오감이 뚝 멎고 말았다. 다시 그 열림을 애타게 바라는 이 시점에서 우리는 이 길을 오간 사람들의 족적을 되새겨보지 않을 수 없다.

물론 작업인부로서 철도건설에 참여한 동포 한인들의 피맺힌 자국이 어디엔가 찍혀 있을 것이며, 20세기 초반 연해주를 중심으로 활동하던 애국지사들이 이 길을 오갔을 터이고, 더러는 시발역에서 종착역까지의 전구간을 답파했을 수도 있다. 그러나 구체적인 기록은 별로 없다. 다행히 민영환(閔泳煥, 1861~1905)이 남긴 『해천추범(海天秋帆)』이란 책이 있어 그 일단을 확인할 수 있다. 민영환은 1896년 특명전권공사로 임명되어 러시아 황제 니꼴라이 2세의 대관식에 참석한다. 윤치호 등 일행 네명과 함께 떠난 사절단은 중국과 일본, 캐나다와 미국을 경유해 영국과 아일랜드, 네덜란드, 독일, 폴란드 등 10개 나라를 지나는 먼 길을 에돌아 6개월 21일, 총 204일 만에 목적지 러시아에 도착한다. 귀국할 때는 착공한 지 5년밖에 안되는 초기의 철도부설 현장을 직접 목격하고 체험하면서 때로는 갓 시동한 기차를 타고 이 길의 연로(沿路)를 따른다. 우리나라 역사상 최초의 세계일주자이자 최초의 시베리아횡단철도 이용자다. 이 대장정의 기록을 담은 기행문이 바로 그의 『해천추범』이다. '해천추범'이란 '넓은 세상을 향해 나아가다'라는 뜻으로서, 이런 뜻을 책 제목으로 택한 데는 조선의 근대화를 위해 부심했던 그의 사색과 고민이 배어 있다.

민영환은 8월 20일 마차를 타고 모스끄바를 떠나 10월 10일 기차로 블라지보스또끄에 도착한다. 장장 50일간의 긴 여행이다. 일기체로 쓴 그의 기행문에는 총 83구간에 달하는 구간 사이의 거리와 지명이 놀라울 정도로 상세하게 기록되어 있다. 대부분의 노정은 마차를 타고 가고, 강은 배로 건너며, 단 세 구간만 기차로 지난다. 그들의 여행은 한마디로 고행이다. "길은 험하고 질척거려 차가 매우 흔들리니 사람은 피곤하고 말은 기운이 빠졌다." 수십일간 풍찬노숙(風餐露宿)하니 그 괴로움과 번민은 이루 헤아릴 수가 없다. 기차라고 잡아탔는데 바퀴가 훼손되어 "나아감이 매우 느려서" 주야에 겨우 314리(약 126km)를 달렸다. 이러한 고행을 그나마 극복할 수 있었던 것은 오로지 '황령(皇靈, 황제의 영험)의 도우심' 때문이라고 하면서, 그 은전을 오매불망한다. 대행황후(大行皇后, 명성황후)의 기신일(忌辰日, 망자의 생전 생일) 새벽에는 선방(船房)에 태극기를 걸어놓고 향을 피우며 공복(公服)을 입고 동녘을 향해 네번 절하고 나서 서로 마주보며 감회의 눈물을 흘린다. 극동지역에서 만난 교포 유민들에게는 고국을 잊지 말라고 신신당부하며, 현지 러시아 관찰사를 찾아가서는 그들을 보호해달라는 청을 드린다. 애국애족의 충정이다. 이것이 초원로의 대동맥 시베리아횡단철도를 누비는 우리들에게 주는 '해천추범'의 값진 교훈이다.

41
과학도시 노보시비르스끄

시베리아횡단철도에서 이르꾸쯔끄와 노보시비르스끄 사이 구간은 가장 쾌적한 구간이다. 일망무제한 평지초원과 수림지대를 가로지르는 노선은 비탈이 별로 없어 마냥 직선로를 달리는 기분이다. 그러니 속도는 전노선에서 가장 빠르며, 운행의 안전도도 가장 높다. 이르꾸쯔끄에서 모스끄바 시간으로 2008년 2월 14일 밤 10시 12분(현지시간은 15일 2시 12분)에 떠난 열차가 다음날 아침 4시 40분(1시간대의 차)에 노보시비르스끄에 도착했으니 꼭 30시간 28분을 달린 셈이다. 4인용 침대칸이 딸린 열차로서 좌석은 7열차 17번이다. 세 사람은 일행이고 나머지 한 사람은 극동 꼼스몰에서 모스끄바로 가는 50대 초반의 무역업자이다. 러시아어밖에 몰라서 의사소통이 안되니 본인도 퍽 안타까워하는 표정이다. 그래도 외마디소리에 손짓과 눈짓을 섞으니 정은 통한다. 간단한 인스턴트식품으로 여행 8일간의 식량을 대체한다. 차림새도 소박하다. 작금 러시아 중

자작나무와 다차

산층의 초상이다.

　새벽녘에 함박눈이 내리기 시작한다. 어느새 수림 속에 점점이 박혀 있는 다차(Dacha)의 머리 위엔 흰 눈이 수북이 쌓인다. 극동에서 출발해 여기까지 오는 내내 철도 연변에서 숱한 다차를 목격했는데, 그 밀도는 서쪽으로 올수록 더 짙고, 모양새도 더 다양해진다. 그만큼 서쪽은 동쪽에 비해 부유하다는 뜻이다. 50여 년 전 처음 봤던 그 다차와는 이제 차원이 달라져가는 성싶다. 원래 다차는 시내에 사는 사람들의 주말농장으로서 자연과의 만남이라는 데서는 쉼터의 기능도 있었다. 그러나 호사하는 별장은 결코 아니었다. 그래서 크기나 모양새가 고만고만했다. 그러나 지금은 사정이 판판 달라 보인다. 보통사람들에게는 여전히 주말농장이나 쉼터

북방민족들이 신성시하는 자작나무

로서의 본래 기능이 남아 있겠지만, 신흥부자들에게는 부의 상징으로 둔
갑하고 있으니 말이다. 그렇지 않고서야 어찌 저런 어마어마한 '다차'가
경관구(景觀區)마다에 들어앉을 수가 있겠는가. 변화하는 러시아의 축도
(縮圖)라고 하면 지나친 말일까.

　몇시간 내린 눈으로 미끈하게 뻗어올라간 자작나무의 밑둥치는 몽땅
흰옷으로 갈아입고, 가지마다엔 눈꽃이 송송이 피어나 유난히도 청순하
게 보인다. 문득 그 시절 모스끄바 볼쇼이극장에서 백조들이 머리 위로
발레단 상징인 은빛 자작나무 가지를 치켜들고 총총걸음으로 무대의 개
막을 알리던 그 황홀했던 모습이 뇌리에 떠오른다. 지금 그 모습이 그대
로 눈앞에 펼쳐지니 감회가 새롭다. 천년이 지나도 썩지 않는다는 자작나

무는 기백과 청순함 탓으로 우리 겨레를 포함해 북방민족들에게는 성스러운 나무로 신성시되고 있다. 러시아에 하느님이 자작나무를 타고 내려와 인간을 만들었다는 전설이 있는가 하면, 신라의 금관은 이 자작나무 껍질로 내관을 두르고 천마총의 천마도나 팔만대장경도 같은 소재로 만들었다. 다들 자작나무를 땅과 하늘, 인간과 신을 연결해주는 통로, 즉 우주수(宇宙樹)로 믿고 있기 때문이다. 시베리아는 우주수 가득한 웅숭깊은 신비의 땅이다.

지금 일행은 이 땅의 신비를 파헤치려고 또 하나의 명소 노보시비르스끄를 찾아가고 있다. '새로운 시베리아'라는 뜻이 말해주듯, 노보시비르스끄는 100년 남짓한 건설역사를 가진 '신흥도시'다. 시베리아횡단철도 건설의 첫삽을 뜨던 1893년, 오비강에 놓을 철교의 부지를 찾다가 마침 강폭이 좁고 바닥이 자갈인 이곳이 선택되었다. 철도건설자들이 인가를 이루면서 형성된 이 도시는 러시아의 중앙부에 위치한다는 지정학적 특성과 함께 유리한 자연환경에 힘입어 20세기 초부터 극동지역과 우랄산맥 너머의 수도권을 연결하는 물류의 중심지로 떠올라 급속히 성장한다. 원래는 니꼴라이 2세의 이름을 따 '노보니꼴라엡스끄'라고 불리다가 1925년 오늘의 이름으로 바뀌었다. 2차 세계대전 중에는 비행기와 탱크 등 무기와 군수물자 생산의 요충지로 두각을 나타냈다. 전후에는 소련 최고의 공단지역으로 변모하기 시작해 1959년에 이르러서는 과학도시 '아까뎀고로도끄'(Akademgorodok)의 조성을 계기로 첨단 실용과학의 메카로 자리를 굳힌다. 그래서 오늘은 인구 150만을 거느린 러시아 제3의 도시로서 인근 위성도시들을 통합해 대도시군을 형성하고 있다. 급기야 러시아의 정중앙, 시베리아에서 가장 큰 도시, 가장 큰 도서관, 가장 큰 기차역, 가장 큰 비행장, 가장 큰 댐이라는 등 신나는 기록을 가진 도시가 되었다.

이제 숨차게 달려온 열차는 러시아에서 가장 큰 역, 노보시비르스끄의 중앙역에 서서히 들어선다. 1939년에 지어진 이 역사가 연한 하늘색의 기차 모양을 하고 있는 것이 특이하다. 몇년 전에 개축해서 내부시설은 혀를 두를 정도로 화려하다. 역사 안에는 철도공사가 직영하는 고급호텔도 있다. 이 역이 하루에 취급하는 물동량은 1990년대에 비하면 30~40% 줄어들었는데도 여객열차 150대와 화물열차 100대가 드나들며 화물 수송량은 약 55만톤에 달한다. 현재 러시아 철도공사 산하에는 17개 지사가 있는데, 그중 이곳에 본부를 두고 12만명의 직원을 거느리고 있는 서시베리아 철도지사가 화물 수송량에서 단연 1위를 차지한다. 그것은 이 역이 러시아 철도운송의 심장부에 자리하고 있기 때문이다.

역에 도착하니 현지 여행사에서 파견한 안내원 아나스따샤가 기다리고 있다. 예쁘고 상냥한 아가씨는 일행에게 환영의 뜻으로 빨간 카네이션을 한송이씩 건네준다. 러시아사람들은 유난히 꽃을 좋아한다. 그 추운 겨울거리 어디에서도 손에 꽃을 들고 어디론가 총총걸음하는 사람들을 쉬이 발견하게 된다. 크고 작은 모든 행사에는 꽃증정이 빠지지 않는다고 한다. 추운 곳이라서 꽃 가꾸기가 어려우니 꽃이 귀해서 그렇다는 해석이 가능하다. 역사를 빠져나와 시 중심 레닌광장 곁에 있는 쩬뜨랄나야(중앙) 호텔에 여장을 풀었다. 6층 618호실이 배정되었으나 수도에서 찬물이 나오지 않아 그만 638호실로 옮겼다. 여행객들이 많이 이용하는 호텔인데도 화려한 역사에서 받은 인상과는 어울리지 않게 시설이 부실하다.

처음 찾아간 곳은 이 도시 역사의 산증인인 오비강 철교다. 러시아의 큰 도시는 대개 한복판에 강을 끼고 있다. 노보시비르스끄도 예외는 아니다. 도시의 중심을 관통하는 길이 3,680km의 오비강은 서부 시베리아의 중요한 강의 하나로서 시베리아횡단철도가 부설될 때 그 위에 철교가 놓이게 되었다. 다들 이 다리가 1893년에 개통된 것으로 알고 있는데, 민영환은 『해천추범』에서 1896년 9월 1일 맑은 날 이곳에 도착했는데, 철교가 놓이는 중이라서 기차에서 내려 배를 타고 오비강을 건넜다고 기록하고 있다. 생생한 현장기록이라서 믿음성이 있다. 지금은 신·구철교 두개가 나란히 놓여 있다. 자잘한 보수를 해오다가 1995년에 대대적인 보수작업을 마쳐 지금의 모양새를 갖추게 되었다. 높은 교각이 인상적이다. 강변의 부드러운 모래사장과 넓은 풀숲, 20도 안팎의 수온, 여름철에는 수영과 피서를 즐길 수 있는 훌륭한 휴양지라고 한다.

돌아오는 길에 그 유명한 과학도시 아까뎀고로도끄에 들렀다. 시 남쪽 30여km 지점에 자리한 인구 10만의 아담한 공원도시다. '아까뎀'은 '아카데미', 즉 '과학(기술)', '고로도끄'는 '작은 도시'라는 뜻이니, 아까뎀고로도끄는 '작은 과학도시'란 말이다. 우리네 대전 대덕연구단지를 연상케 하는 고장이다. 냉전시대를 가파르게 치닫고 있던 1950년대, 미국의 첨단과학 육성정책에 자극을 받은 흐루시초프는 이 과학도시의 조성을 결심한다. 드디어 50년대 말에 고속으로 소련 과학의 교두보로 완공된다. 핵물리학, 우주과학, 천체물리학, 특수금속학, 미생물학, 위성통신, 지질탐사 등 다양한 첨단과학분야에 특화(特化)된 50여개의 연구소와 400여개의 보조연구소가 들어섰다. 노보시비르스끄 국립대학과 23개의 단과대학은 우수한 과학도들을 양성하고 있다. 러시아 과학아카데미 시베리아 본부도 여기에 자리하고 있다. 세계 최초의 인공위성 스뿌뜨니끄(Sputnik, 러시아어로 '동반자'란 뜻, 1957년 10월 발사)와 전투기 대표주자인 쑤호이(Sukhoi) 기종도 바로 이곳에서 탄생했다. 첨단과학분야의 가장 우수한 연구자들이 화려한 스포트라이트를 받으며 모스끄바에서 이곳으로 몰

오비강 위의 신·구철교

려왔다. 그러나 졸속한 뻬레스뜨로이까는 그들의 해외유출을 결과했다. 한동안 웅성거리던 과학도시는 일시에 암울한 유령의 도시로 변했다. 다행히 지금은 고부가가치의 과학연구에 시동이 걸리면서 황금알을 낳는 거위로 부상해 매해 90여회의 과학박람회가 열리고 1천개의 외국회사를 유치하게 되자 쓸쓸히 빠져나갔던 사람들이 슬슬 돌아온다고 한다. 과학과 학문의 숭고성이 무망한 정치에 휘말려서는 안된다는 통절한 교훈이다.

울타리가 쳐진 과학도시는 아름드리나무가 빼곡한 울창한 수림 속이다. 휴양림을 방불케 하는 쾌적한 환경이다. 주택과 모든 편의시설이 갖춰져 있다. 모든 과학연구 활동을 총지휘하는 통합기관인 러시아 과학아카데미 시베리아 본부를 방문했다. 본관 1층만을 여행객들에게 공개하는데, 과학도시가 걸어온 길을 알리는 홍보물로 벽을 가득 메우고 있다. 이어 곁에 있는 '돔우쪼니끄', 즉 '과학의 집'을 방문했다. 1층에는 휴식공간을 겸한 갤러리가 있다. 호방한 러시아의 대자연을 그린 몇장의 유화는 정말로 마음에 들었다. 2층에 있는 도서관과 콘서트홀을 둘러봤다. 일반 홍보용 시설에 불과해 과학의 도시 심연에 깔려 있는 최첨단의 비경(秘境)은 접할 수가 없다. 단, 과학도들의 영롱한 눈빛과 얼굴에서는 불타는 탐구열을 읽을 수 있다. 다양한 인종의 학도들이 삼삼오오 컴퓨터 앞에 모여앉아 열심히 무언가를 토론하는 모습은 자못 대견스러웠다. 이 과학도시에는 물리수학 영재학교란 특수학교가 있다. 시베리아 전역에서 11~12세의 우수한 아동들을 선발해 물리수학 등 기초과학을 교육한다고 한다. 이들이 있기에 이 나라 과학의 전망은 창창하다.

떠나기에 앞서 물리학자이자 수학자이며 이 과학도시의 창시자인 미하일 라프렌찌예프(Mikhail Lavrentiev, 1900~1980)의 동상을 숙연한 자세로 둘러봤다. 카잔에서 태어난 그는 모스끄바대학 물리학 및 수학부의

학부와 대학원을 수료하고 잠깐 프랑스에 유학하고 돌아온 후에는 평생을 폭발에 관한 연구에 바쳤다. 1957년 쏘비에뜨연방 과학학술원이 성립되면서 시베리아 지부의 첫 지부장으로 아까뎀고로도끄의 창설을 주도했다. 오늘도 과학의 아버지로서 후학들의 앞길을 묵묵히 지켜보고 있다. 학자와 학문의 무게를 제대로 헤아려볼 줄 아는 사회만이 비전이 있는 문명사회다.

비록 주마간산(走馬看山)식 견학이었지만, 아까뎀고로도끄는 깊은 인상을 남겼으며 이 시대의 참 학문이란 과연 무엇인가 하는 사색의 불을 지폈다. 일정한 소명이 부여된 시대를 사는 인간의 사색은 결코 시대와 동떨어질 수 없다. 시대의 소명에 따르는 것이 시대를 살아가는 인간의 사명이고, 소명에 따라야 한다고 생각하는 것이 사명감이며, 그런 생각을 하는 사람이 사명인(使命人)이다. 사명인만이 진정한 시대인이다. 소명에

아까뎀고로도끄의 연구소 건물

따른 사명을 자각하는 것은 인간의 최고 지각이며, 그 사명을 수행하는 것은 인간의 최고 가치다. 따라서 시대의 소명에 충실한 학문만이 참 학문이다. 흔히들 학문은 '초시대적'이라고 하는데, 그것은 참된 학문이야말로 시대를 초월해 빛을 발하며, 미래지향적으로 학문을 추구하라는 뜻이지, 초연하게 시대의 소명을 떠나 학문이 존재할 수 있다거나, 소명을 무시한 채 유아독존 격으로 상아탑 속에서 학문을 하라는 뜻은 아니다.

42
망중한, 「씰바」 관람과 생일파티

건설된 지 120년도 채 안되는 노보시비르스끄는 '신흥'도시답지 않게 볼거리가 많다. 아마도 러시아의 정중앙에 위치하면서 쾌적한 자연환경 속에 가장 큰 기차역과 가장 큰 도서관, 가장 큰 댐 등의 기록과 더불어 과학의 메카 아까뎀고로도끄와 소문난 박물관과 극장 몇몇을 품고 있기 때문일 것이다. 마침 혹한에 부대끼는 일행의 시베리아 답사노정에서 절반(7일간)을 넘긴 터라 이런 곳에서 잠깐 다리쉼을 하는 것도 필요하다. 이를테면 망중한(忙中閑)의 여유다. 노독이 겹쌓이는 여행에서 이것은 여정을 더 활기차게 이어가기 위한 일종의 '재충전'이다. 그래서 여기서 이틀 여정을 소화하기로 했다.

첫날 오비강 철교와 아까뎀고로도끄를 둘러보고 나서 찾아간 곳은 야외 철도박물관이다. 우중충한 하늘에서는 눈발이 흩날리기 시작한다. 지난 2000년에 개관한 이 박물관은 러시아의 3대 철도박물관 가운데 가장

노보시비르스끄 야외 철도박물관 정문

큰 박물관이라고 한다. 나머지 두개는 모스끄바와 쌍뜨뻬쩨르부르끄에
있다. 가장 클 수밖에 없는 것은 TSR(시베리아횡단철도)·TMR(만주횡단
철도)·TMGR(몽골횡단철도)·투르크–시베리아 철도(중앙아시아의 알마
티와 비슈케크, 타슈켄트 행) 등 주요한 철도가 다 이곳을 지나가고 있기
때문이다. 3,000여평의 공간에 67대의 열차가 진열되어 있다. 앞으로 천
장을 만들어 전천후 관람이 가능하도록 할 것이라고 현장 안내원은 소개
한다. 전시품의 위용도 위용이거니와 종류가 그렇게 다양할 수가 없다.
100여년의 시베리아횡단철도 역사를 한눈에 알아볼 수 있게 차종별, 시기
별, 용도별로 잘 정리해놓았다. 2002년에 전구간의 전철화가 마무리되기
전까지 달리던 각종 증기기관차며 디젤기관차도 전시되어 있다. 흥미로
운 것은 객차의 변천 모습이다.

150여년 전인 1846년에 쌍뜨뻬쩨르부르끄에서 처음으로 객차가 만들

야외 철도박물관에 전시된 증기기관차와 객차

어진 이래 내부시설은 부단히 변해왔다. 처음엔 4개 등석으로 세분화했으나 혁명 이후에는 2인 1실의 1등석과 4인 1실의 2등석 두가지로 간소화했다. 1950년대 중반 필자가 처음 타봤던 이런 간소화식 객차가 지금도 유지되고 있다. 그러나 내부시설은 엄청나게 달라졌다. 그 이름도 지금은 2인 침대칸은 '룩스'로, 4인 침대칸은 '꾸뻬'로 달리 부르고 있다. 객차의 길이도 24m나 길어진데다가 24량의 장대열차로 달리니 열차의 총길이는 근 500m나 된다. 개통 이래 역사의 고비마다에서 철도운송에 공을 세운 기관차엔 일일이 표창마크가 붙어 있다. 섭씨 1천도를 유지하면서 각종 철을 녹여내는 용광로 열차, 레일을 놓는 열차, 눈 치우는 열차, 병원열차 등 생전 처음 보는 특수열차들이 줄줄이 선을 보인다.

애환과 변환(變換)으로 가득 찬 시베리아횡단철도의 연혁을 현장에서 두루 알고 나니 지금 그 위로 달리고 있는 의미가 새롭게 되새겨진다. '지즉위진간(知卽爲眞看)', 즉 '앎으로써 참이 보인다'라는 우리네 선현들의 말이 새삼 실감난다. 누군가가 현장답사를 독려하기 위해 '아는 것만큼 보인다'라는 서양사람의 말을 금과옥조처럼 되뇌는데, 사실은 우리네 선현들은 그와 맞먹는 지혜로운 말을 벌써 이렇게 써왔다. 제 것은 모른 채 무턱대고 남만을 좇는 허무함을 일깨워주는 경구(警句)라 하겠다.

시베리아의 통나무 귀틀집 아즈바를 연상케 하는 한 전통식당에서 늦은 점심을 먹고는 서너시간을 각자가 자유휴식을 취했다. 한결 거뜬한 기분으로 호텔에서 걸어서 10분 거리에 있는 뮤지컬 코미디 극장을 찾았다. 마침 「씰바」라는 뮤지컬을 공연하고 있다. 입장료는 한장에 450루블(미화 19달러)이다. 약 500명 수용의 극장은 빈자리 하나 없이 꽉 차 있다. 주말이라서 그런가보다 하고 현지 안내원에게 물었더니, 평시도 이와는 크게 다르지 않다고 대답한다. 배우들과 호흡을 같이하는 관람객들의 진지한 모습도 퍽 인상적이다. 원래 러시아인들은 어떤 유의 공연이든 즐기는 민족으로 잘 알려져 있다. 제2차 세계대전이 한창일 때, 모스끄바가 독일 공군의 폭격으로 전화에 휩쓸리고 있는 그 아찔한 순간에도 극장은 여전히 성황을 이루었다고 한다. 그만큼 러시아인들은 예술에 열광적이다.

「씰바」는 1915년 독일 작가와 헝가리 작곡가의 합작품으로 창작된 유명한 뮤지컬인데, 이곳에서 공연하는 '씰바'는 러시아어로 번안한 것이다. 줄거리는 신분이 낮은 카바레의 기녀(妓女) 씰바를 둘러싼 사랑이야기다. 에드먼드라는 지체 높은 젊은이가 예쁘고 착한 씰바를 사랑하지만 부모의 반대에 부딪힌다. 혹여 변호사 앞에서 혼인증서를 쓰면 부모의 반대가 누그러질 것이라고 믿었지만 부모는 막무가내다. 부모는 다른 여자와의 정혼을 강요한다. 그즈음 에드먼드의 어머니도 씰바와 같은 기녀 출신임이 밝혀지자 부모의 고집은 한풀 꺾인다. 드디어 에드먼드와 씰바가

결혼에 골인하면서 무대는 환희의 축제 속에 막을 내린다. 장장 두시간 반 동안 화려한 무대가 펼쳐진다. 노래와 춤, 음악의 대하모니다. 연극의 짜임새나 배우들의 연기력이 워낙 뛰어나 내용을 파악하기엔 어려움이 없다.

러시아는 어느 자그마한 도시에 가도 극장이 다 있다. 지난 1980년대 말 통계에 의하면 구소련 전역에 640여개의 극장이 있었다고 한다. 러시아 극장은 시대마다의 산증인으로서 상당히 오랜 역사를 지니고 있다. 일찍이 8세기경부터 나타난 일종의 유랑연극단인 '스꼬모로히'(어원은 그리스어의 '익살꾼')가 바로 그 모태다. 소규모의 연극이나 노래, 춤, 만담, 연주, 요술, 인형극, 동물 재주 등 다채로운 연기 종목을 갖고 도시나 시골을 돌아다니면서 문자 그대로 익살을 부린다. 많은 경우 사회의 모순을 풍자하는 내용을 담고 있어 지배계층들의 낯살을 찌푸리게 하곤 한다. 그래서 1648년 황제 알렉세이 미하일로비치(Aleksei Mikhailovich)는 칙령을 내려 이런 유의 공연을 금지시키고 익살꾼들을 벽지로 추방한다. 그러나 누를수록 튀어올라오는 것이 사회의 대응법칙일진대, 익살꾼들의 활동은 오히려 더 활발해지고 극장은 늘어난다. 1856년 처음으로 쌍뜨뻬쩨르부르끄에 상설극장이 선을 보였으며, 심지어 농노 출신들로 구성된 농노극장까지 나타난다. 이러한 전통이 계승되어 소련 시절에는 곳곳에 대형극장들이 세워져 러시아 예술의 선도 구실을 해왔다. 러시아 극장은 모두 국립 아니면 공립으로 운영되며, 극장과 극단은 일체로서 상설극장에는 전속 극단이 있게 마련이다. 이 뮤지컬 코미디 극장의 복도 벽에 붙어 있는 공연프로그램을 보고 깜짝 놀란 것은 상연 종목이 매일 바뀐다는 사실이다. 일요일에는 마띠네(matinée, 낮공연)로 대체한다.

신비의 땅, 시베리아는 러시아 예술의 샘터이자 보고다. 돌이켜보면, 필자가 그 시절 러시아를 알기 시작한 것은 이 광활한 시베리아를 배경으로 한 소설이나 영화를 통해서다. 그래서 이틀 전 이곳에 오는 열차 속에서 일행과 함께 DVD로 감상한 영화 「러브 오브 시베리아」와 「닥터 지바고」는 그 시절과의 수십년 간극을 뛰어넘어 감회를 새롭게 했다. 애절한 사랑이야기를 씨네마스코프의 웅장한 화폭에 담아낸 대서사시가 펼쳐진 그 황홀한 현장들을 지금 막 지나가고 있다. 시베리아의 대초원을 달리는 증기기관차의 처연한 울음으로 표현된 연인들의 그 애절한 사랑은 마냥 '잠자는 미녀' 시베리아의 우울한 어제를 속삭여주는 듯하다. 다행히 「썰바」는 시베리아의 이러한 고질적 비극에서 탈피해 낙관적 종막을 고함으로써 보는 이로 하여금 마음이 후련하게 해준다.

내친김에 '망중한'을 더 즐기라는 하늘의 뜻인가 싶어 오늘은 일행 중 차은숙 선생의 생일파티를 마련했다. 늦은 시간이지만 호텔 4층 로비에 다들 빙 둘러앉았다. 누구는 축하 케이크를, 누구는 음료수를, 또 누구는 당과류를 장만해왔다. 나지막한 소리로 「생일 축하합니다」라는 축가를 부르고 나서 곧바로 덕담으로 이어진다. 필자에게 청이 들어왔다. 금방 떠오르는 것이 '나이론(論)'이다. 인간의 나이에는 생물학적 나이와 사회학적 나이의 두가지가 있다. 하나는 나이테나 상어의 지느러미, 그리고 달력처럼 한해 한해를 넘기는 숫자를 따지는 '생물학적' 나이다. 작금 이런 계산법의 '불합리성'이랍시고 지적하는 역설적인 반어(反語)로 "나이는 숫자가 아니다"라는 유행어가 있다. 이에 비해 사회학적 나이는 경륜에 빗대는 '사색'과 '인내심'을 잣대로 하여 헤아리는 나이다. 사색과 인내심은 동전의 양면으로서 나이를 먹어가는 것만큼 깊어지며 또 깊어져야 한다. 바꿔 말하면, 사색과 인내심은 속된 말로 '나잇값'을 매기는 기준이 된다. 따라서 사색에 사색을 거듭하고 인내심에 인내심을 보태면서 나이를 먹어가야 한다. 물론 사회적 나이라도 인간의 생물학적 노화는 막을 수가 없다. 문제는 어떻게 노화하는가 하는 것이다. 노화는 육체적 늙음을 말하는데, 그 늙음에서 가장 두려운 것은 '늙어서 죽는' 것보다 '늙어서 낡아지는' 것이다. 인간에게 늙음은 피할 수 없는 숙명이지만, 낡음은 결코 그렇지 않다. 늙음과 낡음은 정비(正比)관계도 아니고 동격어는 더더욱 아니다. 늙음이란 성숙이나 기여를 뜻하지만, 낡음은 썩음이나 쓸모없음의 대명사다. 그래서 늙었다고 해서 낡아서는 안되며, 늘 새롭고 젊게 살아야 한다. 한마디로 '늙은 젊음'으로 살아야 한다는 것이며, 흔히 말하는 노익장(老益壯)의 본새다.

이튿날 정오께 재래시장 참관에 나섰다. 시장은 문어귀부터 장꾼들로

재래시장 입구

붐빈다. 옛날엔 시장도 국영이었으나 지금은 태반이 사영(私營)이라서 물
건값도 천차만별이다. 시장의 한쪽 구석엔 고려인 아주머니들의 판매대
가 눈에 띈다. 주로 김치나 두부, 콩나물, 부침개, 자반 같은 한국식 반찬
감을 팔고 있다. 인사하자 너나없이 답례는 하는데, 더러는 러시아말로
한다. 한국말인 경우도 "어디서 왔슴두"라고 억양 짙은 함경도 사투리다.
아무튼 이역만리에서 혈육을 만나니 반갑기 그지없다. 이것저것 구입했
더니, "고맙재이오, 잘 가오"라고 인사한다. 어찌된 영문인지 경찰이 졸졸
따라다니면서 촬영을 일체 못하게 한다. 인파 속에 사라질 때까지 손을 저
으며 바래주던 까레이스끼 아주머니들의 모습이 지금도 눈앞에 선하다.
　이어 발길을 옮긴 곳은 시립 역사박물관이다. 49루블을 물고 촬영권을
얻었다. 작지만 알찬 박물관이다. 15만년 전 구석기시대부터 쏘비에뜨 해

체 시기까지의 시베리아 역사발전 과정을 시기별로 일목요연하게 정리해 각종 유물을 전시하고 있다. 횡단철도 건설을 비롯해 시베리아 개척사에 눈길이 모아진다. 쟁기와 낫, 맷돌을 비롯한 여러가지 농기구가 우리의 것과 흡사한 점이 너무나 신기로웠다. 박물관을 나서자마자 지하철을 둘러봤다. 이 도시에는 3개 노선의 지하철이 있다. 러시아 지하철은 어디 가나 지하의 깊은 곳을 운행하므로 플랫폼까지 내려가는 에스컬레이터가 상당히

얼음조각공원의 성 니꼴라이 예배당 모형

길고 속도가 빠르다. 역 벽면장식은 화랑을 방불케 할 정도로 화려하다. 운영에서 우리네 지하철역과 다른 점은 1회용 표는 입구의 개표기에 집어넣기만 하면 그만이고, 출구에는 개표기가 없다는 사실이다. 그러니 출구에서 개표기를 통과하느라 기다리는 번거로운 일은 없게 된다.

정감이 드는 도시 노보시비르스끄에서의 마지막 망중한은 오비강변의 얼음조각공원에서 보냈다. 채색 얼음으로 조각한 각종 모형들, 특히 우람한 뉴욕의 여신상과 이곳 성 니꼴라이 예배당은 오비강의 눈부신 저녁노을을 머금고 신비의 빛을 발하고 있다. 얼음조각도 조각의 유의미한 한 장르임을 비로소 인지하게 되는 순간이다.

43
시베리아 개척과 러시아의 동진

노보시비르스끄에서의 이틀간의 체류를 마치고 시베리아의 서쪽 끝자락 예까쩨린부르끄를 향한 장도에 올랐다. 아득히 펼쳐진 설원과 타이가 (침엽수림대), 그리고 스텝(초원지대) 속에 점점이 박혀 있는 도시와 마을들, 그 모든 것을 동서로 이어준 이 시베리아횡단철도는 분명 신비의 땅 시베리아가 400여년 전 잠에서 깨어나 문명의 세계를 향해 기지개를 켠 인고의 산물이다. 돌이켜보면, 그것은 이 미지의 세계에 대한 인간의 인식과 개척의 과정이다. 그 과정에는 숱한 오해와 왜곡이 난무했고, 피와 눈물, 한이 맺혀 있다. 전설 같은 제까브리스뜨의 이르꾸쯔끄 개척사에도 얼마나 많은 애환이 서려 있는가. 이 모든 것이 달리는 열차와 함께 주마등처럼 뇌리를 스쳐지나간다.

16세기 말엽 까자흐 기마병의 말발굽 소리가 들리기 전까지만 해도 시베리아는 고요한 잠 속에 묻혀 있었다. 모든 것이 신비에 싸여 있던 세상

시베리아 호랑이(하바롭스끄 민족박물관 소장)

이다. 평균높이가 500m에도 못 미치는 나지막한 우랄산맥을 사이에 둔
러시아조차도 그 동쪽 세계에 관해선 무지 그 자체였다. 일찍이 11세기부
터 노브고로드인들을 비롯한 러시아사람들이 간혹 모피 같은 토산품을
구하기 위해 우랄산맥을 넘나들었지만, 그 동쪽에 있는 세상에 관해서는
괴담과 수수께끼로만 입방아를 찧었다. '머리가 없는' 사람이 있는가 하
면, 두 어깨 사이에 입이 있고, '여름 내내 물속에서 살며', '땅속을 걸어
다닌다'는 둥 실로 허무맹랑한 괴담으로만 알고 있었다.

　이에 비해 서구에서는 일찍부터 이 지역에 관해 관심을 갖고 탐험도 하
면서 이러저러한 기록을 남겨놓았다. 16세기 초 영국은 아시아를 향한 항
로개척을 위해 북빙양(北氷洋, 북극해)을 에돌아 시베리아의 오비강을 거
쳐 중국으로 진입하려는 탐험을 몇차례 시도했으나 실패하고 만다. 시베
리아에 관한 서방의 최초 기록은 폴란드의 역사학자 마뜨베이 메홉스끼

시베리아 개척자들(하바롭스끄 민족박물관 소장)

가 1517년에 쓴 「두 싸르마찌예에 대하여」란 논문이다. 그는 당시 폴란드에 온 러시아인들로부터 얻은 자료에 근거해 러시아 동쪽 지역, 즉 시베리아에 관해 언급하고 있다. 몇몇 곳을 지명하면서 각각 고유한 언어와 풍습이 있음을 밝힌다. 그러나 이곳 토착민은 경작을 하지 않고 빵과 금전에 대한 개념이 없으며 동물가죽을 뒤집어쓰고 사는 '짐승 같은' 원시인으로 묘사하고 있다.

신성로마제국의 대사 지기스문트 폰 헤르베르슈타인(Sigismund von Herberstein)이 남긴 단행본 『모스끄바에서의 일들에 관한 기록』(1549)에도 유사한 내용이 실려 있다. 저자는 1516년과 1526년, 두차례에 걸쳐 러시아에 다녀온 후 이 책을 저술했다. 이 책 역시 15세기 말에서 16세기 초 사이에 시베리아를 다녀온 사람들로부터의 전문을 바탕으로 쓴 것이다. 오비강 일원에 관한 이야기가 많은데, 사실적인 것도 있지만 강 유역에 살고 있는 '검은 인간'들은 11월 말에 죽었다가 이듬해 4월에 되살아난다든가, 오비강 상류로 추측되는 '꼬싸마'강 건너편엔 털북숭이 인간과 때로는 개의 머리를 하고 다니는 원시인이 살고 있다는 등 엽기적인 우화를 전하고 있다. 이렇게 북빙양의 해상탐험에 주안점을 둔 서구인들의 시베리아에 관한 지식은 비록 러시아인들에 비해 약간 앞서고 기록도 남겼지만 내용은 그것이 그것이다.

시베리아의 모피옷(블라지보스또끄 극동대학 박물관 소장)

　러시아이건 서구이건간에 이렇게 시베리아를 바로 이해하지 못하고 개척할 수도 없었던 것은 몽골에 의한 차단이 그 주원인이다. 바꿔 말하면, 러시아와 서구에 대한 몽골의 유린과 지배가 제거됨으로써 비로소 러시아와 서구는 시베리아를 제대로 이해하고 개척할 수가 있었던 것이다. 제2차 몽골 서정군이 유럽 전역을 석권하고(1235~1244) 그 결과로 출현한 킵차크 칸국이 230여년 동안이나 러시아를 지배함으로써 서구나 러시아는 동방 시베리아에 눈길을 돌릴 여유나 여력이 없었다. 특히 러시아는 인접하고 있음에도 불구하고 감히 시베리아에 손을 뻗칠 엄두를 낼 수가 없었다.

　칭기즈칸의 맏아들 주치의 차남 바투가 이끈 15만의 제2차 서정군은 일격에 모스끄바를 비롯한 러시아 전역을 초토화시키고 볼가강변의 사라이(Sarai)를 수도로 한 킵차크 칸국(1243~1480)을 세워 러시아를 지배한

시베리아에서 출토된 각종 고대 유물(블라지보스또끄 극동대학 박물관 소장)

다. 러시아인들은 몽골의 러시아 지배를 '타타르의 멍에'라고 그 굴욕을 표현한다. '타타르'라는 말은 원래 몽골의 한 부족명인 달달(韃韃)의 음사였으나, 러시아에 그 이름이 전해지면서 '지옥'이라는 뜻의 그리스어 '타르타로스'와 연관시켜 몽골인들에 대한 비칭으로 사용했다. 후에는 투르크계 민족들까지를 포함한 유목기마민족 전체를 아우르는 통칭으로 돼버렸다. 당시 서구에도 이 이름이 전해졌으며, 오늘날까지도 러시아 경내에는 '타타르'라는 이름을 가진 몽골족 후예들이 살고 있다.

'후회는 동정의 열매'라는 칭기즈칸의 냉혹한 가르침을 받든 몽골 지배자들은 러시아 사회를 무참하게 짓밟고 파괴했다. 몽골의 수탈에 관해 "한 거대한 기생충이 러시아 민중의 생체에 달라붙어 그 즙을 빨아먹었다. 그리하여 그들의 생명력을 고갈시켰고 때때로 그 생체 안에 커다란 혼란을 일으켰다"고 한 역사가는 묘사한다. 이러한 굴욕적인 '몽골의 멍에'가 러시아의 서부 지방에서는 약 1세기, 북부와 중부 지방에서는 약 2세기, 시베리아와 인접한 남동부 지방에서는 근 3세기나 지속되었다. 그러나 일세를 풍미하던 킵차크 칸국의 위세도 내홍과 더불어 러시아 여러 공국들과의 대결에서 전패를 거듭함으로써 '몽골 불패의 신화'는 깨진다. 드디어 신흥 티무르제국의 파죽지세(破竹之勢) 앞에서 칸국은 무너지고 만다. 말 위에서 싸워 제국을 얻을 수는 있지만, 말안장에 앉아 제국을 통치할 수는 없다는 유목사의 역사적 교훈을 남기고 킵차크 칸국은 역사 무대에서 사라진다.

이제 러시아의 통치권은 러시아 평원의 중심부에 자리한 모스끄바강변의 자그마한 마을에서 일어난 모스끄바공국(1271)의 손으로 넘어간다. 모스끄바공국은 주변의 여러 공국들을 병합하고 정교회를 영입해 급속하게 세를 키운다. 급기야 킵차크 칸국의 예속에서 벗어나 러시아의 희망으로 떠오른다. 특히 1480년에 등극해 44년 동안이나 지배자로 군림한 이반 3세는 대통일의 모스끄바 시대를 선포하면서 강력한 전제주의적 민족국가 건설을 지향한다. 그는 자기 호칭에 로마의 황제 이름인 '카이사르'에서 따온 '짜르'란 이름을 덧붙여 자신이 전제군주임을 과시한다. 그를 이어 모스끄바 시대를 선도한 사람은 그의 손자 이반 4세이다. 3살에 왕위에 올라(1533) 17살 때 친정(親政)에 나선 그는 러시아 역사에서 뇌제(雷帝, 그로즈니)란 이름을 남긴 유명한 짜르다. 뇌제란 벼락처럼 두려운 군주이자 번개처럼 위광이 빛나는 군주라는 이중적 뜻을 함유하고 있다. 이 뜻이 말해주듯, 이반 4세는 자신의 전제주의적 통치를 위해서는 나라를 피로 물들인 폭군이었으나 한편으로는 나라를 튼튼한 기반 위에 올려놓은 유능한 군주이기도 하다. 이를테면 그의 54년간의 통치시대는 모스끄바 시대의 장려한 서막을 장식한 전환기적 시대로서 모스끄바대공국의 영토

확장을 수반한 시대다.

이러한 시대적 배경 속에 일어난 것이 바로 '미지의 세계', '잠자는 미녀' 시베리아에 대한 동진과 개척이다. 넓이로 보면 유럽 러시아의 두배가 넘는데 사람은 거의 살지 않고, 간간히 들려오는 풍문에 의하더라도 풍부한 부존자원을 품고 있는 땅, 그것도 나지막한 우랄산맥만 넘으면 가닿을 수 있는 땅, 시베리아는 하늘이 내려준 '복덩어리'이다. 그 매력에 끌리는 것은 너무나 당연한 일이다. 이제 남은 과제는 선봉장의 투입이다.

그 선봉장의 역할을 맡은 사람이 바로 4년간(1579~1582) 까자흐 부대를 이끌고 시베리아 원정을 단행한 예르마끄(T. Yermak)다. 까자흐란 하나의 민족 이름이기도 하지만, 당시는 러시아의 변방에 살던 기마전사 집단을 도거리로 일컫던 말이기도 하다. 여기에 더해 온갖 압제와 착취에서 벗어나기 위해 변방 지방으로 도망간 농민들도 까자흐라고 불렀다. 아무튼 까자흐는 수렵이나 어업, 약탈을 생업으로 하는 집단들이다. 예르마끄는 볼가강을 항행(航行)하는 배를 기습해 약탈하는 까자흐 부대의 우두머리다. 그의 시베리아 원정은 표면상 당시 러시아 문화예술의 후원자로 널리 알려진 스뜨로가노프(Stroganov) 가문의 사촉(嗾囑)하에 진행된 것으로 알려져 있다. 이 가문은 이반 4세의 특허를 받아 우랄지방에서 모피업과 제염업, 광산업, 농림어업 등을 경영하면서 막대한 부를 축적하고 있었다. 스뜨로가노프는 예르마끄에게 후한 댓가를 주면서 당시 우랄산맥 너머 오비강 유역을 장악하고 있던 시비르(Sibir) 칸국의 쿠춤(Kucum) 칸으로부터 자신의 영지를 보호하는 일을 맡겼다. 2년 후에는 다시 예르마끄를 불러 시비르 칸국을 정복하면 짜르가 후한 보상을 해줄 뿐만 아니라, 러시아 정부가 원정에 필요한 무기와 식량 일체를 대줄 것이라고 유혹했다. 예르마끄로서는 일확천금의 호기라서 대뜸 승낙한다.

1579년 기세등등한 예르마끄는 1천여명의 까자흐 부대를 이끌고 시베리아 원정에 나선다. 오비강의 지류인 이르티시강변에서 벌어진 쿠춤 칸과의 전투에서 초전 대승을 거둔다. 수적으로는 열세이나 화승총으로 무장한 까자흐는 활과 창으로 대응하는 적군을 쉽게 제압한다. 3년 후에 양군은 시비르 칸국의 수도 시비르에서 다시 대결한다. 예르마끄는 후퇴전술로 칸군을 성 밖으로 유인한 다음 기습작전으로 시비르를 단숨에 함락한다. 그

시베리아 자작나무 숲속을 달리는 말썰매

는 시비르 칸국을 통째로 이반 4세에게 헌상하고 후한 상을 받는다. 그러다가 3년 후 예르마끄는 칸국의 잔존세력들에게 불의의 기습을 당해 부상을 입고 도망치다가 이르티시강에 빠져 익사한다. 남은 부대는 시비르를 버리고 러시아로 돌아간다.

그러나 대공국의 발판을 마련한 이반 4세에게 시베리아는 '낚을 수 있는 사냥감'으로 비쳤다. 그는 정규군을 보내 본격적인 시베리아 진출에 나선다. 1588년과 89년에 쮸멘(Tyumen)과 또볼스끄(Tobolsk)에 건설한 요새에 의지해 불과 10년 사이에 시비르 칸국을 완전히 정복해 러시아에 편입시킨다. 일단 전진기지인 시비르를 장악한 러시아인들의 동진 속도에는 날개가 붙는다. 예르마끄의 출전으로부터 70년도 채 안돼 러시아인들은 5천여km를 달려 동쪽 끝 태평양에 다다른다. 그들은 이에 머물지

않고 다시 남하해 중국 청나라 국경지대인 헤이룽강(黑龍江) 일대까지 세를 확장한다. 그러면서 청나라와 네르친스끄조약을 체결해(1689) 국경분쟁을 해결한다. 저항도 거의 없는 무주공허(無主空虛)의 주인으로 둔갑한 셈이다. 정복사치고는 드문 일이다. 그런가 하면 시베리아 개척사에는 숱한 유형수들의 피와 땀, 한이 서려 있다.

이 모든 시베리아 개척활동은 우랄산맥 동쪽으로부터 남러시아의 광활한 초원지대를 지나 부분적으로 북방 침엽수림대(타이가)를 관통해 아무르강 일원까지 이어지는 시베리아 초원로를 따라 이루어졌다. 이 길의 서단은 전통적인 초원로의 일부이나, 동단은 새로 개척된 초원로다. 러시아는 이 동단 초원로를 통해 시베리아, 특히 동시베리아에서 성산되는 담비와 족제비, 비버 같은 동물의 질 좋은 모피를 대거 수입해갔다. 그리하여 이 동단 초원로를 '모피의 길'이라고 부르는데, 이 길은 발해시대의 '모피의 길'과 연결된다.

19세기부터 개발이 본격화된 시베리아는 오늘날 석탄과 석유, 천연가스, 각종 광물질, 목재 등 부존자원의 끝모를 보고다. 더욱이 이 보고 중 지금까지 확인된 것은 20%밖에 안된다고 하니 시베리아의 미래가 중시되는 이유가 바로 여기에 있다. 일찍이 미국의 케네디 대통령은 "시베리아의 자원은 소련의 미래와 우주를 정복할 비밀병기이다"라고 시베리아의 무한한 잠재력과 가능성을 한마디로 압축한 바 있다.

44
아시아와 유럽의 경계, 예까쩨린부르끄

러시아의 시베리아 개척사는 숱한 애환이 서려 있는 한편의 긴 드라마다. 그 드라마가 펼쳐진 현장을 동쪽 끝 블라지보스또끄로부터 보름 동안 횡단열차를 타고 하나하나 누비던 끝에 마침내 그 종장을 향하고 있다. 장마다가 실로 드라마틱한 역사의 한 단면들을 실토하고 있다. 울란바토르에서 출발해 이르꾸쯔끄를 지나 모스끄바로 가는 몽골횡단철도(TMGR)를 타고 노보시비르스끄를 떠난 지 꼭 19시간 43분 만에 시베리아의 서쪽 끝 예까쩨린부르끄(Ekaterinburg)에 도착했다.

오는 도중 중간에 좀 못미처 옴스끄를 지났다. 어둠이 짙게 깔린 한밤중이라서 희미한 전기불빛만이 얼어붙은 이르티시강을 싸늘하게 비추고 있을 뿐, 시가는 통 분간할 수가 없다. 18세기 초 군사요새로 건설된 이 도시는 시베리아에서 노보시비르스끄 다음으로 큰 도시이며, 인구는 약 120만을 헤아린다. 옴스끄 하면 필자에겐 잊히지 않는 한가지 추억이 있어

니꼴라이 2세 처형지에 세워진 '피의 성당' 외경

그저 스쳐지나갈 수가 없다. 30년 전 바로 이맘때 구소련 'TU-104' 항공기편으로 모스끄바를 향하다가 악천후로 이곳에 불시착했다. 덕분에 하루 묵으면서 시내를 둘러봤다. 러시아의 대문호 도스또엡스끼 박물관이 지금껏 뇌리에 깊게 각인돼 있다. 19세기 중엽, 그는 이곳에 5년 동안이나 유배되어 당시 시베리아의 고달픈 현실을 직접 목격하고 체험한다. 그 모든 것을 담아낸 작품이 바로 『죽음의 집 기록』이다. 시대의 기수로 우뚝 선 대문호는 시대가 영겁(永劫)으로 흘러가도 죽지 않는 법이다.

예까쩨린부르끄는 러시아연방을 구성하는 89개 행정구역의 하나인 스베르들롭스끄(Sverdlovsk)주의 주도로서 우랄산맥 동쪽 기슭, 또볼강 지류인 이티디강 연안에 자리하고 있다. 약 130만의 인구를 가진 이 도시는 우랄산맥 동쪽 기슭에 위치한 지정학적 이유 때문에 러시아의 시베리아 진출을 위한 전초기지로 1721년에 건설되었다. 2년 후에 뾰뜨르대제가 황후인 예까쩨리나(Ekaterina, 후에 예까쩨리나 1세 여제)의 이름을 따서 도시 이름을 지었다. 그로부터 3년 후 이곳에 러시아의 첫 제철공장이 세워지면서 야금공업의 중심지로 발돋움한다. 특히 1783년에 건설된 시베리아횡단도로와 19세기 말에 부설된 시베리아횡단철도가 도시를 가로지르면서 도시의 면모는 크게 달라지기 시작한다. 1924년 이곳에서 혁명을 이끌었던 스베르들로프의 이름을 따서 도시 이름을 스베르들롭스끄로 바꿨지만, 소련연방이 해체된 후엔 예까쩨린부르끄란 옛 이름으로 다시 돌아갔다. 그러나 철도역만은 아직 그대로 스베르들롭스끄역으로 불리고 있다.

아이러니하게도 제2차 세계대전은 도시의 발전에 획기적인 전기를 마련한다. 유럽에서의 전란을 피해 군수산업을 비롯한 중공업 공장들이 대거 우랄산맥 동쪽 기슭의 안전지대인 이곳으로 옮겨진다. 이것을 발판으로 전후에도 공업이 계속 성장해 경제규모로는 러시아에서 세번째를 자랑하는 '부자 도시'로 자리매김된다. 오늘날 우랄지방의 최대 중공업도시로서 80% 이상이 군수산업에 기반을 둔, 철강·화학·야금·합성수지·건설자재·직물 등 각종 공장이 가동되고 있다. 약 3만개의 기업 가운데 대기업이 1천여개에 달한다. 철강산업으로 유명한 '우랄마슈'의 경우 종업원수가 10만명에 달한다고 한다. 예까쩨린부르끄는 과학도시이기도 하다. 200개 이상의 연구기관과 우랄대학을 비롯한 16개 대학이 있으며, 기계공학과 지리학 및 건축학 분야에서는 단연 압권을 차지하고 있다. 시내에 산재한 600여개의 기념물 중 43개가 러시아의 국보로 지정되리만큼 유서깊은 도시이기도 하다.

예까쩨린부르끄는 러시아연방의 초대 대통령 보리스 옐찐(Boris N. Yeltsin)에 의해 형성된 이른바 '우랄파'라는 막강한 정치세력의 본산으로서 화려한 스포트라이트를 받기도 한다. 시 근처 한 시골에서 태어난 옐찐은 우랄공업대학 건축과를 나와 시 공산당 서기장을 거쳐 일약 모스끄바시 당서기장으로 발탁된다. 그 무렵인 1991년 8월, 그는 고르바초프의 뻬레스뜨로이까에 항거하는 쿠데타를 묘하게 역이용한다. 쿠데타군의 탱크 위에서 한 연설이 뭇사람들의 환심을 얻어 급기야 끄렘린(Kremlin)궁의 주인으로 등극하게 되는 것이다. 그러나 막강하던 경제가 절반 이상으로 곤두박질한 최악의 곤경에서 허우적거리다가 결국 그 거구의 옐찐도 알코올중독과 심장병으로 하야하고 만다. 올해 6월 이곳에서 러시아·중국·인도·브라질의 정상들이 모여 이른바 '브릭스(BRICs) 정상회담'을 개최할 정도로 이 도시의 정치적 위세와 명망은 여전히 높다.

도심에 연못을 낀 예까쩨린부르끄는 '수채화 같은 도시'라는 이름에 걸맞게 조촐할 뿐만 아니라, 높낮음과 색조가 잘 어울리는 고풍스러운 유럽식 도시다. '탈아입구(脫亞入歐)', 즉 아시아를 벗어나 유럽으로 들어가는 정서가 물씬 풍긴다. 조금은 들뜬 기분 속에 처음으로 찾아간 곳은 제정러시아의 마지막 황제 니꼴라이 2세 일가족이 처형된 자리에 세워진 이른바 '피의 성당'(일명 '로마노프 성당')이다. 성당은 곤욕과 수난의 역사를 간직한 채 하얀 눈 속에서 야릇한 황금빛을 발하고 있다. 5년 전에 지은 성당의 1층은 처형지와 박물관이고 2층은 기도소다. 몇몇 신자들이 경건한 마음으로 성가를 부르며 기도를 올리고 있다. 벽에는 낯익은 성화나 이꼰화들과 함께 처형된 황제 일가족 7명(황제, 황후, 4명의 딸, 11살의 황태자 알렉세이)의 초상화, 그리고 그들의 감금생활상을 그린 그림들이 걸려 있다.

니꼴라이 2세는 1917년 짜르의 전제통치에 항거하는 2월혁명이 일어나자 퇴위한다. 그리곤 께렌스끼(A. F. Kerenski) 임시정부의 감시하에 우랄지방의 한 평범한 민가에서 유배생활을 하다가 이듬해 7월 16일 예까쩨린부르끄의 이빠체프라는 사람의 집에 감금된다. 그런데 그를 구심점으로 삼는 백군(白軍)이 구출작전을 펼칠 것이라는 정보를 입수한 적군(赤軍)은 서둘러 당일 황제 일가족과 의사 및 하인 등 11명을 지하실에서 총살한다. 황제는 비명에 갔다. 대관식에서 목걸이가 땅에 떨어져 불길한 징조라고 했던 수군거림이 마치 성자의 예언처럼 맞아떨어졌다. 시신들은 소각했다느니, 광산에 버려졌다느니, 야산에 파묻혔다느니 추측이 난무했다. 한때 타다 남은 황제의 두개골이랍시고 DNA검사를 한 결과 가짜로 판명된 소동까지 일어났다. 막내딸 아나스따샤 공주의 생사에 관한 미스터리는 오랫동안 세간의 호기심을 자아냈다. 공주가 학살 직전 경비병에 의해 피신한 후 신분을 바꿔 어딘가에 살고 있다는 소문이 나돌았다. 1920~30년대에는 공주임을 자처하는 미모의 여인들이 나타나 화제가 된 적이 있다. 그러나 1991년 소련연방이 해체된 후 예까쩨린부르끄 근처 숲속에서 발견된 시신들이 황제 일가족 7명의 시신이라는 것이 확인되면서 공주의 죽음에 관한 소문은 그저 낭설로 그치고 말았다. 러시아 정부는 비운의 제정러시아 마지막 황제 니꼴라이 2세와 그 가족들을 순교자로 인정, 정교회의 성인으로 시성(諡聖)하고 1998년 황제의 시신을 쌍뜨뻬쩨르부르끄의 성 베드로 성당에 안치했다. 이로써 희대의 비극은 막을 내린다.

다음으로 발길을 옮긴 곳은 유명한 광물박물관이다. 겉보기에는 허름한 집 2층에 차려놓은 박물관이지만, 속은 실로 알차다. 안내원 마리나는 사설박물관이라고 소개하지만 규모나 가치로 미루어 잘 믿어지질 않는다. 2층 전체가 진열장인데, 왼쪽 벽에는 이곳 특유의 광물을, 오른쪽 벽

광물박물관 외경

과 중앙에는 러시아 전역에서 나는 광물을 두루 전시하고 있다. 한결같이
기기묘묘하고 현란하다. 예까쩨린부르끄에는 멘델레예프의 원소주기율
표에 나오는 모든 광물이 매장되어 있으며, 세상에 알려진 광석과 광물의
절반 이상이 이곳 우랄산맥에 묻혀 있다고 하니, 이 지역이야말로 문자 그
대로 '광물천국'이다. 그리하여 자고로 보석가공업이 발달했다. 여러가
지 자연산 보석을 이곳 나름의 방식으로 세공해 값진 보석을 만들어낸다.
시내 곳곳에 화려한 자연석으로 만든 브로치나 반지 같은 장신구 공예점
들이 즐비하다. 어떤 보석은 이곳에서만 가공되고 생산된다. 그래서 전문
보석매매상이나 보석 애호가들이 이곳에 폭주(輻輳)하고 있다. 그러다보
니 좋은 보석은 경매마냥 불티나게 팔린다. "눈에 띨 때 사두라"는 러시아
속담은 이런 경우를 두고 하는 말이다.

　예까쩨린부르끄 하면 떠오르는 것이 아시아와 유럽의 경계선상에 위치

한 도시라는 인상이다. 그만큼 이 도시는 아시아와 유럽의 두 얼굴을 함께 한 혼성도시로서 유명하다. 그 만남의 현장을 확인하기 위해 찾아간 곳이 바로 시 중심에서 17km 지점에 자리한 아시아-유럽 경계탑이다. 남북으로 2,000여km나 길게 뻗은 우랄산맥이 아시아와 유럽의 경계를 이루다 보니 넘나드는 길은 여러 갈래가 있다. 그래서 경계탑(혹은 경계비)만 44개나 있고, 그 모양도 오벨리스크형이나 첨탑형 등 각이하다. 우리가 찾아간 곳은 그 가운데 하나다. 원래 '우랄'이란 '돌로 이루어진 경계'라는 뜻이다. 보통 '우랄'이라고 하면 유라시아대륙의 북부에서 아시아와 유럽을 갈라놓는 분계선으로서의 산맥을 말하나, 넓은 의미에서는 이 산맥을 중심으로 동서에 펼쳐진 넓은 평원을 지칭하기도 한다. 우랄산맥은 북유럽의 카라(Kara)해로부터 까자흐스딴 북부까지 뻗어 있다. 지질대로 말하면 북쪽의 툰드라에서 시작해 타이가와 삼림스텝을 지나 남쪽의 사

경계탑으로부터 유럽 각지까지의 거리 표지판

막지대로 이어진다. 평균 높이가 300~500m로서 산세는 낮은 편이다. 특히 중간지대는 상대적으로 낮다. 북쪽에 가장 높은 나로드나야봉(높이 1,894m)이 솟아 있고, 남쪽에 다음으로 높은 야만타우봉(1,638m)이 있다. 약 3억년 전에 조성된 이래 침식이 심해 오밀조밀한 호수와 아기자기한 바위를 많이 거느리고 있다. 카스피해로 흘러들어가는 우랄강(길이 2,534km)은 남쪽 기슭에서 발원한다.

경계탑 입구에 들어서자 교통안전을 기원해 여러가지 색깔천을 두른 세르게와 경계탑으로부터 유럽 각지까지의 거리 표시판, 그리고 아시아-유럽 경계이론의 창시자인 따찌셰프(Tatishev)의 석판상이 눈에 띈다. 350루블의 입장료를 물고 야트막한 언덕길을 올라가 경계탑에 이른다. '아시아'와 '유럽'이란 러시아어 단어가 새겨진 받침돌 위에 20여m쯤 되어 보이는 삼각 뾰족철탑이 세워져 있다. 받침돌 한가운데를 지나는 선이

바로 두 대륙을 나누는 분계선이
다. 사실 유럽과 아시아의 경계를
어떻게 설정하는가 하는 것은 일찍
부터 지리학계의 논제였다. 특히
두 대륙을 공유한 러시아가 16세기
부터 이 문제를 상정하자 그 논의
에 일부 서구학계도 가담한다. 그
러나 오리무중으로 있다가 18세기
에 이르러 러시아의 따찌셰프가 수
자원의 원천과 식물의 분포가 확연
히 다르다는 자연지리적 근거에 준
해 우랄산맥－우랄강－카스피

아시아-유럽 경계탑

해－흑해－터키의 보스포루스해협을 기준으로 하는 경계 설정을 주장한
다. 그것이 오늘날까지 그대로 적용되고 있다.

우거진 적송숲 속에 우두커니 서 있는 이 냉철한 경계철탑에 저녁노을
이 비끼기 시작한다. 경계탑을 사이에 두고 동쪽으로 아시아 길이, 서쪽
으로 유럽 길이 횡하니 뻗어 있다. 무엇이 이 두 대륙을 갈라놓고 있는가?
꼭 갈라놓아야만 하는가? 분명 다름이 있기에 갈림이 있는 법, 그렇다면
둘 사이의 다름은 과연 무엇일까? 왜 그런 다름이 생겼을까? 새삼스러운
상념은 아니지만, 그 경계지점에 서고 보니 그 해답이 더더욱 간절해진
다. 역사란 부침(浮沈)의 과정일진대, 유럽과 아시아는 서로가 앞서거니
뒤서거니 하면서 오늘로 이어져왔다. 그 과정은 선이라기보다 악의 경쟁
에 더 치우쳤다. 그러나 이제부터는 그러한 어제를 뒤로하고 상부상조하
면서 나란히 공생공영하는 길로 나아가야 하지 않겠는가.

45
러시아의 정체, 그 두 얼굴

우랄산맥 동쪽 기슭에 자리한 아시아 러시아의 서단(西端) 예까쩨린부르끄에서 유럽 러시아로 이어지는 길은 시베리아횡단철도가 아닌 항공로를 택했다. 현지시간 새벽 4시(모스끄바 시간 2시)에 일어나 어슴새벽이 채 가시기 전에 공항에 도착했다. 우랄의 삭풍을 헤가르며 러시아항공 WR019편은 정각 8시에 공항을 이륙해 기수를 서쪽으로 튼다. 흐릿한 날씨에 남북으로 길게 뻗어간 우랄이 어스레하게 자태를 드러낸다. 그제야 아시아를 넘어 유럽에 들어간다는 실감이 난다. 순간, 나지막한 한 산맥을 사이에 두고 두 지역이 갈라져야 하는 이유는 과연 무얼까? 결국은 그 어떤 정체성, 이를테면 자연지리적 정체성이나 인문사회적 정체성의 다름에서 오는 갈림일 텐데, 그렇다면 그 갈림은 어떻게 나타나고 있는가 하는 질문이 인다.

사실 지구상에서 맞붙어 있는 육지가 두 대륙으로 나눠진 경우는 러시아 말고는 거의 없다. 러시아는 한 몸체에 대륙 아시아와 유럽이란 두 얼굴을 달고 있는 나라다. 이 독특한 현상을 역사는 외면해오지 않았다. 그 정체성을 놓고 예나 지금이나 이러쿵저러쿵 말들이 무성하다. 그 중심에는 러시아사람들이 서 있는데, 그들의 말을 빌리면 두 얼굴의 정체성은 전통적으로 내려온 쌍두독수리 국장(國章)에서 읽을 수 있다고 한다. 원래 독수리는 용맹한 새로서 로마제국의 상징으로 쓰여왔는데, 로마제국의 계승의식이 강했던 비잔틴에서도 국가 상징으로 채용되었다. 그러나 그때까지는 머리가 하나인 원형 독수리 그대로다. 그러다가 13세기 이후 쌍두에다가 오른발엔 십자가를, 왼발엔 황금구(黃金球)를 덧씌운 형상의 국장으로 변형된다. 이때 쌍두는 제국의 서방과 동방 영토(혹은 로마와 콘스탄티노플)를, 십자가는 교권을, 황금구는 세속권력을 각각 상징한다. 원래 쌍두는 그 옛날 히타이트(Hittite)나 페르시아 시대에도 있었으나, 당시엔 신화 속의 영물로나 나타나지 문장(紋章)으론 등장하지 않는다. 그러다가 15세기 러시아가 이 형상을 이어받는다.

1472년 비잔틴의 마지막 황제 콘스탄티누스 11세의 조카딸 조에(소피아)와 결혼한 모스끄바공국의 이반 3세가 비잔틴제국의 계승자로, 그리스정교의 수장으로 자처하면서 쌍두독수리가 새겨진 깃발과 옥새를 사용한다. 이로부터 이른바 '모스끄바 제3의 로마설'이 나오고, 쌍두독수리가 러시아의 전통 국장으로 둔갑하기 시작한다. 그러나 시대에 따라 모양새가 약간씩 달라진다. 처음엔 단순 소박했으나, 16세기에 이르면 모스끄바 상징인 성 게오르게 상 도안이 가슴에 삽입된다. 17세기 로마노프 왕가가 들어선 후에는 오른발에 왕관을, 왼발에 교권을 뜻하는 황금구를 추가하고, 두 머리 한가운데 왕관 3개를 올려놓는다. 이로써 국장으로서의 러시아 쌍두독수리 전형이 완성된다. 그러나 쏘비에뜨연방 시기에는 이런 식

국장은 폐지된다. 그러다가 러시아연방 시기가 도래하자 2000년 의회가 부활을 공식 가결한다. 그러면서 세 왕관을 한줄로 연결하고, 좌우 발에 홀(笏)과 구(球)를 쥐게 한다. 세 왕관은 입법권·행정권·사법권을 의미하고, 홀과 구는 주권수호 의지와 나라의 통일을 상징한다고 풀이한다.

아무튼 쌍두독수리 문장의 두 머리가 상징하듯 15세기 말엽 이래 러시아는 유럽과 아시아, 서양과 동양이란 두 얼굴을 가진 양면(兩面) 국가임에는 이론의 여지가 없다. 그렇다면 이 특이한 두 얼굴(양면성)은 언제 어떻게 형성되었을까? 해답은 자연환경과 인문지리 및 역사발전에서 찾아야 할 것이다. 초원과 평원이 아득히 펼쳐진 유럽 러시아 땅과 툰드라와 타이가로 뒤덮인 아시아 러시아 땅이 저력이나 기능에서 같을 수는 없다. 그 속에는 원초적으로 뿌리가 다른 인간집단들이 살고 있으며, 그들의 생업과 삶의 형태는 달라질 수밖에 없다. 그나마도 이러한 다름과 갈라짐을 하나로 묶어준 것이 바로 역사다. 역사가 있었기에 그토록 이질적인 두 땅이 맞붙고, 한마리 독수리에 달린 두 머리(얼굴)가 상징성으로 인정을 받기에 이르게 된 것이다. 이런 현상을 일컬어 자연과 인문학의 조화라고 한다.

오늘로 이어진 러시아의 역사는 크게 끼예프루시(끼예프공국) 시대, 몽골지배 시대, 모스끄바공국 시대, 제정러시아 시대, 쏘비에뜨연방 시대, 러시아연방 시대의 여섯개 시대로 나뉜다. 『초기 연대기』라는 러시아어 사적(史籍)에 의하면 러시아의 역사는 끼예프루시 시대부터 막이 오르는데, 그 막을 올린 장본인이 누군가에 관해서는 러시아 사학계의 해묵은 논쟁거리다. 노르만학파는 원주민인 슬라브족이 노르만 계열의 바랑고이(Varangoi, 바랴그)인들을 초청해 지배자로 옹립함으로써 나라가 세워졌다고 주장한다. 이에 반해 슬라브학파는 끼예프 지역에 살던 슬라브족 스

유럽 러시아의 여학생들(슬라브족)

스로가 세웠다고 반박한다. 이른바 외래설과 자생설 간의 각축이다. 누구에 의해 세워졌든간에 약 400년 동안(9~13세기) 끼예프를 수도로 하고 북으로는 발트해, 남으로는 흑해, 서로는 카르파티아산맥, 동으로는 모스끄바에서 약 200마일 떨어진 오카강까지의 꽤 넓은 지역에 끼예프루시란 이름의 한 공국이 번성하고 있었던 것만은 사실이다. 아직은 유럽땅이어서 머리는 하나일 수밖에 없다.

그러다가 1240년 몽골의 서정에 의해 공국은 사라진다. 이때부터 250여년간 외래의 몽골 지배가 시작된다. 볼가강 하류의 사라이에 도읍을 정한 킵차크 칸국(1243~1480)은 러시아를 비롯한 동유럽 일원에 세워진

두번째의 아시아 제국이다. 첫번째는 일찍이 근 100년 동안(4~5세기)이나 유럽을 석권한 훈제국이다. 몽골 지배는 유럽 러시아에 아시아적 정치문화 요소들을 이식시킴으로써 문예부흥이나 종교개혁, 시민운동 등 근대를 지향하는 서구적 시대흐름으로부터 러시아를 격리시킴은 물론, 러시아로 하여금 장차 두 얼굴의 정체성을 갖게 하는 단초를 제공했다. 한편, 모스끄바 유역에서 일어난 모스끄바공국(1271~1613)은 출범

아시아 시베리아의 어린이(부라뜨족)

과 더불어 킵차크 칸국과의 불안한 공존 속에서 화전(和戰) 양면전술로 대응해오다가 마침내 칸국을 제압하고 유럽 러시아를 통일한다. 그래서 일부 사학자들은 정체성 확립이란 측면에서 끼예프루시 시대와 몽골지배시대를 전사(前史)시대라고 하며, 모스끄바공국 시대부터를 진정한 러시아 역사시대라고 주장한다.

그러나 유럽 러시아를 발판으로 하여 일어난 모스끄바공국은 15세기 후반 이반 3세 때부터 비잔틴제국의 계승자로 자임하면서 쌍두독수리를 정식 국장으로 채택한다. 그 쌍두가 유럽과 아시아를 상징한 것인지는 천명된 바가 없지만, 그의 뒤를 이은 이반 4세가 까자흐 기병 원정대를 보내

시베리아를 거머쥐기 시작한 점으로 미루어 공개적이건 암묵적이건간에 쌍두독수리의 한쪽 머리는 아시아 시베리아를 지향한 것임이 분명하다. 17세기 초엽에 모스끄바공국을 계승한 로마노프 왕조의 제정러시아 시대(1613~1917)를 거쳐 오늘에 이르기까지 러시아의 정체는 국장에 새겨진 독수리의 쌍두처럼 유럽과 아시아를 아우른 두 얼굴, 즉 양면성인 것이다. 오늘에 와서 이 양면성은 유럽과 아시아를 아우른다는 의미의 합성어인 '유라시아'란 이름으로 포장되고 있다.

러시아가 유라시아 국가로 변모되어온 과정은 모스끄바공국 시대부터 끊임없이 추구해온 팽창주의의 소산이다. 모스끄바공국의 이반 3세(1462~1505) 때부터 1917년 제정러시아 시대(짜르시대)가 끝날 때까지 약 450년 동안 영토는 하루 평균 약 50평방마일씩 늘어난다. 그 결과 이반 3세가 즉위할 때 모스끄바공국의 영토는 약 1만5천평방마일이었던 것이 1917년 10월혁명 당시 러시아의 영토는 그것의 약 567배가 되는 850만평방마일로 급증한다. 쏘비에뜨연방 시기에도 여러 지역을 병합하는 바람에 전세계 육지면적의 6분의 1을 차지하기에 이른다. 그리하여 그 땅에 각이한 혈통의 128개 민족이 살고 있으며, 동서로 11시간대에 걸쳐 있는 세계 최대국으로 자리매김되었다. 쏘비에뜨연방이 해체되어 연방을 구성했던 14개 공화국이 떨어져나갔음에도 불구하고 오늘날 러시아연방은 여전히 지구 육지면적의 8분의 1 이상을 점하는 대국으로 남아 있다.

독수리의 쌍두로 상징되는 유럽과 아시아의 두 얼굴을 가진 러시아의 정체성을 제대로 이해하기란 쉽지 않아 보인다. 19세기 러시아 시인 뾰뜨르 주뜨체프는 이렇게 읊조린다. "이성으로 이해할 수 없는 나라 러시아, 일반의 잣대로 잴 수 없는 나라 러시아, 자신만의 독특한 모습을 지닌 나라 러시아, 있는 그대로 믿을 수밖에 없는 나라 러시아." 그 정체성이 얼마

러시아의 유럽화를 이끈 뾰뜨르대제의 기마동상(쌍뜨뻬쩨르부르끄)

나 혼란스러웠으면 이렇게까지 읊조리겠는가. 작금 많은 유럽인들이 러시아를 유럽 나라로 보지 않는가 하면, 아시아인들은 또 나름대로 러시아를 아시아 나라로 여기지 않는다. 그렇다면 러시아사람은 어떻게 생각할까가 자못 궁금하다.

대체로 자기의 처지와 입장에서 출발해 서구주의와 슬라브주의, 유라시아주의의 세가지 이념에 따라 서로 다른 대답이 나온다. 서구주의자들은 러시아를 유럽의 일부로 보나 유럽만큼 발전하지 못한 유럽으로 보며, 슬라브주의자들은 서구와는 차별되는 우수한 슬라브적 전통을 지닌 독자적 나라라고 주장한다. 이에 비해 근간에 대두한 유라시아주의자들은 유럽과 아시아의 긍정적 요소들을 두루 공유하고 있는 유라시아 나라라고

세계 최초의 우주비행사(1968년) 유리 가가린 동상
(이르꾸쯔끄 안가라강가)

절충한다. 이러한 견해에 따라 상이한 발전모델을 찾고 있는데, 서구주의자들은 '추격형 발전모델'을, 슬라브주의자들은 '독자적 발전모델'을, 유라시아주의자들은 '복합적 발전모델'을 각각 추구하고 있다. 흥미를 넘어 혼란스럽다. 오늘날 러시아연방이 안고 있는 고민이다.

근래에 주목되는 것은 러시아가 옛 냉전시대에 미국의 단독 파트너로서 누렸던 강국의 위상을 되찾으려는 야심찬 시도다. 그러한 시도는 아시아에 낯을 돌리고, 미래와 우주정복의 '비밀병기'인 시베리아 개발에 박차를 가하고 있는 데서 나타나고 있다. 2009년 6월 우랄산맥 너머의 첫 아시아 땅 예까쩨린부르끄에서 러시아·중국·인도·브라질의 정상들이 모여 이른바 '브릭스 정상회담'을 개최했다. 그리고 지난 7월 3일 블라지보스또끄의 독수리산 전망대에서 2012년 바로 이곳 앞바다의 루스끼섬에서 열리는 아펙 정상회담을 위해 육지와 섬을 잇는 다리건설 등 준비가 한창인 것을 확인했다. 러시아의 미래가 극동지역 개발과 직결되는 현실이다. 시베리아를 횡단하면서 곳곳에서 감지하다시피 18세기 러시아 황제 뾰뜨르대제가 수도를 모스끄바에서 유럽에 가까운 쌍뜨뻬쩨르부르끄로 옮기면서까지 유럽화를 추진해 러시아를 강대국으로 만들었으나, 그로부터 300년이 지난 지금 러시아의 활로는 바야흐로 동쪽으로 이동하고 있다. 이와 더불어 시베리아 극동지역에선 지금 엄청난 인력 변동이 일어나고 있다. 러시아 젊은이들은 유럽 러시아 쪽으로 빠져나가고, 대신 인근 동북 3성의 1억 중국인들이 대거 몰려와 인력 공백을 메우고 있다. 이런 추세라면 얼마 안 가서 극동지역은 중국인들의 천지가 될 것이라는 우려가 팽배하다. 이것은 러시아 두 얼굴의 무게추에 기울임 현상이 일어날 징조가 아닐 수 없다.

구름 위를 날고 있어 다른 일에 한눈을 팔 여지가 없다. 이제 곧 맞닥뜨리게 될 유럽 러시아의 현실을 눈앞에 그려보면서 늘 아리송하던 러시아의 정체성을 이렇게 한번 짚어본다. 소형 비행기의 말단좌석 19B는 앞좌석과의 사이가 10cm도 채 안된다. 골똘한 생각에 불편을 느낄 겨를도 없이 1시간 40분 만에 목적지 쌍뜨뻬쩨르부르끄에 도착했다.

46
러시아인들의 성소, 정교회

쌍뜨뻬쩨르부르끄의 우중충한 상공에서 비행기가 고도를 낮추자 제일 먼저 시야에 들어오는 것은 황금빛 '양파머리형' 교회 지붕과 그 위에 총림(叢林)을 이룬 수많은 십자가들이다. 러시아어에는 많은 교회를 지칭하는 집합적 표현으로 '마흔의 마흔배'(1,600)라는 말이 있다. 그만큼 교회가 많다는 뜻이다. 유럽 러시아나 아시아 러시아를 막론하고 그 어디에 가도 정교회 교회를 만난다. 정교회는 러시아인들의 마음속에 깊이 뿌리내린 성소이자 기둥이며 고향이다. 그래서 정교회는 '러시아의 혼'이라고 한다.

흔히 러시아에 전파된 그리스도교의 일파를 '정교회(正敎會)'라고 하는데, 그 온전한 명칭은 '동방정교회'다. 여기서 '정교회'의 '정교(正敎, orthodox)'는 '바른 믿음'을 말하며, '동방'은 구원과 생명의 빛, 즉 그리스도를 상징하는 빛나는 태양이 동방에서 떠올랐음을 뜻한다. 이렇게 보

쌍뜨뻬쩨르부르끄의 스몰리 수도원 외관

면 어딘가 정교만이 참 그리스도 신앙이고, 정교회만이 참 그리스도 교회
인 양 비쳐진다. 이것은 러시아인들이 갈등과 분열로 점철되던 그리스도
교를 구원의 자세로 받아들였다고 하는 역사적 배경과 자긍심을 반영한
것이다. 원래 그리스도교는 동방의 문화적 배경을 자양분으로 하여 자리
를 잡아가다가 4세기 초 로마제국의 정치적 질서와 타협하면서부터 라틴
서방에 도약의 발판을 마련한다. 이후 그리스도교는 상이한 역사지리적
및 문화적 배경을 지니고 있는 동방 그리스도교와 서방 그리스도교라는
두개의 큰 흐름으로 갈라지게 되며, 교리적 논쟁을 비롯해 동·서방 그리
스도교간의 갈등이 노정된다. 마침내 1054년 성 쏘피아 성당에서의 상호
파문조치를 계기로 결별하게 된다. 결별 후 서방 그리스도교는 크게 로마

모스끄바의 끄렘린 내에 있는 가브리엘 성당

가톨릭과 프로테스탄티즘으로 양분되고, 동방 그리스도교는 동방정교회
와 동방독립교회, 동방귀일(歸一)교회로 삼분된다.

　러시아는 988년 끼예프루시 시대에 정교를 정식 국교로 받아들인다.
그로부터 오늘에 이르기까지 1천여년 동안 정교는 숱한 우여곡절을 겪으
면서 부침(浮沈)을 거듭해온다. 정교회는 로마교회와는 달리 모든 종교활
동을 민족 고유어로 진행하는 것을 원칙으로 삼음으로써 애당초 독자적
성격을 띠게 된다. 루시시대를 이은 킵차크 칸국 몽골지배 시대에는 정교
회 성직자들에게 면세혜택을 주는 등 관용적인 종교정책을 베풂으로써
정교는 위축되기는커녕 오히려 번성한다. 칸국의 왕자를 비롯한 몽골인
들이 정교에 귀의해 러시아화한 사례가 수두룩하다. 모스끄바 근교의 쎄

르게이 삼위일체 수도원과 최북단 백해(白海)의 한 섬에 남아 있는 쏠로베쯔끼 수도원 같은 화려한 수도원들은 이 시대에 지어진 것이다. 몽골지배 시대와 그 직후는 러시아 종교미술의 전성기다. 15세기 초 안드레이 루블료프(Andrey Rublyov)가 그린 성화「삼위일체」를 비롯해 수난을 미로 승화시킨 슬기가 배어 있는 명작들이 오늘날까지 남아 있다. 한편, 러시아정교회는 1448년 콘스탄티노플 총대주교(總大主敎)의 재가를 받지 않고 독자적으로 모스끄바 수좌(首座)대주교를 선출함으로써 독립수장(首長) 교회로 자리매김된다. 5년 뒤 비잔틴제국이 망하자 러시아는 유일하게 독자적 정교국가로서의 위상을 굳힌다,

16세기 모스끄바공국 시대에 들어서면 모스끄바는 그리스도교의 진정한 계승자란 의미의 이른바 '제3의 로마'로 자임하면서 선민(選民)의식마저 고취한다. 그 결과 교회와 수도원이 급증하고, 황제 우위의 황제교황주의와 내세의 구원을 추구하는 구원주의, 그리고 형제애를 바탕으로 한 평등주의 등을 근간으로 하는 '러시아 혼'이 풍미(風靡)하게 된다.

방만한 성세(聲勢)에는 폐단이 따르는 법이다. 그래서 무절제한 교권에 제동을 걸고 교회의 질을 높이기 위해 뾰뜨르대제는 1721년 교회헌장을 반포해 종교개혁을 시도한다. 헌장에 따라 신부들을 육성하는 학교를 설립하고, 신부들로 하여금 현대학문을 수학토록 한다. 특히 전래의 총주교제를 폐지하고 대신 정부 산하에 종무원(宗務院)을 두어 재무를 비롯한 일체 교회업무를 공권력의 감시하에 일원화한다. 근대화를 향한 이러한 종교개혁이 단행되었음에도 불구하고 역대 짜르는 국가 우위의 황제교황주의에 입각해 정권에 대한 교회의 충성이나 순종, 침묵을 일관되게 강요해왔다. 쏘비에뜨연방 시대에는 종교활동의 자유와 제재가 엇갈려왔다. 그러다가 지금의 러시아연방 시대에 이르러서는 교회가 국가에 예속되는

세속권 우위의 경향이 두드러지게 나타나고 있다. 우리는 끄렘린의 중요한 확대국무회의에서 최고권력자인 옐찐이나 뿌찐(Vladimir V. Putin)의 좌측 옆자리에 국무총리가, 우측 옆자리에 엄숙한 제복차림의 정교회 수상이 앉아 있는 이색적인 모습을 목격한 바 있다. 지난 2008년 5월 신임 메드베데프(Dmitry A. Medvedev) 대통령이 취임 직후 곧바로 총대주교 관저로 알렉시이(Alexii) 2세를 예방하고, 같은 해 11월 연방의회에 대한 대통령의 첫 연차교서연설 때도 맨 앞줄 중앙에 총대주교가 뿌찐 총리 및 상하 양원 의장들과 함께 나란히 자리를 같이하고 있다. 러시아연방 내에서의 국가와 교회의 관계를 집약적으로 과시하는 한 장면이다. 유난히도 정교(政敎)가 밀착되었다고 하는 나라에서도 보기 드문 현상이다. 정교회에 대한 이러한 정치적 포용은 역대 당국의 실정(失政)에 대한 국민들의 불만을 종교로 호도하고, 마약이나 매춘, 이혼 같은 사회적 타락을 종교의 힘으로 막아보려는 데 그 이유가 있다는 해석이 가능하다.

이렇게 서로 다른 사회제도와 역사적 환경 속에서 숱한 기복을 거듭하면서도 러시아정교회가 1천여년 동안 시들지 않고 생명력을 유지할 수 있었던 주요인은 그 민족성과 독자성에 있다고 여겨진다. 우리는 이르꾸쯔끄의 즈나멘스끼 여(女)수도원과 노보시비르스끄의 버니아잔스끼 교회, 예까쩨린부르끄의 '피의 성당', 쌍뜨뻬쩨르부르끄의 스몰리 수도원과 '피의 구원 성당', 모스끄바의 성 바씰리 성당과 구세주 성당 등 수많은 교회와 수도원을 둘러보면서 이 점을 절감했다. 정교회 건물의 외형과 내부, 촛불과 종소리, 십자가와 성호(聖號), 전례와 성가, 사제(司祭) 등 하나하나의 세부에서 러시아정교회의 세계를 그대로 읽을 수가 있다.

교회의 건물을 하늘에서 내려다보면 노아의 방주처럼 '바씰리카'(basilica)라고 부르는 선박 모양과 '로톤다'(rotonda)라고 부르는 원형,

그리고 십자가형의 세가지 형태로
구분된다. 몇년 전 터키의 아라라
트(Ararat)산 건너편 '방주박물관'
에서 화석으로 굳어진 '노아의 방
주' 모양(길이 167m)을 본 적이 있
다. 실체 여부는 차치하고 인간을
죽음에서 구출해낸 방주의 모양을
따른다는 것은 유의미한 일이다.
'바씰리카'는 초기 그리스도교 시
대의 로마 공회당을 지칭하는 말인
데, 이곳에 사람들이 모여 예배를
근행한 까닭에 교회 건축양식의 하
나가 되었다. 원형도 가끔 있지만,

이르꾸쯔끄의 즈나멘스끼 수도원 내부의 촛불

가장 보편적인 형태는 정사각형의 그리스식 십자가 형태다. 아무래도 러
시아정교는 그리스정교를 모태로 한만큼 그럴 수밖에 없을 것이다. 교회
내부에서 가장 중요한 곳은 제단인데, 제단 가운데서도 감실 역할을 하는
지성소(至誠所)가 특히 중요하다. 항상 동쪽을 향하게 되어 있는 이 지성
소에는 그리스도의 몸과 피의 상징인 성물이 보관되어 있다. 성소가 동쪽
을 향하는 것은 동쪽으로부터 구원과 생명의 빛이 도래하기 때문이다. 러
시아정교회 건축의 외양을 살펴보면, 서구 라틴세계의 로마네스끄나 고
딕 양식은 별로 찾아볼 수 없고, 주로 비잔틴 건축양식의 영향을 많이 받
았음을 발견하게 된다. 그러나 차이점도 있다. 가장 뚜렷한 차이점은 '양
파머리형' 꾸뽈(돔)과 목조건물이라는 것이다. 이것은 러시아인들의 창의
성 발현이다. 겨울철 많이 내리는 눈의 하중을 견딜 수 있도록 지붕을 양

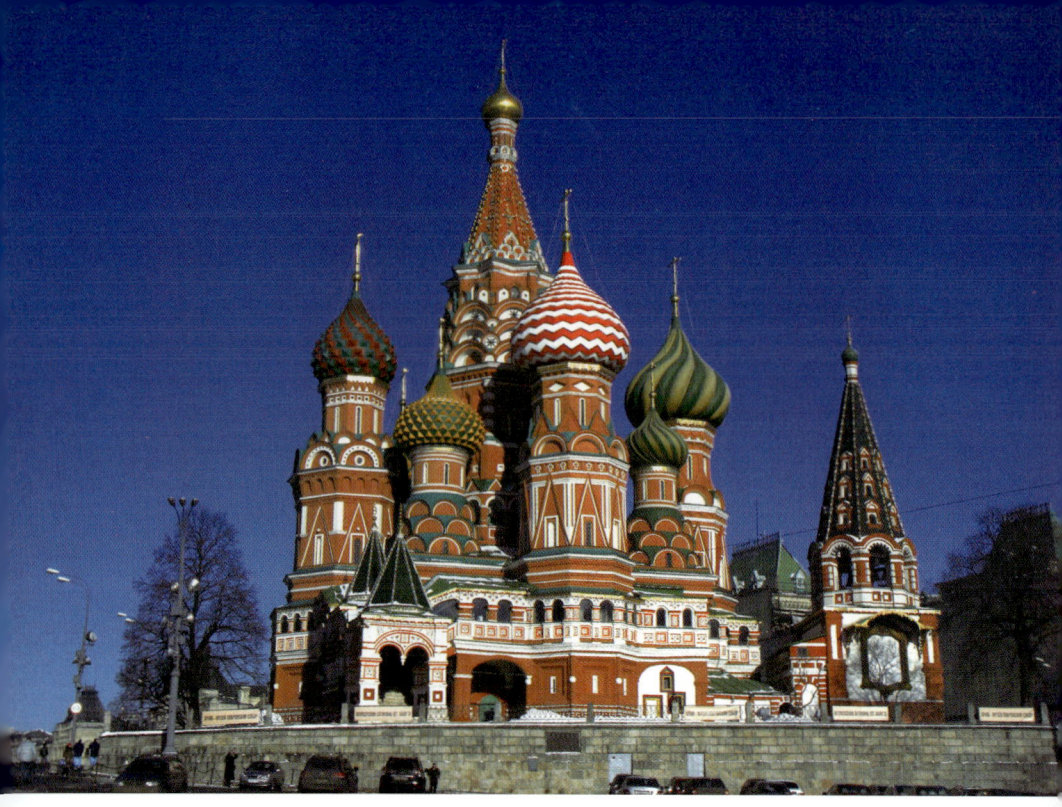

모스끄바의 성 바씰리 사원 외관

파형(돔형)으로 만든 것이며, 풍부한 삼림자원으로 손쉽게 구할 수 있는 것이 목재인 것이다.

교회 내부는 출입부와 예배를 드리는 장소인 회중석(會衆席), 그리고 회중석과 지성소 사이의 '이꼰의 벽', 이렇게 세 부분으로 구성되어 있다. 회중석은 가톨릭이나 개신교와는 달리 의자가 없어 신자들은 선 채로 의식을 치른다. 회중석의 양쪽 벽에는 프레스코화와 이꼰이 정중히 걸려 있다. 신자들은 이꼰 앞에서 초를 봉헌하고 기도를 드린다. 일명 '이꼬노스따스'라고 하는 '이꼰의 벽', 혹은 '성격(聖隔)' 앞에는 설교대가 놓여 있다. 이꼬노스따스는 그리스도와 성모, 사도, 성인들의 일대기를 담은 다양한 이꼰들로 장식되어 있어 그리스도교의 역사를 한눈에 알아볼 수 있게 한다. 실로 교회 내부는 성스러운 이꼰들의 갤러리를 연상케 한다.

그리고 교회의 황금빛 양파머리 지붕(꾸뽈)은 타오르는 대지의 촛불을 상징하며, 촛불은 자신을 정화하고 자신을 불태우는 지고의 희생과 죽은 자를 기억하는 표시다. 꾸뽈은 수에 따라 내포하고 있는 의미가 달라진다. 하나는 그리스도의 유일성을, 둘은 그리스도의 신성과 인성을, 셋은 삼위일체를, 넷은 사도들과 복음서를, 일곱은 정교회의 일곱가지 중요한 의례와 일곱차례의 공의회를 각각 상징한다. 꾸뽈의 황금빛은 천상세계의 초월적 아름다움을, 푸른색은 천상의 영원성을 의미한다. 꾸뽈과 더불어 종소리는 또 하나의 정교회 상징물이다. 일요일이나 축일에 다양한 종소리를 조화롭게 울린다. 타종은 밖에서 치는 우리네 외타식(外打式) 종과는 달리 종 안의 쇠방울을 울려서 소리를 내는 내타식(內打式)이다. 일찍이 서양 문명사가 오스발트 슈펭글러(Oswald Spengler)는 러시아 대지의 지평선 위에 울려퍼지는 종소리와 꾸뽈의 광휘야말로 '러시아적 혼'의 근원적 상징이라고 평한 바 있다.

러시아정교회 앞을 지나다보면 누구나가 그 특이한 십자가 구조에 의문을 던진다. 횡목과 경사진 나무가 덧붙어 있으니 말이다. 그리스도의 매달린 육신을 표현하는 정교회의 십자가는 끝이 6면이거나 8면이다. 십자가의 맨 윗부분은 그리스도의 머리를, 중간의 긴 횡목은 못박힌 그리스도의 두 팔을 의미한다. 그리고 경사진 나무는 그리스도와 함께 십자가형을 받은, 좌우 두 강도의 처지를 반영한 것이다. 그리스도를 인정해 천국에 승천한 강도는 위로 올라간 오른쪽이고, 반대로 부정해 나락에 떨어진 강도는 아래로 처진 왼쪽을 상징한다고 한다. 고대의 신화구조에서 왕왕오른쪽은 긍정을, 왼쪽은 부정을 나타내는 이유가 아마 여기에 있는가 보다. 정교회는 성호에서도 그 특징이 엿보인다. 이꼰 앞에서 인간을 악으

정교회의 십자가

로부터 구제해달라는 의미로 성호를 긋는데, 세 손가락을 먼저 이마(성부)에서 배(성자)로 그은 다음 가톨릭과는 반대로 오른편 어깨(성자들)에서 왼편 어깨(성령)의 순으로 긋는다. 원래는 성호에 두 손가락을 사용하다가 12세기부터 삼위일체를 뜻하는 세 손가락 성호로 바뀐다.

정교는 '리뚜르기아'(Liturgia), 즉 전례(典禮, 예배의식)를 통해 그리스도교의 교리를 이해함으로써 정교회의 통일성과 정체성을 보장하려고 한다. 정교는 다른 종교에서와 같은 성직자의 설교 없이 단순히 전통적이고 의례적인 전례를 통해 교리의 이해에 접근한다. 그리하여 전승에 바탕한 초기 그리스도교적 요소들을 많이 간직하고 있다. 회중석에서 신자들이 부르는 성가로 시작되는 전례는 대교회에서는 매일, 일반 성당에서는 일요일과 축일에만 거행된다. 성가는 반주 없는 8음조의 비잔틴식 단선율 노래다. 정교회에서 그리스도의 대리인으로서의 사제는 결혼을 하고 흰옷을 입는 백승(白僧)과 독신 수도승으로서 검정색 옷을 입는 흑승(黑僧)으로 대별한다. 일반 교회의 사제는 대부분 백승이다.

'지즉위진간(知則爲眞看)', 즉 '알아야 참이 보이기' 때문에 이렇게 구구히 정교회의 세부를 살펴본다. 이것은 남을 있는 그대로 이해하고 받아들이는 타자관(他者觀)의 요청이기도 하다.

47

'성스러운 돌의 도시' 쌍뜨뻬쩨르부르끄

이른 아침 7시 40분(2008년 2월 19일)에 쌍뜨뻬쩨르부르끄 뿔꼬보
(Pulkovo) 국제공항에 착륙했다. 겨울철이라서 음침하리라고만 예상했던
이곳 아침 날씨는 의외로 활짝 개어 있다. 좀처럼 보기 드문 날씨라고 한
다. 전날에 많이 내린 눈이 길가에 수북이 쌓여 있다. 아침기온은 영하 10
도로 내려가지만 한나절이 되면 기온이 0도 안팎으로 올라가면서 눈과 얼
음이 녹아 길가는 질벅거린다. 네바강도 얼지 않고 푸른 물살을 드러낸다.

쌍뜨뻬쩨르부르끄에서 '쌍뜨'(sankt)는 영어 '세인트' 즉 '성스러운'
이란 뜻이고, '뻬쩨르'(peter)는 영어의 '피터대제(大帝)'이고 러시아어의
'뾰뜨르대제'다. '피터'나 '뾰뜨르'는 예수의 제자인 '베드로'의 음사인
데, '베드로'는 '돌'이나 '반석'이란 의미다. '부르끄'(burg)는 독일어나
네덜란드어에서 '도시'란 뜻이다. 이런 말들을 합성한 '쌍뜨뻬쩨르부르
끄'는 '성스러운 돌의 도시'란 뜻이 된다. 이곳엔 돌과 관련된 전설 한가

네바강 다리

지가 전해오고 있다. 도시의 틀이 잡힌 후 300여회나 범람이 연발해 석축을 쌓지 않을 수 없게 되었는데, 그러자면 많은 돌이 필요했다. 그래서 도시로 들어오는 사람에게 통과세란 명목으로 자신의 머리보다 큰 돌덩이 두개씩을 내도록 했다고 한다. 그 시절의 발상치고는 꽤 슬기롭다.

인구 480만(2006년 기준)을 헤아리는 쌍뜨뻬쩨르부르끄는 모스끄바에서 북서쪽으로 850km 떨어진 북위 60도에 위치한 러시아 제2의 도시다. 이 도시는 라도가 호수에서 발원하는 길이 740km의 네바강이 시내 중심을 관통해 핀란드만으로 유입하면서 형성된 자연의 섬 델타와 운하에 의해 생긴 인공섬들 위에 건설되었다. 건설 초기에 41개에서 101개(베네찌아는 114개)로 늘어난 섬들과 3대 운하를 비롯해 모세혈관 구실을 하는

쌍뜨뻬쩨르부르끄 도심의 운하

숱한 운하와 그 위를 가로지르는 365개의 다리(교외까지 625개)로 도시의
얼개가 짜여 있다.

　이 지역은 원래 늪지대였기 때문에 건조한 여름 말고는 안개가 잦고 습
도가 높다. 그래서 화창한 여름날 시인 뿌슈낀은 '유럽을 향한 창'이라고
극찬을 아끼지 않았지만, 습하고 냉혹한 겨울날 작가 도스또옙스끼는
'고전과 퇴폐, 찬란한 아름다움과 우울함이 동시에 피고 지는 세속적인
도시'라고 서로 다른 평을 내린다. 도시 전체가 유네스코의 문화유산에
등재될 정도로 쌍뜨뻬쩨르부르끄는 문화와 예술, 역사와 유적의 도시다.
시내에는 약 250개의 박물관과 50개의 극장, 80개의 미술관이 있으며, 해
마다 900여만명의 관광객이 몰려든다.

자그마한 어촌에 불과했던 쌍뜨뻬쩨르부르끄가 화려한 유럽식 근대도시로 일약 변모하게 된 것은 뾰뜨르대제의 담찬 정치적 야욕의 소산이다. 18세기 초 스웨덴과의 북방전쟁을 치르면서 대제는 뻬뜨로파블롭스끄 요새를 건설하고 나서 유럽을 향한 전초기지의 필요성을 질감한다. 그 기지로서 네바강 하류와 발트해가 만나는 늪지 위에 인공도시를 세우기로 결심하고 네덜란드 암스테르담을 모델로 삼은 도시 건설에 착수한다. 급기야 1712년 제국의 수도를 모스끄바에서 이곳으로 옮긴다. 이를 계기로 유럽식 근대화 도시로 급성장하지만, 이와 동시에 절대왕정의 본산으로 근대화의 악폐를 잉태한다. 그 과정에 모진 풍파를 겪으면서 이름도 몇차례 바뀌고 여러가지 별칭도 뒤따른다. 1918년 쏘비에뜨정부가 수도를 모스끄바로 옮기면서 이곳 이름은 '뻬뜨로그라드'로 바뀌고, 1924년 레닌 사망 후에는 그의 이름을 따서 '레닌그라드'라고 부른다. 근 70년 동안 써오다가 러시아연방 시대가 도래하자 원명이 복원된다. 그 과정에 얻은 별칭만도 '유럽을 향한 창' '북쪽의 베네찌아' '운하의 도시' '물의 도시' '백야의 도시' '혁명의 도시' 등 다양하다.

도시 어귀에 들어서자마자 유네스코 문화유산에 등재된 도시답게 유적·유물이 줄줄이 시야에 들어온다. 모스끄바대로에는 제2차 세계대전 때 벌어진 유명한 레닌그라드 공방전의 현장을 증언하는 모스끄바 문(당시 바리케이드로 사용)이 장중히 서 있다. 독·소전쟁이 한창이던 1941년 9월 독일군은 전략적으로 중요한 레닌그라드(현 쌍뜨뻬쩨르부르끄)를 모든 수송로를 차단한 채 무려 872일 동안이나 봉쇄한다. 그러나 군민 합심으로 끝내 도시를 지켜낸다.

당시 치열했던 전화의 상흔을 성 이삭 성당에서 찾아볼 수 있다. 시민들의 정신적 지주였던 이 성당의 외벽과 기둥에는 아직까지도 총격의 흔

2차 세계대전 때 '레닌그라드 공방전'에서 바리케이드로 쓰인 모스끄바 문

적이 그대로 남아 있다. 이 성당은 1818년부터 40년 동안 지어진, 단일 예배당으로서는 세계 최대를 자랑하는 성당이다. 규모도 규모거니와 완벽한 건축미를 보여준다. 64개의 원통 대리석기둥 위에 세워진 돔의 높이는 111.3m에 달하며, 3개의 육중한 청동문은 각각 무게만도 9톤이나 된다. 당시에는 이 건물보다 더 높은 건물은 불허했다고 하니 그 위세는 가히 짐작하고도 남음이 있다. 설계와 감독을 맡은 프랑스 건축가 몽펠랑은 이 성당을 짓는 데 평생을 바쳤다고 한다.

이윽고 도심부인 넵스끼거리에 들어섰다. '넵스끼'는 '네바강'이라는 뜻에서 유래된 말이며, 넵스끼거리는 네바강 왼쪽 기슭을 따라 펼쳐진 거리다. 19세기 중엽에 개통된 거리는 알렉산드르 넵스끼 수도원에서부터 옛날 해군성까지 뻗어 있다. 작가 고골은 '넵스끼 대로보다 훌륭한 곳은 없다'고 절찬하면서 『넵스끼 대로』라는 작품을 썼고, 뿌슈낀이나 똘스또이, 도스또옙스끼 같은 문호들의 작품에도 이 거리가 자주 등장한다. 이 거리에는 카잔 성당, 도스또옙스끼 묘가 있는 알렉산드르 넵스끼 대수도원, 미하일로프 광장, 알렉산드리아 광장, 10월혁명의 본부 자리인 스몰리 수도원 등 굵직한 유적들과 더불어 상점들도 즐비하다. 카잔 성당은 로마의 성 뻬뜨르 성당을 본떠 지은 네오클래식풍의 건물로서 코린트식 열주가 늘어선 회랑으로 둘러싸여 외모부터가 웅숭깊은 느낌을 준다.

멀어져가는 알렉산드르 넵스끼 대수도원의 황금빛 꾸뽈을 물끄러미 바라보는 순간, 그 속에 묻힌 도스또옙스끼가 쓴 불후의 명작 『죄와 벌』이 떠오른다. 그 시절 밤을 새워가면서 탐독하던 소설이다. 이 거리의 가난한 대학생인 주인공은 현실적으로는 가진 것이 없어 가난하고 무력하지만 현실을 각성한 의지적이고 사색적인 청년이다. 그는 인간을 범인(凡人, 평범한 사람)과 비범인(천재적인 사람)으로 나누면서 범인은 기성의 도덕과 법률에 대한 복종형 인간이고, 비범인은 그러한 것에 대한 초월형 인간이라고 해석한다. 이 대목에서 대문호 도스또옙스끼는 분명 '복종형 인간'에서 '초월형 인간'에로의 도약을 지향한다. 그의 문학이 오늘날까지도 살아숨쉬고 있는 이유가 바로 여기에 있다.

한참 달리다가 차는 노란색 3층 건물 앞에서 속도를 줄인다. 모이카강가의 뿌슈낀 문학박물관이다. 뿌슈낀은 모스끄바에서 태어나 열두 살 때 쌍뜨뻬쩨르부르끄 교외에 있는 학습원에 입학해 문학의 길을 걷기 시작한 이래 생애의 대부분을 이곳에서 보낸다. 이곳을 무대로 『예브게니오네긴』 『대위의 딸』 등 주옥같은 시편들을 줄줄이 쏟아낸다. 열혈청년 뿌슈낀은 사회의 부조리에 대해서도 가차없는 메스를 들이댄다. 근대 러시아의 첫 혁명운동이라고 하는 제까브리스뜨들의 반전제주의 투쟁(1825)과도 호흡을 같이한다. 박물관에는 뿌슈낀뿐만 아니라 똘스또이·도스또옙스끼·마야꼽스끼 등의 원고와 유작, 사진들이 전시되어 러시아 최고의 문학박물관으로 꼽힌다.

벽에는 1837년 1월 27일 오후 4시 반에 멈춰버린 시계가 걸려 있다. 결투의 한방 총성이 울린 시각이다. 시 외곽의 얼어붙은 대지에서 뿌슈낀은 아내 나딸리아의 연인인 프랑스 사관생도 단떼스와의 결투에서 상대가 먼저 쏜 총알에 하복부를 맞고 쓰러진다. 이틀 후 비운에 간다. 영화에서 봤던 그 처절한 장면이 눈앞에서 재현된다. 결투, 인간의 삶에 대한 역설적인 유린이다. 결투는 입회인의 참석 아래 제비뽑기로 먼저 권총을 쏠 사람을 선정하고, 그가 상대방을 쓰러뜨리면 결투는 그것으로 끝나지만, 그렇지 못하면 상대방에게 자신을 쏠 수 있는 기회를 넘겨준다. 결투는 명예라는 '허구적 기호'를 실재보다 더 귀중히 여겨온 서구적 근대성의 엽기적 산물이다. 망자 뿌슈낀은 이런 허구성을 갈파했기에 시 「삶이 그대를 속일지라도」에서 "삶이 그대를 속일지라도, 슬퍼하거나 노하지 말라, 우울한 날들을 견디면, 믿으라, 기쁨의 날이 오리니"라고 절규한다.

첫날 오후는 에르미따주박물관에서 보내고 저녁은 '아리랑식당'에서 며칠 만에 한식으로 때운다. 네바강변에 자리한 모스끄바호텔 5층 5016호에 여장을 풀었다. 승강기 고장으로 오르내리는 데 얼마간의 발품을 팔았다. 다음날은 아침 일찍부터 자야치섬(토끼섬) 일대의 관광에 나섰다. 제일 아름답다는 뜨로이쯔끼(삼위일체) 다리를 건너자 반원형의 비르쥐바야광장에 두기의 등대(라스뜨랄)가 나타난다. 높이 32m의 등대에는 바다의 신 '넵튠'과 뱃머리 장식, 그리고 볼가강·드네프르강·네바강·발호프강을 상징하는 4개의 조각상이 부착되어 있으며, 꼭대기에는 불을 피워 바다를 밝히는 기름접시가 놓여 있다.

토끼섬에 이르러서는 제정러시아의 쌍두독수리 국장이 걸려 있는 뾜뜨

르 문을 지나 뻬뜨로파블롭스끄 요새에 들어섰다. 원래 이 요새는 뾰뜨르 대제가 북방전쟁에서 스웨덴으로부터 되찾은 네바강 유역의 땅을 지키기 위해 처음에는 흙과 나무로 지었으나(1733), 후에 다시 돌로 보강했다. 르 네쌍스 시대가 추구하던 6각형 모양을 따른 성채의 높이는 12m, 폭은 4m 로서 성벽에는 5개의 문과 6개의 망루가 설치돼 있다. 1917년 10월혁명 전까지는 정치범 수용소로 이용되었다. 아이러니하게도 첫 수감자는 뾰 뜨르대제의 개혁을 반대한 아들 알렉시스 왕자였다. 도스또옙스끼와 고 리끼도 여기에 감금된 적이 있다.

　같은 이름의 성당은 우람하고도 화려하다. 나무로 지은 집이 불타버리 자 지금의 철제구조물로 지어졌다(1850). 쌍뜨뻬쩨르부르끄에서 가장 높 은 122.5m의 첨탑 꼭대기엔 높이 3.8m, 날개길이 역시 3.8m의 천사상이 십자가를 안고 서 있다. 넓은 홀에 역동적으로 비틀어 만든 곡선형 도금 기둥장식이 퍽 인상적이다. 여기에는 역대 로마노프 왕가의 황족들이 묻 혀 있다. 러시아의 마지막 황제로서 총살당해 죽은 비운의 니꼴라이 2세 와 그 가족들의 유해도 발견된 후 이곳에 이장되었다. 성당 앞에는 미국 에서 활동한 한 조각가가 1991년에 기증한 이색적인 뾰뜨르의 앉아 있는 동상이 눈길을 끈다. 머리는 작고 손발은 크며 키는 2m가 넘어 신체적 균 형이 맞지 않는 다소 해학적인 조형물이다. 사실 러시아 근대화의 초석을 놓은 뾰뜨르는 파격적인 기인이다. 매우 정력적인 사람으로서 건축을 진 지하게 탐구하던 끝에 신분을 속이고 핀란드의 조선소에서 조선술을 2년 동안이나 공부하고, 요새 동쪽 30m의 강변에 쌍뜨뻬쩨르부르끄에서 최 초로 지은(1703) 건물인 오두막에 8년 동안 살면서 수도 건설에 잠심몰두 (潛心沒頭)한다. 이 오두막에 전시된 소박한 거실과 침실, 서재와 식당, 그 가 직접 만든 보트 등의 유물은 보는 이로 하여금 숙연하게 한다.

자야치섬(토끼섬)의
뻬뜨로파블롭스끄 성당 외관

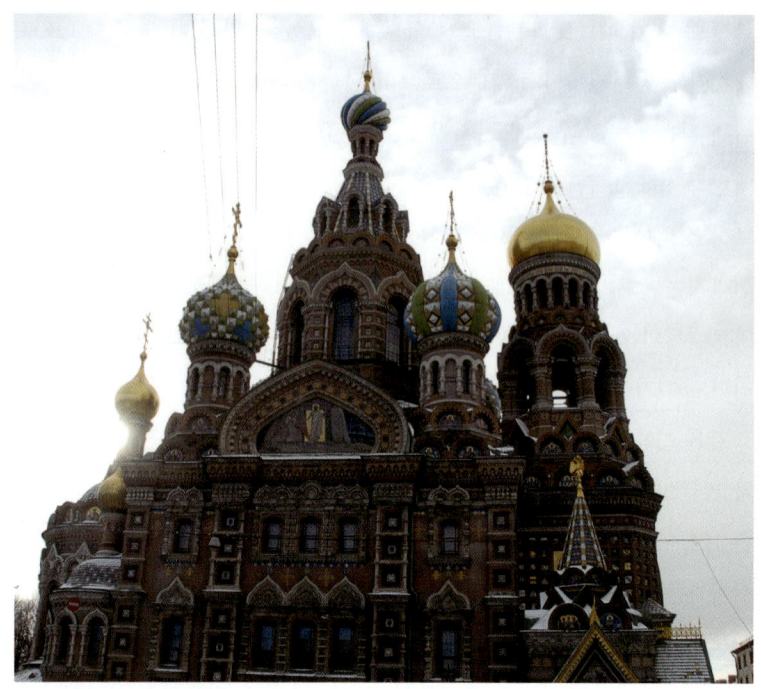

알렉산드르 2세가 피살된 '피의 구원 성당' 외관

돌아오는 길에 이름만 들어도 섬뜩한 '피의 구원 성당'에 들렀다. 19세기 말 공포정치로 악명 높았던 알렉산드르 2세가 7번의 폭탄테러 끝에 피흘리며 쓰러진 곳에 세워진 성당이다. 캄차카반도를 미국에 팔아넘길 정도로 매국도 서슴지 않은 그에 대한 민중의 저주는 하늘에 사무쳤다. 손자인 니꼴라이 2세는 24년이나 걸려 지은 이 화려한 성당과 똑같은 건물을 다른 곳에서는 지을 수 없도록 하기 위해 건축가의 눈을 뽑아버렸다고 한다. 역사는 화려함에 가려진 어둠을 결코 잊지 않고 만대에 고발한다.

48
미술의 보고, 에르미따주박물관

근대 유물의 분포밀도로 보면 쌍뜨뻬쩨르부르그가 아마 세계에서 으뜸 자리를 차지할 것이다. 면적이 45.6km²(서울 면적의 약 13분의 1)밖에 안 되는 곳에 250개의 각종 박물관이 있고, 거리마다에 유적·유물과 볼거리가 올망졸망 붙어 있다. 그러나 그 백미는 단연 세계 3대 박물관의 하나인 에르미따주박물관이다. 그래서 이곳을 찾는 사람들이 제일 먼저 가보고 싶어하는 곳이 바로 이 박물관이다. 해마다 260만명이나 찾는다고 한다. 문제는 어떻게 제한된 시간 내에 그 방대한 내용의 얼개라도 대충 알고 가는가 하는 것이다.

이틀간의 일정에서 첫날 반나절을 박물관 참관에 할애했다. 차창 밖으로 유유히 흐르는 네바강의 잔잔한 물결을 바라보면서 근 50년 전의 어슴 푸레한 기억을 애써 되살려봤으나 흐리멍덩 아름아름할 뿐이다. 새벽 1시에 상관이 들렸다가 5시에 다시 무겁게 내려앉는 네바강의 여닫이다리

에르미따주박물관 외경

위로 차량과 사람 물결이 일렁인다. 네바는 '여자의 마음'이란 뜻이다. 외 람된 말이지만 여자의 잦은 변심처럼 강물빛이 하루에 세번 바뀌는 데서 유래된 비유이다. 아침에는 회색이지만 한나절에는 푸른빛으로 변했다가 저녁이면 황금빛을 띤다고 한다. 이것은 햇빛의 조화나 백야(白夜)의 착 시(錯視)에서 오는 현상일 터이다. 길이 740km의 네바강은 동쪽에 있는 1 만8천km² 면적의 라도가호에서 발원해 하류에 쌍뜨뻬쩨르부르끄 같은 큰 도시가 들어앉을 수 있는 삼각주를 만든 다음 핀란드만으로 흘러들어 간다. 백야는 예나 지금이나 이곳의 인기 브랜드다. 백야는 고위도(高緯 度) 지방에서 한여름에 태양이 지평선 아래로 떨어지지 않아 밤인데도 대 낮처럼 환한 현상을 말한다. 보통 6월 21일부터 29일까지 기간에 새벽 2~3시경 잠시 어둑해졌다가 이내 해가 뜨는 심한 백야 현상이 나타난다. 몽환(夢幻)의 은빛 세계 속에서 '백야의 별축제'니 '백야의 댄스페스티 벌'이니 하는 '환희의 장'이 펼쳐지곤 한다. 도스또옙스끼는 소설 『백야』 에서 "나의 밤은 당신의 낮보다 훨씬 아름다웠다"라고 예찬도 하지만 그 속에 감춰진 환상과 우울, 미망(迷妄)을 더 신랄하게 꼬집는다.

어느새 차가 에르미따주박물관과 잇닿은 궁전광장에 이르렀다. 체크무늬의 광장 중앙에 장대한 알렉산드로프 전승기념비가 우뚝 서 있다. 기둥 높이가 47.5m에 달하는 이 기념비는 1812년 나뽈레옹과의 전쟁에서 승리한 것을 기념하기 위해 12년 후에 짜르 황제 알렉산드르가 세운 것인데, 무게가 600톤에 달하는 자주색 대리석 기둥이다. 기둥 꼭대기에는 십자가를 안고 있는 천사상이 얹혀 있다. 이 광장은 짜르의 전제주의 폭정에 항거한 '피의 일요일'과 10월혁명 사건으로 러시아 현대사에 빛나는 한 페이지를 수놓고 있다. 장기간 짜르의 혹독한 전제통치에 시달려오던 피압박 대중이 1905년 1월 9일(일요일), 드디어 지금의 모스끄바역 광장에서 넵스끼거리를 지나 황궁이 있는 이 광장으로 몰려든다. 군중들은 인간으로서의 최소한의 생존권과 언론 및 집회의 자유를 보장해달라는 등의 요청사항이 적힌 플래카드를 들고 평화행진에 나선다. 막혔던 보가 터지듯 많은 시민들이 합류해 대오는 어마어마하게 늘어난다. 짜르가 손을 흔들며 궁전 발코니에 나타나자 시위 군중들은 이제야 짜르가 그들의 요구를 들어주려는 것이라 생각하고 그를 향해 환호한다. 순간, 짜르가 흔들던 손을 내리자 군중을 에워싸고 있던 군인들이 군중을 향해 일제히 기관총 사격을 퍼붓는다. 삽시간에 새하얀 광장이 4천명이 넘는 무고한 사상자들의 피로 붉게 물든다. 이날을 역사에서는 '피의 일요일'이라고 한다. 그러나 역설적으로 바로 이날 짜르의 전제통치를 불살라버릴 혁명의 불씨가 지펴진다.

이때부터 12년이 지난 1917년, 2월혁명을 거쳐 드디어 10월 25일 밤 네바강 건너편에 정박중이던 오로라호가 동궁(冬宮)을 향해 발사한 공포탄이 10월혁명의 서막을 알린다. 다음날 새벽 2시, 궁전에서 혁명을 진압하

에르미따주박물관 게오르게홀

기 위한 모의를 하고 있던 니꼴라이 2세와 임시정부 각료들이 현장에서
체포된다. 영욕으로 점철된 로마노프 왕조가 종언을 고하는 순간이다. 에
르미따주박물관에 보존되어 있는 그때의 그 모의장소 벽에는 새벽 2시에
멈춰선 시계가 걸려 있다. 이 역사적 사변의 일등공신인 오로라호는 원래
1897년에 건조되어 3년 후에 진수한 7천톤급의 순양함이다. 발트함대 소
속으로 1905년 일본과의 쯔시마(對馬島) 해전에서 68척 가운데 구사일생
으로 살아남은 2척 중 한척인데, 2월혁명 때는 선원들이 선상 반란을 일
으켜 선장을 살해하고 민중봉기에 가담한 전력이 있다. 뾰뜨르대제의 오
두막을 보고 나서 인근에 유물로 정박해 있는 이 배를 찾았다. 세월의 풍
상 속에 혁혁한 전공을 세운 노(老)순양함은 이제 몇개의 무공훈장만을
달고 부동의 자세로 관광객들을 맞으려 물 위에 적적하게 떠 있다. 몇몇
물오리만이 주위를 맴돌며 무자맥질하고 있다. 마침 해군행사가 열려 내

에르미따주박물관 기사관

부 구경은 할 수 없다고 해서 외경만 카메라에 담았다.

궁전광장을 에워싸고 벌어졌던 이러저러한 일들을 뒤로하고 에르미따주박물관에 들어섰다. 성인 입장료는 450루블이고, 내부 사진촬영시는 100루블을, 캠코더 소지시는 250루블을 추가한다. 예전엔 실내촬영이 금지되었는데, 지금은 돈 앞에서 그 금기가 무너지고 말았다. 보존과 돈의 역학관계에서 변화가 인 셈이다. 그 시절의 러시아가 아닌 다른 러시아의 한 단면을 읽게 된다. 에르미따주는 프랑스어로 '은둔하는 곳'이란 뜻이다. 왜 그런 이름이 붙여졌는지는 확연치 않으나, 지하에 많은 은밀한 방이 있어 그로부터 유래되었다는 그럴싸한 설이 있다. 1924년 이래 '국립 에르미따주박물관'으로 불리고 있다. 프랑스의 루브르박물관과 영국의 대영박물관과 더불어 세계 3대 박물관의 하나라고 하는 이 대형 박물관은 건물부터 구도와 전시품에 이르기까지 그 깊이와 폭이 실로 엄청나다.

오늘날의 에르미따주박물관은 네바강가에 위치하면서 서로 연결된 다섯개의 건물, 즉 지붕에 176개의 조각상을 이고 있는 겨울궁전(동궁), 소(小, 말라야)에르미따주, 구(舊, 스따르이)에르미따주, 신(新, 노브이)에르미따주, 에르미따주극장으로 구성된 하나의 복합구조물이다. 그 가운데서 가장 큰 건물로서 본관 구실을 하는 것은 초록과 흰색의 환상적인 로꼬꼬풍(18세기 프랑스에서 생겨난 귀족계급의 우아하고 유희적인 예술형식)으로 지어진 동궁이다. 이 박물관의 개관일은 논쟁 끝에 최초의 건물인 동궁의 완공일이 아닌, 미술품의 전시 시작일로 낙착되었다. 동궁은 뾰뜨르대제의 며느리인 엘리제베타 여제가 8년 동안(1754~1762) 지은 것으로서 순전히 궁전으로만 쓰여왔다. 이어 뾰뜨르대제의 딸인 예까쩨리나 여제가 1764~87년 사이에 동궁 옆에 소에르미따주와 구에르미따주를, 1783~87년 사이에 구에르미따주와 아치 화랑으로 연결되는 에르미따주극장을 지었다. 신에르미따주는 한참 후인 1839년 니꼴라이 1세 때 건조되었다. 1764년 소·구 에르미따주를 짓기 시작할 무렵 베를린의 한 갑부가 부채 대신 소장 미술품 225점을 러시아에 건넨다. 이를 계기로 당시 서양 계몽주의에 심취해 러시아의 후진성을 개탄해오던 예까쩨리나 여제는 대뜸 화랑을 열고 서양 귀족들로부터 2천여점의 예술품을 사들인다. 비록 화재를 입고(1837), 무식한 니꼴라이 1세가 1천여점의 작품을 경매에 부쳐 날려보내기도 했지만, 러시아의 근대화 추진과 더불어 소장품이 꾸준히 늘어나면서 19세기 말부터 일반인에게 공개되기 시작한다. 쏘비에뜨연방 시대에 수도가 모스끄바로 옮겨지면서 적잖은 소장품이 모스끄바 국립표현박물관에 이장된다. 2차대전 때는 두 차량분의 소장품이 임시로 우랄산맥 너머에 피란했다가 되돌아오기도 했다.

그렇다면 숱한 우여곡절을 겪으면서도 세계 3대 박물관의 하나라는 위상을 그대로 유지해온 이 박물관에 소장된 작품은 과연 얼마나 될까? 2006년 '쌍뜨뻬쩨르부르끄 출판사'가 출판한 도록 『에르미따주』의 어디에도 구체적인 양이나 규모는 밝혀져 있지 않다. 대체로 연구자들이나 관심있는 관람자들의 추산만이 난무하다. 그들에 따르면, 총면적이 4만6천㎡나 되는 350(400?)여개 방에 조각 1만2천점, 회화 1만6천점, 판화와 데생 60만점 등 총 300(290?)만점이 소장되어 있다고 한다. 또한 10km나 되는 동선(動線)을 따라 한 작품을 10초씩 하루 8시간 본다고 해도 장장 4년이 걸린다느니, 1,050(1,020?)개의 전시실에 전시된 작품들을 1분씩만 감상해도 5년이나 걸린다느니, 창문과 오르내리는 계단의 수는 각각 2천개와 120개나 된다는 등 갖가지 호기심을 자극하는 통계가 나돌고 있다.

작품들은 3개층으로 나눠 전시되어 있다. 1층에는 선사시대의 문화와 예술, 고대 이집트를 비롯한 오리엔트 문화, 아시아 문화와 예술, 그리스-로마의 고전 문화와 예술에 관한 유물들이 전시되어 있다. 2층과 3층에는 주로 서구의 명작들이 선을 보이고 있는데, 명작들의 '총집합장'이라고 해도 과언이 아니다. 이딸리아 다빈치의 「꽃을 가진 성모」와 라파엘로의 「성모상」, 네덜란드 렘브란트의 「돌아온 탕자」, 프랑스 쎄잔느의 「화병」과 마띠스의 「음악」, 고갱의 「열매를 들고 있는 여인」, 레넨의 「우유를 파는 여자의 가족」, 독일 홀바인의 「젊은 남자의 초상」, 스페인 삐까쏘의 「부채를 들고 있는 여자」 등 듣기만 해도 미감에 흠뻑 젖는 세기의 초상들이다. 물론 명성대로 미술품이 위주지만, 2층에는 서유럽지역의 무기류와 의전용 홀(笏) 전시실이, 3층에는 화폐전시실 같은 유물전시실도 마련되어 있다. 아무튼 에르미따주는 명실상부한 미술사 공부의 전당임을 새삼 느낀다.

미술에 관한 한 에르미따주가 타자의 초월을 불허할 만하다는 데는 이

10월혁명의 서막을 알린 순양함 오로라호

의를 달지 않는다. 그러나 주로 1층에 덤으로 전시된 선사시대나 고대의 유물은 퍽 빈약하다. 사실 이번에 이곳을 찾아 가장 알고 싶었던 것은 그래도 러시아가 많이 소장하고 있는 중앙아시아와 알타이 지역 문화유산이다. 특히 아직껏 가보지 못한 북방 유목문화의 보고 파지리크 고분군 유물에 관한 기대가 컸다. 그런데 운이 없게도 26호 파지리크 유물 전시실을 비롯한 중앙아시아관은 수리중이라서 11월 말까지 문을 열지 않는다고 한다. 사정 끝에 겨우 추가 입장권을 구입해 중앙아시아관의 한개 실만 '말 타고 꽃구경하는' 식으로 휙 둘러봤다. 주로 씰크와 의상에 관한 유물이라서 기대엔 못 미쳤다. 그나마 다행스러운 것은 적잖은 유물을 전시하고 있는 스키타이관을 세세히 둘러볼 수 있었던 것이다. 그리고 의외의 소득은 선사관에서 남러시아에서 출토된 인류 문명교류의 최초 유물이라고 하는 전형적인 비너스상 두점을 발견한 것이다. 삐까쏘의 인물화 한점을 구입하고 박물관을 떠났다.

미술에 관한 한 러시아인들은 천부적인 재능과 소양을 갖춘 사람들인 것 같다. 쌍뜨뻬쩨르부르끄에만도 이 에르미따주 말고도 일행이 방문한 러시아박물관을 비롯해 30여개의 전문 미술박물관이 있다. '뻬뜨로꼬프', 즉 뾰뜨르대제의 여름궁전 같은 가볼 만한 유적·유물들을 뒤로 남긴 채 이번의 짧은 쌍뜨뻬쩨르부르끄 답사를 마쳤다. 여행이란 늘 다음을 위해 아쉬움을 남겨두는 법, 어쩌면 이것이 여행의 유혹이요 매력일 것이다. 이 글을 마무리하면서 한가지 반가운 소식을 전하면, 한·러수교 20주년이 되는 올해에 기념행사의 일환으로 '에르미따주 한국유물전'이 예견되며, 이를 계기로 에르미따주박물관에 소장된 한국유물 조사 및 한국실 개관도 논의될 것이라고 한다. 실로 경하해 맞이할 일이다.

49
스키타이 미술공예의 신비

기원전 수세기 동안 북방 유라시아대륙을 풍미하던 스키타이의 문화, 특히 휘황찬란한 미술공예의 신비에 관해서는 아직껏 많은 수수께끼가 입방아를 찧고 있다. 필자는 일찍이 서구문명 중심주의에 의해 문명권에서 소외된 북방 유목기마민족 문화를 하나의 새로운 문명권으로 설정하면서 그 중심에 서 있는 스키타이 문화에 관해 각별한 관심을 가져왔다. 그 현장 몇곳을 돌아보기는 했지만, 유물을 종합적으로 관조할 수 있는 기회는 종시 차려지지 않았다. 그러던 차 에르미따주박물관의 스키타이관을 찾게 된 것은 큰 행운이 아닐 수 없다. 박물관 내의 미술전시관들은 관람객들로 붐비지만, 웬일인지 이 스키타이관만은 한산한 편이다. 덕분에 유물을 꼼꼼히 살펴볼 수 있었다.

이러한 유물과 더불어 몇가지 기록에 의해 스키타이의 정체가 점차 밝혀지고 있다. 구약성서에서는 선지자 예레미야가 그들을 활과 창을 잡고 말

을 탄 채로 줄지어 엄습하는 잔인한
북방민족으로 묘사하고 있다. 같은
시기 앗시리아의 설형문자 점토판
에 새겨진 에사르하돈(Esarhaddon)
왕(기원전 681~669 재위)의 연대
기에는 그들을 '아슈구(쿠)자이'
(Ashg〔k〕uzai)라고, 그리고 기원
전 7세기 후반부터 스키타이와 교
역을 시작한 그리스인들은 그들을
'스키타이'(Skythai) 혹은 '스키테
스'(Skythes)라고 부른다. 그러나
스키타이인들은 스스로를 '스콜로
텐'(Skoloten) 혹은 '슈크'(Shk)라

스키타이 무사들의 전투장면을 새긴 금제 빗(기원전 4세기)

고 칭한다. '이슈구(쿠)자이'나 '스키타이'는 이 '스콜로텐'이나 '슈크'에
서 유래된 것이라고 한다.

　스키타이의 시조와 인종 및 본향에 관해서는 이견이 구구하다. 기원전
5세기 그리스의 역사가 헤로도토스는 명저 『역사』에서 스키타이의 시조
에 관해 두가지 전설을 전하고 있다. 하나는 타르기타오스(Targitaos)란
시조인데, 그의 아버지는 태양신 제우스이고 어머니는 보리스테네스강
(현 드네프르강)을 낀 땅이라고 한다. 다른 하나는 헤라클레스가 드네프
르강 연안에 있는 울창한 삼림지대인 힐라에아(Hylaea)에 살던 사녀(蛇
女, 상반신은 사람이고 하반신은 뱀)와 동거해 낳은 셋째아들 '스키테스'가
바로 스키타이 시조라는 것이다. 이 두가지 상징적인 전설에서 공통되는
점은 시조의 출현이 드네프르강과 관련이 있다는 것이다. 인종과 관련해

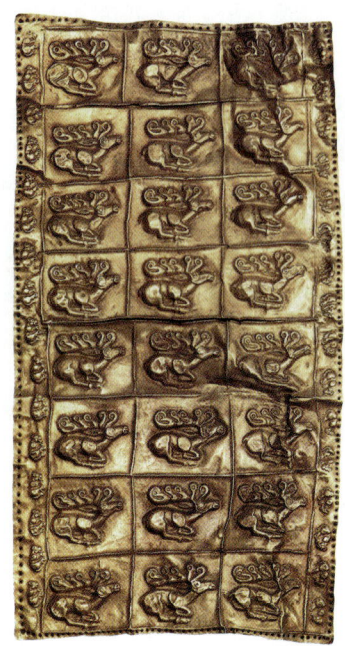

사슴 모양이 새겨진 금박 화살통(기원전 7세기)

서는, 전해오는 신명(神名)이나 인명, 지명 등을 감안할 때 스키타이어는 인도-유럽어족의 인도-이란어군 중 동이란 아어군(亞語群)에 속한다. 따라서 그들은 비록 인종적 혼합을 많이 겪어왔지만, 원초적 인종은 이란인의 한 계통이라는 데 견해가 모아지고 있다.

스키타이의 본향에 관해서도 여러가지 설이 있으나, 가장 신빙성 있는 것은 동쪽으로부터의 서진설(西進說)이다. 이 설에 의하면 그들은 아락세스강(현 볼가강) 동쪽에 살다가 중앙아시아의 일족인 마사게타이(Massagetae)의 공격을 받자 강을 건너 흑해 북안에 진출한다. 그러자 원주민 킴메르인(Kimmeran)들은 깝까즈산맥을 넘어 남쪽으로 도망친다. 도망치는 그들을 추격하던 끝에 근동지방에 이른다. 당시 여러 세력들간에 각축전이 벌어지고 있는 혼란한 상태를 틈타 스키타이는 근동지방을 손쉽게 장악하고 28년간이나 통치한다.

이러한 시조나 인종 및 본향을 가진 스키타이의 형질적 용모는 대체로 우람한 체구에 광대뼈가 튀어나오고 턱수염이 더부룩하다. 키는 계층에 따라 다른데, 상층부는 비교적 큰 편(176~180cm)이나 평민은 중위(약 164cm)에 머문다. 귀를 덮는 끝이 뾰족한 모자를 쓰고 헐렁한 통바지에 버선 모양의 가죽단화를 신고 앞이 트인 전개형(前開型, 까프딴)의 짧은 상의에 허리띠를 졸라맨 모습은 흡사 고구려인의 옷맵시를 연상케 한다.

지혜의 여신이 새겨진 금제 장식품(기원전 4세기)

스키타이 왕국은 왕족 스키타이가 다른 스키타이(유목이나 농경 스키타이)를 통솔하는 부족연맹적 성격이 짙은 왕국이다. 말 위의 궁술가(弓術家)들인 스키타이는 가재도구를 실은 차를 집으로 삼아 정처없이 떠돌아다니는 유목기마민족이다. 그들의 기동력이나 전투력은 당대의 어느 누구도 따라잡을 수가 없으며, 사회 전체가 군사적 색채를 강하게 띠고 있다. 헤로도토스는 스키타이의 가장 두드러진 특성이라고 한다면, 그들을 공격한 어떤 적도 그들로부터 도망갈 수 없고, 그들이 피하고자 하면 어느 누구도 그들을 붙잡을 수 없다는 점이라고 자탄어린 지적을 한 바 있다. 징병제를 근간으로 한 각 부족에게는 기마전사단이 조직되어 있으며, 부족장은 언제나 진두에서 죽음을 불사하고 전투를 지휘하며 퇴각은 애당초 불허된다.

스키타이의 무사정신과 승전욕, 그리고 형제애는 남다르다. 무사가 첫 번째 적을 죽이면 적의 피를 마시는 특별의식을 거행하며, 살해된 적의 머릿가죽을 벗겨서는 무두질해 손수건이나 옷감으로 쓰기도 하고 말고삐에

길이 41.4cm의 금제 말머리 꾸리
개(기원전 4세기)

매달아 과시하기도 한다. 그들은 손가락을 자르는 엄숙한 서약을 통해 의형제 관계를 맺고 상호 충절을 확인한다. 스키타이의 무사정신이나 사회의 군사적 성격은 마구와 기마전술용 무기가 발달한 데서도 찾아볼 수 있다. 스키타이관에 전시된 유물 중에는 이를 증명하듯 안장·가죽등자·청동제 갑옷·짧은 활·방패·쌍날 달린 아키나케스형 단검 등이 유난히 눈에 많이 띈다.

스키타이의 종교의식은 토테미즘적이고 샤머니즘적이다. 그들은 자연현상을 의인화(擬人化)한 신과 동물을 숭배한다. 그러나 신을 위한 신전이나 조상(彫像)을 세우지는 않는다. 그들에게 전쟁신 아레스는 각별한 의미가 부여된다. 마른 장작을 산더미처럼 쌓아놓고 꼭대기에 아레스의 상징인 오래된 철검(鐵劍)을 꽂는 의식을 매해 치른다. 종교적 의례로서의 희생이나 순장 흔적도 곳곳에서 보인다.

잘 알려지지 않았지만, 아니 정확히 표현하면 알려고 하지 않았지만, 스키타이는 인류에게 실로 풍부하고 값진 문화유산을 남겨놓았다. 그 가운데서 으뜸가는 것은 단연 신비의 경지에 이른 미술공예다. 조형기법이나 소재, 문양, 용도, 그리고 외래문화의 영향관계에 따라 미술공예사를 세분해 5기로 나누기도 하고, 또는 전·후 2기로 대별하기도 한다. 5분법은 기원전 8~7세기를 1기, 6세기를 2기, 5세기를

3기, 4세기를 4기, 3세기 이후를 5기로 나누는 분법이다. 2분법에서 전기는 기원전 8~5세기로 5분법의 제1·2·3기에 해당한다. 이 시기에는 앗시리아와 페르시아 문화의 영향을 많이 받았으며, 주요 유물들이 쿠반강 유역에 널려 있다. 후기는 기원전 4세기 이후로 5분법의 제4·5기에 해당하며, 주로 그리스와 헬레니즘 문화의 영향을 받았고, 드네프르강 유역에 유물이 집중되어 있다.

스키타이 미술공예의 특징은 동물의장의 신통한 발달과 황금을 비롯한 귀금속의 세공이다. 무구(武具)와 마구(馬具)를 포함해 이른바 '스키타이 3요소'를 이루고 있는 동물의장(양식)은 원래 스키타이에서 비롯된 것은 아니고, 그전부터 전승되어온 것이다. 그러나 스키타이들이 나름대로 그 내용을 풍부하게 하고 독특한 예술기법을 도입해 스키타이 특유의 동물의장을 창출한 것이다. 일반적으로 동물의장의 기원에 관해서는 북시베리아 삼림지대 기원설과 오리엔트 기원설 두가지가 있다. 전자의 경우에는 산양이라든가 사나운 들새와 날짐승 같은 사실적 야생동물이 주제로 많이 다루어진다. 이에 비해 후자의 경우에는 환상적이고 기괴한 동물들이 등장해 서로 싸우는 이른바 '동물투쟁'이 주 모티브를 이루고 있다. 스키타이는 이러한 북시베리아의 전통을 이어받으면서도 한편으로는 오리엔트의 동물투쟁 기법을 창의적으로 받아들여 독특한 동물의장을 안출하고 발전시켰다.

사슴 모양의 방패장식판 유물에서 보다시피 미술공예가들은 짐승들의 몸을 일정한 형태의 틀 안에 넣기 위해 기발한 형태로 동물의 몸통을 변형시키거나 압축함으로써 짐승이 가지는 힘과 탄력을 생생하게 나타내고 있다. 또한 그들은 동물의 투쟁장면을 모티브로 하여 동물의 몸을 좁은 공간에 압축시키고 그 표현을 도식화하고 편화(便化)해 동물의 힘을 강조하거나 과장하며, 그 힘으로 자신을 보호하려는 이상을 추구한다. 그것은 유목민이 본능적으로 간직하는 동물에 대한 관심과 관찰을 바탕으로 하고 있다. 이를 통해 그들 자신의 추상적 예술감각과 미감을 발산하고, 거기에 그리스 미술의 사실성과 오리엔트 미술의 환상성을 가미함으로써 신선하고 독특한 스키타이식 동물의장으로 발전시킨 것이다. 스키타이 동물의장이 지닌 또 하나의 특색은 짐승 몸의 주요 마디나 근육 부분에 콤마형 또는 반달형 틀을 만들고 거기에 보석을 끼워넣는 감입(嵌入) 기법을 쓰는 것이다. 본래 이 기법은 앗시리아에서 시작해 스키타이가 받아들인 후 시베리아를 거쳐 중국 수원(綏遠, 오르도스)으로, 더 나아가 한반도까지 파급되었던 것이다.

지금까지 우리 학계에서는 스키타이 동물의장을 분석하면서 거기에 그들의 고원(高遠)한 우주관이 반영되어 있다는 점을 제대로 밝혀내지 못했다. 그들은 우주가 수직으로 3개의 세계, 즉 상계(上界, 하늘)와 중계(中界, 땅), 하계(下界, 지하)로 구성되었다고 이해한다. 그들은 이러한 공간적 우주구조에 대응시켜 상계는 조류를, 중계는 굽동물(사슴·양·염소 등)을, 하계는 맹수나 어류·파충류를 상징화해 동물의장을 꾸미는 슬기를 발휘했다. 그런데 흥미로운 것은 스키타이 신화에도 나오지만 굽동물이자 육식성 맹수이기도 한 멧돼지가 하계와 중계를 연결하는 중개자 역할을 한다는 사실이다. 그밖에 상징성 동물인 그리핀은 맹수이지만 동시에 날개를 달고 있어 상계와 관련이 있는 동물로 둔갑한다.

스키타이 미술공예는 이러한 동물의장과 함께 금을 비롯한 귀금속을 다량 사용한 것이 또 하나의 특색이다. 동서고금을 막론하고 황금은 재질로서 영원불멸할 뿐만 아니라, 그 광채는 암흑과 불안을 몰아내는 광명과 상통한다고 하여 권력과 재력의 상징으로 삼아왔다. 가재를 수레에 싣고 이동하는 유목민들에게 금은 가장 편리하고 안전한 재화다. 그리하여 스키타이, 특히 상층들은 장신구는 물론 의기(儀器)와 제기를 비롯해 방패나 칼자루, 칼집, 활집 같은 무기나 용기 및 도구도 금으로 장식하기에 급급한다. 그리하여 3~4kg의 순금제 공예품이 부장된 고분이 수두룩하게 발견되고 있다. 그들의 금속세공품은 한결같이 모티브가 기발할 뿐만 아니라, 가공기술 또한 일품이다. 현대의 기술로도 도무지 따라잡기 힘든 경지에 이르렀다. 그렇다면 그들이 사용한 이 많은 금은 도대체 어디서 구해왔을까 하는 의문이 제기된다. 남부 코카서스(깝까즈)의 콜키스 지방에서 사금이 나기는 하지만 그것으로 엄청난 양의 금 수요를 충당할 수는 없었을 터, 아마도 동방무역을 통해 금의 원산지인 알타이 일원에서 수입했을 것으로 추단된다.

이와같이 스키타이 미술공예의 이모저모를 스키타이관에서 눈으로 직접 확인할 수 있었다. 어떤 유물은 되돌아가서 다시 보곤 하다보니 시간이 촉박할 수밖에 없다. 종관을 알리는 관리원의 독촉을 몇번 듣고서야 문을 나섰다. 차창을 스치는 노을 비낀 네바강 수면이 마치 역사의 거울처럼 에르미따주박물관의 구석구석을 비춰준다. 어쩐지 뇌리에 진하게 투영되는 것은 벽면을 가득 채운 그 화사한 그림들보다는 세진(世塵)이 켜켜이 쌓여 있는 스키타이의 녹슨 유물들이다. 근 5천년 전에 신석기시대를 갓 벗어난 에게해 지역의 문화를 이른바 '에게문명'으로 정의하면서도 이보다 3천년 후에 눈부신 금속문화를 꽃피운 이 유목기마민족들의 문화는 문명 밖의 '미개'와 '야만', '중심문화'를 멀리 떠난 '주변문화'로 얕잡아봤으니, 어리석음치고 이보다 더한 어리석음이 또 어데 있으랴.

50
이범진 열사의 넋을 기리며

    실크로드의 시베리아 초원로를 동쪽 끝 블라지보스또끄에서 서쪽 끝 쌍뜨뻬쩨르부르끄까지 1만여km(10,188km)를 두번에 꺾어 주파했다. 이 기나긴 여정에서 필자는 이 길 위에서 풍기는 인간들의 삶과 만남의 향훈을 만끽했을 뿐만 아니라, 이 길과 더불어 남긴 우리 겨레의 애환 가득 찬 족적을 확인하고 또 확인했다. 어쩌면 이것이 노독을 무릅쓰고 긴 여정을 단숨에 달려가게 한 동력이었으며, 그 여정의 기록을 거의 마무리하는 이 순간까지도 뇌리의 심연에 각인되어 있는 지울 수 없는 기명(記銘)일 것이다. 그 가운데는 쌍뜨뻬쩨르부르끄에서 이범진(李範晉) 열사와의 새삼스러운 만남이 있다.

    그 시절 우리의 외교사를 편력하던 중 우연히 이범진 열사의 최후를 단편적인 기사로 읽은 적이 있다. 화려한 외교관의 삶을 순국 자진(自盡)으로 마무리하는 일은 외교사에 드문 일이다. 그래서 일찍이 이곳에 들렀을 때도 궁금증을 풀려고 기웃거려봤지만 허사였다. 사실 열사의 행적은 90 여년이란 긴 세월 동안 소외와 무지 속에 파묻혀 있었다. 다행히 새로운 세기와 더불어 비장되었던 문서기록과 친지들의 생생한 증언, 그리고 학 자들의 고증에 의해 그의 행적은 빛을 보게 되었다. 드디어 오늘 우리는 그 현장을 찾게 된다.

쌍뜨뻬쩨르부르끄 파르그로보 3번지 북방묘지(옛 우스뻰스끼 공동묘 지) 제8구역에는 2002년 7월에 세워진 이범진 공사의 추모비가 의연하게 서 있다. 추모비에는 "이범진 공사는 1852년 9월 3일 서울에서 탄생하여 1911년 1월 13일 러시아 쌍뜨뻬쩨르부르끄에서 순국한 대한의 충신이다" 라는 비문이 새겨져 있다. 위훈에 비해 너무나 소략한 비문이라서 조금은 아쉬운 감이 없지 않지만, '순국한 대한의 충신'이라는 한마디 글귀에서 '순국지사'이자 '독립운동가'란 명예를 읽을 수 있지 않나 싶어 그나마 위안을 느낀다.

국운이 경각에 달려 있던 한말에 활동한 이범진은 전주이씨 가문 출신 으로서, 자는 성삼(聖三)이다. 부친 이경하(李景夏)는 병인양요 때 프랑스 군을 물리친 애국 무장(武將)이다. 이런 무가(武家)에서 태어난 이범진은 27세에 병과에 급제해 고종과 명성황후의 신임과 총애 속에 관운이 뒤따 라 승승장구한다. 명성황후가 시해된 을미사변 후에는 일제의 위해가 걱 정되어 고종과 황세자를 러시아공관으로 옮기는 이른바 아관파천(俄館播 遷, 1896)을 주도하고 김홍집을 괴수로 한 친일내각을 몰아낸다. 대신 박 정양을 수반으로 한 친러내각을 조직하는 데서도 주도적 역할을 한다. 그 러다가 주미공사(3년간)와 주 프랑스와 오스트리아 겸임공사에 이어 1901년 러시아 상주공사로 임명된다. 대러시아 외교를 한창 펴고 있을 무 렵인 1905년에 망국적 을사늑약이 체결되어 대한의 주러시아 공사관은

이범진 열사 묘역(북방묘지 제8구역)

폐쇄된다.

일제의 강요에 의한 공사관의 폐쇄에 불만을 가진 이범진 공사는 송환령에 불응한다. 그후 순국할 때까지 6년간 여권 발급 등 정상적인 공사관 업무를 계속하면서 구국의 일념에서 국권 회복을 위한 국제적 활동을 전격적으로 전개한다. 그는 을사늑약의 부당성을 알리는 고종의 친서를 러시아 황제에게 전하는 등 현지에서 고종의 밀사 역을 수행하면서 러시아의 도움으로 헤이그 만국평화회의에 이준과 이상설, 그리고 둘째아들 이위종을 특사로 밀파하여 일제의 조선강점을 만천하에 고발하고 빼앗긴 국권의 회복을 호소한다.

능수능란한 외교관으로서 이러한 국제적 활동을 펴봤지만, 국권 회복이라는 대의를 실현하기에는 턱없이 부족하다는 것을 깨달은 그는 이제 얼굴을 안으로 돌린다. 최근 러시아와 일본 외교문서에서 이러한 그의 전환을 입증하는 새로운 사료들이 속속 드러나고 있다. 그는 공사권이 피탈된, 생의 마지막 6년 동안 '대한의 충신'으로서의 삶을 불태운다. 극동 연해주 지역의 민족운동가들과의 긴밀한 연계를 통해 애국계몽운동과 항일의병투쟁을 물심양면으로 지원한다.

이범진과 아들 위종

해외 항일언론의 모태이기도 한 『해조신문(海潮新聞)』이 1908년 블라지보스또끄에서 발간되었다는 소식을 접하자 이범진은 곧바로 축하편지와 함께 지원금을 보낸다. 3년 전 『황성신문』에 「시일야 방성대곡(是日也 放聲大哭)」이라는 논설로 세상을 일갈했던 장지연 선생이 주필을 맡은 『해조신문』은 재러 한국인들이 만든 최초의 한글신문으로서 비록 3개월 동안(1908. 2. 26~5. 26) 총 75호밖에 못 낸 단명의 신문이었지만, 국내외 동포들의 항일민족의식을 북돋우는 데 크게 이바지한 애국의 목탁이었다. 이범진은 같은 해 연해주 끄라스끼노에서 결성된 대표적 의병투쟁 조직체인 '동의회(同義會)'에도 금 1만루블을 휴대한 아들 이위종과 이위종의 장인인 사돈 놀껜 남작을 보내 지원한다. 뿐만 아니라, 블라지보스또끄의 한인 거주지 신한촌의 민족교육기관인 한민학교 설립에도 재정적 지원을 아끼지 않는다.

러일전쟁 이후 일제가 더욱 악랄하게 기승을 부리자 이범진은 국내 진

공까지 시도한다. 당시 연해주 지역에서 활동하던 전 간도관리사 이범윤(李範允)에게 보낸 편지에서 그는, "연해주 방면에서 두만강을 건너서 일거에 함경도를 점령하고, 길게 몰아쳐서 서울로 들어가 승리의 노래를 연주해야 한다"고 주장하면서, 그럴 때 자신이 총사령관, 이범윤이 부총사령관이 될 것이라고 거듭 천명한다. 그후 안중근의 의형제인 엄인섭에게 보낸 편지에서도 협심해 의병봉기를 일으킬 것을 촉구한다. 그러던 그가 1910년 경술국치를 당하자 전재산을 정리해 서슴없이 각지에 후원금으로 보낸다. 자료에 의하면, 당시 그는 자산으로 7만루블을 갖고 있었는데, 그 가운데서 미주 국민회에 5천루블, 미주 무관학교에 3천루블, 미주 신문사에 1,500루블, 하와이에 1천루블, 블라지보스또끄 청년회에 2천루블, 블라지보스또끄 신문사에 1천루블을 각각 기증한다. 그리고 자신의 장례비로 5천루블, 아들 이위종 부부에게 약간의 금액을 유언으로 남긴다. 이익이 되는 것을 보면 그것이 의리에 합당한가를 생각해보는 견리사의(見利思義)의 정신과, 공을 앞세우고 사를 뒤로 하는 선공후사(先公後私)의 의지를 대변하는 전범치고 이보다 더한 전범이 또 어디 있으랴.

이것도 모자라 망국에 참을 수 없는 비통과 절망을 통감해오던 이범진은 마침내 고종황제에게 "우리의 조국 대한은 이미 죽었습니다. 전하께서는 모든 권리를 빼앗겼습니다. 소인은 적에게 복수할 수도, 적을 응징할 수도 없는 무력한 상황에 처해 있습니다. 소인은 자살 이외에는 다른 아무것도 할 수 없습니다. 소인은 오늘 생을 마감합니다"라는 유서를 남겨놓고 자진 절명한다. 결국 죽음으로 원수 일제에 저항하고자 한 것이다. 이 대목에서 문득 매천(梅泉) 황현(黃玹)의 그 유명한 「절명시(絕命詩)」 4수가 떠오른다. 시골에 칩거해 있던 반골선비 매천은 "나라가 선비 기르기 500년인데, 나라가 망하는 날 한 사람도 죽는 자가 없다면 어찌 통탄스럽지 않으랴"라고 절규하면서, "망국 선비로는 못 산다"라는 유언과 함께 「절명시」를 남기고는 더덕술에 아편을 타서 마시고 자결한다. 두 순국지사의 최후에서 우리는 나라에 대한 사명을 깨닫고 시대적 한계 속에서 자결로 그 사명을 다하는 비장함과 떳떳함이라는 공통점을 발견하게 된다.

이러한 열사를 두고 얼마 전까지만 해도 한국 근대사에서 아관파천을 주도해 나라의 이권을 러시아에 넘겨준 친러파로 지목되어왔다. 물론 그러한 점은 부정할 수 없기에 그를 역사에서 공과(功過)를 겸행한 인물로 판정할진대, 과를 넘어선 공으로 생을 마감한 점을 감안한다면, 이제 그러한 평가는 편견이나 폄하로 낙착짓고 새롭게 조명해야 할 것이다. '웃음은 마지막 웃음이 진짜 웃음인 것'처럼 인간의 참 삶은 마지막을 잘 마무리하는 데 있다. 그리고 인간사회엔 이성에 바탕한 상쇄율(相殺律)이 있어 공이 과를 상쇄하기도 한다. 물론 반대의 경우도 있다. 이런 점을 고려할 때, 1917년 블라지보스또끄에서 간행된 홍보물 『애국혼』에 실린 「이범진 공」이란 글에서 '생명을 충성으로 버리고, 재산을 의(義)로 씀'이란 부제로 내린 그에 대한 평가야말로 시사하는 바가 자못 크다. 당시 현장에서 내린 실의(實意)의 평가가 오늘의 백면서생들이 책상머리에서 들먹이는 낙점보다는 진정성과 신빙성이 몇갑절 더 높지 않겠는가. 그리고 헤이그 밀사 파견을 진두지휘한 그에게 파견된 이준 열사나 아들 이위종보다도 낮은 급의 훈장이 서훈되었다면, 그 기사(奇事)는 또 어떻게 설명해야 할는지.

다행히 이러저러한 착잡한 회한을 불러일으키는 열사의 유적이 쌍뜨뻬쩨르부르끄의 몇곳에 남아 있어 그날을 증언하고 있다. 오랫동안 수수께끼로 남아 있던 그러한 유적은 2001년 이곳에서 피살된 한 한국유학생의

이범진 열사의 시신 안치소(뻬뜨로파블롭스끼 병원)

장례를 맡은 블라지미르라는 장의사가 90년 전 열사의 장례를 맡았던 바로 그 장의사라는 사실이 알려지면서 발굴이 급물살을 타게 된다. 이범진 공사가 부임 후 임시숙소와 사무실로 썼던 집은 철도역에서 가까운 넵스끼 대로 118번지에 자리한 한 호텔이었으며, 1901년 3월 그가 러시아 상주공사로 임명된 후 거처한 곳은 시묘놉스까야 거리 11번지의 꽤 웅장한 건물이다. 1901년 11월부터 1905년 6월까지 공사관으로 사용한 집은 시내 중심

가에 있는 '여름정원' 바로 옆에 위치한 페스첼라 거리 5번지의 고색창연한 5층 건물이다. 문호 뿌슈낀과 레닌도 한때 거주한 바 있는 유서깊은 이 건물이 지금은 보통 아파트로 쓰이고 있으나, 당시 모습 그대로이다. 1층 벽면엔 "이 건물에서 1901년부터 1905년까지 이범진 러시아 주재 대한제국 초대 상주공사가 집무하셨습니다"라고 한글과 러시아어로 쓰인 현판이 붙어 있다. 공사관은 3층 6호와 7호실을 임대하고 있었다. 최근 보도에 의하면 이 건물의 일부를 매입해 열사기념관으로 조성하려는 사업이 예산문제로 보류되었다고 하니 아쉬움을 금할 길 없다.

열사가 생을 마감한 순국 장소는 체르노레찐스까야 거리 5번지에 있는 방이 6개 딸린 한 목조건물이다. 그는 1905년 6월부터 1911년 1월 자결할 때까지 이곳에서 홀로 비서와 함께 살았다. 장례비만 남겨놓고 독립운동

에 사재를 다 털어넣은 처지라 옷이나 시계 등 가재를 전당포에 맡기고 돈을 빌려 쓰는 궁핍한 생활을 했다고 한다. 이곳의 한 일간지는 1911년 1월 14일과 22일자 지면에 열사의 자결과 장례 소식을 다음과 같이 보도하고 있다. 1월 13일 낮 12시 한국공사인 '왕자 이범진'(59세)은 거실에서 천장 전등에 밧줄을 설치하고 목매달아 사망했다. 밧줄로 목을 맨 상태에서 권총으로 자신을 향해 총 3발을 쐈으나 탄환이 벽과 천장을 향해 빗나갔다. 고인이 관할 경찰서장 앞으로 보낸 유서에는 "그 누구에게도 잘못이 없고 지극히 평정한 마음상태에서 자결한 것이며, 이는 조국이 주권을 빼앗긴 상태에서 더이상 목숨을 부지할 명분이 없고 적에게 복수할 수도 없기 때문이다"라고 자결 원인을 담담히 적고 있다. 1월 21일 '애국왕자'의 시신이 안치된 뻬뜨로파블롭스끼 병원에서 거행된 장례식에는 친지들과 함께 각지에서 온 한국 교민대표단과 조문객 등 수많은 군중들이 모여 고인을 바래주었다. 태극기가 덮인 관과 조문객을 태운 세대의 운구열차가 핀란드역을 떠나 장지인 우스뻰스끼 묘지에 이르러 그곳에 시신을 안장했다. 비명에 간 고인의 유언이런가, 영안실이나 장지에서는 아무런 장례의식이나 추도사도 행해지지 않았다.

이렇게 독립운동가이자 순국지사인 이범진 공사는 이역만리에서 고국의 산천을 등진 채 한많은 세상을 하직하고 영면에 들어갔다. 열사의 투철한 국가관과 애국애족의 숭고한 얼과 넋을 기리고 이어받는 일, 이것이 이 시대를 살아가는 우리에게 주어진 여전한 몫이다.

51
러시아의 심장 모스끄바, 그 변모

쌍뜨뻬쩨르부르끄에서의 밀도높은 탐방을 마치고 시베리아 초원 실크로드의 종착지 모스끄바를 향했다. 백야의 여운이 희불그레하게 드리운 저녁 7시 25분 뿔꼬바 제1공항을 이륙한 러시아 국내선 SU848편 비행기는 2시간 25분을 날아 목적지 모스끄바공항에 사뿐히 내려앉는다. 공항에서 직행한 한 식당 곁에서는 카지노가 현란한 불야성을 이루고 있다. 지금 모스끄바에서는 카지노가 성업중이라고 한다. 카지노, 그 옛날엔 상상조차 할 수 없던 광경이다. 언필칭 모스끄바는 이 시대 변화의 상징이기도 하고, 세상을 보는 창이기도 하다. 그래서 지난 반세기 동안 이곳을 10여차례 드나들면서 그 변모상을 쭉 지켜봐왔으며, 그 변모를 이번 답사의 화두로 잡았다.

시 중심에서 저만치 비껴간 '뚜리'라는 호텔에 여장을 풀었다. 옛날 쏘비에뜨 시대에는 그럴싸한 초대소였으나 지금은 현대화에 밀려 빛이 어

지간히 바랬다. 웃풍도 제대로 막지 못해 방 안은 써늘하고, 온수도 나오지 않는다. 할 수 없이 이튿날 시내의 다른 호텔로 옮겼다. 옮기는 길에 모스끄바의 어제가 고스란히 묻어 있는 여러 곳을 스쳐지나간다. 거리는 휜칠하게 뚫렸던 옛날의 모습과는 생판 다르게 붐비고 막힌다. 차는 오다가다를 반복한다. 덕분에 일행과 이야기를 나눌 시간이 길어졌다.

모스끄바의 어원에 관해서는 '습지' '석장들의 성채' '소 건너는 목' '밀림' 등 어종에 따라 여러가지 설이 있다. '축축한 강' '젖소의 강'이란 뜻의 모스끄바강에서 유래되었다는 주장도 있다. 모스끄바란 이름이 처음으로 세상에 알려진 것은 1147년에 나온 『이라피예프 연대기』란 책에서다. 이 연대기는 쑤즈달(Suzdal) 공후인 유리 돌고루끼(Yury V. Dolgoruky)가 한촌(寒村)이던 이곳에 주춧돌을 놓고 나무로 된 방벽을 쌓기 시작해 1156년에 완성했다고 기록하고 있다. 그래서 일반적으로 모

국립 모스끄바 로모노쏘프대학 본관과 창건자 로모노쏘프의 동상

스끄바의 창건자는 유리 돌고루끼이고, 창건연대는 1147년으로 알고 있
다. 그 '나무방벽'이 바로 끄렘린의 전신이다. 유리를 이어 이곳 공후가
된 다밀이 이곳에 상주하면서 저택을 지어 도시의 면모를 갖춰보려고 했
으나 1237년 몽골 서정군의 침입으로 모든 것이 수포로 돌아갔다.

그러다가 간신히 공후의 명맥을 이은 '돈주머니'란 별명의 이반 깔리
따(이반 1세)가 당시 러시아땅 절반 가까이를 석권하고 있던 몽골제국 예
하의 킵차크 칸국의 환심을 사서 인근 러시아공국들의 토지를 수중에 넣
는 한편, 끼예프를 떠나 블라지미르에 옮겨앉아 있던 정교회의 수도 대주
교를 모스끄바로 영입한다. 이로써 모스끄바는 러시아정교회의 본산이
된다. 이것은 신정체제를 표방한 모스끄바공국의 세력확장에 결정적 계

기가 된다. 국운이 트기 시작할 때 이반 깔리따를 이은 드미뜨리는 1380년 꿀리꼬보 전투에서 킵차크 칸 군대를 무찔러 '몽골 불패의 신화'를 깨뜨리고 일약 러시아의 희망으로 떠오른다. 15세기에 접어들면서 킵차크 칸국이 쇠잔해가는 틈을 타서 이반 3세는 1480년 드디어 그 예속에서 벗어나 독립을 선포한다. 이때부터 모스끄바공국 시대가 열리면서 인구 30~40만을 가진 모스끄바는 러시아의 심장으로 부상한다. 이반 3세는 내성인 끄렘린과 성당들을 비롯한 많은 건물들을 서구식 하얀 석조건물로 개축했다. 모스끄바의 첫 변모다.

비잔틴의 마지막 황제의 조카와 결혼한 이반 3세는 대공 대신 비잔틴 황제 호칭인 '군주'나 '짜르'로 자칭한다. 그러면서 모스끄바대공의 문장이던 말을 탄 성 게오르게 상에 비잔틴 황실 문장인 쌍두독수리를 결합해 새로운 문장을 만든다. 이렇게 모스끄바대공은 비잔틴 황제의 계승자로, 모스끄바는 '제3의 로마'로 변신한다. 17세기 초 모스끄바공국은 로마노프 왕조의 제정러시아(1613~1917)로 탈바꿈한다. 이때 수도가 오늘의 쌍뜨뻬쩨르부르끄로 옮겨지지만(1711), 모스끄바가 러시아의 중심축이란 위상은 여전하다. 그리하여 쏘비에뜨 시대에 접어들자 러시아의 수도로 다시 되돌아가 면적 1천km²에 인구 1천만을 헤아리는 세계 굴지의 도시로 성장한다. 이렇게 모스끄바는 시대영합적인 변모에 능수능란하다.

이제 그 현장 몇곳을 찾아가보기로 하자. 처음 찾아간 곳은 국립 모스끄바 로모노쏘프대학이다. 차는 숲속 길을 따라 야트막한 산, 그러나 평지 모스끄바에서 가장 높은 곳인 '참새산'에 오른다. 옛날부터 이곳에 참새가 많이 모여든다고 해서 붙여진 이름이다. 10월혁명 직후 산 이름을 '레닌산'으로 고쳤다가 쏘비에뜨가 무너지자 다시 제 이름으로 부른다. 산 전망대에 서니 뿌슈낀이 말한 '흰 돌의 모스끄바' '둥근 지붕의 모스끄바' '금빛 십자가의 모스끄바'가, 그리고 똘스또이가 말한 '어머니인 도시' '수없이 많은 교회가 늘어선 아시아풍의 성스러운 도시' 모스끄바 가 한눈에 안겨온다. 1947년 모스끄바 창건 800주년을 맞아 지은 26층에 서 32층에 이르는 이른바 '스딸린 7대 건물'을 비롯해 끄렘린궁과 크고 작은 숱한 성당들, 올림픽을 치러낸 중앙종합운동장, 모스끄바 대운하, 심 지어 스키장 도약대까지 이곳저곳이 시야에 들어온다.

모스끄바 전경을 감상하고 나서 모스끄바대학 후문으로 대학 구내에 들어섰다. 꼭 50년 전 향학에 불타던 그 시절, 카이로대학 유학에서 돌아 오는 길에 들러 걸었던 바로 그 길을 밟으니 실로 감회가 새롭다. 반세기 의 풍상 속에서도 저 32층 240m의 첨탑별은 여전히 의젓하게 하늘 높이 솟아 있다. 그 별빛을 등대삼아 '학문의 배'는 망망대해를 항진하고 있다. 모스끄바대학은 예전의 명성 그대로 규모나 내용을 갖춰나가고 있다. 1755년 과학자이자 '러시아문학의 뾰뜨르대제'라고도 일컫는 로모노쏘 프(Mikhail V. Lomonosov)가 이 대학을 창건할 때는 시 중심에 자리했 으나, 1953년 이곳에 새 청사를 짓고 옮겨왔다.

320km²의 부지에 17개 단과대학을 가진 종합대학으로서 100여개 나라 에서 온 외국유학생을 포함해 3만1천명의 학생과 8천명의 교수, 700만 장 서의 도서관, 4개의 천문대, 3개의 박물관, 1개의 식물원 등을 아우르고 있는 실로 어마어마한 규모의 복합적 대학캠퍼스이다. 창건자 로모노쏘 프가 지향한 교육이념의 하나는 러시아 학자들을 길러냄으로써 당시 러 시아 학계를 지배하던 외국인 학자들의 횡포를 막고 자체의 힘으로 러시 아 학문을 발전시키는 것이었다. 그 이념이 실천되었기에 오늘의 모스끄 바대학이 있다. 현지 안내원의 말에 의하면 학생이 세번 지각하거나 한번 만 무단결석을 해도 제적하며, 대학 주변에 유흥가는 불허한다고 한다.

교육이 살아있다는 증좌다.

저녁에는 여행의 말미에 '망중한'을 즐기게 하는 오페라 관람이 있었다. 지하철을 타고 스따니슬랍스끼 극장에 가서 차이꼽스끼의 유명한 오페라 「예브게니오네긴」을 근 3시간 동안 감상했다. 원래 모스끄바의 지하철은 궁전을 방불케 하는 역사(驛舍) 단장과 편리함으로 명성이 자자했다. 그러나 현실은 그런 추억을 무색케 한다. 북적대는 인파에 발디딜 틈이 없다. 떠밀려서 가까스로 전동차 문을 통과했다. 뿌슈낀의 동명 원작에 기초해 창작되어 1897년에 초연된 이 3막의 오페라는 주인공 오네긴과 타차나 사이의 비극적인 사랑을 다루는데, 그 애절한 아리아는 예나 지금이나 변함없이 가슴을 옥쥔다. 필자가 그 시절 아마 같은 장소라고 기억되는 이곳에서 본 「예브게니오네긴」과 내용이나 형식은 크게 달라진 바없는 것 같다. 그러나 무대규모나 화려함은 분명 덜하다. 그래서 안내원

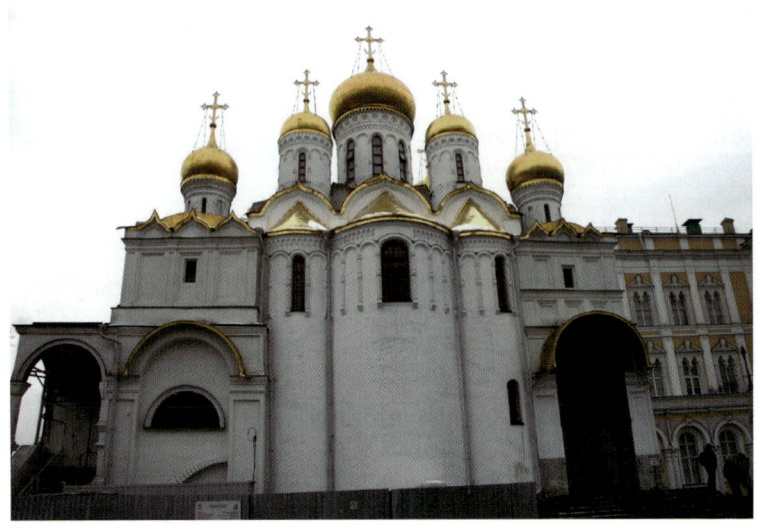

끄렘린궁 내의 성모수태 성당 외경

에게 물었더니, 예상한 바대로 경비를 줄이다보니 그럴 수밖에 없다는 대답이다.

　다음날엔 아침 일찍이 붉은광장과 끄렘린궁, 그리고 그 경내와 인근에 있는 여러 성당과 명물들을 두루 돌아봤다. 17세기부터 '모든 아름다운 것'이란 뜻의 슬라브어 '끄라시나야'란 이름으로 불려오던 광장이 현대 러시아어에서는 '붉은'이라는 의미로 바뀌면서 지금은 '붉은광장'이라고 부른다. 광장 언저리에 80여년 동안 묻혀 있으면서 참배의 대상이 되어오던 레닌의 시신은 조만간 딴 곳으로 옮겨질 것이라고 한다. 그래서 묘문은 굳게 잠겨 있다. 평일(목요일)인데도 끄렘린 참관자들은 장사진을 이룬다. '성벽'이란 뜻의 끄렘린은 부등변삼각형 모양으로서 총길이는 2,235m에 달하며, 평균무게 8kg의 벽돌로 지면의 기복에 따라 높이가 5m에서 19m에 이르게 벽을 쌓았다. 성벽에는 구세주탑과 삼위일체탑을

모스끄바에서 가장 오래된 굼백화점의 썰렁한 내부

비롯한 18개(높이 28~71m)의 탑이 배치되어 있다. 참관코스를 따라 처음으로 들른 곳은 러시아에서 가장 오래된 박물관인 국립 무기궁전이다. 1485년 '국고'란 이름의 특수창고로 발족한 이 궁전에는 전래의 각종 무기류뿐만 아니라, 역대 황제들이 대관식 때만 쓰는 '모노마흐 대관모'를 비롯해 화려함이 극치에 이른 각종 궁전의상과 장식품, 가재와 마구류가 전시되어 있다. 이어 오밀조밀한 양파모양의 돔에 십자가를 이고 있는 성당들을 차례로 둘러봤다. "아, 여기가 바로 천국이로다!"라고 참관자들의 경탄을 자아낸 15세기의 성모승천성당(일명 우스뻰스끼 성당)과 성모수태성당, 모스끄바 시대 대공들과 황제들의 장례가 진행된 16세기 초의 천사성당, 문자 그대로 성역(聖域)의 파노라마다. 그밖에 대끄렘린궁전과 망루궁전 같은 기념비적 유물들도 함께 있다.

이어 끄렘린궁과 마주하고 있는 굼백화점에 들렀다. 모스끄바에서 가

3부 드디어 유럽과 만나다: 시베리아 초원로 525

장 오래된 대형 백화점으로서 늘 고객들로 인산인해를 이루던 그 백화점
이 웬일인지 이렇게 썰렁하다. 알고 보니 외제를 비롯한 고가품만 팔다보
니 서민들의 발길이 뚝 끊겼기 때문이라고 한다. 또 하나의 변모가 실감
나는 현장이다. 다음으로 찾은 곳은 '붉은광장' 언저리에 자리한 성 바썰
리 성당이다. 예언자 바썰리의 이름을 따서 명명된 이 성당은 러시아의
전통적 목조건축술과 비잔틴과 서유럽의 석조건축술을 융합시켜 만들어
낸 러시아의 상징적 건축물이다. 이 성당은 모스끄바공국의 이반 뇌제(이
반 4세) 황제가 1552년 카잔 칸국을 멸한 승리를 기념하기 위해 1560년에
완공한 성당이다. 47.5m 높이의 뾰족지붕을 한 성모출현교회를 중심으로
8개의 교회가 주위에 배치되어 있다. 얼마나 화려했으면 폭군 뇌제는 설

계한 두 러시아 건축가를 불러 칭찬한 다음 즉석에서 다시는 그렇게 아름다운 건물을 짓지 못하도록 두 건축가의 눈을 도려냈다는 일화가 전해오고 있다. 시간에 쫓겨 점심을 거른 채 1천여년의 러시아 미술을 집약한 러시아 4대 미술관의 하나인 국립 뜨레찌야꼬프 미술관을 찾았다. 상인인 빠벨 뜨레찌야꼬프(Pavel M. Tretyakov)의 개인 미술품 수장고에서 국립미술관으로 발돋움한 이 미술관에는 러시아의 대표적 사실주의 작품 10만여점이 소장되어 있다. 문학예술에서 사실주의를 이상으로 추구하는 필자에게는 미의식을 점검하고 충전하는 절호의 장이었다.

이번의 모스끄바 체류는 그간 줄곧 지켜봐왔던 그 변모를 재삼 확인할 수 있는 기회였다. 역사는 변모의 과정이다. 모스끄바는 2천년 동안, 특히 지난 한세기 동안 변모의 시도를 많이 해왔다. 오늘도 그 시도는 진행형이다. 무엇이 참 변모인지는 역사가 해답을 줄 것이다. 우리는 앞으로도 그것을 착실히 지켜볼 것이다. 이러한 생각을 반추하면서 2008년 2월 22일 현지시간 밤 10시 35분 대한항공 KE 924편으로 귀국길에 올랐다.

찾아보기

초원 실크로드를 가다

초판 1쇄 발행 • 2010년 8월 6일
초판 4쇄 발행 • 2019년 9월 26일

지은이 • 정수일
펴낸이 • 강일우
책임편집 • 박영신
펴낸곳 • (주)창비
등록 • 1986년 8월 5일 제85호
주소 • 10881 경기도 파주시 회동길 184
전화 • 031-955-3333
팩시밀리 • 영업 031-955-3399 편집 031-955-3400
홈페이지 • www.changbi.com
전자우편 • human@changbi.com
인쇄 • 영신사

ⓒ 정수일 2010
ISBN 978-89-364-7192-7 03900